金陵法律评论

JIN LING LAW REVIEW

南京师范大学法学院《金陵法律评论》编辑部　编

春季卷

2016

法律出版社
LAW PRESS·CHINA

目 录

Contents

理论与探索

司法理论研究

比较法研究

会议综述

理论与探索

依宪治国:中国共产党人的重要历史使命

文正邦*

依宪治国是中国共产党对治国理政规律的高水平认知,对人类法治文明和政治文明经验的科学概括,对依法治国方略的深化和提升,因此是国家治理体系和治理能力现代化的应有之义;归根结底是我们党为摆脱“其兴也勃焉,其亡也忽焉”的历史周期律进行的重要探索和创新。而实现依宪治国必然要作出艰苦卓绝的努力,这是中国共产党人光荣而艰巨的历史使命。因此,很有必要进行一番阐析。

一、依宪治国方略的提出殊不容易

事实上,依宪治国是依法治国方略实施进展到新的重要阶段,面对现代化建设和法治建设新的理论和实践问题,党中央为深化和提升依法治国方略而提出来并予以高度重视的。

众所周知,依法治国的治国方略和建设社会主义法治国家的重要目标是 1997 年中国共产党第十五次全国人民代表大会提出,并由 1999 年九届全国人大二次会议通过宪法修正案载入宪法的,这在我们国家政治生活和法律生活中具有里程碑意义,从此我国社会主义法治建设揭开了新的篇章,并在实施依法治国方略的豪迈而艰辛历程中逐步显现出依宪治国的必要性和重要性。

首先,需要我们注意到的是,依法治国的治国方略的提出和开始实施是伴随着“一国两制”国策的实现过程且在其中得到了体现。随着 1997 年香港和 1999 年澳门分别回归,“一国两制”得以实现,就意味着一个国家,两种性质不同的社会制度以及法律制度可以并存,而且形成了我国三大自治制度(基层群众自治制度、民族区域自治制度和特别行政区高度自治制度);同时使我国从一般单一制国家成了特殊单一制国家(特别行政区享有的高度自治权甚至在某些方面大于联邦制国家中成员邦的权利和权力)。这些都引起我国国家结构形式、宪制和法律制度的重大变化和重要进展,而且这都是根据我国宪法以及《香港特别行政区基本法》和《澳门特别行政区基本法》(这两大基本法颇富有特色,在香港和澳门称为“小宪法”)发生和取得的,所以既是实施依法治国方略的进展和成就的体现,也是我国宪法贯彻实施的进展和成就的体现。

其次,社会主义市场经济的不断发展和改革的深入进行对法治建设和道德建设都提出了更高的要求,并要求把二者结合起来;不仅如此,为发展我国社会主义民主政治和法治,更需要处理好依法治国与党的领导以及人民当家做主的关系。于是,

---

* 西南政法大学教授。

2002 年 11 月召开的中共十六大在政治报告中明确提出了实行依法治国与以德治国相结合的方针和国策;同时,在提出建设和发展社会主义政治文明时着重指出:发展社会主义民主政治,最根本的是要把坚持党的领导、人民当家做主和依法治国有机统一起来。党的领导是人民当家做主和依法治国的根本保证,人民当家做主是社会主义民主政治的本质要求,依法治国是党领导人民治理国家的基本方略。这些不仅丰富和扩展了依法治国的治国方略,而且也为我们建设和发展中国特色社会主义法治和宪制指明了基本原则和要求。

依法治国方略在实践中还遇到了几大事件的挑战并得到了检验。

2001 年,最高人民法院就一宗民事案件即齐玉苓案作出的〔2001〕25 号司法解释径直将“依据宪法规定所享有的受教育的基本权利”作为了确定侵权关系的法律依据,引发了中国法学界围绕所谓“宪法司法化”问题(简言之就是宪法的司法适用问题)展开了热烈的讨论以及争论。因此齐玉苓案被称为“中国宪法司法化第一案”,最高人民法院针对该案作出的批复也开创了中国宪法作为民事审判依据的先河。尽管 2008 年最高人民法院废止了〔2001〕25 号司法解释,但“宪法司法化”的大讨论客观上起到了宣传宪法知识和培育公民宪法意识的重要作用,从而也客观上为今天党和政府强调宪法实施、维护宪法权威做了某种舆论上的准备。

2002 年我国爆发的“非典”事件,使广大民众和各单位、各部门都经历了一场突发公共卫生事件的灾难性侵袭与其紧急救治的洗礼,人们切身感受到建立和健全突发事件应急处理机制并使其规范化、制度化、法律化的必要性和紧迫性。所以 2003 年 5 月 12 日国务院及时颁布了《突发公共卫生事件应急条例》,2004 年 3 月十届全国人大二次会议通过的宪法修正案又把“紧急状态”纳入了宪法规定,以有利于在突发事件和紧急状态下保障人民群众的生命、身体健康和公民基本权利。

2003 年,孙志刚事件引起了公众和学界对收容遣送制度的声讨和大讨论,并先后有 8 名学者上书全国人大,要求就此对收容遣送制度进行违宪审查(这是中国公民首次行使违宪审查建议权的尝试),促使国务院第十二次常务会议在废止了施行二十多年的《城市流浪乞讨人员收容遣送办法》的同时通过并正式公布了《城市生活无着的流浪乞讨人员救助管理办法》。这次事件及其影响所致,不仅强化了学界关于建立中国违宪审查制度的呼声,而且强化了公众的人权意识和宪法监督意识。所以,2005 年第十届全国人大常委会第四十次委员长会议修订了《行政法规、地方性法规、自治条例和单行条例、经济特区法规备案审查工作程序》,明确了有关国家机关和社会团体、企业事业组织以及公民认为法规同宪法或者法律相抵触,可以向全国人大常委会提出审查建议,由相关责任机构执行,从而对建立健全违宪审查制度迈出了可贵的一步。

由此可见,从 20 世纪 90 年代末到 21 世纪初这个世纪交替期,中国所发生的一系列重大事件都围绕着依法治国方略的深入实施和公民基本权利的法律保障特别是宪法保障在进行,说到底就是一个人权的宪法保障的严峻问题。所以 2004 年第十届全国人大二次会议通过的宪法修正案庄严地规定和宣告“国家尊重和保障人权”，即中国发生了“人权入宪”的重大事件。这不仅是对20世纪90年代初突破人权禁区的进一步重大发展，而且是依法治国方略落实到人权的宪法保障上的具有新的里程碑意义的事件，是以人为本理念的最重要体现。这就必然要求各级各类国家机关以及各部门法乃至法制各环节都应切实遵循和体现尊重和保障人权，以更充分、更广泛、更切实、更深入地维护和保障公民权利。因此尊重和保障人权，也是社会主义的本质要求。不仅如此，2004年宪法修正案还规定“公民合法的私有财产不受侵犯……国家为了公共利益的需要，可以依照法律规定对公民的私有财产进行征收或者征用，并给予补偿”。这样，根据《国家赔偿法》，国家既要对国家机关及其公职人员的违法行为给予公民的合法权益造成的损害进行赔偿；根据宪法，国家又要对国家机关及其公职人员的合法行为给予公民的合法权益带来的影响和损失进行补偿。这就使人权的宪法保障得到了进一步落实和加强。

于是，在众多事实充分表明宪法在依法治国和治国理政中的重要地位以及“人权入宪”的新形势下，随着依法治国方略不断地有了新的深化和进展，“依宪治国”的重要思想和方略就顺理成章地被党和国家提上重要日程。

2004年9月15日，胡锦涛总书记在首都各界纪念全国人民代表大会成立50周年大会上发表重要讲话中强调指出：“依法治国首先要依宪治国，依法执政首先要依宪执政。”紧接着，2004年9月19日召开的中共十六届四中全会通过了《中共中央关于加强党的执政能力建设的决定》重申和确认了这些重要提法和精神，明确提出了“坚持依法治国首先要依宪治国，坚持依法执政首先要依宪执政”，并强调指出“依法执政是新的历史条件下党执政的一个基本方式”。从而深化和提升了依法治国的治国方略。

之后，党中央又多次在党的全国代表大会、中央全会以及相关重要会议上强调维护宪法的尊严和权威，加强贯彻实施宪法，特别是要重视宪法在依法治国和依法执政中的首要地位和关键意义，并为此采取了许多重要的措施。尤其是党的十八大以来，依宪治国和依宪执政更是受到高度重视。

2007年10月，中共十七大强调全面落实依法治国基本方略，加快建设社会主义法治国家，提出要加强宪法和法律实施，坚持公民在法律面前一律平等，维护社会公平正义，维护社会主义法制的统一、尊严、权威。并重申尊重和保障人权等。

2012年11月召开的党的十八大将依法治国提到了新的高度，继承党的十七大的精神，号召“全面推进依法治国”并将其作为“坚持走中国特色社会主义政治发展道路和推进政治体制改革”的重要内容进行了部署。党的十八大报告强调指出：党领导人民制定宪法和法律，党必须在宪法和法律范围内活动。任何组织和个人都不得有超越宪法和法律的特权，绝不允许以言代法、以权压法、徇私枉法。十八大的重要决议和精神被十八届三中、四中全会和党的领袖的重要言行得力地贯彻实行。

2012年12月4日党和国家隆重举行了纪念现行宪法公布施行30周年的活动。

习近平总书记在纪念大会上的讲话首次提出了“坚持依法治国、依法执政、依法行政共同推进,坚持法治国家、法治政府、法治社会一体建设”;并特别指出“依法治国,首先是依宪治国;依法执政,关键是依宪执政”,为此强调“宪法的生命在于实施,宪法的权威也在于实施”,因此要求“全面贯彻实施宪法”,明确指出这乃“是建设社会主义法治国家的首要任务和基础性工作。宪法是国家的根本法,是治国安邦的总章程,具有最高的法律地位、法律权威、法律效力,具有根本性、全局性、稳定性、长期性……任何组织或者个人,都不得有超越宪法和法律的特权。一切违反宪法和法律的行为,都必须予以追究”。再结合他一再强调的要“把权力关进制度的笼子里”的精当断言,我们可以认为,实际上也就为从 2013 年 5 月开始中国法学界爆发的一场关于宪政问题的激烈争论显示了思考路径。习近平总书记这些重要谈话的基本内容都被 2013 年 11 月召开的党的十八届三中全会所郑重确认,而且十八届三中全会将“推进法治中国建设”确立为我国新时期全面深化改革的重要内容和法治建设的新目标,还从维护宪法法律权威、深化行政执法体制改革、确保依法独立公正行使审判权检察权、健全司法权力运行机制、完善人权司法保障制度等方面指明了建设法治中国应行的重要举措,并首次把“推进国家治理体系和治理能力现代化”作为全面深化改革总目标的重要内容。2014 年 9 月 5 日,习近平总书记在庆祝全国人民代表大会成立 60 周年大会上的讲话中又强调指出:“宪法是国家的根本法,坚持依法治国首先要坚持依宪治国,坚持依法执政首先要坚持依宪执政。”

2014 年 10 月召开的党的十八届四中全会在经过充分酝酿和准备的情况下专题研究和部署了全面推进依法治国的重大问题。创新性地提出了要坚持走中国特色社会主义法治道路,建设中国特色社会主义法治体系,贯彻中国特色社会主义法治理论等新鲜而重大的课题;要求形成完备的法律规范体系、高效的法治实施体系、严密的法治监督体系、有力的法治保障体系,形成完善的党内法规体系;重申和更加鲜明地提出坚持依法治国首先要坚持依宪治国,坚持依法执政首先要坚持依宪执政以及坚持依法治国、依法执政、依法行政共同推进,坚持法治国家、法治政府、法治社会一体建设,实现科学立法、严格执法、公正司法、全民守法,促进国家治理体系和治理能力现代化。为此,全会强调要健全宪法实施和监督制度,完善全国人大及其常委会宪法监督制度,健全宪法解释程序机制,并设定了国家宪法日,确定建立宪法宣誓制度,还要求加强人权司法保障等。以有力地推进宪法的贯彻实施,坚决维护宪法的尊严和权威。

这些都说明,依宪治国方略被提上党和国家重要日程并不是偶然的,而是具有深刻的历史必然性和显著的时代特征,是依法治国方略实施进展到新的重要阶段,面对现代化建设和法治建设新的理论和实践问题,党中央为深化和提升依法治国方略而提出来并予以高度重视的。

二、依宪治国的必要性、重要性和紧迫性

依宪治国是中国共产党对治国理政规律的高水平认知,对人类法治文明和政治

文明经验的科学概括,对依法治国方略的深化和提升,因此是国家治理体系和治理能力现代化的应有之义;党中央提出和重视坚持依法治国首先要坚持依宪治国,坚持依法执政首先要坚持依宪执政,其重要意义和深刻含义从根本上说,这是我们党为摆脱"其兴也勃焉,其亡也忽焉"的历史周期律进行的重要探索和创新。我们认为,必须从这样的高度和深度上来认识其重要意义和深刻涵义,才能从理论和实践上认清和把握其真正价值所在。

应当说,新中国成立以来,中国共产党领导人民、治理国家进行的各项社会主义革命和建设事业都包含欲突破"其兴也勃焉,其亡也忽焉"的历史周期律之深刻意蕴,以实现中华民族之复兴,使共产党领导下的社会主义中国恒久地屹立于世界民族之林。改革开放的前30年,在社会主义革命和建设都取得巨大成就的同时,由于"左"的错误,社会主义民主建设历经曲折,人治盛行,法律虚无主义肆虐,乃至导致"文革"动乱的"无法无天",搞所谓"大民主"使社会主义民主遭到严重扭曲,从而使我们党认识治国理政的客观规律性蒙上了浓重阴影和重重迷雾。改革开放的新时期党和国家的工作重心转移到全面开展社会主义现代化建设上来,并迎来了我国社会主义民主和法制建设的春天,走上了努力实现国富民强的康庄大道,建设中国特色社会主义、坚持中国特色社会主义政治发展道路开启了中国共产党正确认识和把握治国理政客观规律的胜利航程。特别是依法治国的治国方略和建设社会主义法治国家目标的确立及贯彻实施揭开了我国社会主义民主和法治建设以及我们党治国理政的新篇章,国家建设和社会发展不断取得新的巨大成就,也是我们党为摆脱"其兴也勃焉,其亡也忽焉"的历史周期律的重要成效和努力。然而,随着依法治国方略的深入实施和社会情状越来越呈现阶层众多、利益多元、价值观多种的新变化,又显现出不少矛盾和问题,尤其是国家根本大法宪法难以有效贯彻实施,并还尚未真正树立起宪法的尊严和权威,这就会影响和阻碍社会主义民主和法治建设进一步顺利进行和取得更大成效。此外,诸如切实地落实人权保障和增进民生,建立和健全高效、廉洁的权力运行机制,以构建严密的反腐倡廉制度体系等这些关系到巩固执政党执政地位以及国家治理体系和治理能力现代化的重要问题也难以得到有效解决。在社会发展、治国理政对依法治国提出了高标准、严要求的新形势下,显然就需要认真地总结和吸取依法治国方略实施中的经验和教训,并与吸收人类法治文明和政治文明的有益经验有机结合,来对依法治国方略的要素结构和关系进行厘清和予以确认,以有利于凝聚全民的共识,强化法治的功能和权威,顺应人民群众对社会主义民主和法治发展的强烈期待并坚定其信心。于是,依宪治国以及她在依法治国中的首要地位和重要意义被党中央郑重地提出来并受到高度重视就势在必行,从而就进一步深化和发展了对中国特色社会主义政治发展道路以及法治发展道路的认识和把握。所以,这是我们党高水平认知和把握治国理政客观规律的结果,也是我们党为摆脱"其兴也勃焉,其亡也忽焉"的历史周期律进行的重要探索和创新。

当然,我们党为突破和摆脱这一历史周期律作出了多方面的努力,进行了多种重要的探索和创新。而依法治国特别是依宪治国就为这些努力、探索和创新提供了重要的制度保证,因此具有其特殊的重要意义,否则这些努力、探索和创新就不可能取得应有的成效,就会达不到目的甚至会半途夭折。

依宪治国,顾名思义即依据宪法来治理国家,具体来说就是依据宪法的规定、原则和精神来治国理政,将其体现贯彻到国家政治生活、法律生活及民众社会生活的各个领域。那就不仅要把这些要求体现到立法、执法、司法、守法以及护法等各个环节和过程;而且要贯彻实施到政治、经济、文化、社会乃至生态文明建设的各个层次和领域。真正树立宪法的尊严和权威,真正落实宪法的各项规定以及原则和精神,使纸上的宪法成为实际生活中的宪法,才能摒弃名义宪法和语义宪法,成为实质意义上的宪法。正如习近平总书记在首都各界纪念现行宪法公布施行 30 周年大会上的讲话所指出的,我国宪法是"充分体现人民共同意志、充分保障人民民主权利、充分维护人民根本利益的好宪法";那么关键就在于要真正树立宪法的崇高地位和权威,并使之切实地贯彻实施。党中央提出和重视坚持依法治国首先要坚持依宪治国,坚持依法执政首先要坚持依宪执政,强调两个"首先",即突出显示了宪法在依法治国和依法执政中居于首要地位和极其重要的作用和意义,就要求我们在治国理政中把依据宪法、崇尚宪法、信仰宪法放在头等重要的位置,并以此来引领和推进依法治国方略的有力贯彻实施,推动依法治国方略贯彻实施中的重点、难点以及焦点问题的解决。这就更加强化了依宪治国以及依宪执政的重要意义。

依宪治国必然要导致依宪执政。依宪执政是把依宪治国的这些基本要求和精神拓展到执政党的执政过程中,是"党必须在宪法和法律的范围内活动,执政党必须依法执政"重要原则的深化和提升,从而把处理好党与法之间的关系这一中国特色社会主义政治和法治的关键问题推进到了一个新的阶段和层面,也是我们党为从严治党进行的创新和作出的重要努力,从而起到巩固和增强执政党的执政地位的重要作用。而如果把依宪治国作广义的理解,即治国理政也包括执政党的执政过程的话,那么依宪治国也就可以包含依宪执政在内。

宪法是民主与法治的集中、概括、联结部和统一体。我国宪法是党和人民意志的集中体现,是人民当家做主的证书,是治国安邦的总章程。依宪治国更能坚持党的领导、人民当家做主和依法治国有机统一的重要原则。而且实行依宪治国并将其置于依法治国方略的首要地位,就能为公民权利和人民利益提供最有力的法治保障,有效严密地防止和制约权力腐败和专横,并通过改善党的领导来加强党的领导,为执政党提供最坚实的合法性基础和依据。也就是说,我们认真实行依宪治国就可以充分发挥社会主义民主,充分弘扬社会主义法治,切实地落实人权保障和增进民生,就能起到确保强国富民,从而巩固和增强执政党的执政地位的重要作用。这都是突破"其兴也勃焉,其亡也忽焉"的历史周期律所必需、必行的。

依宪治国是依法治国的关键和核心。法治的要义集中于宪法之治,所以我们可以把法治的要义概括为:法律至上,宪法至尊,民权至重,民主为本,以法制(约)权

(力),既注重用权利制约权力,又要使权力相互制衡。而且正如有学者所论述的那样:法治的精义也在于宪法之治,因为宪法共识是最根本的国家共识。宪法作为国家的根本大法,是全国人民根本的行为准则,规定重大的国家事务和社会事务,表征了执政者执政的合法性。如果治国不依宪,那就等于废弃了立国的根本,背离了最根本的国家共识,依法治国这一治国方略就会成为无源之水、无本之木,建设社会主义法治国家更是无从谈起。[1] 所以,认准了依宪治国,就认准了依法治国之精髓、之灵魂;把准了依宪治国,就把准了依法治国的纲领,就可以纲举目张,就能增强实施依法治国方略的深度和力度。

依宪治国是治国理政的必然要求。法治国家治国理政都必须依据宪法,尊重宪法、遵从宪法,才能坚持和发展自己所选定的政治发展道路和制度。这是人类法治文明和政治文明的经验所在。我们坚持依宪治国才能更好地坚持并不断发展和完善人民代表大会制度、中国共产党领导下的多党合作和政治协商制度以及民族区域自治制度和基层群众自治制度等中国特色的社会主义政治制度及其重要补充的特别行政区的高度自治制度,这都是我国宪法明确规定并保证实施的,是我国政体的基本载体。坚持依宪治国以更好地坚持并不断发展和完善这些重要制度,就能推进"善政"体系建设,以不断趋向"善治",从而提高我们治国理政的水平和效率。这也说明,坚持依宪治国是中国共产党对人类法治文明和政治文明经验的科学认知和概括。

特别是,依宪治国是全面推进依法治国的内在要求。全面推进依法治国固然有很多重要内容和措施,但是如果不依据国家根本法来治理国家,就何谈以全面推进依法治国?何况全面推进依法治国就必然要求全面贯彻实施宪法,宪法如果得不到全面贯彻实施,全面推进依法治国岂不就成了一句空话。而且全面贯彻实施宪法就必须要在一个集中体现党和人民意志的良宪的基础上,健全行宪、司宪、遵宪、护宪的一整套制度和机制;就要求真正树立宪法的尊严和权威,并坚执宪法在依法治国中的重要地位和作用,全面推进依法治国才有力度和深度,也才能通过依宪治国来引领和整合全面推进依法治国的各项内容和措施,以发挥综合系统优势加快社会主义法治国家的建设。不仅如此,依宪治国也是全面深化改革以及全面从严治党的必然要求。坚持依法治国首先要坚持依宪治国,本身就是全面深化改革新形势下法治改革的极重要内容;依宪治国必然导致的依宪执政,也是全面从严治党的极重要举措。而这些都指向全面建设成小康社会的宏伟目标。可见,依宪治国深切地关联着党中央提出并正努力践行的"四个全面"的战略任务。

当然,党中央提出和重视坚持依法治国首先要坚持依宪治国,坚持依法执政首先要坚持依宪执政,并不意味着是把依宪治国作为一个独立的治国方略;而是强调

---

[1] 参见秦前红:《如何理解习近平总书记所谈"依宪治国""依宪执政"?》,载 2014 年 9 月 12 日"财新网",http://opinion.caixin.com/2014-09-12/100727886.html? NOJP,最后访问日期:2017 年 6 月 28 日。

宪法在依法治国和依法执政中的首要地位以及对于治国理政的重要作用和意义。因此，我们应该在依法治国方略的总体框架内并以实施依法治国方略为分析视角，来进一步认识依宪治国的必要性、重要性和紧迫性。这样，我们就可以更加深入地理解依宪治国是依法治国方略的深化和提升，而且是依法治国方略发展的高级阶段和层次。这就需要作进一步的阐析。

进入 21 世纪中国法治发展最引人注目的一种态势，就是以宪法和行政法为代表的公法理论和实践备受重视，有学者将此称为“中国公法的崛起”。改革开放以来我们以经济建设为中心，大力发展市场经济，市场经济的主体法民商法得到了蓬勃发展，私法文化、意思自治、契约自由等理念和原则通过政治国家与市民社会的二元分离逐步植入中国社会。这是中国法治的一大进步，不仅适应了大力发展市场经济的时代需求，而且有利于培育民众的权利意识和权利观念，培养和增强公民社会的自治精神和自治能力，为我们实行依法治国、建设社会主义法治国家提供了重要的法制基础和社会条件。但是，从 20 世纪末到进入 21 世纪，随着经济和政治体制改革的深入进行以及依法治国方略和依法行政的不断推进，中国社会发展进入一个关键时刻：一方面市场经济的一些被忽视了的负面影响日益显现，并使长期积累下来的一些深层次问题越来越成为社会协调发展的掣肘。例如，不能有效解决反腐倡廉这一关系到国家兴衰及执政党执政地位的生死攸关的问题，而且不能切实贯彻“诚信”这一市场经济秩序的“帝王法则”，从而不能杜绝各种“假、冒、伪、劣”，“欺、蒙、拐、骗”充斥社会，甚至从经济领域蔓延到了政治和文化领域。另一方面全球化、加入 WTO 及和平崛起的国际国内新形势都对我国法治建设和政府行为提出了更高的要求和更严峻的挑战。这表明单靠规范平等主体间关系的民商法已不能满足规制市场经济秩序和促进社会协调发展的客观要求，特别是要解决一系列深层次的社会经济问题，适应国际国内发展新形势的需要，都必须要把规范政府行为，建立和健全国家权力合法、高效、廉洁运行的体制和机制放在特别重要的地位，以突出法治的“治官”“治权”“治政”的重要作用和功能，防止国家权力的滥用和腐败，切实保障人权和公民权利；也才能真正建立和健全社会主义市场经济体制，完善市场经济法治保障体系，优化投资环境、法治环境和整个社会环境，并切实地推进政治体制改革和政治民主化进程。这些都必然要求作为典型公法的宪法及其具体化的行政法的重大发展，并与民商法等相辅相成，以适应时代的要求并把依法治国方略推向一个新的更高的水平。依宪治国的提出并赋予极其重要的地位和意义，就是“中国公法的崛起”之最重要表现和验证，也是依法治国方略深化和提升之重要表征。

事实上，党的十八大以来特别是十八届四中全会为全面推进依法治国，高度重视依宪治国强调其在依法治国方略中的重要地位和意义，不仅是建设法治中国，就必须坚持依法治国、依法执政、依法行政共同推进，坚持法治国家、法治政府、法治社会一体建设，实现科学立法、严格执法、公正司法、全民守法，促进国家治理体系和治理能力现代化的应有之义、当然之举，而且是把依法治国方略推进到更高的阶段和层次——建设和健全以宪法为核心的中国特色社会主义法治体系的必然要求。这又一次印证了中国公法的崛起。

2007 年 10 月中共十七大明确提出了完善中国特色社会主义法律体系，经过多年的努力，2011 年，由宪法统领，由法律、行政法规、地方性法规以及自治条例等构成的相当丰富和庞大且总体尚做到科学和谐统一的中国特色社会主义法律体系如期形成。但是，具有中国特色社会主义法律体系的形成并不等于中国特色社会主义法治的建成，更不等于社会主义法治国家的建成。这些法治建设任务都任重道远，就必然需要党的十八大特别是十八届四中全会通过纲领性文件的方式来大力地推进。党的十八届四中全会创新性地提出了要坚持走中国特色社会主义法治道路，建设中国特色社会主义法治体系，贯彻中国特色社会主义法治理论等新鲜而重大的课题，并把建设中国特色社会主义法治体系，建设社会主义法治国家作为全面推进依法治国的总目标；而且强调要完善以宪法为核心的中国特色社会主义法律体系，加强宪法实施。这都表明，建设和健全以宪法为核心的中国特色社会主义法治体系已成为全面推进依法治国的重要任务和目标，是依法治国方略深入实施和进一步发展的必然要求。

法治体系不等于法律体系，也不同于法制体系。法律体系是与法律规范体系同一序列的概念，是法治体系中的一部分。法制体系即“有法可依、有法必依、执法必严、违法必究”，包括立法、执法、司法、守法等环节和过程。而法治体系（具体来说即中国特色社会主义法治体系）就要求如十八届四中全会所指出的“形成完备的法律规范体系、高效的法治实施体系、严密的法治监督体系、有力的法治保障体系，形成完善的党内法规体系”，是在法制体系基础上的进一步深化和拓展。建设和健全以宪法为核心的中国特色社会主义法治体系要求更高、更严格。为此，需要深入认识和充分发挥宪法的重要价值功能。

宪法作为国家根本法以及最典型的公法，是以保障和增进公民基本权利与人权，规范和制约国家权力为己任的，这既是宪法的重要价值功能，又是其重要特征。

公民基本权利与人权是宪法的最基本内容，公民基本权利与人权的宪法保障是宪法的最基本任务，是所有其他法律规范中公民权利与人权保障的基础和根本依据，所以公民基本权利与人权在我国宪法中是位于宪法正文的“国家机构”之前来进行规定的，以便更充分、更广泛、更切实、更深入地维护和保障公民权利和人民利益。关于“国家机构”的规定也是宪法的基本内容，而宪法对“国家机构”的规定（包括国家机构的组成、职权、职责等）其实际意义就是规范和制约国家权力，这样才能使国家权力不被滥用甚至造成腐败，并且能合理合法地运行。这也是所有其他法律规范中具体规制国家权力的基础和根本依据。所以公民和国家是宪法最重要的主体，公民权利与国家权力是宪法的两大基本要素，公民权利与国家权力的关系是宪法法律关系的主要内容，从法哲学的观点来看，这是宪法哲学的基本问题，也是宪法的基本矛盾。这就有必要对此进行一番法哲学分析。

公民权利与国家权力的关系作为宪法的基本矛盾包括以下两层含义：

1. 公民权利与国家权力二者谁是基础和本源，谁决定谁，谁派生谁，用哲学语言来说，即何者第一性的问题？

就国家权力的实质和根源而言，它本质上是属于人民的权力（人民主权）并来自人民的权力（在我国就是人民代表大会所代表的人民的权力）即“中华人民共和国的一切权力属于人民”，“人民是权力的唯一合法泉源”；[2] 具体而言是由公民行使公民权利（通过选举出人民代表组成人民代表大会并履行其职能）转化和集中化来的，通过各级人民代表大会组织和产生各级各类国家机关并依法赋予其权力，从而使人民的权力上升为国家权力。所以国家权力不过是公民权利的集中化、强烈化、权威化以及公共化而已，而它产生和运行的最终目的也就是保障和实现公民权利和人民利益，增进公众福利。

2. 国家权力能否以及怎样才能有效地保障和实现公民权利和人民利益？

这就是关于国家权力应受制约性及公民权利须有保障性的问题。那就既要坚持人民主权原则和人权原则，又要坚持法治原则以及权力制衡等宪法基本原则，使国家权力的取得和行使都有严格的宪法和法律依据，都能体现人民的意愿代表人民的利益，并受到严密的监督和制约，特别是受到广大人民群众的监督和制约，而且使这整个过程都做到规范化、制度化、法律化，即努力实行法治和宪政。这样从而使国家权力既能有效地行使和顺利运行，又不致滥用、越权、失职，而是用来为人民谋福利。因此，宪法从本质上说就是用以规范国家权力，使之合法合理地运行，以保障和实现公民权利和人民利益。

所以，概言之，“公民权利与国家权力之间的关系可以表述为公民权利产生国家权力，国家权力为公民权利服务，公民权利制约国家权力”。[3] 这样“来保证权力源于民、属于民、依于民、归于民，从而展现社会主义民主的真谛”。[4]

由此可见，实行依宪治国，强调宪法在依法治国和依法执政中的首要地位以及在有中国特色社会主义法治体系中的核心地位，可以从这样的高度和深度上来认识公民与国家、公民权利与国家权力的正确关系，从而深切理解“中华人民共和国的一切权力属于人民”，“人民是权力的唯一合法泉源”。因此，各级干部和我们的公务员必须敬畏、慎用人民赋予的权力，使之忠实地为人民服务，并自觉地接受人民群众的监督和制约，切实地摆正“公仆”和“主人”的关系。这样就可以为反腐倡廉以及加强党风建设等提供思想、理论以及舆论支撑。这正是依法治国方略实施中需要用大力气解决的重要问题和深层次问题。各级干部和我们的公务员能深切地认识和理解到这些重要道理并在自己的工作中身体力行，社会主义民主和法治建设就大有希

---

[2]　[美]汉密尔顿等著：《联邦党人文集》，程逢如等译，商务印书馆 1980 年版，第 257 页。

[3]　周叶中主编：《宪法》，高等教育出版社、北京大学出版社 2000 年版，第 256 页。

[4]　请参见秦前红：《如何理解习近平总书记所谈“依宪治国”、“依宪执政”?》，载 2014 年 9 月 12 日“财新网”，http://opinion.caixin.com/2014-09-12/100727886.html? NOJP，最后访问日期：2017 年 6 月 28 日。

望,依宪治国就能落到实处,就能提升党和政府的形象和威望,从而就会巩固并增强我们党的执政地位,也就为突破“其兴也勃焉,其亡也忽焉”的历史周期律创造了重要条件。反之,如果擅权、弄权,“做官当老爷”,颠倒“公仆”和“主人”的关系,其结果不仅自己会受到党纪国法的惩罚,而且也会给党和国家造成严重危害。

三、实现依宪治国,任重而道远也

实现依宪治国,肯定是一个复杂、庞大而持久的社会系统工程,必定会有诸多困难、问题和矛盾。我们必须对此有清醒、冷静的认识,才能作好充分的思想准备,坚韧不拔地将这一宏伟事业推向前进。

实现依宪治国,必然有多方面的体现和标准,那么健全以宪法为核心的中国特色社会主义法治体系肯定是其中最重要的标准之一。就必然要求中国法治建设完成一次极为重要的全面提速升级——从有法可依向科学立法、民主立法的转型升级;从强调法律体系和规则体系向强调体制、机制、制度、规则四位一体的转型升级;从依法管理向依法治理的转型升级;从过去单纯地强调政府严格执法向强调坚持依法治国、依法执政、依法行政共同推进,坚持法治国家、法治政府、法治社会一体建设的转型升级;而且从规范执法行为向由行为到程序、由决策到执行、由内容到内容和形式并重之一体化规范的转型升级;还有从事前授权、事后纠错的控权方式向建立和健全权力运行监督制约体系的转型升级;从注重私法权利向私法权利与公法权利保障并举的转型升级;从严格司法向公正司法的转型升级;从强调依法办事向既强调依法办事又强调法治环境改善的转型升级[5]等。这样一来,才能适应健全以宪法为核心的中国特色社会主义法治体系的这种高标准、严要求,从而把依法治国方略推进到更高的阶段和水平。显然,这是极其艰难和艰巨的。

实行依宪治国所必然要求的“全面贯彻实施宪法”也颇不容易。例如,仅就如何培育和增强国人的宪法意识和依宪治国观念而言就难度很大。长期以来,由于宪法没有得到有效的贯彻实施,其没有像刑法、民法那样关系到人们的切身利益,通常似乎就充当着政治宣言的作用;再加之宪法监督制度未健全,违宪审查制度未真正确立,宪法的尊严和权威也就未能真正树立。因此,培育和增强国人的宪法意识和依宪治国观念需要做极其艰苦细致的工作。这就必须认真贯彻执行习近平总书记在首都各界纪念现行宪法公布施行30周年大会上的讲话所强调指出的:“我们要在全社会加强宪法宣传教育,提高全体人民特别是各级领导干部和国家机关工作人员的宪法意识和法制观念,弘扬社会主义法治精神,努力培育社会主义法治文化,让宪法家喻户晓,在全社会形成学法尊法守法用法的良好氛围。我们要通过不懈努力,在全社会牢固树立宪法和法律的权威,让广大人民群众充分相信法律、自觉运用法律,

---

〔5〕 以上这一系列的转型升级,系笔者引用自付子堂、周尚君等的未定稿《关于重庆市全面推进法治建设的报告》一文,又略加补充和修改,特此说明,并对付子堂、周尚君等同志表示感谢!

使广大人民群众认识到宪法不仅是全体公民必须遵循的行为规范，而且是保障公民权利的法律武器。”

而且“全面贯彻实施宪法”就需要对宪法施行中的焦点、难点以及争议点问题予以解决。如上所述，宪法的司法适用即“宪法的司法化”问题就曾引起过激烈的争论，最高人民法院还废止了相关的司法解释。但是如果宪法不能像刑法、民法那样得到执行和适用，特别是得到司法适用，没有建立起宪法诉讼制度，没有建立和健全司宪的机制和程序，“全面贯彻实施宪法”也就会成了一句空话。因此，在依宪治国，“全面贯彻实施宪法”的新形势下，“宪法的司法化”问题值得重新重视和予以认真研究，并应以此为契机，探索建立宪法诉讼制度这一重要问题。还有建立和健全违宪审查制度也是一个复杂艰难的过程，而且是一个引起热烈讨论和激烈争论的问题。虽然学界进行了有益的探索并提出了多种方案，全国人大常委会也作出了可贵的尝试和努力；但是还有一个问题没有引起充分的重视，就是违宪审查不仅要针对违反宪法的规范性及非规范性文件等抽象行为，而且要针对违反宪法的各种具体行为。

如上所述，依宪治国，是国家治理体系和治理能力现代化的应有之义。党的十八届三中全会首次把“推进国家治理体系和治理能力现代化”作为全面深化改革总目标的重要内容，党的十八届四中全会又把“促进国家治理体系和治理能力现代化”作为全面推进依法治国的重要目标。可见，实现国家治理体系和治理能力现代化是党中央提出的社会主义现代化建设以及法治建设的新任务、新目标和新的更高的要求，因此，实现依宪治国也必将是实现国家治理体系和治理能力现代化的重要内容之一。而实现国家治理体系和治理能力现代化必然要求实现国家治理体系的法治化，否则就会因得不到法治保障而不能顺利进行，还可能走到歧路；而且离开法治化的评价尺度和标准，对国家治理体系和治理能力现代化的价值评估和判断就会减弱力度和客观性，就缺乏实质性意义。因此，实现国家治理体系和治理能力现代化的一个关键就是建立和健全国家治理法治体系，这是一个十分复杂的全新问题。所谓国家治理法治体系，就是围绕以宪法为核心的国家治理法律体系而建立起来的一系列制度体系，包括国家管理法律法规体系以及国家权力体系、公民权利体系、公民义务体系、政府责任体系等法律制度、机制及体制组成的治理系统，是国家治理法律体系的动态化、常态化和实效化。也就是说，要形成完备的国家治理法律规范体系、高效的国家治理法治实施体系、严密的国家治理法治监督体系、有力的国家治理法治保障体系，当然还应包括形成规范执政党依法执政、依宪执政的完善的党内法规体系。〔6〕这更是一复杂、庞大的社会系统工程，需要作出极其艰苦的努力才可能完成。

特别是依宪治国必然要导致依宪执政，那么坚持依宪执政就更不容易。依宪执政是依法执政的关键和核心，是“党必须在宪法和法律的范围内活动，执政党必须依

---

〔6〕关于对国家治理法治体系的认识和理解，也系笔者引用自付子堂、周尚君等的未定稿《关于重庆市全面推进法治建设的报告》一文，又加以了必要的补充和修改。

法执政”重要原则的深化和提升，是对党的执政方式提出的更高要求和更高的标准。党中央提出和重视坚持依法执政首先要坚持依宪执政，就要求执政党在执政过程中把依据宪法、崇尚宪法、信仰宪法放在头等重要的位置，并以此来引领和推进依法执政方针的有力贯彻实施，推动依法执政方针贯彻实施中的重点、难点以及焦点问题的解决。从而就要求更加严格地治党管党，努力提高党的组织和活动法治化的程度和水平。这样，就更有利于通过改善党的领导来加强党的领导。应该深切地认识到，改善党的领导的主要内容和途径就是要善于运用法法治的思维和方式来依法领导、依法执政、依宪执政，从而就能切实地加强党的领导，巩固和增强执政党的执政地位。这就给我们提出了一个十分重要的问题，即需要我们正确认识和处理党与宪法、党的领导与依宪治国及依宪执政的关系。

宪法是党和人民意志的集中体现，而且是将党和人民的意志转化为国家意志的枢纽和总路径，其集中体现党的方针政策，凝聚着全民的共识，其他法律所体现的党和人民意志都要以宪法的这些内容为基础和根据。因此，党的主张，人民的愿望和要求同宪法的规定、原则和精神是根本一致的；但是必须通过严格的法定程序才能将党的主张，人民的愿望和要求转化为宪法的规定、原则和精神，而且要通过严密的行宪和司宪程序和机制来贯彻实行。其中，任何扭曲、阻塞或疏漏都会产生严重的后果，甚至会导致违宪违法。所以，不能简单地把党等同于宪法和法律，也不能以党代政、党政不分，甚至以言代法、以权压法、徇私枉法，更不能把个别党员或领导干部的违宪违法行为视同为整个党的行为。当然，宪法从制定到实施包括立宪、行宪、司宪、遵宪、护宪的整个过程都必须是在党的领导下进行，发生的上述问题也都需要坚持和加强党的领导来解决。正如习近平总书记在首都各界纪念现行宪法公布施行30周年大会上的讲话中特别指出的：“党领导人民制定宪法和法律，党领导人民执行宪法和法律，党自身必须在宪法和法律范围内活动，真正做到党领导立法、保证执法、带头守法。”

而依宪治国和依宪执政是对依法治国和依法执政的更高要求，也更能充分发挥宪法的重要作用和功能，同时也就更有难度并更容易出现问题和矛盾，所以就更需要坚持和加强党的领导；这也更需要坚持“党必须在宪法和法律的范围内活动”的重要原则，从而做到党领导依宪治国和依宪执政，党又在坚持依宪治国和依宪执政中加强党自身的建设，不断提高党的组织和活动法治化的程度和水平。实现党的组织和活动的法治化，就能把“党必须在宪法和法律的范围内活动”的重要原则贯彻到底，是从严治党、加强党自身建设最为重要的一个内容，也是实现依宪执政、巩固和增强执政党的执政地位的必然要求。关于这方面，党的十八届四中全会已经做出了示范，这是首次在中央全会上强调要加强党内法规制度建设，形成配套完备的党内法规制度体系，因此颇值得重视。这就细化了“党必须在宪法和法律的范围内活动，执政党必须依法执政”的重要原则并使其落到实处，使我们党在从严治党的征途上跨进了一大步，也是我们党为实现党的组织和活动的法治化作出的重要努力。这可谓切中了中国共产党正努力摆脱的“其兴也勃焉,其亡也忽焉”的历史周期律之一个要害。当然,这就需要进一步处理好相关的各种关系,包括进一步处理好党内法规同国家法律尤其是宪法的关系,使其相互衔接和协调,从而既保持国家法制的统一,又使国家法律和党内法规发挥好各自的作用和功能。而实现党的组织和活动的法治化所说之“法”,既指国家法律,又指党内法规。

总之,党中央提出和重视坚持依法治国首先要坚持依宪治国,坚持依法执政首先要坚持依宪执政,揭开了中国共产党治国理政以及加强党自身建设的崭新篇章,既给我们提出了促进和实现国家治理体系和治理能力现代化的严峻挑战,又赋予了我们全面推进依法治国,以有力地保障全面建成小康社会,实现中华民族的伟大复兴,从而彻底摆脱“其兴也勃焉,其亡也忽焉”的历史周期律的难得机遇。这实是中国共产党人光荣而艰巨的历史使命,中国共产党人应该勇敢而坚定地承担起使命,以不负人民的重托,时代的重任!

地方财政自主权保障与规范的重构路径

闫 然*

内容摘要：长期以来，中央政府和地方政府之间关于财政收入权限及其相关的支出责任划分都不甚清晰。地方政府面临着财权过小与支出责任过大的财政困境，地方财政自主权缺乏应有的空间与规范，在地方财政权的运行中隐藏着巨大的财政风险。因此，面对深化国家治理体系改革的新形势要求，调整中央与地方政府财政关系，重塑地方财政自主权应成为制度必然。一方面要强化保障地方财政收入权限，满足现代国家地方财政需求；另一方面要立法规范地方财政自主权，并监督规范其在财政支出领域的权力实施，使地方财政自主权真正发挥其应有的功效。

关键词：财政自主权　地方政府　立法保障　支出责任

财政是庶政之母，现代公共财政权的制度运行包括纵向财政权力运行与横向财政权力运行。当前我国公共财政纵向权力运行所呈现的最大挑战是中央与地方之间的权责异位，局部结构性失衡。长期以来，公共财政权在中央政府和地方政府之间关于财政收入权限及其相关的支出责任划分都不甚清晰，加上协调或调解两者争议的机制缺乏，使财政纵向分权的制约功能未能发挥其应有的功效。一方面，中央政府财政收入与支出规模无法满足现代国家财政需求；另一方面，地方政府更是在繁多的支出责任与并不规范的财政收入间勉力维持，在央地财政关系的运行中隐藏着巨大的财政风险。因此，调整中央与地方政府财政关系，重塑地方财政自主权已成为制度必然。

一、现状：地方政府财权与支出责任失衡

钱颖一等经济学家将1994年税制改革称作"中国式财政联邦主义"（Fiscal Federalism China Style）的改革，称其不但促进了中国经济的高速发展，而且让人们看到了中国走出财政体制改革的魔咒。但是在中央政府主导下的分税制改革也存在明显的不足，尽管它在一定程度上增加了中央政府的财政收入，但并未能使中央与地方财政收入分配制度化、规范化和透明化。1994年分税制在某种程度上变成了增加中央政府财政收入，变相剥夺地方财权的税收分级管理办法。与此同时，由于各地区之间自然资源、工业基础的差异，加之国家在改革开放之初为实现一部分人先富起来的发展战略而做出的各种政策倾斜，直接导致各省、市发展不均的现象愈发突出，原有的地方政府收入与支出责任划分已不能适应各地方的发展现状。一方面，以北上广为代表的沿海省、市财政收入屡创新高，面对地方财政收入与支出不成

* 全国人大常委会法制工作委员会干部，法学博士。

比例的现状,对于地方财政自治权力的需求日益强烈;另一方面,广大西部省份财政收支尚无法实现自给自足,而中央财政转移支付等手段的非制度化运行,给地方财政发展带来巨大的挑战和不确定性。

(一)地方政府财政收入与支出不成比例

在中国今天的财政体制中,作为单一制下的中央政府面临着地方政府日益强烈的财政自治权力诉求。与中央财政权力缺位与行使不力相对比,我国地方政府面临着财权过小与支出责任过大的财政困境。这种财政收入与支出责任的失衡主要表现在以下两个方面:

第一,地方财政收入权限过小。当前我国省级以下的地方财政收入管理体制仍面临较大挑战,县、乡级地方政府财政困难与日俱增,有的地方采取税收分享,有的地方则实行包干制,广泛开源节流应对财政收入困难。特别是在缺乏主体税种且税源不固定情况下,随着农业税的取消以及营改增的全面实行,地方政府自由财源发展弹性恐将进一步低于中央财政,以至于无法完成应对日益增加的公共支出。[1] 如图 1 所示,我们可以进一步比较中央与地方收入支出分别占总收入支出的比例,两条折线中上面一条深色实线是中国中央政府的收入占比,下面一条浅灰虚线是支出占比。相较于中央政府财政收入自 1994 年分税制改革以来已基本稳定在 50% 上下,中央财政支出占比则自 2003 年以来呈逐年下降趋势,至 2013 年已不足 15%。在规范层面的权力分配之中,一个健康的单一制国家之下,中央与地方财政关系意味着中央既非全盘负责,亦非全面退出,而是应该"有所为,有所不为",然而当前中央财政 15% 的支出比例已难以完成单一制国家中央政府的财政任务,尽管有转移支付的调整,但地方财政在收入与支出上的严重失衡已显露无遗。

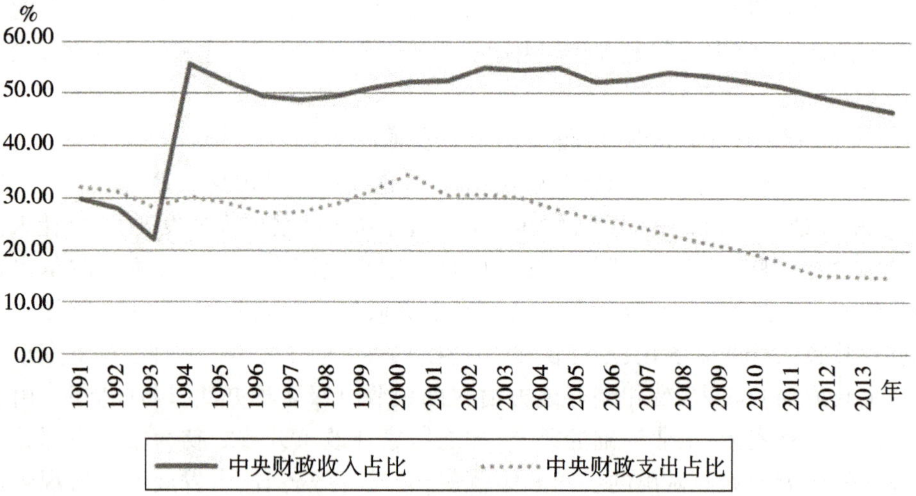

图 1 历年我国中央政府财政收入及支出占比[2]

---

[1] 刘丽:《税权的宪法控制》,法律出版社 2006 年版,第 149 页。

[2] 相关数据参见国家统计局:《中国发展报告》(2013),中国统计出版社 2013 年版。

第二，地方财政支出责任过大且不规范。与中西部地方财政收入困难相比较，广大发达地区如上海、江苏、浙江、广东等省、市，对于更大空间财政自主权、更为明确支出责任划分的需要尤为迫切。公共财政权力的下放必须伴随着目标、权力和责任的规定，地方政府财权与支出责任的划分设定需要明确支出主体、支出目标和监督程序，形成将每个支出行为与整个国家目标联系在一起的公共财政权纵向分权体系。[3] 然而，在目前地方财政运行中，一方面，中央政府在政策文件中对于各级地方政府提出了更高的施政要求；另一方面，地方政府无米下炊的窘境却难以得到中央政府的帮助。在税权分配中央主导和严重失衡的现状下，"中央出政策，地方出银两"的情况愈发严重，地方政府特别是县、乡一级政府财政收入对预算外资金具有更大的依附性。因此，因为缺乏稳定的地方财政收入，间接迫使地方政府通过各种办法大幅违规举债，并以各种名目征收税费来弥补"中央请客"之后的资金缺口，地方公务员教师工资拖欠、乱收费、乱罚款情况等情况时有发生。[4] 随之而来的是地方政府债务规模攀升，财政风险日益加剧，地方财政困难问题的凸显。

（二）中央对地方政府财政转移支付不清晰

中央政府通过支出责任的划分调整，利用转移支付承担一部分地方事权支出责任，并通过财政专项支付，支持地方经济发展，以应对地方政府日益强烈的财权呼声。然而，因为转移支付规范化的不足，中央部委与地方政府均为此承受了巨大压力。同时，部分社会保障事务、跨区域的重大建设项目等作为中央与地方的共同事权，因为区域发展不均，在财权和支出责任的划分中又产生了新的争议与困难。当前，我国转移支付等中央调控手段缺乏有效的监督机制，在制度实践中缺乏指导财政调控、支出责任划分的制度规范。目前，我国涉及划分中央与地方关系的主要规范性文本依据是 1993 年国务院《关于实行分税制财政管理体制的决定》，该决定以国务院文件形式开启了我国分税制改革，但由于其法律位阶过低，并非国务院正式的行政法规，时至今日尚没有一部专门法律调整财政纵向分权事项。由于宪法、法律对财政纵向分权缺乏规定，使我国财政纵向分权的人为因素太多，实践中不规范情况时有发生。同时，由于缺乏宪法和法律依据，使中央和地方财政关系安排上存在较大的不确定性，而这种变动权多掌握在中央政府手中，造成地方对本级财政收入的安排丧失主动权，不利于地方经济的发展。[5]

与建立现代财政制度的要求相比，现行中央对地方转移支付制度存在的问题和不足日益凸显，突出表现在：其一，中央和地方事权和支出责任划分不清晰，转移支付结构不够合理。其二，一般性转移支付项目种类多、目标多元，均等化功能弱化；专项转移支付涉及领域过宽，分配使用不够科学。其三，一些项目行政审批色彩较重，与简政放权改革的要求不符。此外还包括地方配套压力较大，财政统筹能力较

---

[3] 姚来燕：《我国人大财政权研究》，中国检察出版社 2010 年版，第 79～81 页。

[4] 赖勤学：《转型与立序：公共财政与宪政转轨》，知识产权出版社 2007 年版，第 233 页。

[5] 崔巍：《财政宪法的民生导向研究》，世界图书北京出版公司 2013 年版，第 212 页。

弱,转移支付管理漏洞较多、信息不够公开透明等。[6] 对于上述问题,2014 年新修订的《预算法》第 16 条对于转移支付做出了原则性规定,国务院在 2014 年 12 月出台了《关于改革和完善中央对地方转移支付制度的意见》,但学界所期待的《转移支付法》尚未出台,有必要尽快通过深化改革和完善制度,解决、规范转移支付实践中所存在的诸多问题。2013 年的中央支出仅占全部支出的 15%,中央通过转移支付给地方的财力过大,转移支付的交易成本巨大,"寻租"空间很大,导致腐败不可避免,是"跑部钱进"和"驻京办"乱象的根源。

如上所言,规范纵向权力运行,建立权责相适应的中央、地方财政权力关系体系,其最终意义不仅局限于各级政府"钱袋子"的多寡,更是关系到政府能否具备正常履行职责的能力,关系到整个社会经济的稳定和繁荣。我们当在进一步保障中央与地方公共财政权力在实践中运行的同时,以期实现公共财政权及其制度变革在推动现代国家治理方式的变革中的重要作用。

二、路径:地方财政自主权制度重构的路径设计

面对转型中的央、地关系的财政制度重塑,笔者认为,正确处理中央与地方关系的前提是正确界定财政分权的权力配置与立法模式、重构地方财政自主权制度。中央政府将财政权逐步下放到地方财政,已经是近年来各国改革的重要趋势。在深化财税治理体系改革过程中,中国面临着单一制国家目标建构与的双重压力,历史的实践表明,单纯的权力下放或上收集权都会带来巨大的现实压力。故而,我们需要在地方财政权的制度重构中基于自身国情,从权力配置与立法模式对央地财政关系进行重塑和考量。

(一)财政联邦化下的权力配置

根据宪法学理论观点,国家结构形式是指一国中央与地方、地方与地方之间根据什么原则方式来调整划分国家整体和各部分之间的政治、经济权力关系,其主要特征表现是中央与地方政府的权力关系。就现代国家结构形式的类型而言,主要有两种:单一制和联邦制。作为单一制国家的典型代表,1949 年新中国成立之后,凭借国家财政权的高度集权,极大地提高了国家的汲取能力,充分地实现了中国作为新兴国家的后发比较优势。然而,随着各地区经济的快速发展,传统的单一制国家财政体制遇到了新的挑战,各地方提出更高的财政自主诉求,引发人们对中国当前单一制国家财政转向联邦化的讨论。但无论是单一制国家还是联邦制国家,中央与地方政府之间在财政领域的博弈由来已久,从宪治发展的角度来看,财政分权并确立地方财政自主权是公共财政权在现代国家构建过程中的必然趋势。根据各国实践,大体可以分为绝对分权型权力配置、绝对集权型财政权力配置以及混合型分权配置

---

〔6〕《国务院关于改革和完善中央对地方转移支付制度的意见》国发〔2014〕71 号。

三种模式。[7] 处理中央与地方财政集权和分权的关系，应该以能否建立起高质量的公共财政权，确保公共政策产生合意的、持久的效果为目标，而不是以分权或集权本身为目标。因此，我们不应照搬其他国家的现成做法，而应该根据中国特殊的政治、社会情况，在中国既定的制度约束下设计出合适的财政制度。[8] 基于我国实际，笔者建议，应建立以中央财政权为主体，地方财政权为辅助的混合分权型中国现代财政权力配置体系。

首先，中国纵向财政权力配置要坚持主要财政权力集中在中央财政。合理配置划分中央与地方的公共财政权限，既是对中央政府的制约，也是对地方政府的制约。而中央与地方最重要的财政关系也在很大程度上由国家结构形式所决定，并反向影响国家结构形式的发展。中央财政权力集中是单一制国家财政体制的重要特征，然而当前中央政府与地方政府财政权限的冲突进一步激化了我国的财政联邦化倾向。目前我国中央财政收入占总收入50%左右，集中程度并不高，从国际比较看，英国、法国、意大利、澳大利亚等国家，中央财政收入比重都在70%以上，美国常规年份也在65%左右。在中国单一制的宪法治理体制下，如何分配规范中央与地方财政权力与义务是中国公共财政的一项重要任务，[9] 作为财政体制公共财政化的结果和重要组成部分，构建符合中国国情、与市场经济体制相一致的中央与地方关系的制度框架，在中国公共财政权的制度构建中居于十分重要的地位。

其次，中国纵向财政权力配置要吸收联邦制优点兼顾地方财政自主性。财政分权的出现与现代国家各地区发展速度不均，节奏不一密切相关，中央财政无法实行统一的财政政策，而选择将财政自主权下放地方，故而在一些单一制国家，权力的纵向分散程度甚至超过联邦制国家。单一制国家虽然不可能赋予地方相当于联邦制中"帮"的权力，但受地方自治潮流的影响，不少国家的宪法允许地方作为自治团体而存在。相对于过去单一制下绝对服从中央的财政体制而言，地方财政自治在财政分权方面已经进步，除非在政治上实行高度集权专制，否则地方政府总能在财政分权过程中通过与中央政府的博弈得到一定的实际权力。正因如此，有些国家干脆授予地方一定的财政权力，使其名正言顺地成为一个相对独立的主体。[10] 事实上，在我国，香港和澳门特别行政区的制度已在我国的国家结构形式中注入了一定的地方财政自治元素。在特别行政区政府和中央政府之间存在公共事务最终决定权的分

---

〔7〕 刘剑文：《强国之道：财税法治的破与立》，社会科学文献出版社2013年版，第177页。

〔8〕 胡书东：《经济发展中的中央与地方关系——中国财政制度变迁研究》，上海人民出版社2001年版，第167~169页。

〔9〕 在事权与财权相统一的基础上，地方成为某种权责自负的独立法人，通过削弱中央权力中枢的财政能力来削弱中央无限的政治权力，使中枢的国家权力不能再简单依靠命令和武装去指挥全国，而必须在宪政和法治的制度中，去和地方之间相互妥协、相互合作，从而使税收分权走向政治分权。这样既可避免极端的专制集权，也可避免极端的地方自治导致国家分裂。参见赖勤学：《转型与立序——公共财政与宪政转轨》，载《天府新论》2005年第1期。

〔10〕 熊伟：《政府间财政关系的法律调整》，法律出版社2010年版，第12页。

享,特别行政区具有基本法约束下的独立的立法权、行政权和司法终审权以及征税权力,权力范围和完整性甚至超过一般的联邦制下的区域性政府。而且,实践中也出现了某些类似联邦制国家中央与地方财政权力划分的现象,如地方"先行立法",由中央追认地方先行使用的权力。[11]

(二)规范地方财政权的立法模式

地方财政权规范化是指一国财政分权制度通过宪法及相关宪法性法律规则确立中央政府与地方政府之间的财政权力关系。在分权规则的制定中,因为各国的地域差异与特殊国情,标准同一化的中央地方分权规则并不现实,故而在本研究中,不同层级政府满足社会成员公共需要的分工规则是否清晰、规范、合理应是我国在建构地方财政权规范化时的考量要素和重要目标。在规范地方财政权的具体立法模式选择上,各国各地区做法不尽相同。从总体上看,主要包括规范财政分权的立宪模式、地方财政权的单行立法模式以及地方财政权的分散立法模式。在此,规范地方财政权的制度化构建主要从考察这些制度是否规范,是否能够明确划分各相关经济主体的权限,是否能给各经济主体带来确定性着手进行分权法治化的机制构建。笔者认为,我国应建立完善以宪法为纲领,部门单行立法为支撑的财政分权立法模式。

首先,财政立宪是财政分权规范地方财政权的首要任务。财政分权涉及的是公共权力和国家公共财政资源的调配和运用,是对各级政府的责任权利关系的安排,关系到如何处理中央和地方之间的财政权关系、划分和配置各财政主体之间的财政权限、确定各级政府的财政收入和支出的范围,这些事项属于一国财政制度最基本的内容,因此有关财政分权的基本模式选择和基本内容都有必要用宪法的形式确定下来。[12] 根据笔者统计,世界各国在传统国家转型到现代国家建设过程中,192 个国家中共计有 100 个国家采用第二种方式,在宪法中将财政作为宪法的专门章节进行规定,凸显出财政在国家宪法治理中的重要地位。[13] 在新中国第一部宪法性文件《共同纲领》中,即对于财政分权问题作出简要的规定,[14] 1982 年《宪法》第 89 条第 4 项进一步明确了国务院的职权范围,[15] 但并未对于中央与地方政府之间的财政分权做出具体规范。基于财政分权在我国公共财政体制中的重要地位,有必要在宪法中明确财政分权的基本原则与权力配置框架,减少财政关系的不确定性和博弈的成本。

---

〔11〕 孙波:《论单一制国家结构形式与立法分权》,载《河北法学》2011 年第 8 期。

〔12〕 张晏:《分权体制下的财政政策与经济增长》,上海人民出版社 2005 年版,第 13 页。

〔13〕 如《德国基本法》第 104 条规定,联邦和各州发生的支出由各自承担,属于共同事项的财政法律,由联邦立法,税收的比例划分也由联邦规定。同时规定,财政收入较高的州由联邦通过法律规定(即联邦制定的《财政平衡法》)来补助收入较少的州。参见孙谦、韩大元:《世界各国宪法》,中国检察出版社 2012 年版。

〔14〕 《共同纲领》第 40 条第 1 款规定:"关于财政:建立国家预算决算制度,划分中央和地方财政范围,厉行精简节约,逐步平衡财政收支,积累国家生产资金。"

〔15〕 1982 年《宪法》第 89 条第 4 项规定:"统一领导全国地方各级国家行政机关的工作,规定中央和省、自治区、直辖市的国家行政机关的职权的具体划分。"

各国在宪法文本中财政立宪的相关情况表

国家	财政权相关宪法文本	制定年份
加拿大	第八章财政;债务;资产;税收	1867
卢森堡	第八章财政	1868
奥地利	第六章审计和财政管理	1920
黎巴嫩	第四章第二节财政	1926
爱尔兰	第四章国民议会第五节财政法案	1937
印度尼西亚	第八章财政事务、金融和预算	1945
日本	第七章财政	1946
德国	第十章财政制度	1949

其次,相关部门单行立法是地方财政权规范化的重要支撑。公共财政权纵向度的分权主要指中央与地方等不同层次的权力的合理配置,通过支出责任与财权重组改革,使得中央与地方都分别承担起各自应有的责任。通过权力的划分,让地方拥有与支出责任相匹配的税收立法权、征收权和管理权。[16] 以上内容,单纯由宪法规定并不现实,这便需要通过相关单行立法完善财政分权的制度规范,财政分权单行立法涉及的内容通常包括政府间支出责任的划分、收入权限的划分和转移支付制度的确定。我国在公共财政领域已经出台了《预算法》《政府采购法》等单行部门法律,但是在地方财政权规范领域,《财政基本法》《财政转移支付法》等专门部门法规仍属空白,宜进一步通过部门单行法规范细化纵向分权中中央政府与地方政府之间的权力关系。

三、目标:地方政府财政自主权的保障与规范

在今天中国的公共财政权构建过程中,地方政府基于地方经济发展寻求更大权限财政自主权的诉求不绝于耳,1994 年分税制改革初步确立了中央与地方的财政体制,但并没有确定统一的地方政府财政体制,而是由各地根据自身情况自行决定,如何处理地方财政自治与国家结构目标间的平衡直接挑战着公共财政权的机制构建。

(一)强化地方财政收入权限

保障规范地方政府财政自主权,首先应强化落实地方财政收入权力。中央和地方财政收入的结构性失衡,其直接表现是地方发展不均衡下的财政自治,地方自治的根基,在于地方得以自主对其事务加以决定且执行,其权限不外有组织自治权、财政自治

[16] 胡书东:《经济发展中的中央与地方关系——中国财政制度变迁研究》,上海人民出版社 2001 年版,第 167～169 页。

权、立法自治权。就财政自治权而言,近年来在分权化、民营化及市场化潮流推波助澜之下,地方分担中央政府对于公共服务的财政支出的责任比重日益上升,伴随而来的是财政需求与财政规模日益庞大。然而地方财政长久以来却一直面临财源不足的困境,直接无法改善,严重影响地方自治权的保障。[17] 地方政府财政收入权限强化应解决两个基本问题。其一,中央与地方之间收入的划分。体现为中央财政收入占总财政收入的比重。在中央与地方支出责任划分一定的情况下,中央政府集中较多的收入有助于中央政府通过转移支付手段缓解区域之间经济社会发展的不均衡,实现区域间公共服务的均等化,但如果中央政府集中收入过多,或者转移支付制度不完善,则有可能损害地方政府因地制宜为地方居民提供公共服务的能力。其二,地方基层政府的财政权限问题。许多学者基于地方基层政府作为一级财政的地位,提出赋予地方政府税收立法权在内更多财政收入自主权力的主张。[18] 实践中,地方政府特别是偏远基层政府在税收上的收入并不稳定,经常无法满足地方经济建设和日常行政经费开支。因此,通过财政体制的调整,逐步下放地方财政收入权限,在不影响中央基本财政收入体系的前提下,对于部分税种的收入权限从中央政府转交由地方政府,以释放地方财政权力,解决基层财政困难的现状。

(二)立法规范地方财政自主权

保障规范地方政府财政自主权,其次应立法规范地方财政自主权。调节中央和地方政府财政关系的结构性失衡,其核心要义是地方财政自主权的尊重与保障。20 世纪下半叶以来,世界多个国家推行地方自治分权改革,而分权改革几乎都是从财政分权开始的。[19] 如在实行地方自治单一制的英国和日本,地方都有民选的代议机关和行政机关作为地方自治机关,行使自治权,对于地方政府的决定,人们无权诉诸中央政府加以反对,中央政府一般也无权向地方政府发布指令,尤其是 20 世纪 80 年代以来,中央与地方政府之间的高度合作得到发展,许多任务都需要中央和地方两级政府共同行动才能完成。

国家应尊重并通过立法规范地方财政自治权力,建立地方自治为宪法所保障之制度。以我国台湾地区为例,台湾地区"司法院大法官"在"释字第 498 号解释"中明文阐述到:"地方自治为'宪法'所保障之制度,'宪法'于第十章详列'中央'与地

---

[17] 简玉聪:《地方基准财政收支法律问题探讨》,载《2009 年两岸税法与经济法学术研讨会文集》,高雄大学法学院,2009 年 4 月。

[18] 杨志刚提出在不影响中央税税基的前提下,对只影响本级管辖区域内的地方税税种应由地方自行决定其是否开征,以及税率的高低。孙开认为,税收基本法和税种具体征纳程序法,可视情况划归中央或地方或中央与地方共享。许善达同样主张给予地方税收立法权,他认为,政府收费与征税,在许多时候只是名称的差别,名义上地方政府没有税收立法权,但实际上,种种收费体现的就是税收立法权,也就是说现实中国地方已经有了税收立法权。相应地,他们提出给予地方税收立法权,更多考虑的是在进一步分权的基础之上,如何进一步规范的问题。参见杨之刚:《深化税制改革适应经济社会发展》,载《财贸经济》1999 年第 12 期;孙开:《县乡财政改革的基本分析》,载《开发研究》2004 年第 1 期。

[19] 季卫东教授 1995 年 4 月在"未来中国国家结构与宪政体制"国际学术研讨会上对此有精辟的论述。参见季卫东:《宪法的妥协性——对联邦主义及社会整合的看法》,载《当代中国研究》第 5 期。

方之权限，除已列举事项外，‘宪法’第110条明定如有未列举事项发生时，其事务有全国一致之性质者属于‘中央’，有一县性质者则属于县，旨在使地方自治团体对于自治区域内之事务，具有得依其意思及责任实施自治之权。地方自治团体在特定事务之执行上，即可与‘中央’分权，并与‘中央’在一定事务之执行上成为相互合作之实体。从而，地方自治团体与‘中央’政府共享权力行使之主体，于‘中央’与地方共同协力关系下，垂直分权，以收因地制宜之效。”[20] 日本由中央统一制定《地方财政法》，规范地方财政事项。其立法目的，在于规定地方公共团体之财政营运、有关国家财政与地方财政之关系等基本原则，并确保健全地方财政，以促进地方自治之发达为目的(第1条)。[21] 此外，日本《地方财政法》也对中央与地方共同办理事务之财政经费之负担、地方发行公债之限制、公营企业之特别会计、地方财产管理等事项进行了规定。[22] 与之相比，我国宪法中欠缺对于地方财政权限的规范，也没有《财政基本法》等单行立法来保障规范地方财政自治的开展，在地方财政权力的法律保障还有较大距离，应尽快立法完善。

(三)监督限制地方财政自主权

保障规范地方政府财政自主权，最后还应对于地方财政自主权进行监督限制，防止地方财政自主权的滥用。对于地方财政自治权建构，学界与实务界多着眼于地方财政收入，而较少关注支出层面的自治权监督限制。笔者认为，除了地方财政收入部分，地方财政支出权限亦攸关地方财政自主与健全的实践。中央政府有必要统一进行框架式立法管理，亦即内容上限制于有关地方预算的基本原则由中央统一规定。其由中央统一管理之事项，尤其涉及确保整体经济均衡之要求以及多年度之财政计划，而涉及程序性规定以及共通的体系要求之事项。我国台湾地区“预算法”第96条也规定：“地方政府预算，另以法律定之。前项法律未制定前，准用本法之规定。有关地方自治团体之预算规范，也准用预算法规定。”“地方制度法”第71条也规定地方政府预算筹编应遵守“中央”所定预算筹编原则规定办理：“直辖市、县(市)、乡(镇、市)年度总预算、追加预算与特别预算收支之筹划、编制及共同性费用标准，除其他法律另有规定除外，应依行政院订定之中央暨地方政府预算筹编原则办理。地方政府未依前项预算

---

〔20〕 台湾“司法院”释字第498号解释，“司法院”公报第42卷，第2期，第3～6页。

〔21〕 该法第2条特别规定，地方财政运营之基本原则为：“地方公共团体应努力使其财政健全营运，且不得采取违反国家政策、拖累国家财政或其他地方公共团体之财政之政策措施。”有关地方预算之编制第3条规定：“地方公共团体应依据法令之规定，以合理的基准，算定其经费，并列入预算。地方公共团体应依据所有的资料，正确地把握其财源，且符合经济之实际状况，算定其收入，并列入预算。”关于预算执行第4条规定：“地方公共团体之经费，不得超过为达成其目的所必要之最小限度之支出。地方公共团体之收入，应适合实际的、且严正的加以确保。”

〔22〕 陈清秀：《预算法基本原理之探讨》，载刘剑文主编：《财税法学前沿问题研究：法治视野下的预算法修改》，法律出版社2013年版，第3～20页。

筹编原则办理者,行政院或县政府应视实际情形酌减补助款。"[23] 台湾地区"财政收支划分法"第 35 条之 1 也有类似规定,中央对于地方预算之收支管理,进行严密监督。仅容许地方有限度的财政自主空间。[24] 对此,我国新修订《预算法》第 35 条即规定省级地方政府"举借债务的规模,由国务院报全国人民代表大会或者全国人民代表大会常务委员会批准",其目的也正是防止因为地方财政权力滥用而出现地方财政、债务危机,并传导演变为国家财政危机,在监督限制地方财政自主权中做出了有效的制度尝试。基于地方财政自主权,有关地方预算管理、债务发行等事务,皆属于地方自治财政权的范畴,由于地方预算收支、地方债务管理最终将集合在国家层面,攸关国家整体财政能力,我国应在保障地方财政自主权行使的同时,进一步通过法律手段监督限制其财政权力的使用。

综上所述,规范地方财政权的重塑逻辑为:通过宪法在规范与实践领域的权力构造,合理划分划分中央与地方各级政府的财权与支出责任,强化对于政府财政资金使用的监督机制,[25] 赋予地方政府更大的财政自主权并建立完善的监督机制,最终推进国民经济与社会协调、快速发展。正如周刚志先生所言,在这一过程中,如何通过政策转换与制度调整平衡国家经济发展目标与央地财政之间的紧张关系,将是中国在未来发展中所必须解决的难题。[26]

---

[23] 我国台湾地区以外,许多国家也已经开始中央与地方规范分权的改革尝试。以法国为例,从 20 世纪 80 年代推行地方分权改革开始,地方各级议会获得了更大的自主决定权和自主管理权,尤其是 2003 年修宪,更是促进了地方分权化趋势。新宪法中确认法国为"地方分权"的单一制国家,修改后的《宪法》第 1 条规定:"法兰西是不可分的、世俗的、民主的和社会的共和国。它保证所有公民,不分出身、种族或者宗教,在法律面前一律平等。它尊重一切信仰。它的组织是分权化的。"新宪法还规定地方团体的条例制定权和试验权,修改后的《宪法》第 72 条第 3 款规定:"地方团体,由民选议会依据法律规定实施自治,并且,为实现其权能,拥有条例制定权。"新增加的第 72 条第 4 款规定:"除涉及行使某一公共自由或者某一宪法所保障的基本权利的基本条件时外,地方团体或者其组合可以依照组织法的规定,根据实际情况针对特定事项并在一定时限内,试验性地变通用以调整其权限行使的法律和条例的规定。"

[24] 陈清秀:《预算法基本原理之探讨》,载刘剑文主编:《财税法学前沿问题研究:法治视野下的预算法修改》,法律出版社 2013 年版,第 3 ~ 20 页。

[25] 周刚志:《论公共财政与宪政国家——作为财政宪法学的一种理论前言》,北京大学出版社 2005 年版,第 204 页。

[26] 周刚志:《财政转型的宪法原理》,中国人民大学出版社 2014 年版,第 193 页。

科层制的风险治理及其法律规制

——以H大学的学生心理危机干预为例*

朱　政**　牟　羚***

内容摘要:H大学学生心理危机干预的"故事",本质上是科层制风险治理问题。通过个案可以深化对科层组织行动逻辑的理解:当遭遇治理风险,其会主动建构风险;面对风险信息处理困境,促发自我保护机制;对于专业的风险评估,心理矛盾;在风险的分配上,倾向于风险转移和规避。责任追究的不合理,不仅会将其风险规避的行动逻辑推向极端,也可能迫于压力在具体个案中胡乱问责。治理目标的置换和相应治理技术的开发,可能进一步导致基层治理的"内卷化"。在当下中国的制度和社会环境中,该问题具有普遍性意义。基层组织往往将风险转移、规避置于治理目标的突出位置,导致治理技术的异化,使风险冲击更加不可控。因而,需要建构综合性的治理框架,嵌入法制系统,增强科层体制面对风险冲击的灵活性和回应能力。

关键词:风险　科层制　基层治理　法制

一、问题提出与研究进路

(一)引子:"故事"中的"事故"

H大学,在传统的学生工作中设置"班主任"岗位,由专任教师兼任,协助专职辅导员进行学生管理。这样,专业上的班级,自然地被划分为一个个小的"单元"。对于学生来说,日常事务主要与班主任沟通;而班主任则视所在班级为"责任田",成为"第一责任人"。这种制度设计,与党的十八届三中全会提出的"网格化管理"的精神,颇有相通之处。

在这样的制度环境中,一个"故事"引发了"事故"。某个深夜,一位有忧郁症史的学生A,通过短信,向其班主任B透露:他数夜未眠,情绪低落,很多事情"想不开"。班主任B意识到问题的严重性,立刻向学生管理科科长C上报,说明情况。紧接着,科长C通过学生干部核实情况,并连夜向分管副院长D请示。就这样,前后不到1小时,学工系统学生心理危机干预的应急预案启动了。安排学生干部明岗和暗哨,两部分人对A进行24小时监控,要求"不能让其离开视线范围"。第二天,科长C查阅A的档案,并报学校心理咨询中心备案。接着,A接受了学校心理咨询中心的心理评估。

---

* 本文系教育部人文社会科学研究青年基金项目(16YJC820059)阶段性成果。按照学术惯例,本文中的高校与人名均做了技术处理。

** 朱政,法学博士,湖北民族学院法学院讲师,硕士生导师。

*** 牟羚,湖北民族学院法学院2016级硕士研究生。

初步建议:一是请家长立刻来校陪护;二是要求家长带 A 去三甲医院,进行诊断与治疗。第三天,A 情况好转,情绪渐趋稳定。但学工系统已经启动,A 的家长 E 正在从外省赶来的路上。家长 E 到校后,科长 C 代表校方要求家长 E 将 A 领回家休养和看病,等情况好转再返校。家长 E 表示不同意,认为 A 的情况并不严重。接下来的几天,双方不断相互说服,展开"拉锯战"。经过一番波折,最终相互妥协:学生 A 在当地医院就诊,进行心理评估,并形成一份由家长 E 为 A 人身安全负责的协议,后者得以继续留校学习、生活。

A 不能理解,为什么因为一个短信,他就被要求回家(休学);也不明白,在现有的制度环境中,学工系统的相关程序一旦启动,最后必然是这样一个结局。用 A 的话说:他或许正在遭遇"秋菊"式的困境。[1]

(二)问题意识与文献梳理

在笔者看来,"故事"讲述了高校学工系统面对"事故"是如何反应的,以及其中各角色的互动关系与互动过程。事实上,高校学工系统是一种典型的现代科层体制,遵循科层制运作的基本规则。"事故"代表了科层组织面对的某种风险。当下复杂社会也是"风险社会",各类社会风险和自然风险时隐时现、暗潮涌动。本文试图通过个案,探索当下我国特殊的社会和制度环境中,科层组织风险治理的内在逻辑——一种制度逻辑及其法制化的问题。高校学生工作的很多方面,正是面向一个小型社会(社区)的治理。因而,本文提出和回应的问题,就不单局限于高校,而是具有一定的普遍性意义,属于基层社会治理及其法治的范畴。

在国内外既有文献中,关于科层制和社会风险两个方面的研究都已相当成熟,成果颇多。但将两方面结合起来,在社会治理的微观视角下,考察科层组织的风险治理及其内在机理的研究尚不多见。笔者会对相关研究做一番梳理,指出它们的重要启发与不足之处,并在此基础上拟定本文的研究进路。

第一,社会风险的相关研究。根据乐普顿(Deborah Lupton)的总结,[2]风险研究主要有三种:以玛丽·道格拉斯(Mary Douglas)为代表的风险文化理论,以贝克、吉登斯为代表的风险社会理论,以福柯、艾瓦尔德(Ewald)为代表的风险治理论。此外,还有以卢曼为代表的风险系统论。[3] 上述风险问题的研究,产生了深远的影响。尤其是贝克的"风险社会理论",将其提升到现代社会本质属性的高度,大大深化了人们对风险的认识。然而,既有研究大多是宏观层面的讨论,"很少使用实证方法来分析人们在日常生活中是如何理解和面对风险的"。[4] 在现代复杂社会,个人对风险的认知

---

[1] 参见苏力:《法治及其本土资源》,中国政法大学出版社 2004 年版,第 23 页以下。

[2] See Deborah Lupton ed., *Risk and Sociocultural Theory: New Directions and Perspectives*, Cambridge University Press, 1999. 另参见杨明:《当代风险理论国内外研究综述》,载《岭南学刊》2011 年第 4 期。

[3] 参见张戌凡:《观察"风险"何以可能——关于卢曼〈风险:一种社会理论〉的评述》,载《社会》2006 年第 4 期。

[4] 杨雪冬等:《风险社会与秩序重建》,社会科学文献出版社 2006 年版,第 5 页。See Tierney, K. J., "Towards a Critical Sociology of Risk", *Sociological Forum* 14(2), 1999, p. 216.

和抵御能力是极为有限的,风险治理的主体主要是各类组织,尤其是以政府为代表的科层组织。因此,仅有宏观进路的研究是不够的。说到底,“风险社会”中的风险,需要具体的微观组织来面对和回应。

第二,科层制的相关研究。科层制理论,一般要追溯到马克斯·韦伯。[5] 此后,出现了大量研究科层制结构、正面功能与局限性的文献,以及取代科层官僚制的新公共管理和新公共服务的研究。在国内,面对我国的科层组织,很多学者都指出其反功能及特征,如权力过于集中、机构重叠、权责不分和缺乏理性。[6] 还有学者提出,科层制的治理化转型。[7] 然而,这些研究主要是静态的,缺乏微观视角下科层制运作过程和机制的探讨,难以指导科层组织自身的优化与制度化。

第三,风险与法律理论。随着“风险社会”的到来,当代的法学理论也致力于回应新的变化,提高法系统的开放性与弹性。诺内特、塞尔尼兹克提出“回应型法”的理想类型,由法“目的”引导制度建设,“目的为批判既定的做法设定了标准,从而也就开辟了变化的途径。同时,如果认真地对待目的,它们就能控制行政自由裁量权,从而减轻制度屈服的危险”。[8] 卢曼把风险概念与决定机制及其正当性密切联系在一起,探讨推行依法的风险治理。[9] 斯蒂尔(Jenny Steele)则指出“风险能促进决策”,[10]并关系到分配正义的法哲学原理、现代保险制度、法律责任和环境监管等诸多方面。总之,风险治理的法律回应,“有必要把社会系统如何应对风险、公共选择怎样进行、决定的正当性根据何在、启动归责的因素是什么等问题作为法学研究的焦点”。[11] 上述法律理论为风险治理法制化指明了方向,但是如果没有“中层理论”对风险治理运作机制的深入分析,前者依然难以“落地”。

第四,基层社会治理的研究。这一类的部分研究,虽然并非专门针对科层制的风险治理,但与本文具有高度的相关性。例如,欧阳静在探讨乡镇运作的逻辑与特征中指出,“乡镇政权既非一个以理性主义为运作逻辑的官僚制组织,也非一个奉行简约主义原则的简约型政权,而是一个以策略主义为运作逻辑的维控型政权”。[12] 田先红在研究基层信访时认为,基层政府面对越发沉重的信访压力(风险),会强化包保责任制,重新塑造责任体系。“层层压力和责任追究共同塑造了一个充斥着风险的科层体制。”[13]这一类研究在不同层面上,试图解释科层制风险治理的运作机理,但由于追求

---

[5] 参见[德]马克斯·韦伯:《经济与社会》(下卷),林荣远译,商务印书馆1997年版,第263页以下。

[6] 参见王春娟:《科层制的涵义及结构特征分析——兼评韦伯的科层制理论》,载《学术交流》2006年第5期。

[7] 林钟沂:《科层官僚制的理论发展及其内在理路》,载《探索公共行政真意:吴定教授荣退纪念学术研讨会论文集》,政大公共行政学系1997年版,第1~40页。

[8] [美]诺内特、塞尔尼兹克:《转变中的法律与社会:迈向回应型法》,张志铭译,中国政法大学出版社2002年版,第85~86页。

[9] 参见季卫东:《风险社会与法学范式的转换》,载《交大法学》2011年第1期。

[10] 参见[英]珍妮·斯蒂尔:《风险与法律理论》,韩永强译,中国政法大学出版社2012年版,第221~226页。

[11] 季卫东:《依法风险管理论》,载《山东社会科学》2011年第1期。

[12] 欧阳静:《策略主义:桔镇运作的逻辑》,中国政法大学出版社2011年版,第1页。

[13] 田先红:《治理基层中国:桥镇信访博弈的叙事:1995-2009》,社会科学文献出版社2012年版,第179页。

对基层治理的全景式理解,因而容易忽略很多重要问题,如风险治理的专业化、法律责任等。

(三)本文的研究方法与进路

上述既有研究对本文皆具有启发意义,但也都不能完整地解释科层组织,在什么情况下,如何进行风险治理。在笔者看来,这是因为缺乏微观视角的近距离观察,未能深入理解科层组织的行动逻辑,进而也就无法在体制、机制层面进行相应的调整。

在研究方法上,作为"故事"的亲历者,笔者不经意间展开了全程"参与式观察",辅之后期的"结构式访谈"。在研究进路上,将"过程—事件"分析和"结构—制度"分析相结合,既强调"从人们的社会行动所形成的事件与过程之中去把握现实的社会结构与社会过程",也承认"'社会(结构/制度)'因素对个人行为的'刺激、鼓励、引导和限定'作用,以及个人在社会运行过程中的受动性"。[14] 简言之,本文采取法律的社会科学和经验研究的进路,在基层社会治理的视域中,将"故事"置于制度环境、社会关系和各方行动中,考察科层制风险治理的内在逻辑,追求对科层组织的体制、结构和运作的深刻理解,并尝试着在法制框架下完善相关制度。因此,在方法论上,着眼于中观和微观层面,展开"机制分析"。[15] 诚如詹斯·金(Jens O. Zinn)和顾柏(Peter Taylor-Gooby)所言,"中观研究,探索如何通过制度和组织,以公众能够接受的方式对风险加以管理;以微观研究,解释人在制度环境中做反映的方式"。[16]

二、科层组织的行动逻辑

(一)风险的认定与建构

在"故事"发展的过程中,校方和家长都意识到 A 近期的表现和潜在的心理疾患是一种风险,有可能向更糟糕的情况发展。因此,在风险治理的最终目标上,双方是基本一致的,亦即希望风险得到评估,进而有效控制。然而,目标的一致性,并不能消弭其他方面的分歧。事实上,在双方尚未接触时,各自对风险的认定就指向了不同方向。

在家长 E 看来,A 的情况固然让人担心,但作为父母,通过交流,基本能够对其状况作出初步判断——是不是像校方说得那么严重。这当然不是专业的评估,是非常个性化的评估。另外,学工系统虽然也关心 A 的具体情况,但作为多层级的科层组织,很快也很自然地将风险做抽象化处理,或称为去个性化。也就是说,科层制的风险治理首先关注的是风险类型,而不是个案细节,进而根据所处的社会和制度环境,主动建构风险以及定义风险的性质。具体地说,在校方的视野中,A 的"故事"涉及学生在校的人身安全、发案率等治理目标,是一类影响基层稳定的社会风险。在治理技术的运用上,也是常规的网格化管理、包保责任制和维持体制内高压等。因此,在综治维稳的

---

[14] 谢立中主编:《结构-制度分析,还是过程-事件分析?》,社会科学文献出版社 2010 年版,第 238、263 页。

[15] 参见陈柏峰:《法律经验研究的机制分析方法》,载《法商研究》2016 年第 4 期。

[16] [英]泰勒-顾柏、[德]金编著:《社会科学中的风险研究》,黄觉译,中国劳动社会保障出版社 2010 年版,第 49 页。

意义上,高校的学生工作,有一部分就是基层社会治理工作,具有显著的政治性。

显然,“风险社会”中的“风险”不完全是自然的,更是建构的。在风险认定阶段,学生 A 潜在的心理疾患,在医学专业属性上的意义被冲淡,而科层组织对其的塑造却随着“故事”发展不断加强。质言之,科层体制对风险的认定,遵循其内在逻辑,在本文的个案中,具有抽象化、类型化和政治化的取向。更重要的是,“每一个利益团体都试图通过风险的界定来保护自己”,〔17〕科层组织对风险的建构,为整个风险治理过程定下了基调。

(二)风险评估中的信息处理

随着“故事”的发展,各方的分歧越来越大,以致看不到弥合的可能。其中一个重要的原因是,双方对于风险的认知在客观上存在信息上的不对称。校方只能从有限的学生档案和其他同学的反映中了解一些“面上”的情况,因而,倾向于做最坏的估计;而家长方面,则很清楚 A 入学前,长久以来的各种信息,包括心理疾患史。

在校方和家长相互说服的“拉锯战”中,双方交换信息成为了核心内容之一。由于没有足够对等的筹码,校方始终处于被动地位。也正因如此,校方在策略上倾向于将风险夸大,这一方面能够逼迫对方提供更全面的信息;另一方面自觉或不自觉的,其自身风险认定(风险建构)的立场也得到了强化。事实证明,随着谈话的深入,家长 E“挤牙膏”般地披露了很多校方没有掌握的情况。然而,这不仅没有消除校方的疑虑,反而使其感到风险具有更大的不确定性。归根结底,现代社会的风险多元、信息不对称以及处理信息的高昂成本,共同推动了科层组织固守自身的行动逻辑。

(三)风险评估的专业化问题

引入专业评估和专家系统,似乎是破解信息处理的困境最容易想到和最可行的。然而,专业化因素发挥作用,并不是无条件的。

在“故事”的前半段,学校的心理咨询中心扮演着专业角色。心理咨询中心的老师都具有心理咨询师的专业资质,其他相关辅助设备看齐专业医院。然而,这些都没有起到专业化风险评估的作用。按照学工系统的话说:“学校的心理咨询中心有且只有一套‘普适’的处理方案:一是请家长;二是建议去医院。”确实如此,校方的心理咨询,最终转化为学工系统对于风险信息收集的补充渠道。因而,在这一阶段,科层组织的风险治理,不仅没有受到专业因素任何实质性影响,甚至在某种程度上,专业伦理也被抛到了一边。究其原因,高校内部的专业力量,本身就是科层组织的组成部分,不可能独立于其自身的行动逻辑。

在“故事”的后半段,家长 E 被要求带 A 去三甲医院,重新做心理评估与治疗。而在医院选择的问题上,再一次出现了分歧。校方建议去省城医院,寻求学科权威;而家长 E 倾向于就近,在本地医院就诊。从科层组织的角度来说,风险治理的行动逻辑不断强化,只有足够强的外在力量(理由)才能对其进行有效说服,而不至于将风险的不

---

〔17〕［德］贝克:《风险社会》,何博闻译,译林出版社 2004 年版,第 31 页。

确定性无限夸大。在这个意义上,本地医院不足以完成这项作业。另一方面原因是,科层组织不是存在于真空之中,相反,与本地医院有很多交往,往来甚密的私下交流,反而削弱了专业评估的权威性——“他们就是那么回事,不能当真的”。“在现代性条件下,对抽象体系的信任态度通常都总是与日常行动的延续性相关联,并且在很大程度上被日常生活自身的环境所强化。”[18]因此,风险的专业化评估,“镶嵌”于具体的环境中,“行动和制度深深受到社会关系的限制”。[19]

总之,风险评估中尚存在很多因素,能够影响到专业力量发挥作用。或者说,专业逻辑并不一定能够左右(替代)科层制的行动逻辑;后者却可能反过来,消解前者的专业性。

(四)风险的分配与规避

前面的铺垫做足了,“故事”自然地进入高潮部分。围绕着学生A是应该留校继续学习,还是由家长带回家进行治疗或者短期休养,校方和家长之间展开了长达数日的反复磋商。双方都不同意对方的安排,僵持不下。最后,双方各退一步,达成妥协。

“拉锯战”的争执、僵持与妥协,其本质在于风险如何在双方之间分配。遗憾的是,在现有的制度框架下,双方的博弈近似于零和博弈,风险分配是“全有全无”(all or nothing)式的——要么全由校方承担,要么全由家庭(个人)承担;而更理想的状态应当是“或多或少”(more or less)式的——双方或多方分担。站在科层组织的立场,问题便转化为如何合理、合法的转移和规避风险,亦即在多大程度上,治理风险可以向学生家庭(个人)转移。值得注意的是,这里的转移和规避风险是中性的,不带褒贬意义的评价。这构成了下文需要着力解决的问题,“体制规避问责和义务的迫切需求,成了一个重要的研究课题”,“现有文献没有说清楚的是,基于风险的模式能够在多大程度上允许转移责任”。[20]

(五)小结

本文的这一部分,试图通过个案深入理解科层制风险治理的内在逻辑,及其影响因素。简单地说,科层组织会根据所处的制度和社会环境主动建构风险以及定义其性质;在遭遇风险信息的处理困境时,会促发自我保护机制,倾向于夸大风险的程度,以利于之后的风险转移和规避;在利用专业力量进行风险评估时,存在矛盾心理,这使风险治理的专业因素要发挥作用,需要特定的条件;最后,在风险的分配上,如果缺乏成熟的运作机制,往往导致各方在对立的局面下完成个案协商,进行零和博弈,因而解决方案既无法令各方满意,也难以真正达到风险分配和规避的目的。

---

〔18〕［英］吉登斯:《现代性的后果》,田禾译,译林出版社2011年版,第79页。

〔19〕［美］格兰诺维特:《镶嵌:社会网与经济行动》(增订本),罗家德译,社会科学文献出版社2015年版,第1页。

〔20〕［英］泰勒－顾柏、［德］金编著:《社会科学中的风险研究》,黄觉译,中国劳动社会保障出版社2010年版,第200页。

三、风险治理中的责任体系

(一)责任倒查制下的风险治理

一如上述,科层制的风险治理深嵌于具体的社会关系之中,对制度和社会环境极为敏感,这些条件与科层制自身的特性相结合,共同塑造着其行动逻辑。这其中,责任倒查(问责制)是核心约束条件。风险转移和规避的背后是责任规避。而这种规避,并非一般意义上的"不作为"或"不负责任",对其进行道德谴责是无效的,也是没有意义的。在本文个案中,学生A潜在的心理疾患,可追溯到入学前若干年,是由各种因素综合造成的,存在时空分离、极为复杂的因果关系。对于校方来说,既难以全面掌握相关信息,也难以预测、防范和担保。正因如此,简单粗暴的责任倒查是不能令人满意的。

当下中国,风险治理的法律责任体系尚不成熟,而社会责任则受到社会转型期各类社会矛盾的裹挟,进而形成对前者的压迫。在风险转化为不利结果时,科层组织往往被迫对一线工作人员进行严苛甚至非理性的问责,要求科层组织和具体个人承担无法预测的法律责任、社会责任和政治责任。尤其是在当下新媒体时代,社会舆论几乎无法容忍科层组织任何形式的"无责任"。一言以蔽之,责任体系的不合理配置,不但会将科层组织规避风险的行动逻辑推向极端,也可能在个案中胡乱问责,将一线工作人员当作"替罪羊",[21]进而造成对科层组织整体的打击和伤害。

(二)多种责任交织的复杂体系

简单的责任倒查不能击中靶心,还可部分归因于科层组织内部多种类型责任相交织的复杂性。简单地说,这里至少存在集体责任与个人责任、领导责任与非领导责任和正式责任与非正式责任。责任倒查制度"深嵌"于具体的社会关系中,对科层组织整体和其中不同位置的个人产生影响。这种复杂性不容低估。具体来说:

第一,集体责任与个人责任。"故事"的开始,是由班主任B向上汇报,从而启动了科层组织的风险治理。B坦言:"必须及时上报,不仅因为个人有责任,更是由于我不能替整个学院做出决定。"的确如此,当风险转化为不利后果,集体责任是首当其冲的。在高校管理中,以二级学院为单位,各类集体荣誉、奖励都与责任事故相联系。这对于一线工作人员来说,是相当沉重的压力。这不仅意味着有正式的集体责任,还意味着每一个人要为这个小型"熟人社会"中的其他人负责。在此基础上,才是个人责任的问题。总之,集体责任与个人责任是相互交织的,简单地设定认定标准,[22]可能是无效的,从根本上难以左右科层组织的具体行为。

第二,领导责任与非领导责任。根据西方行政学理论,领导责任至少有体制责任、

---

[21] 参见陈柏峰:《问责基层需要实事求是——以毕节自杀事件的责任追究为例》,载《中国法律评论》2016年第1期。

[22] 参见郭跃:《论行政决策失误的机关集体责任认定》,载《安徽农业大学学报》(社会科学版)2011年第5期。

法律责任和道德责任。[23] 虽然,法律责任和道德责任也不容易厘清,但对于科层组织来说,体制责任却是最直接的。在本文的个案中,学工系统的各层级负责人,都被要求签署“安全事故责任书”。从“第一责任人”的班主任,到学院分管领导,再到校级领导,无一例外。对下,形成“包保责任制”“网格化管理”;对上,每一个人都需要向上级负责。从而形成了以领导责任为首的连带责任群。体制责任确实符合科层体制的结构特征,其正面功能是组织内部的充分动员和资源整合,形成“综合治理”;但其负面影响也很明显,由于风险的不确定性以及复杂的因果关系,无法形成简洁的归责原则,反倒促成了科层制整体性规避责任的行为取向。恰如胡建淼从行政法角度的讨论,“行政规定中充斥着大量毫无根据的连带责任或客观事实责任,行政责任书中弥漫着以强制性指令取代共同磋商机制的气息,个人的‘军令状’更成为强迫下级军官按照自定标准行事的工具。依此‘法’形成作出的认定与追究行政领导人行政责任的决定,实际上背离了法治精神和制度的预设目标”。[24]

第三,正式责任与非正式责任。在体制责任和法律责任这一类正式责任之外,非正式责任也发挥着不亚于前者的巨大影响力。一是上文提到的,集体与个体、个体之间的相互负责;二是科层制中垂直关系的相互信任。正如魁克哈特(David Krackhardt)提出的“强连带理论”,[25] 情感网络会带来非正式的影响力。这也属于“科层制的另一副面孔”,[26] 主要是由科层组织内部“熟人社会”中非正式组织和非正式关系生成的。尤其是,高校的环境依然保留了很强的“单位制”色彩,这使各种非正式关系具有相当的厚度。“如果真出了‘安全事故’,在校领导那里,学院领导一年都抬不起头来。”可见,现实中科层制的运作,并非完全遵循“红头文件”“制度上墙”等正式规则;相反,动态的社会网络,决定着非正式责任的形态与强度。

(三)治理目标置换与治理技术

相互交织的责任体系与简单直接的责任倒查制之间,存在显见的紧张。如此,风险规避自然成为科层组织基层治理中的重要目标。一方面,将风险规避置于重要位置,甚至首要位置,可能对其他治理目标形成目标置换;另一方面,在这个过程中,还会发展出一套与之相匹配的“过程管理”的治理技术。

相对于风险规避本身,治理目标置换是真正意义上的“不作为”和“不负责任”。回到个案中来,高校学生工作的内容是极为丰富和庞杂的,从学生的课业到实习,从生活到恋爱,从入学到就业,类似于现代政府“从摇篮到坟墓”的方方面面。但在学生 A 这里,风险治理已经成为首要目标,其他管理、培养、教育等重要目标都将让位于前者。

---

〔23〕 参见叶贵仁:《行政领导责任:西方行政学的视野》,载《理论探讨》2007 年第 1 期。

〔24〕 胡建淼、郑春燕:《论行政领导人行政责任的准确认定》,载《浙江大学学报》(人文社会科学版)2004 年第 6 期。

〔25〕 See Krackhardt D. ,“The Strength of Strong Ties: The Importance of Philos in Networks and Organizations”,N. Nitin and G. E. Robert(Eds.),*Network and Organizations*,Harvard Business School Press,1992.

〔26〕 参见[美]彼得·布劳、马歇尔·梅耶:《现代社会中的科层制》,学林出版社 2001 年版,第 43 ~ 54 页。

不难想见,学生 A 在之后的在校岁月中,日常管理乃至教育学业,都不会有人敢去“刺激”他。按照学工教师的话说,“这样的学生,就像烫手的山芋,安全送出去(毕业),就阿弥陀佛了”。显然,治理目标置换是非常糟糕的,而这种情况在基层社会治理中并不罕见。

此外,对于科层组织来说,出于风险规避的要求,必然发展出一套与之相匹配的治理技术。在“故事”中,学工系统对“过程管理”极为重视,一是对学生 A 实施的心理干预措施,全程有文字记录,并以书面形式向分管领导汇报和留档备查;二是与学生家长的接触过程中,电话通话有录音,面谈配备两人以上的记录员;三是要求与学生家长,就学生 A 的人身安全问题,形成书面协议;四是在此后的常规工作中,班主任每个月需以格式表格的形式报告其情况——有无异常表现。也就是说,只要做足了“功课”,即便风险转化为不利的结果,科层组织也能最大程度的减轻责任——“你看,我尽力了”。但某种程度上,过分关注“过程管理”的治理技术,其本身也就成为一种特殊的治理目标,同样属于治理目标的置换。

按照经典理论,现代科层制具有非人格化的理性特征,倾向于进行“数目字管理”,但事实上很多标准化、格式化和公文化的治理技术,既不代表科层制的理性决策,也不能在其僵化、低效等反功能的传统问题域中得到很好的解释。相反,这表明科层组织面对新问题——如风险治理——极为敏感,会自发形成行动策略,形成治理目标置换及其配套的治理技术,使资源配置出现错位,产生内耗,造成资源投入不足的假象。因此,基层工作往往呈现出文山会海、人手不足的局面。在 H 大学中,即便按照一定的教师/学生比例配备专职辅导员,还是远远不够,无法“将工作做细”。总而言之,科层制风险治理中反映出的治理目标的置换与治理技术的自我繁殖,可能进一步导致基层治理的“内卷化”。[27]

(四)小结

科层制风险治理的背后是极为复杂的责任体系。整个科层组织和个人都有责任,但往往又具有高度的模糊性,说不清究竟应当如何以及在什么范围内承担责任。在责任倒查的体制中,制度设计的不合理,不仅会将科层组织风险规避的行动逻辑推向极端,也可能迫于压力在具体个案中胡乱问责,让领导和一线工作人员承担无法预测的法律责任、体制责任和政治责任。这样,在基层工作中,治理目标的置换和相应治理技术的开发,也就成为必然,从而可能进一步导致基层治理的“内卷化”。

四、基层组织风险治理的普遍困境与法律规制

(一)普遍困境

在当下中国的科层体制及其基层社会治理中,本文个案呈现出的问题具有普遍性

---

〔27〕 参见[美]杜赞奇:《文化、权力与国家》,王福明译,江苏人民出版社 1996 年版,第 66 页。另参见贺雪峰:《论乡村治理内卷化——以河南省 K 镇调查为例》,载《开放时代》2011 年第 2 期。

意义。基层政府在面对、回应现代社会各类风险冲击时，普遍感到无能为力，甚至一线工作人员会有强烈的弱者感受；同时，又往往将风险转移、规避置于诸多治理目标的首要位置，主动选择一线弃权，但求无过。在某种程度上，这使基层政府风险治理的能力被严重削弱，可能或已经造成一系列意外后果。

简单地说，在基层社会治理中，首先，普遍出现治理手段的异化；其次，由此导致风险冲击更加不可控，或者仅仅重视短期效果，缺乏长远预期，造成无谓的风险叠加；最终，甚至危及基层治理的合法性。

一如上文的分析，基层组织风险治理的行动逻辑中，相应治理技术的开发是必然的结果输出。而在远较高校管理复杂得多的基层社会治理中，很容易找到治理技术异化的例证。例如，大量存在的"临时工"执法，就是基层政府风险外包的典型方式。2016 年 7 月我们在鄂南 S 镇的调研，镇政府将控制、拆除违章建筑的工作，发包给当地具有灰色势力的"拆迁公司"。这样，地方政府无须直接面对与拆迁户的剧烈冲突，但冲突风险也由于灰色势力的介入变得更加不可控。因此不难理解，媒体报道中"临时工"何以丑闻不断——他们本身就是风险转移指定"背黑锅"的。再如，当下基层信访工作中，面对上访、缠访带来的社会风险，地方政府往往无原则的退让，不断"开口子"，[28]"人民群众的事情用人民币解决"，以求短期内的"稳定"。2015 年 5 月在广东 Y 县的调研表明，以息事宁人为目的的信访治理，只能收获短期效果，长期看反而起到推波助澜的作用，造成了社会风险的长期叠加。又如，2015 年 8 月在云南 K 市的调研发现，以城管为代表的街头执法，在相对不利的执法环境中，往往选择一线弃权，有选择的放弃高风险执法。这使执法环境更加恶化，常规执法的社会风险不断累积。

事实上，当下中国各领域的科层组织风险治理中，普遍存在类似情况，治理的效果不佳，给人民群众以非常糟糕的直观感受，客观上不同程度地削弱了基层政府治理/执法的合法性。诚如上文所述，科层组织风险治理有其内在的运作机理，道德谴责是无效的，必须从政策、体制与法制层面着力改进，以期从根本上改变其行动的制度逻辑。

（二）风险治理的法律回应与法政策

在现有的制度条件下，科层制的风险治理主要根据科层组织的体制规则、内部政策等展开运作，而一旦出现不利后果，无法预测的法律责任和政治责任便又会以"终结者"的身份出现。这种治理框架不仅粗糙，而且对于一线工作人员近似严苛。因而，"风险社会"的风险治理需要建构综合性的治理框架，回应治理过程中出现的问题。作为现代社会风险治理的最重要的主体，科层组织完全有条件在结构中嵌入法制系统，对治理过程和风险结果进行规制，合理分配、规避风险和追究责任，从而影响其行动的内在逻辑。这也符合党的十八届四中全会、五中全会提出的，全面推进依法治国和基层治理法治化的精神。

---

〔28〕 参见朱政：《基层信访工作中的"开口子"：信访困局的郁结与疏解》，载《云南大学学报》（社会科学版）2016 年第 5 期。

正因如此，它对于现代社会的法律提出了极高的要求。面对中国当下的社会转型，以及"风险社会"的到来，"过去指向"的传统法制遭遇挑战——"迄今为止的法学与公共管理学基本上是以确定性或可预测性为尺度，以稳定或者常态为研究对象，难以满足实践的迫切需要"，[29]亟须法律理论的创新和实践上的探索。尤其是中观和微观层面的理论努力，对风险治理展开机制分析。进而，在科层组织运作的体制、机制上进行适当调整，回应问题。

一如上述，科层组织的风险治理由风险认定出发，根据所处的制度和社会环境主动建构风险。因而，风险治理的法律规制，首先需要在法政策层面上对风险给予定义。这也直接关系到风险分配上的正当性与合理性。正如冯象所言，法律制度不能也不可能脱离政策、意识形态来理解，"同样的事实与利益冲突，在不同的政法策略环境里，便有不同的处置程序、不同的认识和结论、不同的司法正义"。[30]

回到本文个案，相关的法律规范存在争议空间。实践也证明，法律实效不佳，大量纠纷需在现有法律框架以外处理。这些困惑主要源于，法政策层面缺乏成熟的实践原则。在笔者看来，风险分配应当避免"全有全无"式的零和博弈，追求各方协商与分担，遵循"均势原则"，在个案中嵌入风险的概率论以及博弈机制。此外，有学者认为可以引入保险制度，作为事后救济。[31] 在法政策层面，保险制度的设想符合风险分配"均势原则"的基本原理，能够部分消解校方与学生家庭之间在风险分配中的对立。而且，将风险分配在多主体间进行，做到真正意义上的风险分散。当然，这一切还需要弹性的法律制度配套，并在个案中完成各方的博弈与协商。

（三）弹性机制与个案协商

现有的制度设计主要是结果取向的，依循传统因果关系和归责原则，缺乏弹性，难以容纳依法的软控制和风险预防等反思性功能。从这个意义上来说，科层制的风险治理应当与责任倒查机制相对分离，尽力简化错综复杂的责任体系，将重点放在前置的信息系统、专业评估等领域，努力促成各方的合作，强调面向风险的预防与控制。

从风险评估上来看，现有的制度设计将其简化为因果关系的查明机制，主要成为科层组织风险规避的工具，从而使专业逻辑为治理逻辑所替代。这需要将科层组织与专业评估相对隔离，引导其面对风险本身，而非紧盯责任。在制度设计上，应尽力消解（缓解）专业性的内在张力，使其作用最大化。诚如吉登斯所言，"外界对科学技术知识的态度又具有某种矛盾心理。这种矛盾心理居于所有信任关系——无论是对抽象体系还是对个人的信任——的核心。因为，只有愚鲁无知的时候，无论是对技术专家所宣称的知识的无知，还是对一个人所依赖的密友的想法和意图的无知，才有对信任的需要。然而，无知总是提供了怀疑（或者至少是谨慎）的基础"。[32]

---

〔29〕 季卫东：《依法风险管理论》，载《山东社会科学》2011 年第 1 期。

〔30〕 冯象：《政法笔记》（增订版），北京大学出版社 2012 年版，第 29 页。

〔31〕 参见王振：《高校安全事故纠纷解决的法律机制论纲》，载《成都大学学报》（教育科学版）2008 年第 9 期。

〔32〕 ［英］吉登斯：《现代性的后果》，田禾译，译林出版社 2011 年版，第 78 页。

"回应型法"的弹性机制,还应体现在摒弃或部分摒弃形式法治的正义观,弱化从规范到结果推理的单向度思维,将"认知预期"与"规范预期"结合起来,[33] 尊重法律程序以及法律论证的程序性规则,在个案中充分论辩,进行个案权衡以及各方的协商,以提高法律制度对风险的敏感性与回应能力。总而言之,"风险社会"的风险治理,需要建构多主体参与的治理框架以及弹性的法律回应机制。这对法律规范及其运作也提出了巨大挑战。

(四)法律责任

科层组织风险治理的关键即在于风险与责任两套系统,在相对分离的弹性制度设计中,如何连接和转换。在传统规范研究的视域中,法规范的概念包括价值要素、规范要素与事实要素三个层面。[34] 对于法律责任,规范要素居于轴心地位,"法律责任本质就是因特定的法律实施侵犯权利或法益而产生的特定救济权法律关系。因此,对于法学上的规范性概念的法律责任的理解,必须围绕其规范性要素——救济权法律关系而展开"。[35] 也就是说,在规范层面是以规定条件(如不法行为或侵权行为等),触发责任结果的方式,组织法律责任。这当然没有错,却并不一定适应风险治理的责任分配和负担。

在笔者看来,首先,风险治理的法律责任,不能仅以规范要素为核心,而应当首先考虑价值要素,论证在各方之间风险分配和责任负担的正当性。这恰是法政策层面上应当给予定义的,体现政法意义的正确性。其次,在法律责任价值要素的基础上,灵活的区分与组合规范要素上的责任主体——集体与个人,这也是法律责任的形式规范难以容纳的。再次,在规范要素上,嵌入弹性的博弈机制,将触发责任的规定条件相对化,亦即在个案中由多主体共同协商和决定,将风险治理的合作、风险分配(分散)与各方的责任对应起来。最后,才是对科层组织内部个人责任的认定与追究。

(五)小结

本文以高校管理的一个小"故事"切入,讲述的则是科层组织风险治理的问题,具有一定的普遍性意义。在现有的制度和社会环境下,作为科层体制末梢的基层组织往往将风险转移、规避置于治理目标的突出位置,导致治理技术的异化,使风险冲击变得更加不可控。欲改变这种糟糕的局面,需要在深入理解科层组织行动逻辑的基础上,建构综合性的治理框架,嵌入法制系统,在法政策、弹性机制和法律责任等方面不断摸索,旨在增强科层体制面对风险冲击的灵活性和回应能力。

结语:方法论问题

文末,笔者将尝试着整理和反思本文的方法论。一般来说,风险理论、科层制理论和法律现代性理论,大多停留在宏观理论(大型理论)层面,虽然极具启发性,但往往

---

〔33〕 参见季卫东:《依法风险管理论》,载《山东社会科学》2011年第1期。

〔34〕 See Robert Alexy, *The Concept and Validity of Law*, Clarendon Press, 2002, pp. 126 – 128.

〔35〕 余军、朱新力:《法律责任概念的形式构造》,载《法学研究》2010年第4期。

无法指导实践。因而,社会科学越发放弃建立庞大公理体系的努力,并避免在宏观层面展开无谓的争论,而是返回默顿(Rorbert Merton)提出的"中层理论"。其重要的原因,是因为"中层理论"能够得到经验验证或证伪,能够比较不同理论的解释力,从而推动对事物本身的认识以及理论的发展。在这个意义上,"中层理论"具有波普尔所谓的科学性,即可证伪性(falsifiability)。

本文的研究,采取法律的社会科学和经验研究的进路,主要透过"参与式观察",探索科层组织风险治理的内在逻辑及其影响因素,致力于中观与微观层面的机制分析。如此的个案研究,有突出的优点,也存在局限性。优点是具有很强的理论生成力,有助于理论创新;局限性则表现在,由于个案有限的容量以及个性特征,可能出现解释偏差,从而导致"理论上的不确定性"。〔36〕其实,它的优点与局限性是一体两面的,都应当受到欢迎。通过鉴别不同理论之间解释力的高低、优劣,该领域的研究自然也就得到了不断推进。因此,本文对科层制风险治理的讨论,抱持开放的姿态,并真诚而坦然地准备接受批评。

〔36〕参见[英]威利斯:《学做工:工人阶级子弟为何子承父业》,秘舒、凌旻华译,译林出版社2013年版,第5~8页。

公法基础理论的二元构造:公共权力理论与公共服务理论

——以《公法的变迁》为中心的考察

孙森森*

内容摘要:狄骥在《公法的变迁》一书中主张用“公共服务”的概念置换“主权”(公共权力)作为公法学的基础,以适应社会变迁带给公法学提出的挑战,这种法学基础理论的转变给公法学的发展注入了新的活力,对于应对新时期内的福利行政等问题有着重要的效用。但福利行政等新问题的出现并不代表秩序行政的消失,因此简单地以公共服务理论替代主权(公共权力)理论并不全面,最为现实的路径应该是将公共服务理论和主权(公共权力)理论作为公法学理论的双重核心,共同支撑公法学理论大厦,并为实践提供重要的理论指引。

关键词:公共服务　主权(公共权力)　公法学　基础理论

一、公法[1]基础理论的变迁背景

“一战”前后,大部分的资本主义国家逐步实现了由农业社会向工业社会的转变,整个自由资本主义向垄断资本主义的发展。在这种大的背景之下,伴随着的是各种社会问题频发,尤其是作为普通民众再也无法像在农业社会时期一样单纯的通过自身能力获得基本的生存所需,无法实现基本的自给自足,而需要相互之间的团结、协作和互惠,贫困、饥饿等依旧是突出的社会问题。为了保障国家的正常运作和公民的基本权利,政府积极的干预逐步的出现。政府的主要职能不能再仅限于行政管理的治安工作,需要更多介入公民的社会、经济生活之中,为社会发展和公民提供基础建设、医疗救助、教育服务等公共产品。面对这一变化,政府如果仅依靠原有的行政命令式的管理方式显然不足于应对,因为这种管理方式主要适用于在自由资本主义时期国家和政府只是作为“夜警”式的角色时期,只有在个人权利受到侵犯或者市场经济失灵的情形下才能主动介入。国家和政府需要严格依照法律保留、侵害保留的原则依法行政,不能积极主动的介入市场和公民生活之中。而在秩序行政之中,政府行政的主要理论依据恰恰在于主权[2](公共权力)理论,国家作为主权者,享有行政特权,具有执行决

---

* 孙森森,中国政法大学法学院博士研究生,北京市第三中级人民法院行政审判庭法官助理。

〔1〕 本文中的公法主要指行政法。

〔2〕 在狄骥的观点中主权理论与公共权力理论具有同一性。“无论是关于‘主权’,还是关于‘公共权力’学说,都基本上是一回事。”狄骥:《公法的变迁》,郑戈译,中国法制出版社2010年版,第36页。

定和强制执行的行政特权,通过发布命令的形式实现行政管理和社会的正常运转。[3] 其基本的运行逻辑便是:严格依照公民通过选举的方式产生议会,议会通过立法的方式授予行政机关权力,行政机关严格依照法律规定的范围内行使行政职权,在公民的权利受到侵害时通过司法机关裁判予以救济。因此,国家和政府的积极行政需要来自理论上的支持,原来的主权理论已经不足于作为社会变迁导致行政任务多元化的公法学唯一的理论基础,理论的更新势在必行。国家和政府面对新的任务需要的不是发号施令,而是满足公民和社会的需要。

二、公共权力理论向公共服务理论的过渡

针对社会变迁之后公法学理论发展的革新需求,德国法学家福斯多夫提出了"服务行政"和"生存照顾"的概念,为行政法疆域的拓展奠定了坚实的基础。也正因为这一重要贡献,其在德国被称为与奥托·迈耶有同等地位的行政法巨擘。[4] 实际上,仔细比较分析我们可以发现,在福斯多夫1938年提出"服务行政"和"生存照顾"的概念之前,狄骥早在1913年就提出了"公共服务"的概念并以此来改造行政法基础理论,从而应对现代国家中国家给付行为的出现。从这个意义上来讲,狄骥敏锐地把握住了时代变迁和行政法发展之间的关系,他预见了福利国家的出现和福利行政在社会生活中的广泛渗透。因此,不得不说狄骥不仅是公法学大家,更是一位先知和预言家。

(一)狄骥的基本论证

正如上文中所述,狄骥作为一代公法学大家很敏锐地把握到了时代脉搏,预见了公法学发展的新方向,并适应了理论革新的需求,提出了公共服务理论。这里我们首先应该明确的是狄骥对于法学的认识以及国家的认识不同于实证法学,在凯尔森那里国家是具有法律人格的,[5] 奥斯汀和边沁认为作为主权拥有者发布命令的,法律是抽象的。在狄骥这里国家并不是作为主权者发布命令的,他把法律看作一种对于社会事实的承认,国家并不是制定法、行政规章的唯一制定者。[6]

在论证公共服务作为公法学基础的概念之前,狄骥首先指出了主权理论作为公法学基础理论的缺陷。他仔细地梳理了主权理论的历史演变,由古罗马的"治权"到封建时代的君主王权,再到革命之后的国家主权,[7] 他认为主权的这种前后变迁,只是修辞上的转变,尤其是君主主权向国家主权的转变,仅是将君主置换成了国家,甚至于在美国制宪会议上还有君权观念的影响。[8] 在梳理了主权理论的前后演进之后,狄骥猛烈地抨击了主权理论的不足:第一,主权理论存在的社会背景变化。"大革命时

---

[3] [法]让·理韦罗、让·瓦利纳:《法国行政法》,鲁仁译,商务印书馆2008年版,第33页。

[4] 关于福斯多夫的主要观点可以参见《"服务行政"及"生存照顾"的原始概念》,载陈新民:《公法学札记》,法律出版社2010年版,第39~80页。

[5] 参见[奥]凯尔森:《法与国家的一般理论》,沈宗灵译,商务印书馆2013年版第二编国家论的章节。

[6] 狄骥:《公法的变迁》,郑戈译,中国法制出版社2010年版,第三章制定法。

[7] 同上书,第8~16页。

[8] 同上书,第16页。

期法律所确定的国家的人格概念(它是主权概念的基础)只是为了将但是仍然具有生命力的君主制传统与当时得到多有思想家的热情支持的政治哲学的原则调和起来。如今,一种更加适合我们这个时代的需要的新哲学正在得到确立。随着它的产生,上面描述的这种主权概念很快就会退出历史舞台"。[9] 而主权概念之所以现在还存在,完全是人们对于其的认识带有某种准宗教的性质和神秘性导致的。第二,主权概念无法解释某些存在的重要事实。例如,国家主权意味着国家与民族的对应一致,但现实中有的政府却控制着几个不同的民族;国家主权意味着单一和不可分割,但现实中却有着地方分权注意和联邦主义。[10] 第三,主权概念在功能上的缺陷:无助于保护个人权利免受专制的危害。主权概念的创设,一方面对于国家作为主权者为公民提供保护;但另一方面为了实现对公民的保护,也对公民的个人自由作出了限制,尽管这种限制必须通过法律来规定,但也不能充分保证多有的法律对于公民的保护会绝对公正,不受专制的迫害。[11] 第四,主权概念只是建立在卢梭等人的理论假说的基础之上,都是抽象的概念,没有充足的现实依据,还无益于现实科学性制度的建构,[12] 更无益于公法体系的牢固建立。

随后,狄骥宣告了主权理论的衰落,主张公共服务作为公法学新的基础概念。通过公共服务的概念,狄骥认为国家的功能不再是通过发布命令,并在某个特定的领域之内决定个人和权利之间的关系,而是设计对于公用事业的规制并且保障公用事业正常和不间断地发挥效用的规则。公共服务的概念为私人特许行业和政府为满足公共需求而提供公共服务提供了理论上的支撑。[13] 因此,国家不再直接针对公民发布命令,而是针对组织设计规则,由此看公法的基础不再是命令,而是组织,公法也实现了从主观权利向客观法的转变。质言之,公法不再是随意发布的命令,而是基于社会事实,制定规则的客观秩序。正如狄骥所言:"作为公法基础的'越权行为'之诉不是基于个人权利受到侵害的事实,而是出于社会服务的组织原则遭到破坏的事实。"[14] 其主张实现公法由主观权利向客观权利转变的观点可见一斑。由此,狄骥在国家、社会、个人之间的关系中改变由原来的国家与个人之间的对立,加入了社会的元素,缓和了国家和个人之间冲突的矛盾,国家通过制定规则约束公用事业来满足个人日益增长的需求,从而保障了个人权利的实现。

基于公共服务的概念的提出和分析,狄骥完成了基础概念变迁的论证,之后针对各项具体制度阐述了构建的基本预设:关于制定法的理解、行政行为、行政诉讼,尤其是对于责任承担的理解,均通过公共服务理论予以了重构。[15]

---

〔9〕 狄骥:《公法的变迁》,郑戈译,中国法制出版社 2010 年版,第 17 页。

〔10〕 同上书,第 21 页。

〔11〕 同上书,第 27 ~29 页。

〔12〕 同上书,第 5 页。

〔13〕 同上书,第 50 ~60 页。

〔14〕 同上书,第 196 页。

〔15〕 参见该书的第 3 ~7 章的论述。

(二)狄骥论证的缺陷

狄骥提出的公共服务概念和理论可以说是基于对当时社会变迁事实和法国行政法院判例的解读,为当时的公法理论发展提供了重要支撑,在很长一段的时间内成为了公法学的重要的排他性理论,直到20世纪50年代大部分的学者才逐步放弃这一排他性的标准。[16] 乃至于在很长时间内将行政法定义为了公用事业法,并以公用事业来划定行政法管辖的界限和权限裁定法院的裁定标准。[17] 具体分析来说:

1. 忽视了秩序行政的继续存在

综观狄骥在《公法的变迁》一书中的论证,可以看出其论证思路上是先通过论证主权理论的不足和缺陷推翻了其作为公法学基础,进而依据现实社会变迁和社会事实,以社会组织为出发点,基于社会连带理论提出了公共服务的概念,进而认为该概念应该作为公法学排他性的唯一概念,这种"矫枉过正"式的推断和论证确实有些极端。可以说主权理论在很长时间内还能够"苟延残喘"[18] 并不是基于某种对于该理论的宗教式信仰和神秘感的敬畏,而是基于现实需求。狄骥很敏锐地抓住了时代变迁中的公共需求,察觉到了以往理论的缺陷,并预见了未来福利行政的出现,但是却忽视了秩序行政依旧存在的现实,国防维护、经济发展、行政管理、治安保障等依旧是国家的重要职责,在这些领域国家同样需要通过发布命令的方式来实现这些职能,可能在实现这些职能的过程中通过其他的柔性化方式予以改进,保障行政的最佳效果,但本质上国家依旧是通过决定制定、强制执行的行政特权来保障基本秩序的维护的。

2. 忽视了公务中私管理方式的存在

1873年"布朗戈(Blanco)案件"中权限争议法院对于该案的裁定,认为因为公务原因给公民造成的损害应该由行政法院审理,而不应该由普通法院审理。基于该案,权限争议法院放弃了公共权力和国家债务人的标准,而采用了公务标准:基于前者国家人员在行使公务的过程中造成的损害应该由普通法院审理,因为国家作为债务人和普通公民作为债务人在此标准下是没有区别的;而基于后者则应该由行政法院予以审理。该案作为法国行政法上最为重要的案例,逐步扩张,不再仅适用于国家行政机关,也适用于国家之外的行政机关,使其成为了行政审判权限的标准。但狄骥依据该判例建立的公务标准,认为全部公务都属于行政审判的范围,忽视了公务活动中私管理方式的存在。公务的管理存在公管理方式,同样存在通过私管理的方式,前者被称为公务的公管理,后者被称为公务的私管理。[19]

(三)公共服务理论作为公法学排他性唯一理论的破产

"一战"之前,政府主要从事的还是行政公务。"一战"之后,政府从事的经济公务增多,而经济公务有时候受到了私法支配和普通法院的管辖,出现了公务活动和行政

---

〔16〕 Gregoire Bigot:《行政法上公共服务观念在概念上的破产》,成协中译,载《行政法论丛》第11卷。

〔17〕 [法]让·理韦罗、让·瓦利纳:《法国行政法》,鲁仁译,商务印书馆2008年版,第30页。

〔18〕 狄骥:《公法的变迁》,郑戈译,中国法制出版社2010年版,第17页。

〔19〕 王名扬:《法国行政法》,北京大学出版社2007年版,第455页。

审判范围不一致的情形,尽管有部分的不一致,但此时并未影响公务标准作为行政审判管辖的主流。“二战”之后,情况发生了重大变化,随着政府职能膨胀和任务增多,工商业公务、社会保障公务、政府委托私人管理的公务等越来越多,单纯的依凭公务标准就显得有些乏力了。因此,在多元标准时期,新公共权力标准、法律关系的性质和法律规则的性质、私人活动相似标准等相继出现。[20] 不过,通过分析可以看出,尽管标准出现了多样化,后两种标准依旧与公务标准有着密切的关系,其最终还是需要通过公务标准予以判断的。因而,通过类型化的分析,公共权力标准和公务标准依旧是行政审判管辖的重要标准,其他标准都是在二者的基础上衍化而来。

实际上,在狄骥提出公共服务理论之初,就有人对于公共服务理论提出了批判,著名学者 H. 贝泰勒米就认为应该坚持公共权力理论,认为公共服务理论过于模糊。[21] 这其实也说明了公共服务理论在一定程度上并不能完全取代公共权力理论成为公法学基础的排他性唯一理论。有学者专门撰文通过理论和实践的角度论述了公共服务这一概念在行政法上的破产。[22] 至于狄骥之后社会现实中出现的新的公共服务的形式,如通过私人管理的方式实现公共服务,已经超出了公共服务的理论范畴。不过这也是狄骥没有能够预想到的,我们不能通过事后的情势变化来批判狄骥的短视,反而应该佩服狄骥当时在公共需求日盛之时为公法学发展提供了公共服务理论的概念基础,使公法学能够适应时代的变迁“升级换代”。同样,对于公共服务理论,虽然想基于其作为公法唯一性的排他理论破产,并不意味着其不能作为公法基础理论,而是说其需要和其他理论(公共权力理论)共同作为公法学的基础理论,支持公法学的发展。

三、公法基础理论之重构与发展

(一)公法学基础理论之重构

正如上文所述,单一的公共权力标准和单一的公务标准都不足于支撑公法学的基础理论,任何一种绝对化的排他性标准的建立在面对复杂的现实实践时都会出现解释乏力的情形。由此,我们可以认为,应该通过构建二元标准来支撑公法基础理论的发展。

之所以会存在公共权力理论和公共服务理论作为公法理论的二元构造,完全取决于现实社会的运作中秩序行政和福利行政的并存。正如上文中所述,在个人自由主义盛行的 19 世纪的大部分时期,国家的任务主要集中在国防、警察、税收、司法等领域,对应而言,政府主要是通过发布行政命令式的行政管理方式;19 世纪末 20 世纪初随着公共需要的增加和政府职能的增多,行政任务的多元化,仅通过单一的行政管理难以满足需求,公共服务理论应用而生;但到了 20 世纪 50 年代,随着公务执行方式的多元化,很多难以通过一元排他性的公共服务理论所包含,出现了多元化的标准。通过理论发展的脉络我们可以清晰地看到,公法基础理论的发展是与社会变迁的需求一脉

---

〔20〕 王名扬:《法国行政法》,北京大学出版社 2007 年版,第 19 ~ 24 页、第 456 ~ 458 页。

〔21〕 同上书,第 21 页。

〔22〕 [法]Gregoire Bigot:《行政法上公共服务观念在概念上的破产》,成协中译,载《行政法论丛》第 11 卷。

相承的,公法基础理论的变革就是要适应社会变迁提出的挑战。直到今天,虽然经历了众多的社会变迁,政经社文都有着很大的变化,但秩序行政和福利行政依旧是公法基础理论的重要背景。从这个角度来看,公共服务理论和公共权力理论并重共同组成了公法学的基础理论,乃至于有的学者还将公共权力理论认为是行政法的手段,公共服务则是行政法的目的,试图通过将二者统一起来。〔23〕

(二)公法理论之发展

时代在变迁,公法学基础理论也在随之发展。狄骥之后,社会现实依旧迅速变化,科学技术迅猛发展,人类活动的领域和空间逐步扩大,全球化时代来临,风险时代来临,互联网时代来临……这一切的变化都给公法学的发展提出了重要的挑战。随之应用而生的是全球化时代的行政法、〔24〕风险行政法、〔25〕规制行政法〔26〕等,出现了新行政法的发展趋势,如私人行政问题、〔27〕合作行政的出现、〔28〕民营化时代的新行政法、〔29〕公共行政的变迁〔30〕带来的新行政法、公众参与〔31〕的行政法等诸多的问题。

行政法学根据这些变化也逐步做出了调整:首先,是行政法研究视角的调整,从面向司法的行政法到面向行政的行政法。行政法学的研究从行政流程的末端向行政流程上游的转变并不能说明对于行政流程中的司法审(行政权监督)的次要性,毋宁说是改变以前只重视对于行政权的司法审查,将行政过程与行政权的司法审查均作为行政法学的重要部分。其次,行政法研究方法的调整,多元化的研究方式介入,不再局限于传统的法教义学的解释方法,如成本收益的方法、〔32〕公共选择理论、〔33〕政府管制理论〔34〕等加入行政法研究和分析之中,行政法学的研究不再仅仅是法学方法,而包括了

---

〔23〕 王名扬:《法国行政法》,北京大学出版社 2007 年版,第 24 页。我国也有学者就此做了相关研究,请参见姚金菊:《目标与手段:服务型政府与法治政府?》,载《中国法学会行政法学研究会 2008 年论文集·上篇》。

〔24〕 参见姚金菊:《全球行政法的兴起:背景、成因与现状》,载《环球法律评论》2015 年第 4 期。

〔25〕 风险行政法主要是受德国学者贝克的《风险社会》一书中风险社会的影响而发展出来的,代表作有:[英]费雪:《风险规制与行政宪政主义》,沈岿译,法律出版社 2012 年版。国内也有很多的学者开始关注风险行政法规制,如沈岿、金自宁等。

〔26〕 规制行政法主要是受到了美国行政法的影响,通过研究行政过程中的规制工具和规制手段来促进行政法的革新。使行政法能够参与到行政决策的过程中,而不是仅在行政法的下游司法审查阶段才介入。

〔27〕 [日]米丸恒治:《私人行政——法的统制的比较研究》,洪英、王丹红、凌维慈译,田思源、王贵松校,中国人民大学出版社 2010 年版。国内学者也对于该项问题予以了关注,如高秦伟:《私人主体的行政法义务?》,载《中国法学》2011 年第 4 期;王军:《私人主体的信息公开义务之认定标准研究》,上海交通大学 2011 年博士学位论文;卢超:《通过私人主体实现公共建设之行政任务》,上海交通大学 2013 年博士学位论文等。

〔28〕 [美]朱迪·费里曼:《合作治理与新行政法》,毕洪海、陈标冲译,商务印书馆 2010 年版。

〔29〕 刘飞:《试论民营化对中国行政法制之挑战》,载《中国法学》2009 年第 2 期。

〔30〕 公共行政不再仅限于政府行政,还有第三部门,如一些社会组织的行政。对于行政法主体又提出了新的挑战。参见余凌云:《公共行政变迁之下的行政法》,载《华东政法大学学报》2010 年第 5 期。

〔31〕 现代行政民主要求行政中决策不应该只是由行政机关决策,为了保障行政的正当性而需要通过公众参与的方式实现行政的民主性。王锡锌:《行政正当性需求的回归——中国新行政法概念的提出、逻辑与制度框架》,载《清华法学》2009 年第 2 期;王锡锌:《公众参与和行政过程》,中国民主法制出版社 2007 年版。

〔32〕 刘权:《作为规制工具的成本收益分析》,载《行政法学研究》2015 年第 1 期。

〔33〕 包万超:《公共选择理论与实证行政法学的分析基础》,载《比较法研究》2011 年第 3 期。

〔34〕 朱新力、宋华琳:《现代行政法学的建构与政府规制研究的兴起》,载《法律科学》2005 年第 5 期。

经济学、行政学的研究方法。

（三）对于中国公法学基础理论发展和方法论的一个反思

新中国成立以来，我国行政法基础理论先后经历了管理论、控权论、平衡论的演变，[35]这本身就是在社会变迁中逐渐调整对于行政法的基本认识。加之对于国外理论的引介，行政法学似乎出现了一片繁荣的景象。但我们应该需要警醒的是，中国公法学，包括行政法学的研究都是建立在对于外国理论和经验的借鉴，并未实现本土化，尚且没有实现针对中国问题的自身理论成长。此外，中国行政法当前的问题不是理论的缺乏，而是移植的理论过多，在眼花缭乱之中迷失了方向。实际上，中国目前的行政法基础理论并未形成完备和严密的体系，外国行政法的发展都是依据其自身每一个阶段所做的调整，如法国为适用出现的秩序行政而采纳公共权力理论，继而为契合福利行政的发展而提出了公共服务理论，之后是二者的共同作用。中国目前发展中既面对着秩序行政，又需要应对福利行政的问题，但问题的关键在于对于秩序行政并没有供给整全且完备的行政法学体系，更没有形成良好的法教义学方法，给予实践充足的支撑。此外，还必须借用其他研究方法对于行政法予以研究以应对社会变迁带来的挑战，可谓困难重重。依照笔者的看法，目前中国行政法的发展，乃至于公法学的发展亟须夯实法教义学的研究方法，拓展作为公法学基础的公共权力理论，在此基础上重视公共服务理论的研究和拓展，借鉴其他学科的方法对于行政法学予以研究。

四、结语：公法仍旧在变迁

法律的发展应该适用社会的发展，这是亘古不变的真理，因为这是由法律本身性质决定的。无论是法学家，抑或是法律实务工作者都应该能够把握时代的脉搏，反思行政法基础理论、基本制度与社会变迁之间的关系。唯有如此，才能使法律发挥其作为国家治理的重要媒介作用。

公共服务概念的提出，为公法学的发展开创了新的疆域，如何在新的疆域中深耕作业，构建各项具体的制度依旧是我辈需要继续探索的重要课题。公共服务理论和公共权力理论共同构成了公法的基础理论，随着社会变迁，这种理论基础很可能会再次发生变化，尤其是在中国现在处于转型时期当中，我们应该如何把握时代的脉搏，诊断中国需要怎么样的公法学理论显得尤为重要。可以说解决好中国问题的公法学理论，同样也能在世界公法学中占有一席之地。

---

〔35〕 这种理论上的变化实际上还是针对公共权力理论的认识。

以恶制恶：论反恐刑讯的合法化

赵博扬*

内容摘要：虽然刑讯已被国际法所禁止，但其仍广泛存在。有功利主义观点认为，在类似"定时炸弹假设"的极端情况下，刑讯为打击恐怖主义提供了有力支持，并存在正当性。本文首先通过考察"定时炸弹假说"及刑讯反恐的渊源，对相关概念加以明确。随后比较数种反恐刑讯合法化学说的各自缺陷，指出其合法性方面的困境。之后分析"定时炸弹假设"模型的缺陷，认定刑讯在现实中的正当性难以成立。

关键词：刑讯　定时炸弹假设　反恐

引言

2014年12月10日，美国参议院情报委员会公布了关于美国中央情报局（以下简称中情局）的"酷刑"调查报告。在该份多达五百页的报告中不仅披露了中情局自"9·11"恐怖袭击事件（以下简称"9·11"事件）后对恐怖分子嫌疑人所采取的种种刑讯手段，更涉及民主、共和两党及国会、政府间的多种政治纠葛，引起了美国国内及国际上极其强烈的反响。

酷刑在历史上很长一段时间里是合法的，它使人遭受肉体上或精神上的剧烈疼痛或痛苦，侵犯了人最基本的生命健康权和人格尊严权。经过三千多年的反复斗争，绝大多数国家都废止了酷刑。1945年，《纽伦堡国际军事法庭宪章》首次将酷刑行为界定在"反人类"罪行之中。[1] 1984年，联合国大会通过了《禁止酷刑和其他残忍、不人道或有辱人格的待遇或处罚公约》（以下简称《联合国禁止酷刑公约》），该公约更被国际社会广泛接受。

但近年来，以"9·11"事件为代表的恐怖主义威胁极大程度地影响了西方国家传统的程序正义精神和人权观念。而2002年，德国Dashner案所引发的关于"好酷刑""坏酷刑"的讨论，让其不仅成为"德国战后最具争议的刑法案件"，[2] 更引起了国际

---

* 清华大学法学院2013级比较法与法文化专业博士研究生。

[1] 刘昂：《酷刑概念解析》，载《法学杂志》2007年第5期。

[2] Daschner案：2002年9月27日，犯罪嫌疑人Gäfen绑架了一名银行家11岁的儿子，并企图索取100万欧元的赎金。根据警方的计划，犯罪嫌疑人在9月30日前来收取赎金的时候被捕。但是在接下来的审讯中，犯罪嫌疑人一再拒绝透露被害人的拘禁地点。警方虽然采取了诸多措施，也仍然无法找到被害人。第二天，考虑到被害人可能由于缺乏必要的饮水和食物已经处在极度的生命危险之中，法兰克福警察局副局长Daschner下令在医生的监护下通过对犯罪嫌疑人进行恐吓甚至在必要时对其施加肉体痛楚的方式逼取有关被害人藏匿地点的信息。在审讯警察施加肉刑的恐吓之下，犯罪嫌疑人终于交代了被害人的藏匿地点，以及被害人已经于9月27日晚上被其所杀害的犯罪事实。参见王钢：《出于营救目的的酷刑与正当防卫——战后德国最具争议之刑法问题评析》，载《清华法学》2010年第2期。

性的学术关注,可能也是受到了“反恐”这一大时代背景的影响。

首先需要明确的是,由于语言差异,笔者认为将此处“torture”一词译为“酷刑”容易产生一定歧义。中文的“酷刑”是一个偏正短语,即“残酷的刑罚”,其词语本身就包含了一种价值描述。但根据韦氏词典,“torture”解释为:

1) anguish of body or mind; something that causes agony or pain;

2) the infliction of intense pain (as from burning, crushing, or wounding) to punish, coerce, or afford sadistic pleasure;

3) distortion or overrefinement of a meaning or an argument.[3]

此处的“torture”应取其第二种解释,亦即“通过施加强烈的痛苦从而惩罚、强迫”。而“酷刑”的译法虽然包含了“惩罚”含义的部分,但忽略了同等重要的“强迫”。

其次,根据《联合国禁止酷刑公约》第 1 条第 1 项,“酷刑”被定义为:

“为了向某人或第三者取得情报或供状,为了他或第三者所作或涉嫌的行为对他加以处罚,或为了恐吓或威胁他或第三者,或为了基于任何一种歧视的任何理由,蓄意使某人在肉体或精神上遭受剧烈疼痛或痛苦的任何行为,而这种疼痛或痛苦是由公职人员或以官方身份行使职权的其他人所造成或在其唆使、同意或默许下造成的。纯因法律制裁而引起或法律制裁所固有或附带的疼痛或痛苦不包括在内。”[4]

根据上述定义,可以看出“torture”实际上也与一般中文语境下“酷刑”有着较大差异,甚至是一种互斥关系。无论是传统法上的斩首、车裂,还是至今仍被少数国家保留的石刑、鞭刑,虽然都满足一般意义上“残酷的刑罚”(亦即“酷刑”)的定义,但它们无疑是属于各自法律系统中的合法制裁,而这恰恰是被《联合国禁止酷刑公约》第 1 条的但书部分所排除的。笔者认为,此处的“torture”实际上是一个概念的集合,应包含四种含义:(1)刑讯、刑求;(2)未经审判所做出的私刑;(3)为威胁、胁迫而虐待、拷打;(4)出于歧视的虐待、拷打。

针对此次事件而言,报告中所指的“酷刑”实际上是一种被官方称为“强化审讯技巧”(Enhanced Interrogation Techniques)的非致命审讯手段,如电击、剥夺睡眠、冰水浴等,目的在于获取恐怖分子、间谍等特定人员所可能掌握的重要情报。其对象虽然不是一般刑事犯罪嫌疑人,但根据前述定义,这无疑仍属于刑讯行为,而报告本身也主要是针对中情局的这一活动所展开的。[5] 虽然中情局特工在对恐怖分子嫌疑人实施“强化审讯技巧”的过程中,可能满足了前述“torture”所列举的全部定义,但本文并未打算就中情局特工的行为性质及其心理成因展开探讨,而是试图分析刑讯(“强化审讯手段”)对抗恐怖主义威胁这一做法的合理性。

---

[3] 参见 http://www.merriam-webster.com/dictionary/torture。

[4] 联合国《禁止酷刑和其他残忍、不人道或有辱人格的待遇或处罚公约》。

[5] http://www.nytimes.com/interactive/2014/12/09/world/cia-torture-report-document.html.

一、"定时炸弹假设"及其渊源

在探讨刑讯与公共安全的问题上,西方学者们引入了一个较为重要的讨论前提,即"定时炸弹假设"(Ticking Time-Bomb Scenario),而对于刑讯正当化的讨论往往也围绕其展开。但事实上,"定时炸弹假设"这一问题核心并非是由近人提出的全新概念,其渊源则可以上溯至18世纪功利主义学说的创始人杰里米·边沁。

在犯罪学名著《论犯罪与刑罚》发表后,边沁对其大为赞赏,并对贝卡利亚书中的绝大多数观点表示了肯定。但同时,贝氏文中有关反对刑讯的观点他并未完全认同。在其日后关于这一问题的著述中,他"倾向认为,在一些极个别的情况下,出于一种极其特定的目的,刑讯的实施会是十分有利的"。[6]

在其论述中,边沁确定了功利主义框架下可以实施刑讯的两种情况:

"第一种情况是,当某人被要求履行一符合公共利益的特定行为,且该行为确属其能力范围。"

"……当某人被要求履行一并不确属其能力范围的行为;尽管无辜,他不履行仍可能遭受痛苦;但当不履行将带来巨大危险,且程度远超出一个无辜的人所承受的由刑讯带来的极度痛苦时,其履行就包含了巨大的公共利益。在这种情况下,并出于比例考量,刑讯应当被允许使用。"[7]

但边沁亦强调前述的情况无疑是非常罕见的,且滥用刑讯也不符合功利主义的观点,所以他进而提出了一些限定条件:第一,调查人员必须有极其充分的理由相信嫌疑人是犯罪的实施者,并且掌握犯罪的相关信息,同时所掌握的证据也必须达到足以成立重罪的程度。第二,刑讯只能应用于万分紧急的情况,即如果不能及时获取信息采取行动,损害一定或有极大可能会发生。第三,试图避免的损害必须是巨大的,必须与刑讯所施加的损害比例相当。第四,刑讯的使用必须被法律所规制。第五,刑讯所带来的痛苦在足以满足目的的同时,也要尽可能地减小其对健康的长期影响。[8]

关于保留特定情形下的刑讯,他举了一个颇为重要的例子来进一步说明:

"假设在一定情况下,当我们有充分理由相信有相当多的人正在遭受伤害,同时,某人有着同样充分的被逮捕并被定以重罪的嫌疑;且人们遭受不法暴力的伤害与合法酷刑的强烈程度相当。那么,为了将这数百无辜民众从折磨中拯救出来,对于一名有能力将正在进行或即将发生的暴行的地点予以供出的罪犯,是否可以通过施加同等或更高强度的酷刑,来获取营救的必要信息,还是对此犹豫不决?抛开是否明智的问题不谈,为救下一个该死的罪犯而舍弃一百个无辜生命,还有什么比这样歌颂人性中的

---

〔6〕 Jeremy Bentham,"Of Torture",edited by Twining & Twining in "Bentham on Torture",Northern Ireland Legal Quarterly,(1973) 24(3) p.308.

〔7〕 Ibid.,pp.312 – 313.

〔8〕 Ibid.,pp.313 – 315.

盲目与粗野更为虚伪的呢?"[9]

可以看到,刑讯不仅被他视为最为有效的解决手段,更是权衡功利比例后所得出的逻辑必然结果。而近人所探讨的"定时炸弹假设",基本继承了边沁的假设及其条件上的限制,如美国学者亨利·舒(Henry Shue)在其著述中所描述的一个标准模型,与前者有着高度的相似性:

"假如一个狂热分子在巴黎市中心埋设了一枚即将爆炸的核弹,并且宁死也不肯放弃其阴谋。当局没有足够时间疏散无辜的民众,唯一防止悲剧发生的方法就是刑讯犯罪者,找到并解除炸弹。"[10]

源于边沁的"定时炸弹假说"及其所代表的刑讯观深远地影响着后世。虽然在第二次世界大战之后的自然法影响下,如《世界人权宣言》《联合国禁止酷刑公约》等国际法渊源都明确禁止了刑讯及其他酷刑。但是,由于战争的存在,以这种行为所代表的反情报活动无疑有其存在的必然性。随着 20 世纪 60 年代恐怖主义的兴起,并对公共安全造成日益严峻的威胁,该审讯方法也逐步被应用于反恐领域。

20 世纪 80 年代中期,以色列国安局的虐囚丑闻引起了轩然大波,政府因此设立了一个委员会对此进行专项调查。委员会由前最高法院大法官莫舍·兰道(Moshe Landau)领导,主要针对国安局对恐怖分子所采用的审讯方法展开调查。1987 年,委员会公开了一份报告,记录了虐囚事件的调查结果,概述了以色列所面临的阿拉伯恐怖主义威胁。更为重要的是,文中还指出以色列国安局在反恐问题上的进退两难:一方面,审讯者对于恐怖分子嫌犯例行性地运用刑讯;另一方面,由于刑讯及其所取得的证据违法,审讯者在法庭上作伪证也成为国安局内部的系统性惯例。而报告的附录部分,记录了被国安局命名为"适度生理压迫"(Moderate Physical Pressure)的具体刑讯方法及其相关指导守则,这一部分被列为机密没有公开。

兰道委员会认为,以色列面临着众多敌对组织的威胁,这些组织的成员高度专业化,并会对军事、平民目标采取无差别的恐怖袭击。这些组织一方面要求其所属的阿拉伯族群的广泛支持;另一方面其对待族群内部的反对者及告密者也颇为残忍无情。这就使以色列面临的威胁巨大且难以抵御。不同于一般警察,国安局的首要任务并不是运用合法手段收集有效力的证据、让单个的嫌疑人接受审判,而是渗透敌对组织、收集情报、化解危机,保护社会和国家的存续,因而其行动及信息来源必须高度保密。而当审讯者运用未被官方许可的来源及审讯手段获取情报后,他们对此只能撒谎,别无选择。[11]

对于国安局工作人员,委员会认为伪证行为也并未损害前者的正直性,因为伪证

[9] Jeremy Bentham,"Of Torture",edited by Twining & Twining in "Bentham on Torture",Northern Ireland Legal Quarterly,(1973) 24(3) ,p. 347.

[10] Henry Shue,"Torture",Philosophy and Public Affairs 7. 2,1978 p. 141.

[11] The Commission of Inquiry into the Methods of Investigation of the General Security Service Regarding Hostile Terrorist Activity Report,Part One,pp. 11 - 17,22 - 23.

经过了部门主管的明确批准。同时,如其工作人员所言,伪证实际上是自身"神圣使命"带来的一种"出于崇高目标的堕落",也是一种由其工作性质所决定的必然结果。[12]

委员会认定了国安局仅采用过"适度生理压迫"作为刑讯手段的事实,也接受了后者关于其审讯手段的有效性和必要性的辩解,并围绕着"定时炸弹假设"展开论证,承认了紧急情况下采取一定特殊措施是必要的:

决定性因素并不是危险的紧迫性,而是两种邪恶的严重性之间的比较——即违反法律之恶对于即将发生之恶……比较这两种邪恶,必须依照根植于每一个正直、诚实之人心中的道德观念。坦率而言,我们是否应当选择:接受为了使嫌犯开口而对其扇耳光、威胁所带来之恶,从而借此避免即将发生的更大罪恶?答案是不言自明的。[13]

但委员会对国安局工作人员"神圣使命"下"不择手段"的做法并未予以完全肯定,报告中认为对于审讯中暴力的运用应当做到比例适当,在足以对抗即将发生的危险的同时,亦"绝不能达到酷刑(torture)或虐待的程度",否则将使国家作为"维护民权的守法政体"之"形象"(image)被无可挽回地破坏。另外,"特务机构总是有一种危险的倾向,即试图采取那些我们所憎恶政权才会运用的手段",故有关运用暴力的比例问题绝不能全权委托国安局,所许可使用的生理及心理压迫方法必须被严格界定、规范,并加以保密。[14] 同年随后,以色列内阁通过了该份报告,并将报告结论的相关内容列为"适度生理压迫"的指导规则。

而在2001年的"9·11"事件之后,美国在运用刑讯对抗恐怖主义的问题上更是颇为激进。时任副总统切尼在袭击发生5天后便表示,"我们也必须采取一些不那么光彩的措施……很多任务必须被秘密地完成,没有商量余地……为了达到目的,我们基本会尽可能地运用一切可能的方式"。数月后,总统首席法律顾问冈萨雷斯也声明,"这一全新的(反恐)框架淘汰了日内瓦公约关于审讯战俘的严格限制",随后美国司法部允许中情局使用包括水刑、电击、强制裸体等方式在内的10种审讯手段。2008年,时任总统布什否决了国会关于禁止前述审讯手段的法案,他认为上述刑讯方法是"反恐战争中最有效的工具之一"。[15]

目前,美国已成为世界上受恐怖主义威胁影响最为严重的国家,虽然这一现状很大原因要归咎于其自身的对外政策,但当代社会恐怖主义的泛滥所产生的危机,各国迫于无奈使用刑讯所带来的大量伦理、法律、政治等方面的困境,恐怕将成为全球每一个国家及其民众所不能回避的世界性问题。而对于受"东突""ISIS"等恐怖主义组织

---

〔12〕 The Commission of Inquiry into the Methods of Investigation of the General Security Service Regarding Hostile Terrorist Activity Report, Part One, pp. 29 – 30, 39.

〔13〕 Ibid., p. 60.

〔14〕 Ibid., pp. 61 – 62.

〔15〕 Werner G. K. Stritzke & Stephan Lewandowsky, "The terrorism-torture link: when evil begets evil", in Stritzke, *W. Terrorism and Torture - An Interdisciplinary Perspective*, Cambridge University Press, 2009, p. 2.

威胁日益严重的我国而言,随着《反恐怖法》刚刚公布,关于其未涉及的国安机关侦查权的讨论,尤其是刑讯问题的研究,可能也是有一定必要的。

二、"定时炸弹假设"下刑讯合法性的讨论

"定时炸弹假设"这一"思想实验"(thought experiment)自提出以来,其所体现的关于道德、法律等领域的难题引发了广泛探讨。而综观各国已有的反恐刑讯实践,决策者大都以"特殊情形下的刑讯具有正当性""承认刑讯作为反恐的一种必要之恶"为其原因。但对于如何将反恐刑讯划入现有的法律体系,确定其合法性基础,却有不同学说:

(一)将刑讯视为紧急避险

"预防恐怖主义已经成为当今各国政府最重要的任务之一……基于这样的背景,无论国际法有何种规定,当刑讯作为一种打击恐怖主义的手段时,我们不能完全排斥其恶。如果刑讯是在紧要关头拯救生命的最后机会,那么审讯者的行为应当成立紧急避险。"[16]

"如果我是一位审讯者,且认为面前之人掌握的信息可以防止灾难的发生……我大概会尽我所能防止灾难发生。国家有义务让我因违反法律接受审判……我会用紧急避险进行抗辩,随后由法庭决定我的行为是否合理。"[17]

上述观点认为,虽然实施刑讯无疑违反国际法,但如果刑讯是危难关头拯救生命的唯一希望,那么施刑人的行为应当被认定为紧急避险。

但历史上的诸多例证表明,"通往暴政之路永远是由那些保卫国家之人所作出的紧急措施铺成的"。[18] 紧急避险理论的主要问题在于:打击恐怖主义在全球范围的实践都是组织性、系统性的国家行为。而当今各国所面临的恐怖主义威胁,不仅涉及领域众多,其影响也是持续且长久的。如果将紧急避险制度的适用主体上升到国家层面,即将"紧急时无法律"的权力赋予基于法律存在并运转的国家,后果恐怕会是灾难性的:紧急避险的必要性成立就可能甚至倾向于被政治势力完全影响,这对民主政体的威胁也许要远胜于恐怖主义。而正是基于上述原因,以色列最高法院于 1999 年推翻了前述兰道委员会的报告,否定了国安局"适度生理压迫"方法的合法性。

但同时以色列最高法院认为,如果个别国安局工作人员确实认为情况紧急,且刑讯可以避免危险的发生,则其刑讯行为可以成立紧急避险。此种出于变通所留下的后门,同样存在诸多问题。

首先,如果可以成立紧急避险,那么只要审讯者认为情况足够危险、紧迫,他无疑

---

〔16〕 John T. Parry, "Escalation and Necessity: Defining Torture at Home and Abroad", in Levinson, *S. Torture: A collection*, Oxford University Press, 2004, p. 153.

〔17〕 Mark Bowden, "The Dark Art of Interrogation", *Atlantic Monthly* 51, 2003, p. 76.

〔18〕 Alan Dershowitz, "Tortured Reasoning", in Levinson, *S. Torture: A collection*, Oxford University Press, 2004, p. 273.

有权采取比“适度生理压迫”更为激烈甚至残忍的审讯手段；而在生命权至上及符合比例的前提下，审讯者无疑可以威胁，甚至拷打嫌犯的亲属从而迫使其招供。这显然加剧了反恐刑讯对人权的侵犯。

其次，将个别人员的刑讯视为紧急避险，无疑会陷入结果主义（consequentialism）的错误，即其行为的性质将完全取决于最终的结果。乍看之下，这样似乎既解决了出于反恐目的而刑讯的合法性难题，同时又会使审讯者出于保全自身的考虑从而减少刑讯的实施。但这种将危急情况下的决定权及相应责任完全交付个人的做法，无疑对处于权力末端的审讯者是极度不公平的。进一步而言，这种权力主体与责任主体的错位，也将使国安局陷入困境：如果不对一部分（甚至可能是绝大多数）不那么“幸运”的审讯者加以包庇，其机构本身将无法应对诸如“定时炸弹假设”的类似危险情况。因为即便肩负着所谓“神圣使命”，不惜牺牲个人自由的高尚情操，恐怕在审讯者中都不会是普遍存在的。

（二）将刑讯视为正当防卫

亦有学者提出反恐刑讯应构成正当防卫：

> “在审讯中运用暴力严重侵犯了嫌犯的人格尊严和人身自由，仅在面临即将发生的、切实的恐怖袭击（亦即狭义上的‘定时炸弹情景’下）的个别案件中，且无法运用常规方式收集情报时，其行为才具有合法性。仅在这样的情况下才可以用正当防卫（反抗切实的不法侵害）证明刑讯的合法性。先发制人的使用暴力，以及在袭击后使用暴力，都不能以正当防卫或其他正当理由证明其合法性；刑讯恰好知晓炸弹位置的旁观者亦不能构成正当防卫……”[19]

正当防卫观点较之紧急避险，有着更强的道德基础。它反对刑讯除行为人本人以外的其他相关人员，这实际上是对边沁及一般的“定时炸弹假设”进行了限制。但同时，正当防卫框架下嫌犯的生命权将不再受到比例原则保护，为了保护无辜生命，将嫌犯刑讯至死也将具有充分的合法性。那么我们可以作出如下假设：如果在审讯多个行为人的案件中，先杀一儆百将部分嫌犯拷打致死，使剩下的人陷入恐惧，从而能更容易地给出信息，那么审讯者们没有理由不这么做，甚至该方法可能会成为一种固定规则。较之紧急避险下刑讯对人权的侵犯，正当防卫在程度上无疑更加严重。

此外，正当防卫也同样面对紧急避险理论中的其他问题，不再赘述。

（三）政治赦免

有学者主张，对于“定时炸弹危机”等极端情况下的刑讯者，应当在事后采取政治手段对其罪行予以赦免，而不应试图将这一行为合法化。例如，理查德·波斯纳认为，如果立法公开允许特定情形下的刑讯，那么有些官员一定会试图扩大规定的适用范围，这将导致公民权利遭到巨大侵害，而有关刑讯适用的“成本—收益”分析也是一种

---

〔19〕 Miriam Gur-Arye, “Can the War Against Terror Justify the Use of Force in Interrogations?”, in Levinson, *S. Torture: A collection*, Oxford University Press, 2004, p. 195.

"混乱的"的投机行为。因此,他倾向于法律上仍恪守对刑讯的严格禁止,但期待具体执行人员在风险过高的情况下会打破规定,并通过事后对其非法行为进行赦免的方式取得一种平衡。[20]

笔者认为,运用行政权力赦免特定情况下的刑讯虽然可能解决了紧迫性与合法性之间的冲突,但这种做法无疑是一种更为严重的唯结果论的做法。审讯者的职责要求他在特定情况下必须违反法律,但究竟何时应当违反,及违反后会带来怎样的后果,则皆不可知,且一切后果将由其个人承担。这种将希望寄托在特定情况下审讯者可以拥有全知全能及英雄主义式的个人牺牲的做法,显然是不切实际的。同时亦如前文所述,现实情况下刑讯绝不会仅存于个案,因此政治豁免的种种瑕疵同样也将导致国安机关的违规操作和刑讯的泛滥。

另外,也更为根本的是:在法治社会中,法律存在的目的显然不是使其权威性有所降低。如果我们希望法律可以有效实施并被严格遵守,那么我们不能也不应期待其在特定的情形下将被违反。把反恐刑讯有意地置于灰色地带,操作中对审讯者施加可以获得政治豁免的暗示,这种暧昧态度无疑使得书面上严格反对刑讯的法律不仅不具有任何公信力,反而充满虚伪。

(四)"刑讯令"制度

对于反恐领域的刑讯,阿兰·德肖维茨虽然肯定了其必要性,但同时认为:

"自'9·11'之后,美国已将非致命性刑讯视为获取情报、预防恐怖袭击的重要手段。其实施不仅并未受到任何法律上的约束,且不具有政治正当性,有关信息更不透明。各种各样的刑讯手段也普遍存在于各个其他《联合国禁止酷刑公约》的缔约国,这样不堪的现状更使得国际政治充满了虚伪。"[21]

针对上述问题,他提出了一个颇具争议性的观点,即设立一个类似于搜查令的批准制度,从而约束反恐刑讯的实施:

"如果引入某种批准限制:那么具体操作的低阶官员将不再能以看似合理的借口主张其行为已被秘密授权,因为书面授权是唯一有效的形式;高阶官员也没有理由推诿不知情,因为他们有义务给出明确授权……必需的事前书面批准可以减少滥用,因为知晓相关记录最终会被公开,所以仅在极端个案中高阶官员才会授权使用特别手段,而且也绝不会是阿布格莱比丑闻照片中的那种手段。"[22]

而关于"刑讯令"的申请,他认为应由法官进行审核,因为这和"搜查令"类似,同样关乎公共安全与个人基本权利之间的平衡。而这属于司法权的职责范畴,不应由审

[20] Richard Posner, "Torture, Terrorism, and Interrogation", in Levinson, S. *Torture: A collection*, Oxford University Press, 2004, p. 298.

[21] Alan Dershowitz, "Tortured Reasoning", in Levinson, S. *Torture: A collection*, Oxford University Press, 2004, pp. 16, 257.

[22] Ibid., pp. 276 - 277.

讯人员考虑如此复杂的问题并作出决定。[23]

德肖维茨的观点颇具创造性,在承认紧急状态刑讯必要性的前提下,试图通过借鉴已有的成熟制度对其规范化、透明化,并最终减少其滥用。但其观点可能仍存在过于理想化的部分。

依照其观点,当且仅当事态在极端紧急的情况下,亦即满足"定时炸弹假设"所描绘的程度,刑讯才成立正当化,从而才可适用"刑讯令"。这让人不禁怀疑,在分秒必争的危急关头,审讯部门在申请许可时是否能整理提交充分、翔实的书面证明?而对于提交的申请,法官是否有充裕的时间对材料详细审查,并充分权衡公共安全及保障人权二者之间的冲突?在时间不够、材料不足的情况下,面临可能巨大的人员伤亡,法官是否仍能克制个人情感的因素,拒绝签发申请?

如果上述程序在危急关头难以实现,那么适用刑讯的决定恐怕仍将是草率、主观的。而"刑讯令"制度也仅是将抛硬币及承担随后巨大个人风险的主体从低阶官员换成了法官,这同样不公平。

另外,若申请、签发"刑讯令"的时间足够充裕,那么显然危机并不迫在眉睫,而刑讯的正当性也难以成立。由此看来,如果我们将"刑讯令"制度付诸实践,其适用对象将很可能向威胁程度较低的嫌疑人发展,无疑是南辕北辙。

三、刑讯合法化观点的缺陷

虽然前文列举了诸多学者对于"刑讯合法化"问题的观点,但事实上,对于"特定情况下刑讯存在正当性"的前提,学术界并不完全赞同,有学者甚至主张这一问题的正当性根本不该被讨论:

"对这一问题展开法律探讨的现象,实际上是犯了'非专业主义'这一众所周知的错误……后现代的辩护者们在不明智且颇具讽刺意味的仓促中,用功利主义的理论掩饰了刑讯者的野蛮,并忘却了历史。"[24]

这实际上是一种道德绝对主义观点,认为反对刑讯应是一种被绝对恪守的价值,即无论在何种情况下,这一理念都不应被例外所排除。例如,欧洲人权法院在其一项判决中所强调的:

本院十分清楚各国当代在保护自身社会免遭恐怖主义暴行过程中所面临的巨大困难。然而,即使在这些情况下,公约(《欧洲人权公约》)也绝对意义上地禁止酷刑、非人道的或有损人格的待遇或惩罚,而不论其受害者之前有何种行为。[25]

---

〔23〕 Alan Dershowitz, "Tortured Reasoning", in Levinson, *S. Torture: A collection*, Oxford University Press, 2004, pp. 263 - 264.

〔24〕 Richard H. Weisberg, "Loose Professionalism, or Why Lawyers Take the Lead on Torture", in Levinson, *S. Torture: A collection*, Oxford University Press, 2004, p. 299.

〔25〕 Chahal v. United Kingdom, 23 Eur. Ct. H. R. 413, 414 (1997).

诚然,过分强调情况的特殊性,淡化人权的绝对价值,无疑是一种十分危险的相对主义倾向。但在“定时炸弹假设”的情形下,这一观点往往会招致质疑:道德绝对主义是一种理想主义,它完全忽视或有意回避了各国的现实政治(realpolitik),刑讯的反对者们往往只关注到了受刑人被侵犯的人权,却回避将视野扩大到因此受益的更大群体,而作为一国的当权者,违反国际公约、践踏个别罪犯或同谋者的人权,比之未能有效制止袭击造成大量平民死亡,无论是从政府抑或民众层面,后者显然会被视为更为巨大的罪恶。如前文提出“定时炸弹假设”的亨利·舒便认为,“允许一座伟大城市及其大量人民遭受毁灭,简直和故意毁掉它同样邪恶”,[26]这恰恰是“道德绝对主义”观点的最大挑战。

笔者认为,反对刑讯不应仅出于一种朴素的道德直觉,而是基于理性的分析从而做出选择。具体而言,应当从“定时炸弹假设”,亦即反恐刑讯的正当性基础展开分析。

正如前文所述,刑讯反恐正当性问题的产生基础,应当认定为来源于边沁等学者所提出的“定时炸弹假设”。如果我们抛开现实中反恐刑讯所涉及的诸多禁忌,假定在“定时炸弹假设”的情景下其正当性可以成立,通过对所描绘的危机情景进行分析,我们大致可以发现其存在以下几个方面的前提:

首先,确实有一颗定时炸弹即将爆炸,这是对事件紧迫性上的要求。其次,审讯人员可以确定嫌疑人对炸弹的位置是明确知晓的,这是对对象确定性上的要求。再次,无论采取何种合法方式,嫌疑人都不肯透露炸弹信息,刑讯将是唯一可行的手段,这是对方法上必要性的要求。最后,对嫌疑人采取刑讯,我们可以挽救生命,这是对比例原则的要求。

可以看出,如果“定时炸弹假设”下的刑讯确实成立正当性,那么通过归纳应当认定,其实施满足了“紧迫性”“确定性”“必要性”及“有利性”四个方面的前提。进一步而言,即上述四个前提的同时满足,构成了反恐刑讯成立正当性的充分条件。

但如果我们试图利用这一充分条件,对正当性成立的必要条件进行逆推,似乎上述四个前提无论哪一个都是不应缺少的:如果不存在“紧迫性”,即炸弹并非即将爆炸,而通过一般的疏散群众、区域排查的方式可以找到并解除炸弹,那么刑讯显然不存在正当性;如果不存在“确定性”,即审讯者不能对嫌疑人是否真正掌握炸弹有关信息的问题完全肯定,那么刑讯将必然被扩大化;如果不存在“必要性”,即完全可以采取常规的审讯方式使嫌犯招供,刑讯并非唯一可行的选择时,其实施显然是对人权的单纯践踏;如果不存在“有利性”,即炸弹不能构成生命威胁,那么采取刑讯将比例失当。可见,上述四点同样也构成了刑讯存在正当性的必要条件。

这就使“定时炸弹假设”成了一个非常特殊的例子。如果我们试图运用刑讯打击恐怖主义,那么仅当事态达到“定时炸弹假设”所描绘的严重程度,甚至在其之上时,

---

〔26〕 Henry Shue,“Torture”,Philosophy and Public Affairs 7.2,1978 pp.8,57.

刑讯才可能具有正当性。另外,“定时炸弹假设”的模型太过理想化,当我们对事态的“紧迫性”“确定性”“必要性”及“有利性”达到了一种近乎全知的程度时,我们唯一要做的工作便是决定应否打破禁忌实施刑讯。换言之,“定时炸弹假设”并不是一个探讨刑讯正当性问题的基础前提,而更像是一个围绕“实施刑讯”这一唯一答案所构造的逻辑陷阱,即对于一个只能通过刑讯才能解决的问题,我们是否应该刑讯?而在这样极端、理想情况下所成立的合理性,我们显然不能将其作为一般、现实情况中进行刑讯的理由。而假设中符合伦理道德、快速有效的刑讯,也脱离了现实中刑讯其野蛮、低效的事实。

结论

主张对反恐刑讯合法化的学者们往往忽视了“定时炸弹假设”这一模型所存在的瑕疵,故其学说也存在各种漏洞。前文提及的德国“Daschner案”,实际上也远不能达到“定时炸弹假设”的要求,在极端条件下所确立的刑讯正当性,显然不能成为合法化、制度化的基础。

然而笔者不得不承认,无论刑讯的正当性是否存在,“定时炸弹假设”成立的条件何等渺茫,只要存在打击恐怖主义的可能,各国将其运用到反恐领域的动力都是无比巨大的。正是出于其被政府降低标准从而滥用的必然性,我们必须坚持反对刑讯成为一种反恐手段,美国此次“酷刑门”的丑闻便可谓前车之鉴。

另外,如果刑讯被用于反恐,那么我们将利用恐怖、暴力去打击恐怖主义,国家通过践踏人民权利维护自身安全,这无疑是恐怖主义的胜利、文明民主政治的倒退。我们不应向恐怖主义低头,正如推翻兰道报告的以色列大法官阿哈龙·巴拉克所言,“虽然民主政体有时必须将一只手缚于身后作战,然而它总占上风”。〔27〕

---

〔27〕 Alan Dershowitz, “Tortured Reasoning”, in Levinson, *S. Torture*: *A collection*, Oxford University Press, 2004, p. 267.

“公开盗抢”行为的性质研究*

温登平**

内容摘要：区分盗窃罪与抢夺罪的焦点，在于如何界定“公开盗抢”行为的性质。刑法理论的通说以行为的秘密性或公开性为区分标准，该观点存在不合理之处。区分盗窃罪与抢夺罪的标准不是行为的秘密性或公开性，而在于行为是否具有对物暴力。区分盗窃与抢夺的界限，首先应当考察行为人是否实施对物暴力，抢夺罪必须具有对物暴力，盗窃罪则无。此外，还应当考察被害人对被盗抢的财物是紧密占有还是松弛占有。除扒窃外，盗窃行为所取得的基本上是被害人松弛占有的财物；对被害人紧密占有的财物，通常成立抢夺罪。区分盗窃罪与抢夺罪，应当从上述两点出发，兼顾刑法的特别规定，以实现罪刑相适应。

关键词：公开盗抢　盗窃　抢夺　对物暴力　紧密占有

一、问题的提出

一般认为，盗窃罪是以非法占有为目的，（秘密）窃取公私财物，数额较大、多次盗窃、入户盗窃、携带凶器盗窃或者扒窃的行为；抢夺罪是指以非法占有为目的，公然夺取他人数额较大的公私财物的行为。通常情况下，无论是使用暴力公开抢夺他人紧密占有的财物的行为，还是行为人秘密实施的窃取他人松弛占有的财物的行为，分别情形以盗窃罪或者抢夺罪论处。但是，在行为人以非法占有为目的，公开实施盗抢他人松弛占有的财物（以下简称“公开盗抢”），对他人的身体健康和生命等不存在危险的场合，是成立盗窃罪还是抢夺罪，则存在分歧。

我国刑法学理论的通说认为，盗窃罪是以非法占有为目的，秘密窃取公私财物的行为；抢夺罪是指以非法占有为目的，不使用暴力、胁迫等强制方法，公然夺取公私财物的行为。[1] 区分盗窃罪与抢夺罪的标准是“盗抢行为”是否具有公开性或者秘密性。按照这种观点，上述案件应当以抢夺罪论处。但是，也有学者提出质疑，认为盗窃是指行为人以非法占有为目的，违反被害人的意志，将他人占有的财物转移为自己或者第三者占有，主张“盗窃行为不限于秘密窃取”。[2] 盗窃罪并不以采取和平非暴力手段为前提，行为人以暴力方法取得财物，但又没有达到使他人不能抗拒的程度，却破

---

* 本文是作者主持的中国法学会部级法学研究课题《刑法解释方法研究》的阶段性成果，项目编号：CLS(2015)D062。

** 济南大学法学院讲师，法学博士。

[1] 参见高铭暄、马克昌主编：《刑法学》（第6版），北京大学出版社、高等教育出版社2014年版，第498页、第505～506页。

[2] 参见张明楷：《刑法学》（第4版），法律出版社2011年版，第873页以下。

坏了他人对财物的持有、支配关系,取走其持有物的,只能认定为盗窃。[3]

上述争论的焦点是:第一,抢夺罪是否必须是公开抢夺,盗窃是否必须是秘密窃取,换言之,行为的公开性或者秘密性是否区分盗窃罪与抢夺罪的标准?第二,行为的暴力性是否区分盗窃罪与抢夺罪的标准?是否认为抢夺罪必须是对物暴力?以平和、平稳方式实施的"公开盗抢"行为,能否认定为抢夺罪?第三,在刑法根据数额、次数或者行为方式等规定了多种盗窃类型,并就携带凶器抢夺作出特别规定的情况下,针对被害人紧密地占有的财物实施的"盗抢行为",是以盗窃罪还是以抢夺罪处理更为妥当?等等。本文将围绕这些问题展开讨论。

二、"盗抢行为"的公开性

前已述及,盗窃罪与抢夺罪争论的焦点在于"公开盗抢"行为的性质。传统观点认为,公开进行的"盗抢行为"应当以抢夺罪论处,但是也有学者主张存在以盗窃罪论处的可能性。因此,"盗抢行为"的公开性或者秘密性能否作为区分盗窃罪与抢夺罪的界限,成为问题。

(一)"盗抢行为"是否必须具有秘密性的刑事立法和理论考察

在我国大陆、台湾地区以及俄罗斯等,[4]刑法除规定盗窃罪和抢劫罪外,还单独规定了抢夺罪。但是,在诸如德国、日本、意大利、法国等,均未将抢夺行为作为独立的犯罪类型加以规定。在司法实践中,根据抢夺行为的具体情形,分别认定为抢劫罪和盗窃罪。[5] 使用暴力或者胁迫手段,强取他人财物,足以压制被害人反抗的,成立抢劫罪。[6] 尽管窃取原本具有秘密取得的意思,但是,成立盗窃罪不要求秘密窃取。[7]对于行为人没有使用暴力、胁迫手段,公开夺取财物的,或者暴力完全是直接用于夺取财物的,由于该暴行并非是作为压制被害人反抗的手段,一般解释为盗窃罪。[8] 例如,《意大利刑法典》第624条规定了普通盗窃;第624-2条规定了入室盗窃;第625条第2项规定,行为人采用对物暴力的方法取得他人财物的,是盗窃罪的情节加重犯。在这种立法体例下,是否具有对物暴力,是区分盗窃罪与抢劫罪的标准。

在单独规定了抢夺罪的我国大陆、台湾地区以及俄罗斯等,关于如何区分盗窃罪、抢劫罪与抢夺罪,非常纠结。例如,我国刑法学通说坚持秘密窃取说,认为盗窃罪是以非法占有为目的,使用秘密窃取的方法,将公私财物转移到自己的控制之下。"秘密窃取,是指行为人采用自认为不使他人发觉的方法占有他人财物。只要行为人主观上

---

[3] 参见张明楷:《论表面的构成要件要素》,载《中国法学》2009年第2期。

[4] 参见我国台湾地区"刑法"第320条至第330条;《俄罗斯联邦刑法典》第158条、第161条、第162条。

[5] 参见张明楷:《盗窃与抢夺的界限》,载《法学家》2006年第2期。

[6] 参见[日]山口厚:《刑法各论》(第2版),王昭武译,中国人民大学出版社2011年版,第252~253页。

[7] 参见[日]大谷实:《刑法讲义各论》(新版第2版),黎宏译,中国人民大学出版社2008年版,第194页;[日]西田典之:《日本刑法各论》(第6版),王昭武、刘明祥译,法律出版社2013年版,第147页。

[8] 参见[日]山口厚:《刑法各论》(第2版),王昭武译,中国人民大学出版社2011年版,第255~256页;[日]大冢仁:《刑法概说》(各论),有斐阁2005年版,第191页。

是意图秘密窃取,即使客观上已被他人发觉或注视,也不影响盗窃性质的认定。秘密窃取,可以是被害人不在场时实施,也可以是物主在场,乘其不备时实施。"[9]抢夺罪是指以非法占有为目的,不使用暴力、胁迫等强制方法,公然夺取公私财物的行为。公然夺取是指采用可以使被害人立即发觉的方式,公开夺取其持有或管理下的财物。[10]最高人民法院 1998 年 3 月 10 日《关于审理盗窃案件具体应用法律若干问题的解释》(以下简称"旧盗窃罪解释")第 1 条也认为盗窃是"以非法占有为目的,秘密窃取公私财物数额较大或者多次盗窃公私财物的行为"。

在我国台湾地区,一般认为,盗窃是指以和平手段,违背他人的意思取得他人的财物。抢夺是指以不法有形力,使人来不及反抗,而强取财物。围绕成立盗窃罪是否必须具备秘密性要件,尽管也存在争论,但多数学者认为,行为是公开实施还是秘密进行,不是区分盗窃罪与抢夺罪的标准。例如,林山田教授认为:"窃盗罪乃是行为人出于取得意图,以和平的非暴力手段,破坏他人对于物的持有支配关系,以取得他人动产而建立自己与物的新持有支配关系所形成的财产罪。""行为人只要出于为自己或第三人不法取得的不法意图,而以和平而非暴力的方法,故意取走他人之物,即足以构成窃盗罪。"[11]"窃取只要以非暴力的和平手段,违反所有权人或持有人的意思,或未得所有权人或持有人的同意而取走其持有物,即足当之,并不以系趁人不知不觉,且以秘密或隐秘的方法为必要。"[12]甘添贵教授认为:"窃取行为只须其破坏持有人与物之监督支配关系,系以和平方法为之,即足当之。至其系公然或秘密为之,则非所问。"[13]鉴于抢夺罪有致人死伤的结果加重犯,[14]而盗窃罪没有,有学者主张结合被害人对财物的持有的紧密程度来区分盗窃罪与抢夺罪。例如,林东茂教授认为:"抢夺必须对紧密的持有,唯其如此,持有者方有倾跌受伤或猝死的可能。例如,出其不意猝取被害人紧握手中的钱包、肩上的肩包、项上的金饰,这种猝取可能使被害人摔倒地上,受伤或更严重后果。"[15]

根据《俄罗斯联邦刑法典》第 158 条和第 161 条的规定,盗窃是指秘密侵占他人财产,抢夺是公开夺取他人的财产。多数俄罗斯刑法学者主张成立盗窃罪需要具备秘密性特征。"偷盗罪的客观方面表现为秘密侵占他人财物,其本质内容无论客观上还是主观上都在于小偷力求避免与所窃财物的所有人或实际占有人以及可能妨碍犯罪实施的人或作为目击证人揭露罪犯的旁人发生接触。——犯罪人违法的、秘密的、背着其他人对抗或违背财产所有人的意思表示获取他人财物,将所窃财物转归自己非法

---

〔9〕 高铭暄、马克昌主编:《刑法学》(第 6 版),北京大学出版社、高等教育出版社 2014 年版,第 499 页。

〔10〕 参见高铭暄、马克昌主编:《刑法学》(第 6 版),北京大学出版社、高等教育出版社 2014 年版,第 505 页。

〔11〕 林山田:《刑法各罪论》(上册)(修订第 5 版),北京大学出版社 2012 年版,第 208 页。

〔12〕 同上书,第 214 ~ 215 页。

〔13〕 甘添贵:《体系刑法各论》(第 2 卷),台湾瑞兴图书股份有限公司 2001 年版,第 40 页。

〔14〕 我国台湾地区"刑法"第 326 条第 2 款规定,抢夺"因而致人于死者,处无期徒刑或 7 年以上有期徒刑,致重伤者,处 3 年以上 10 年以下有期徒刑"。

〔15〕 林东茂:《刑法综览》(修订第 5 版),中国人民大学出版社 2009 年版,第 301 ~ 302 页。

所有并按照自己的意志将它们作为自己的财物进行处分。”[16] 相对来说，抢夺行为则是公开进行的。“公开的、明目张胆的、周围人一目了然的因而是非常粗暴的使财产脱离他人占有的方式是抢夺罪最突出的特点。”[17] 抢夺罪是比盗窃罪更为严重的犯罪，而且存在致人伤亡的情形。[18] “法律规定抢夺可能使用不危及生命健康的暴力或以使用这种暴力相威胁，所以应当承认：公民人身权可成为其侵害客体。”“抢夺时的身体暴力可以表现为殴打、打击——等造成身体疼痛，——审判实践把诸如——等攻击行为定为暴力抢夺。”[19] 在俄罗斯学者看来，“盗抢行为”是否具有秘密性和暴力性，成为区分盗窃罪与抢夺罪的标准。

综上，在单独规定了抢夺罪的我国大陆、台湾地区以及俄罗斯等，区分盗窃与抢夺的标准有两个：第一，取得财物的行为是否具有暴力性，一般认为，抢夺罪要求具有对物暴力，盗窃罪则不要求；第二，取得财物的行为是秘密的还是公开的，一般认为，抢夺行为是公开实施的，盗窃行为是秘密进行的。

（二）盗窃行为不必是秘密的

本文认为，以盗抢行为是秘密还是公开作为区分盗窃罪与抢夺罪的标准，不具有可行性。“以对物暴力的方式强取他人紧密占有的财物，具有致人伤亡可能性的行为，才构成抢夺罪；盗窃与抢夺的区别在于：对象是否属于他人紧密占有的财物，行为是否构成对物暴力。”[20] 理由如下：

第一，秘密窃取说难以贯彻责任主义。根据我国《刑法》第 14 条的规定，在故意犯罪的场合，行为人必须对客观构成要件具有认识，并希望或者放任危害结果的发生。否则，不成立故意犯罪。但是，通说一方面认为，盗窃行为既可以是公开进行的，也可以是秘密进行的；另一方面，又要求“自认为不使他人发觉的方法占有他人财物”。换言之，即便行为在客观上表现为公开盗窃，行为人也必须认识到秘密窃取。这显然是自相矛盾的。[21]

于是，当主观认识与客观事实不一致的时候，坚持“秘密窃取说”的学者往往以行为人的主观认识作为区分盗窃罪与抢夺罪的标准。例如，赵秉志教授等认为，“秘密”是指行为人自认为没有被财物所有人、保管人发现。如果行为人已经明知为被害人发现，公开将财物取走的，应当认定为抢夺罪。[22] 董玉庭教授认为，行为人在秘密窃取

---

〔16〕［俄］斯库拉托夫、列别捷夫主编：《俄罗斯联邦刑法典释义》（下册），黄道秀译，中国政法大学出版社 2000 年版，第 407 页。

〔17〕同上书，第 425 页。

〔18〕《俄罗斯联邦刑法典》第 161 条规定，犯加重抢夺，即“使用不危及生命或健康的暴力，或以使用这种暴力相威胁的”，处 3 年以上 7 年以下有期徒刑，并处或不并处数额为 1 万卢布以下或被判刑人 1 个月以下的工资或其他收入的罚金。

〔19〕［俄］斯库拉托夫、列别捷夫主编：《俄罗斯联邦刑法典释义》（下册），黄道秀译，中国政法大学出版社 2000 年版，第 424 页以下。

〔20〕张明楷：《盗窃与抢夺的界限》，载《法学家》2006 年第 2 期。

〔21〕参见张明楷：《盗窃与抢夺的界限》，载《法学家》2006 年第 2 期。

〔22〕参见赵秉志主编：《刑法新教程》，中国人民大学出版社 2001 年版，第 670 页。

财物的过程中,如果行为人自认为被害人未发现自己的取财行为,但实际上被害人已经发觉,应当以盗窃罪论处;如果发现被害人发觉其取财行为,从行为人意识到自己行为被发现时行为就不再是秘密窃取行为了。如果行为人不在乎被害人的存在继续拿走财物的,则是抢夺罪。[23] 何显兵教授认为,秘密并不是指行为时全然无人知道,而是仅限于被害人不知道。"在被害人知晓的情况下,公然夺取被害人财物对被害人不仅是财产的损害,也是对其安全感的重大侵犯,其社会危害性的公众感知度也不同。判断秘密标准的关键,在于被害人是否知晓。"[24] 但是,一方面,完全根据行为人的主观认识来区分盗窃与抢夺,导致盗窃罪与抢夺罪的区分缺乏客观标准,司法实践中容易出现根据口供定罪的问题。另一方面,依照前述主观秘密说,如果行为人以平和方式取得他人财物,根本不考虑其行为是否为他人发觉的,可能会出现难以定罪的问题。[25]

通说认为,行为人有时候主观上对自己行为性质的认识是不确定的,这种不确定是指行为人并没有判断出被害人是否知道其夺取财物的行为,行为人的心理是若被害人知道就夺取财物,若被害人不知道就盗窃财物。问题是,"为什么当行为人自认为其取得行为具有秘密性时,就认定为盗窃,而不考虑客观行为是否秘密?为什么当行为人不考虑自己的行为是否被他人发觉时,却又要以客观行为是否秘密为标准区分盗窃与抢夺?"[26] 主张通说的董玉庭教授回应说:"犯罪行为类型与行为的具体司法认定并非完全一致。盗窃罪的行为类型是主观上行为人认识到自己取财时被害人未知觉,客观上被害人确实未知觉。但是在司法认定时,有时行为人的主观要素是不容易认定的,或者行为人的主观认识本身就是不确定的。此时主观要素的认定就必须利用推定的方法完成。——同理,在行为人主观是盗窃故意或是抢夺故意无法查清或行为人本身就不清楚时,当然也只能从客观要素加以推定。"[27] 但是,"将公开取得财物一概评价为抢夺的观点,导致一些案件难以处理。例如,客观上秘密取得他人财物的行为,行为人却认为是公开取得的。这种情形应当属于抽象的事实认识错误,但我国刑法通说从来都不认为这种情况属于抽象的事实认识错误,更没有运用抽象的事实认识错误的处理原则来解释这种现象。而且若按照抽象的事实认识错误来处理这种现象,将会导致案件处理的过于复杂"。[28]

第二,盗窃行为是否秘密进行,与对被害人的财产权的侵害无关。盗窃行为的本质是违反被害人的意志,侵害他人对财物的占有,将他人占有的财物转移为自己或第三者占有。盗窃行为是否具有秘密性,不能直接决定是否存在排除占有与建立占有的

---

〔23〕 参见董玉庭:《盗窃与抢夺的新界分说质疑——兼与张明楷教授商榷》,载《人民检察》2010 年第 15 期。

〔24〕 何显兵:《再论盗窃与抢夺的界限——对公然盗窃论的质疑》,载《中国刑事法杂志》2012 年第 5 期。

〔25〕 参见张明楷:《盗窃与抢夺的界限》,载《法学家》2006 年第 2 期。

〔26〕 同上。

〔27〕 董玉庭:《盗窃与抢夺的新界分说质疑——兼与张明楷教授商榷》,载《人民检察》2010 年第 15 期。

〔28〕 张明楷:《盗窃与抢夺的界限》,载《法学家》2006 年第 2 期。

事实。公开盗窃行为同样能够排除他人对财物的占有和建立新的占有。所以,盗窃行为是否秘密进行,并不影响盗窃罪的成立。[29] "从保护被害人的财产的角度来看,只要行为人未经本人同意或是违背本人意思而取走其持有物,即属不法而应罚,至于行为系公然为之或隐秘为之,和财产的保护就没有关系了;事实上被害人的财产并不会因为行为人是隐秘的拿就多损失一点,而因为行为人是公然的拿就少损失一点。"[30] 不仅如此,从保护被害人的自由权利和社会公序良俗的角度来看,公开实施犯罪的恶性要比秘密实施犯罪的恶性大,没有理由秘密实施成立犯罪而公开实施反而无罪的道理。[31] 尽管董玉庭教授认为"财物的控制支配关系的有无直接决定着秘密窃取的存在与否",同时,他也认为完整的盗窃过程包括破坏他人对财物的控制支配关系和行为人建立自己或者第三人对于财物的支配关系,根本不考虑是否为秘密窃取。[32] 因此,盗窃行为是否秘密进行,与对被害人的财产权的侵害无关。通说关于盗窃罪必须是秘密窃取的要求,只不过是表示行为人取得他人财物的行为违背了被害人的意思而已。那种认为窃取就是"秘密而取"的说法,不过是法律门外汉的认知。[33]

第三,要求秘密窃取,将区分标准完全置于主观方面,存在坚持主观主义之嫌。刑法客观主义认为,犯罪是侵害或者威胁法益的行为,没有行为就没有犯罪;即便有行为,但是没有侵害或者威胁法益,也没有犯罪。相反,刑法主观主义主张犯罪人的危险性或者主观恶性是认定犯罪的基础。在判断是否成立犯罪的顺序上,客观主义主张先进行客观判断,后进行主观判断。主观主义则持相反态度。[34] 现代刑法及刑法学理论坚持客观主义立场,反对主观主义立场。但是,学者往往有意无意地贯彻了主观主义立场。例如,何荣功教授认为:"行为人主观方面不同,往往影响到行为社会危害性大小,进而决定和影响行为人刑罚的有无和轻重。行为人在转移占有他人财物时,是否认识到被害人对财物转移占有的事实,直接反映行为人不同的主观恶性的人身危险性,从而决定行为所具有的社会危害性不同。"[35] 董玉庭教授认为:"抢夺行为与盗窃行为的客观方面不是必须完全一致,但是可以完全一致。两者之间的行为类型的差别当然主要在于主观要素的不同。"[36] 尽管董教授认为认定犯罪应当坚持先进行客观判断,再进行主观判断的判断顺序,但是,他也认为"并非在所有犯罪中都机械地坚持这一原则"。[37]

上述观点均存在坚持主观主义的问题。首先,这种理解混淆了主观要素和客观要

---

〔29〕 参见张明楷:《盗窃与抢夺的界限》,载《法学家》2006 年第 2 期。

〔30〕 黄荣坚:《刑法问题与利益思考》,中国人民大学出版社 2009 年版,第 45 页。

〔31〕 参见黄荣坚:《刑法问题与利益思考》,中国人民大学出版社 2009 年版,第 44 ~ 45 页。

〔32〕 参见董玉庭:《盗窃罪客观方面再探》,载《吉林大学社会科学学报》2001 年第 3 期。

〔33〕 参见林东茂:《刑法综览》(修订第 5 版),中国人民大学出版社 2009 年版,第 292 页。

〔34〕 参见张明楷:《新刑法与客观主义》,载《法学研究》1997 年第 6 期;周光权:《刑法客观主义与非法证据排除》,载《人民检察》2013 年第 1 期。

〔35〕 何荣功:《也论盗窃与抢夺的界限——兼与张明楷教授商榷》,载《当代法学》2012 年第 4 期。

〔36〕 董玉庭:《盗窃与抢夺的新界分说质疑——兼与张明楷教授商榷》,载《人民检察》2010 年第 15 期。

〔37〕 同上。

素的区别,也会导致定罪上的困难。因为通说主张“自认为的内容到底是秘密还是公开”,就意味着“秘密”是主观认识的内容,而不是客观要件内容。同样在客观上都是公开取得他人财物的行为,当行为人自认为被害人没有发觉时成立盗窃罪,认识到被害人发觉时成立抢夺罪,这是彻头彻尾的主观主义的观点。例如,吴林生教授认为:“在通说观点中,盗窃的秘密性实质上只是主观方面要件,而非客观方面要件,只要主观上具有秘密性,客观上又取得了财产,就构成盗窃既遂。通说虽然形式上认为秘密性是盗窃罪的客观方面要件,但在判断秘密性的标准时完全依据行为人的主观认识,对于侵财行为客观上是否具有秘密性,是否处于受害人的觉察之下,在所不问。”〔38〕何荣功教授也承认,“自认为的内容到底是秘密还是公开”在司法实践中很难确定。于是,主张在证据存在疑问时,按照“存疑时有利于被告人”原则进行处理,认为不存在定罪上的困难。〔39〕这种做法从处理结论上看似乎既符合刑法上罪刑法定原则保护人权的要求,也符合刑事诉讼法上保护人权的理念。但是,这种刻意制造适用“存疑时有利于被告人”原则的前提,从而无底线地“保障犯罪人的人权”的做法,与刑法和刑事诉讼法的基本原则是相背离的,也必然影响到刑法保护法益机能的实现。其次,根据结果无价值论的观点,刑法的目的是保护法益,只有客观要件才能影响法益侵害的有无和轻重,只有客观要件才是决定违法性的要件。行为人实施的“盗抢行为”是和平的、平稳的盗窃行为,还是对物暴力行为,影响到犯罪行为的违法性。行为人实施犯罪时是公开还是秘密进行的,对犯罪成立没有任何影响。

第四,司法解释的规定并不具有天然的正当性与合理性,不能以司法解释的结论作为论证司法解释具有正当性、合理性的前提。学者之所以主张秘密窃取要件,其中一个重要理由是“旧盗窃罪解释”要求成立盗窃罪必须具有秘密窃取要件。还有的学者从常识、常理、常情的角度进行分析。例如,何显兵教授认为:“盗窃须为秘密窃取,符合社会常理、常识。”〔40〕“经过长期的立法与司法实践,经过学术界的长期讨论,我国刑法已经形成盗窃与抢夺的界限,即盗窃是秘密窃取;抢夺是公然取得。这种解释传统简明扼要,并且深入人心,陡然间颠覆,将会产生一系列负面效应。考虑到中国司法系统复杂的层级关系和庞大的司法官员从业数量,科层制弊端将会对新界分说的弊端产生放大效应。”〔41〕吴林生教授也认为,“秘密窃取说”的立法和司法传统,已经为广大民众和司法职业者所不便接受。平和窃取说不符合我国的法律职业者和广大民众长期普遍接受的观念和实践。〔42〕

首先,随着“新盗窃罪解释”的出台,对盗窃罪的定义重新进行了界定,取消了“旧盗窃罪解释”所要求的“秘密窃取”要件。可以说今后不可能再以司法解释的规定作

〔38〕 吴林生:《平和窃取说之批判——兼与张明楷教授商榷》,载《法学》2010 年第 1 期。

〔39〕 参见何荣功:《也论盗窃与抢夺的界限——兼与张明楷教授商榷》,载《当代法学》2012 年第 4 期。

〔40〕 何显兵:《再论盗窃与抢夺的界限——对公然盗窃论的质疑》,载《中国刑事法杂志》2012 年第 5 期。

〔41〕 同上。

〔42〕 参见吴林生:《平和窃取说之批判——兼与张明楷教授商榷》,载《法学》2010 年第 1 期。

为论证"秘密窃取"要件具有合理性的依据了。值得反思的是,司法解释对罪名所采用的下定义的方式存在诸多缺陷,而且这种界定本身就是有争议的。"司法解释的合理性,不是以多数人同意为标准,也不是以权威学者建议为标准,更不是以相关的国家机关赞成为标准,而是应当以是否符合刑法条文的真实含义,是否有利于实现刑法的任务与目的,是否使刑法条文之间以及刑法与其他法律之间相协调,是否使案件得到妥当处理为标准。"[43] 其次,裁判规范是指示或者命令司法工作人员判断行为是否违法、行为人是否承担责任的法律规范。行为规范指向的是普通国民,如果国民违反了刑法规范,会受到刑法的制裁。刑法规范既是裁判规范也是行为规范,二者都存在于刑法之中,但刑法规范首先是作为评价规范的裁判规范。裁判规范与行为规范也会发生分离,某些行为尽管违反行为规范,但是由于欠缺某些要素,不成立犯罪。无论是秘密窃取还是公开盗窃,只要是盗窃他人的财物,毫无疑问都违反了行为规范,不可能"符合社会常理、常识",更不存在"广大民众和司法职业者所不便接受"的问题。最后,对刑法的解释,特别是在进行价值判断时,应当考虑社会的一般观念,考虑一般人的价值观。但是,刑法学上的犯罪类型与犯罪学上的犯罪类型以及一般人心目中的犯罪类型不完全相同,法官不可能完全按照社会的一般观念判断盗窃罪的构成要件的类型。[44] 从解释方法来看,"将盗窃限定为秘密窃取,是一种相当自然的文理解释。可是,刑法用语的真实含义是不断变化的——不能认为刑法具有固定不变的含义——解释者应当正视法律文本的开放性,懂得生活事实会不断地填充法律的含义,从而使法律具有生命力"。[45] 生活常识、常情常理等与刑法规定的真正含义不完全一致,对刑法规定的理解,应当与生活常识、社会一般观念等保持一定的距离。何显兵教授也认为,以所谓中国的传统习惯为由简单否定张明楷教授的观点的做法是不妥当的。[46]

第五,要求盗窃必须是秘密窃取,可能会导致处罚上的漏洞。针对诸如缺乏辨认控制能力的幼儿、严重精神病患者等实施"欺诈"行为,"骗取"其占有的财物的行为,因为被害人缺乏相应的处分能力,也不具有处分意思,难以认定为诈骗罪,学说上一般主张成立盗窃罪。[47] 倘若认为盗窃只能是秘密进行的,则只能以无罪论处。这显然不妥当。

(三)可以将"公开盗窃"评价为抢夺罪

我国刑法学理论的通说将抢夺罪的行为方式限定在公然行或者公开性。[48] 但是,一方面,如果主张盗窃罪不以秘密进行为前提,那么,行为是否具有公开性将难以作为区分抢夺罪与盗窃罪的标准。另一方面,倘若坚持将行为的公开性作为界定抢夺

---

〔43〕 张明楷:《简评近年来的刑事司法解释》,载《清华法学》2014 年第 1 期。

〔44〕 参见张明楷:《许霆案的刑法学分析》,载《中外法学》2009 年第 1 期。

〔45〕 张明楷:《刑法分则的解释原理》(上册)(第 2 版),中国人民大学出版社 2011 年版,第 24 页。

〔46〕 参见何显兵:《再论盗窃与抢夺的界限——对公然盗窃论的质疑》,载《中国刑事法杂志》2012 年第 5 期。

〔47〕 参见[日]大谷实:《刑法讲义各论》(新版第 2 版),黎宏译,中国人民大学出版社 2008 年版,第 243 页;张明楷:《刑法学》(第 4 版),法律出版社 2011 年版,第 891 页。

〔48〕 参见高铭暄、马克昌主编:《刑法学》(第 6 版),北京大学出版社、高等教育出版社 2014 年版,第 505 页。

罪的标准,由于抢劫罪的行为也要求公开进行,那么,要求抢夺行为具有公开性,恐怕将失去其意义。

对此,何荣功教授认为,窃取是指行为人采取隐秘的、自认为不为财物所有人或保管人所知的方法将财物取走的行为。窃取行为不排除可以使用一定程度(轻微)的暴力(包括对物和对被害人人身实施)。行为人以平和(非暴力、胁迫)手段违背被害人意志公开转移占有被害人财物,构成犯罪的,应当认定为抢夺罪。[49] 正是因为抢夺行为的公开性,才导致抢夺罪的社会危害性大于盗窃罪。"以平和的方式公然转移财物占有的场合,行为人客观上虽然没有实施强力夺取的行为就行为本身而言,并不具有较高程度的危险性,但由于转移财物占有是在被害人知情的情况下,当着被害人的面公然实施的,所表现出的行为人主观恶性和人身危险性,与被害人不知情的秘密状态下窃取是不可同日而语的,行为所表现出的社会危害性无疑也应当较大。"[50]

笔者认为上述观点并不妥当。第一,抢夺罪的公开性不是指必须在不特定或者多数人面前实施抢夺行为,而是指公开实施夺取财物的行为,或者说在被害人当时当地就可以知道财物被抢的情况下实施抢夺行为。"抢夺他人财物的行为,不一定要在'他人不备'的场合实施,即便是在他人有所察觉、有所防备的场合,只要行为人使用强力夺走他人财物的,都能构成本罪;也不要求当着众人的面公然实施,只要是抢夺他人之物,不论是否公然实施,都构成本罪。"[51]之所以要求抢夺行为具有公开性,一方面是因为,抢夺行为大多具有突发性,被害人无法有效地保护财物,这种状态不是因为暴力、胁迫等造成的,而是行为的突发性造成的;另一方面抢夺行为通常是针对紧密占有的财物进行的。"抢夺必针对紧密的持有,唯其如此,持有者方有倾跌受伤或猝死的可能。"[52]第二,在司法实践中,通常将某些案件中行为人的"盗抢行为"概括为"公开盗窃",然后探讨"公开盗窃"是否构成盗窃罪,而没有尝试换一种角度,将这些行为概括为公开抢夺,然后探讨这些行为是否构成抢夺罪。实际上,将某些"盗抢行为"概括为"公开盗窃",只是为了表达的便利所进行的一种并不精确的限定和概括,并不意味着这些行为就一定是盗窃罪意义上的盗窃行为,相反,完全有可能是抢夺罪意义上的抢夺行为。在单独规定了抢夺罪的我国大陆和台湾地区及俄罗斯等,尤其如此。第三,行为人取得财物后,是否迅速逃离现场、行为是否乘人不备,都不是区分盗窃罪与抢夺罪的关键。在司法实践中,正如"秘密窃取"是盗窃罪的典型,"公然抢夺""抢了就跑"是抢夺罪的常态。但是,不能将典型、常态作为唯一衡量标准,抢夺并不以"抢了就跑"为要件;盗窃也可能"盗了就跑",抢夺也可能"夺了不跑"。[53]

---

〔49〕 参见何荣功:《也论盗窃与抢夺的界限——兼与张明楷教授商榷》,载《当代法学》2012 年第 4 期。

〔50〕 同上。

〔51〕 黎宏:《刑法学》,法律出版社 2012 年版,第 730～731 页。

〔52〕 林东茂:《刑法综览》(修订第 5 版),中国人民大学出版社 2009 年版,第 301 页。

〔53〕 参见张明楷:《盗窃与抢夺的界限》,载《法学家》2006 年第 2 期。

三、"盗抢行为"的暴力性

(一)盗窃行为要否具有非暴力性?

就这一问题,我国刑法学通说并未表明观点。张明楷教授曾经认为,盗窃是指使用非暴力胁迫手段(平和手段),违反财物占有人意志,将财物转移为自己或者第三者(包括单位)占有。采用平和手段还是暴力手段(包括对物暴力与对人暴力),是区分盗窃罪与抢劫罪、抢夺罪等的重要标准。"盗窃与抢夺的区别在于:对象是否属于他人紧密占有的财物,行为是否构成对物暴力。"〔54〕阮齐林教授认为,盗窃是指采用非暴力的平和方式,破坏财物的原有的占有而建立新的占有,从而使自己或者第三人成为该财物的主人。〔55〕

实际上,盗窃行为不能完全排除通过使用轻微的暴力获得财物的情形。理由是,从立法沿革上看,我国刑法之所以对抢夺罪规定了致人伤亡的结果加重犯,却没有对盗窃罪规定致人伤亡的结果加重犯,原因就在于抢夺行为通常可能致人伤亡。尽管现行刑法并未规定抢夺罪的结果加重犯,但是规定了情节严重和情节特别严重等情节加重犯,其中也包含了致人重伤、死亡的情形。所以,可以认为抢夺行为是具有致人伤亡可能性的行为。因此,张明楷教授后来对其观点进行了调整,认为盗窃罪并不以采取和平非暴力手段为前提,行为人虽然以暴力方法取得财物,但没有达到使他人不能抗拒的程度,不能评价为对物暴力,却破坏了他人对财物的持有、支配关系,取走其持有的财物的,只能认定为盗窃。〔56〕何荣功教授也认为,窃取行为不排除通过对被害人的人身或财物使用一定程度(轻微)暴力的方式实施。〔57〕

盗窃行为要否具有暴力性,还与抢夺行为的性质有关。多数学者主张抢夺行为必须是暴力手段或者采取强力手段。例如,黎宏教授认为:"窃取只要是以非暴力的手段,未经占有人同意或者违背占有人的意思,取走其物即可,行为是否秘密,在所不问。"〔58〕"抢夺罪不使用暴力,而使用强力,并作用于被抢夺的财物。"〔59〕至于如何界定强力和暴力,尽管学者提出的界定标准不尽相同。例如,黎宏教授认为,抢夺行为"是针对被害人所紧密控制的财物,使用被害人可以立即感知到的强力,转移财物的占有"。〔60〕周光权教授认为:"抢夺罪中的抢决定了本罪的不法有形力可能就是达到一定程度的暴力,但是这种暴力的程度必须低于抢劫罪,更主要的是行为人只是对物实施暴力,而且暴力手段的采用不是为了压制被害人的反抗。"〔61〕阮齐林教授认为,区分

---

〔54〕 张明楷:《盗窃与抢夺的界限》,载《法学家》2006 年第 2 期。

〔55〕 参见阮齐林:《刑法学》(第 3 版),中国政法大学出版社 2011 年版,第 537 页。

〔56〕 参见张明楷:《论表面的构成要件要素》,载《中国法学》2009 年第 2 期。

〔57〕 参见何荣功:《也论盗窃与抢夺的界限——兼与张明楷教授商榷》,载《当代法学》2012 年第 4 期。

〔58〕 黎宏:《刑法学》,法律出版社 2012 年版,第 743 页。

〔59〕 同上书,第 731 页。

〔60〕 同上书,第 730 页。

〔61〕 周光权:《刑法各论》(第 2 版),中国人民大学出版社 2011 年版,第 91 页。

盗窃、抢夺和抢劫的本质因素是行为的暴力程度。抢夺是"强力夺取他人紧密持有财物的行为"。与抢劫罪相比,抢夺的暴力是指虽然具有一定的暴力但尚未达到足以压制他人使之不能反抗、不敢反抗的暴力程度。强力夺取他人紧密持有的财物,尚未达到抢劫的,是抢夺罪;其余的都是盗窃罪。不必限定该行为是秘密还是公开、对物暴力还是对人暴力,以及是否足以致人伤亡。[62] 尽管学者分别采取"暴力""强力"等不同称谓,在行为的暴力程度的界定上也存在不同观点,但不可否认的是,多数学者主张成立抢夺罪应当具备一定的暴力性或者强力性。因此,在盗抢行为具有一定的暴力性或者强力性,但是尚未达到抢夺罪的暴力性程度要求的,应当认为可以成立盗窃罪。

综上,应当认为,抢夺行为通常具有暴力性,盗窃行为不能完全排除通过使用轻微的暴力获得财物的情形。无论是抢夺行为还是盗窃行为,不能是直接对人使用严重暴力。因此,抢夺行为的致人伤亡可能性只要具有致人伤亡的一般危险性就可以了,而不是具有致人伤亡的较大危险性。相对来说,盗窃行为的暴力性要低于抢夺行为。

(二)抢夺行为的暴力性(非平和性)及其程度

1. 抢夺行为的暴力性

关于抢夺行为要否限于具有致人伤亡的可能性,我国刑法学通说并未表明观点。在司法实践中,也没有明确要求抢夺行为必须具有暴力性。例如,"郑某灿抢夺案",该案基本案情是:2013 年 10 月 30 日 22 时许,被告人郑某灿到汕头市潮阳区谷饶镇谷华路 105 号张某明经营的"潮人数码"手机店中,让店员陈某钦拿了一部 iPhone4 手机给他看,过了十分钟左右,郑某灿趁陈某钦转身没有注意之际,拿起 iPhone4 手机(价值 1700 元)跑出店外往横山方向逃跑,张某明、陈某钦及一名顾客在后面追赶,当郑某灿逃到茂广村时被巡逻的联防队员抓获并扭送派出所。法院经审理认为被告人犯抢夺罪,判处拘役 5 个月,缓刑 10 个月,并处罚金 2000 元。[63] 不难发现,在该案中,尽管被告人郑某并未实施具有致人伤亡可能性的暴力抢夺行为,法院仍然认为实施了"抢夺"行为,判决成立抢夺罪。

在理论上,前已述及,许多学者主张抢夺行为必须具有致人伤亡的可能性。[64] 但是,也有的学者认为不应当有这种限定。例如,马克昌教授等认为,抢夺罪"是指以非法占有为目的,不使用人身强制方法,公然夺取数额较大的公私财物的行为。——所谓不使用人身强制方法,是指不采取暴力、胁迫等使被害人不敢反抗、不能反抗的方法"。[65] 何显兵教授认为,抢夺并不是指暴力夺取,而是指公开夺取。"无论是被害人紧密占有还是松懈占有的财物,也不论夺取的手段是暴力还是平和,只要是公然夺取,

---

〔62〕 参见阮齐林:《论盗窃与抢夺界分的实益、倾向和标准》,载《当代法学》2013 年第 1 期。

〔63〕 参见广东省汕头市潮阳区人民法院(2014)汕阳法刑一初字第 42 号。

〔64〕 参见张明楷:《刑法学》(第 4 版),法律出版社 2011 年版,第 865 页;周光权:《刑法各论》(第 2 版),中国人民大学出版社 2011 年版,第 91 页;黎宏:《刑法学》,法律出版社 2012 年版,第 730 页;阮齐林:《论盗窃与抢夺界分的实益、倾向和标准》,载《当代法学》2013 年第 1 期。

〔65〕 马克昌主编:《刑法学》,高等教育出版社 2003 年版,第 526 ~ 527 页。

都应当认定为抢夺罪。"[66]何荣功教授认为,行为人是否使用暴力,不能作为区分盗窃罪与抢夺罪的标准,只能从主观上进行区分。"行为人以平和(非暴力、胁迫)手段违背被害人意志公然转移占有被害人财物,构成犯罪,应当认定为成立抢夺罪。"[67]"盗窃罪与抢夺罪都可以暴力的方式实施,两者区分的关键在于主观方面,即行为人是否秘密取得财物。在行为人使用轻微暴力取得被害人财物,而被害人对财物的转移占有不知情的,属于盗窃罪;相反,在行为人转移占有被害人财物时,明知被害人知情,即便行为人采取的平和手段,也应当成立抢夺罪。"[68]

笔者认为,抢夺行为应当是具有致人伤亡可能性(危险性)的行为。理由如下:第一,主张抢夺行为是具有致人伤亡可能性的行为,具有法律依据。前已述及,我国台湾地区"刑法"第326条第2款规定,犯抢夺罪,"因而致人于死者,处无期徒刑或7年以上有期徒刑;致重伤者,处3年以上10年以下有期徒刑"。由于我国大陆刑法并未明文规定抢夺罪的加重犯,有学者认为,"抢夺是具有致人伤亡可能性的行为"的逻辑前提不符合我国刑法对抢夺罪的规定;将抢夺罪界定为以对物暴力的手段夺取被害人紧密占有财物的观点,脱离了我国刑事立法的语境。[69] 尽管现行刑法并未明文规定抢夺罪是具有致人伤亡可能性的行为,但是,从立法沿革上看,无论是旧中国的1928年刑法还是1935年刑法,都将"抢夺致人伤亡"规定为抢夺罪的结果加重犯。另外,尽管我国1979年刑法和现行刑法并未明文规定"抢夺致人伤亡"的结果加重犯,但是,规定了抢夺罪的数额加重犯和情节加重犯。我国刑法理论和司法实践也都认为,抢夺罪的"严重情节"和"特别严重情节"也包括"抢夺致人伤亡"的情形。[70] 对刑法的理解与适用要贯彻罪刑法定原则,但不宜将罪刑法定原则的明确性原则机械地理解为法条有明确的文字规定,而应理解为法条有文理规定;否则,刑法解释与适用只需要文义解释就够了,根本不需要目的解释等方法。第二,有关司法解释的规定并未否定可以将抢夺行为理解为具有致人伤亡危险性的行为。2002年7月16日最高人民法院《关于审理抢夺刑事案件具体应用法律若干问题的解释》第5条规定:"实施抢夺公私财物行为,构成抢夺罪,同时造成被害人重伤、死亡等后果,构成过失致人重伤罪、过失致人死亡罪等犯罪的,依照处罚较重的规定定罪处罚。"有学者认为,前述司法解释的规定并未将抢夺罪理解为具有致人伤亡危险性的行为。[71] 这种观点也不妥当。一方面,尽管司法解释是有效力的法律渊源,但其法律效力并不高于刑法规定,不能将司法

---

〔66〕 何显兵:《再论盗窃与抢夺的界限——对公然盗窃论的质疑》,载《中国刑事法杂志》2012年第5期。

〔67〕 何荣功:《也论盗窃与抢夺的界限——兼与张明楷教授商榷》,载《当代法学》2012年第4期。

〔68〕 同上。

〔69〕 参见何荣功:《也论盗窃与抢夺的界限——兼与张明楷教授商榷》,载《当代法学》2012年第4期;何显兵:《再论盗窃与抢夺的界限——对公然盗窃论的质疑》,载《中国刑事法杂志》2012年第5期。

〔70〕 张明楷教授认为,抢夺行为过失致人死亡的,是特别严重情节的抢夺罪与过失致人死亡罪的想象竞合犯,从一重罪论处。认定为抢夺罪,并适用具有特别严重情节的法定刑。参见张明楷:《刑法学》(第4版),法律出版社2011年版,第869页。

〔71〕 参见何荣功:《也论盗窃与抢夺的界限——兼与张明楷教授商榷》,载《当代法学》2012年第4期。

解释所确立的观点作为唯一正确的观点。通过"两高"颁布司法解释,也不是指导下级司法机关适用刑法的最佳选择。事实表明,近年来颁布的司法解释大量存在类推解释、溯及既往、混淆违法与量刑责任、混淆行为与结果、混淆犯罪形态、混淆量刑规则与加重构成等问题。〔72〕 另一方面,前述司法解释并未表明不能将抢夺罪理解为具有致人伤亡危险性的行为。实施抢夺行为构成抢夺罪,同时又致人重伤、死亡的,既符合抢夺罪的构成要件,也可能同时满足伤害罪、杀人罪等的构成要件,如果主观上是过失的,可能构成过失致人重伤罪、过失致人死亡罪;如果主观上是故意的,也有可能构成故意伤害致人死亡罪等犯罪。如果认为前述犯罪与抢夺罪是想象竞合关系,应当从一重罪处断;如果认为是数罪,就应当实行数罪并罚。在司法实践中,抢夺案件是常见多发案件,案情具有复杂多样性,处理结论自然也会有多种,前述司法解释只不过是一种提示性规定而已。第三,虽然抢夺行为针对的是被害人的财物而非其身体,但是抢夺行为针对的是被害人紧密占有的财物,〔73〕为了排除被害人对财物的有效控制、支配,抢夺行为必然具有致被害人伤亡的危险性。正如黎宏教授所指出的,在抢夺罪的场合,"虽然没有对他人人身实施暴力,而是对他人的财物实施暴力,但由于行为人所强取之物与被害人在空间上处于较为紧密的关系,因此,对被害人而言,也具有较高的危险;同时,由于是当着被害人的面实施该种行为,给被害人心理上所造成的震撼和恐惧也比盗窃等犯罪要高"。〔74〕 第四,通说的观点将导致司法认定上出现不合理的结论。我国《刑法》第 267 条第 2 款规定,"携带凶器抢夺的,以抢劫罪论处",如果将公开取得他人财物但并不具有致人伤亡可能性的行为认定为抢夺,那么,当行为人随身携带了凶器时,将会被认定为抢夺罪。例如,被害人在自家三楼阳台上掏钱包时,不慎将钱包掉落在楼下马路上,被害人立即让妻子下楼去取,自己则在阳台上看着钱包,这时携带凶器的被告人看见马路上的钱包即将拿走时,被害人在楼上大喊,"这是我的钱包,请不要拿走"。尽管被告人听到了被害人喊声,依然不慌不忙的拿走钱包。如果以被告人的行为具有公开性而认定其属于抢夺,因为其随身携带了凶器,最终将被作为抢劫罪处理。〔75〕 通说的观点显然是难以让人接受的。第五,以存在证明上的难度为由主张不需要"致人伤亡危险性"要件,是站不住脚的。例如,董玉庭教授认为:"夺取财物的行为在客观上并没有造成人员伤亡的实际结果时,要想判断此种夺取财物行为有没有造成人员伤亡之可能性,这在实践中几乎是不太可能操作的。"〔76〕尽管判断此种夺取财物行为有没有造成人员伤亡之可能性存在一定难度,不容易掌握,并不意味着

〔72〕 参见张明楷:《简评近年来的刑事司法解释》,载《清华法学》2014 年第 1 期。

〔73〕 参见张明楷:《刑法学》(第 4 版),法律出版社 2011 年版,第 865 页;黎宏:《刑法学》,法律出版社 2012 年版,第 730 页;林东茂:《刑法综览》(修订第 5 版),中国人民大学出版社 2009 年版,第 301 页;张丽卿:《窃盗与抢夺的界限》,载蔡墩铭主编:《刑法争议问题研究》,台湾五南图书出版公司 1999 年版,第 505 ~ 506 页。

〔74〕 黎宏:《刑法学》,法律出版社 2012 年版,第 730 页。

〔75〕 参见张明楷:《刑法分则的解释原理》(上册)(第 2 版),中国人民大学出版社 2011 年版,第 78 页。

〔76〕 董玉庭:《盗窃与抢夺的新界分说质疑——兼与张明楷教授商榷》,载《人民检察》2010 年第 15 期。

无法操作、不能掌握。

2. 抢夺行为的暴力程度

抢夺行为不能达到压制被害人的反抗的程度,而抢劫行为却要求达到压制被害人反抗的程度。那么,为了区分抢夺行为与抢劫行为,应当以是否足以压制被害人的反抗作为标准。问题是,什么样的行为能够压制被害人的反抗呢?张明楷教授认为,认定何种抢夺行为具有致人伤亡的可能性,要从两个方面着手,首先,行为人所夺取的财物必须是被害人紧密占有的财物;其次,行为人对财物使用了非平和的手段,是可以评价为对物暴力的强夺行为。〔77〕 黎宏教授认为,抢夺犯罪的抢夺行为,"是针对被害人所紧密控制的财物,使用被害人可以立即感知到的强力,转移财物的占有"。〔78〕 周光权教授认为:"抢夺罪中的抢决定了本罪的不法有形力可能就是达到一定程度的暴力,但是这种暴力的程度必须低于抢劫罪,更主要的是行为人只是对物实施暴力,而且暴力手段的采用不是为了压制被害人的反抗。"〔79〕

笔者认为,第一,抢夺罪的暴力通常是对物暴力,而不能是对人暴力。〔80〕 当然,如果对物暴力能够评价为对被害人的威胁,而且达到了足以压制被害人反抗的程度,可能成立抢劫罪。因此,抢夺罪中对物暴力的程度不能过高。第二,行为人之所以对物实施暴力,目的是为了在短时间内排除被害人对财物的紧密占有,并建立自己的占有,而不是压制被害人的反抗。第三,因为抢夺罪是一种介乎于盗窃罪与抢劫罪之间的违反被害人意思而转移财产占有的财产犯罪,〔81〕所以,抢夺罪在暴力程度上高于盗窃罪,但是必须低于抢劫罪。成立抢劫罪,要求暴力或者胁迫方法的强度足以达到压制被害人反抗的程度。〔82〕 因此,抢夺罪中的抢夺行为的暴力程度不能达到这种程度,只需要具有致人伤亡的一般危险性就够了。"由于抢夺行为并不直接对人使用严重暴力,所以,只要抢夺行为具有致人伤亡的一般危险性即可,而不要求抢夺行为具有致人伤亡的较大危险性。换言之,只要夺取他人财物的行为有可能致人伤亡,即使可能性较小,也不妨碍抢夺罪的成立。"〔83〕

四、刑法的特别规定与盗窃罪、抢夺罪的区分

我国《刑法》第 264 条规定,"携带凶器盗窃的",不计数额,一概以盗窃罪论处。第 267 条第 2 款规定,"携带凶器抢夺的",以抢劫罪论处。通常认为,前者是注意规

---

〔77〕 参见张明楷:《盗窃与抢夺的界限》,载《法学家》2006 年第 2 期。

〔78〕 黎宏:《刑法学》,法律出版社 2012 年版,第 730 页。

〔79〕 周光权:《刑法各论》(第 2 版),中国人民大学出版社 2011 年版,第 91 页。

〔80〕 基于不法占有他人财物的目的,针对被害人实施暴力抢夺行为,但是尚未达到足以压制被害人反抗程度的,有可能成立抢夺罪。

〔81〕 参见张明楷:《盗窃与抢夺的界限》,载《法学家》2006 年第 2 期;周光权:《刑法各论》(第 2 版),中国人民大学出版社 2011 年版,第 91 页;黎宏:《刑法学》,法律出版社 2012 年版,第 730 页。

〔82〕 参见张明楷:《刑法学》(第 4 版),法律出版社 2011 年版,第 850 页。

〔83〕 参见张明楷:《盗窃与抢夺的界限》,载《法学家》2006 年第 2 期。

定，后者是法律拟制。这些规定对司法实践中的盗窃罪与抢夺罪的认定和区分，也会产生影响。

（一）规范保护目的（法益）与刑法解释路径

1. 罪名设置体系与具体犯罪的法益

有学者认为，主张以行为是否具有对物暴力、是否具有致人伤亡的危险性，作为区分盗窃罪与抢夺罪的标准，未考虑到我国刑法罪名体系设置与日本、我国台湾地区罪名设置体系存在的差异。因为日本刑法并未规定抢夺罪，只能将公开夺取他人财物的行为区分为抢劫罪和盗窃罪。采用暴力夺取财物的，认定为抢劫罪；以平和手段非法取得他人财物的，认定为盗窃罪。将公开盗窃认定为盗窃罪，是不得已而为之的扩大解释。在台湾地区，尽管“刑法”规定了抢夺罪，但是抢夺罪的“法”定刑高于盗窃罪，说明抢夺罪的罪质比盗窃罪重。在这种情形下，抢夺罪带有明显的暴力夺取特征，因此，不能将以平和手段非法取得他人财物的行为认定为抢夺罪，只能认定为盗窃罪。在我国大陆，因为抢夺罪的罪质比盗窃罪轻，将抢夺罪的抢夺界定为暴力夺取，不符合罪名设置体系，不符合罪刑相适应原则。[84]

笔者认为，在理解抢夺罪与盗窃罪的范围时，应当先明确刑法作出这种规定的规范保护目的或者法益是什么。只要行为人实施盗窃行为，都是违法且有责任的，都应当被禁止和受到否定评价。只不过，为了限制处罚范围，刑法最初规定只有数额较大或者多次盗窃的，才以盗窃罪论处。但是，由于处罚范围比较狭窄，导致刑法处罚力度不够，难以有效惩罚和预防盗窃犯罪。因此，修改后的刑法规定“携带凶器盗窃”“入户盗窃”“扒窃”等盗窃类型，不计数额，一概成立盗窃罪。所以，刑法规定“携带凶器盗窃”等情形，主要是为了扩大处罚范围。[85] 既然如此，就应当对“携带”“盗窃”和“凶器”的范围进行扩张解释。相反，刑法规定“携带凶器抢夺”，则是为了限制处罚范围，因此，就应当对“携带”“抢夺”和“凶器”的范围进行限制解释。事实上，阮齐林教授也认为，因为“携带凶器”实施抢夺行为的，以抢劫罪论处；实施盗窃行为的，仍然以盗窃罪论处。为了合理限制抢劫罪的范围，应当缩小抢夺行为的范围，扩大盗窃行为的认定，尽量将“携带凶器”实施的犯罪活动认定为盗窃罪。[86]

2. 盗窃罪与抢夺罪的犯罪轻重比较

有学者认为，盗窃罪的性质比抢夺罪重。例如，何显兵教授认为，从立法来看，入户盗窃、多次盗窃、扒窃的，不计算数额大小，都构成盗窃罪；但是，抢夺罪则存在数额限制，只有数额较大的才成立犯罪。因此，盗窃罪的犯罪性质比抢夺罪要重。应当将

---

〔84〕 参见何显兵：《再论盗窃与抢夺的界限——对公然盗窃论的质疑》，载《中国刑事法杂志》2012 年第 5 期。

〔85〕 参见张明楷：《盗窃罪的新课题》，载《政治与法律》2011 年第 8 期。由于现行刑法关于盗窃罪的立法方式存在不足，张明楷教授提出，不将数额较大、情节严重作为定罪的标准，同时扩大警察机关不移送起诉、检察机关不起诉的权力，是预防犯罪的有效途径，也是各国刑法的通行做法。刑法应当普遍降低犯罪数额与情节的要求，同时规定更多的可以不起诉或者免予刑罚处罚的情形。参见张明楷：《简评近年来的刑事司法解释》，载《清华法学》2014 年第 1 期。

〔86〕 参见阮齐林：《论盗窃与抢夺界分的实益、倾向和标准》，载《当代法学》2013 年第 1 期。

抢夺罪的夺取，理解为公开排除所有人或者保管人的占有意思，非法取得他人财物。[87] 在我国大陆刑法中，盗窃罪的罪质与抢夺罪的罪质相当甚至略重的情况下，将抢夺罪界定为暴力夺取财物的行为是不妥当的，违反了罪刑法定原则。”[88] 但是，也有学者认为，盗窃罪的性质比抢夺罪轻。例如，何荣功教授认为，盗窃罪比抢夺罪的社会危害性小。理由是，“无非在于盗窃罪的场合，行为人主观恶性较小，或者客观行为的危险性较小，或者两者兼而有之。以平和的方式公然转移财物占有的场合，行为人客观上虽然没有实施强力夺取的行为，就行为本身而言，并不具有较高程度的危险性，但由于转移财物占有是在被害人知情的情况下，当着被害人的面公然实施的，所表现出的行为人主观恶性和人身危险性，与被害人不知情的秘密状态下窃取是不可同日而语的，行为所表现出的社会危害性也应当较大”。[89] 阮齐林教授认为，在行为人“携带凶器”作案的场合，被认定为抢夺还是盗窃，利害攸关。对行为人而言，被认定为盗窃相对有利，被认定为抢夺则相对不利。[90] 阮齐林教授甚至主张缩小抢夺的范围，扩大盗窃的范围。“强力夺取他人密切持有物（尚未达到抢劫暴力程度）的，是抢夺。违背他人意志非法取得他人占有物（尚未达到抢夺强力夺取程度）的，是盗窃。行为构成抢夺同时构成盗窃，择一重罪适用法律。”[91]

笔者认为上述观点并不妥当，主要理由是：第一，根据司法解释的规定，《刑法》第267条第2款规定的“携带凶器抢夺”是指行为人随身携带枪支、爆炸物、管制刀具等国家禁止个人持有、携带的物品进行抢夺，或者为了实施犯罪而携带其他凶器进行抢夺的行为。[92] 但是，在分析“携带凶器”入户实施“盗抢行为”的性质时，阮齐林教授似乎将“携带”凶器与展示、使用凶器混为一谈。事实上，无论行为人在入户实施犯罪时是否携带凶器，无论是盗窃行为还是抢夺行为，根据刑法的规定和案件的具体情况，都有可能转化为抢劫罪。第二，之所以禁止个人携带凶器，是因为凶器本身具有较强的杀伤力，行为人也具有随时使用凶器的可能性，存在侵害他人生命、身体健康等的较高危险。正因如此，刑法规定“携带凶器抢夺”的，以抢劫罪论处。在“携带凶器抢夺”的场合，既不需要行为人使用暴力、胁迫或者其他类似方法，也不要求财物必须是紧密占有。但是，在“携带凶器盗窃”的场合，刑法并未作出特别规定。第三，因为“携带凶器抢夺”是法律拟制，“其特别之处在于：即使某种行为原本不符合刑法的相关规定，但在刑法明文规定的特殊条件下也必须按照相关规定论处”。[93] 不过，“立法者基于某种立法政策或价值的考虑，通过拟制法条在规范上已将事实A当成被拟制引用之法条所规定的事实B，故拟制法条容易使人忽略事实A与事实B之间实际存在构成

〔87〕 参见何显兵：《再论盗窃与抢夺的界限——对公然盗窃论的质疑》，载《中国刑事法杂志》2012年第5期。
〔88〕 同上。
〔89〕 何荣功：《也论盗窃与抢夺的界限——兼与张明楷教授商榷》，载《当代法学》2012年第4期。
〔90〕 参见阮齐林：《论盗窃与抢夺界分的实益、倾向和标准》，载《当代法学》2013年第1期。
〔91〕 同上。
〔92〕 参见2000年11月22日最高人民法院《关于审理抢劫案件具体应用法律若干问题的解释》第6条。
〔93〕 张明楷：《刑法学》（第4版），法律出版社2011年版，第589页。

要件上的区别,从而将拟制所引用的法条毫无保留地适用于拟制情形,导致拟制性法条外延被不当扩大,超出了立法者所意欲实现的意图或结果,损害了刑法拟制的实质正义”。[94] 因此,要严格限制其适用范围,其中一个重要标准是,“解释为法律拟制时,其规定的行为与基本条款规定的犯罪行为,在法益侵害上是否具有重大区别”。[95] 以“凶器”的范围为例,应当限制为具有随时可能使用或者当场使用的可能性。在“携带凶器抢夺”的场合,因为行为人所抢夺的是被害人紧密占有的财物,而且是公开进行的,因此具有随时可能使用或者当场使用凶器的可能性。但是,在“携带凶器盗窃”的场合,因为行为人盗窃的通常是被害人松弛占有的财物,而且往往是秘密进行盗窃,所以,通常不具有随时使用或者当场使用凶器的可能性。第四,如果坚持主观主义刑法观,认为公开犯罪的危害一定比秘密实施的犯罪危害大,并且以是否公开进行犯罪作为区分盗窃与抢夺的标准,将公开取得他人的财物一概评价为抢夺罪,那么,“携带凶器盗窃”这种以平和方式公开占有他人财物的行为,根据《刑法》第 267 条第 2 款的规定,认定为“携带凶器抢夺的”,从而以抢劫罪论处,将存在不当扩大抢劫罪的适用范围的问题。[96]

(二)以刑制罪分析模式的价值与不足

前述论者对定抢夺罪还是盗窃罪的“实益”分析,实际上采用了“以刑制罪”的分析模式。在我国刑法学界,阮齐林教授较早地提出了“以刑制罪”的分析模式。“解释法律的终极目的在于使案件得到公平合理的处理,而不在于使犯罪的要件符合我们的理解,也不在于使它以什么样的罪名受到处理。如果从法律原则上讲,就是使罪行受到的处罚符合罪刑相适应的原则。”[97] 在关于盗窃罪、抢夺罪的区分问题上,阮齐林教授也采用了上述“以刑制罪”的分析模式。

“以刑制罪”分析模式的提出,体现了学界对犯罪与刑罚的相互适应和协调的关注。众所周知,罪刑关系具有双向性,正如梁根林教授所指出的,“刑从(已然的)罪生、刑须制(未然的)罪”的罪刑正向制约关系并非罪刑关系的全部与排他的内涵,在这种罪刑正向制约关系的基本内涵之外,于某些疑难案件中也存在逆向的立足于量刑的妥当性考虑而在教义学允许的多种可能选择之间选择一个对应的妥当的法条与构成要件予以解释与适用,从而形成量刑反制定罪的逆向路径。[98] 具体来说,第一,从立法的角度来看,只有认为某个危害行为具有以刑罚加以制裁的必要性时,才会将其纳入犯罪的范围,并根据具体的行为方式和产生的后果设置罪名。因此,从这个角度来看,应当是刑罚在先,或者说具有动用刑罚必要性在先。第二,从司法的角度来看,法定刑影响、制约相对应犯罪构成要件的解释。因为法定刑首先反映出国家对犯罪行

[94] 苏彩霞:《刑法拟制的功能评价与运用规则》,载《法学家》2011 年第 6 期。

[95] 张明楷:《刑法分则的解释原理》(下册)(第 2 版),中国人民大学出版社 2011 年版,第 643 ~ 644 页。

[96] 参见张明楷:《盗窃与抢夺的界限》,载《法学家》2006 年第 2 期。

[97] 阮齐林:《绑架罪的法定刑对绑架罪认定的制约》,载《法学研究》2002 年第 2 期。

[98] 参见梁根林:《许霆案的规范与法理分析——编者按》,载《中外法学》2009 年第 1 期。

为的否定评价和对犯罪人的谴责态度,所以,解释者必须善于联系法定刑的轻重解释犯罪的构成要件,将轻微行为排除在重法定刑的犯罪构成之外,使严重行为纳入重法定刑的犯罪构成之内。〔99〕 因此,作为司法者,目光不仅要不断往返于法律规定与案件事实之间;而且还要不断往返于具体罪名的法定刑与犯罪行为的可罚性程度之间,根据刑法规定的具体罪名的法定刑来检验可能判处的罪名的妥当性。

但是,"以刑制罪"分析模式似乎有些误入歧途。例如,坚持此种分析模式的高艳东教授认为:"正确认定罪名只有手段性意义。""量刑才是刑法重心,定罪应当为量刑公正而让路。""只要量刑符合行为的危害性程度,罪名也没有完全脱离同类客体的范围,就是合理的判决。"〔100〕为此,张明楷教授提醒说:"弱化罪名的重要性,隐藏着一种风险:在某个案件事实符合法定刑较重的犯罪构成要件时,为了判处相对较轻的刑罚,就认定为法定刑较轻的犯罪,这容易违反罪刑法定原则。"〔101〕苏力教授也认为,该观点摆脱了教义学对司法权力的制约,容易走到以"社会危害性"量刑定罪的老路上去;这种以个案结果导向或者个案实体公正的做法,很难保证获得良好后果;这种做法势必更多诉诸法官个人的道德直觉或者民众情绪。〔102〕

笔者认为,"以刑制罪"只是一种定罪思维方法,在逻辑上主要是一种"倒三段论"模式,并不是一概寻求更为严厉的处罚,而是也要受到犯罪论的限制,受到罪刑法定原则、罪刑相适应原则等刑法基本原则的限制。具体来说,运用以刑制罪的方法进行定罪,需要注意以下几点:第一,"以刑制罪"只是一种定罪思维模式。无论是由罪生刑,还是以刑制罪,都是定罪模式的具体表现方式。简单地认为"先考虑刑罚轻重,后考虑罪名,最后具体地、准确地裁量刑罚"的分析模式违反罪刑法定原则,违反无罪推定原则,是不妥当的。第二,《刑法》第 63 条第 2 款难以解决正常定罪后量刑过重的缺陷。即便能够解决,也面临成本过高的问题。即便能够解决,也不妨碍司法实践中运用"以刑制罪"分析模式。第三,运用"以刑制罪"分析模式,需要一定的条件。其一,运用"以刑制罪"分析模式,要受到具体法律条文规定的制约。解释刑法,必须同时符合刑法的条文与刑法的法益或者规范保护目的,仅仅满足其中一个标准是不够的。可以说,"符合刑法的文言,意味着实现了刑法的自由保障机能;符合刑法的目的,意味着实现了刑法的法益保护机能。"〔103〕其二,运用"以刑制罪"分析模式,仅限于在可能出现量刑畸轻或者畸重时使用。其三,运用"以刑制罪"分析模式进行定罪,仍然要受到犯罪论体系的限制。其四,运用"以刑制罪"分析模式,要求罪名之间要具有法条竞合关系,或者想象竞合关系,或者行为方式类似、危害结果相当。其五,运用"以刑制罪"分析模式,最终的宣告刑仍然应当处于法定刑幅度范围内,并与犯罪人所犯罪行

〔99〕 参见张明楷:《许霆案的刑法学分析》,载《中外法学》2009 年第 1 期。

〔100〕 高艳东:《量刑与定罪互动论——为了量刑公正可变换罪名》,载《现代法学》2009 年第 5 期。

〔101〕 张明楷:《许霆案的刑法学分析》,载《中外法学》2009 年第 1 期。

〔102〕 参见苏力:《法条主义、民意与难办案件》,载《中外法学》2009 年第 1 期。

〔103〕 参见张明楷:《实质解释论的再提倡》,载《中国法学》2010 年第 4 期。

相适应。[104]

在抢夺罪中,之所以要求具备“对物暴力”要件,是因为行为人要夺取的是被害人紧密占有的财物,通过抢夺行为排除被害人对财物的占有,确立自己的占有和支配。但是,在盗窃罪中,尽管行为人可能侵害了被害人紧密占有的财物,但是,行为人避免与被害人发生正面冲突,往往通过秘密窃取的手段实施犯罪。在尽管是公开取得他人财物,但不可能与被害人发生正面冲突的场合,就需要权衡到底是以盗窃罪还是抢夺罪处理更为妥当。

五、结论

综上,关于“公开盗抢”行为的性质,通说主张的以秘密窃取还是公开抢夺作为区分盗窃罪与抢夺罪标准的观点是不妥当的。尽管窃取原本具有秘密取得的意思,但是,成立盗窃罪不要求秘密窃取;尽管抢夺罪是公开抢夺,而且通常是“抢了就跑”,但是公开取得被害人松弛占有的财物,行为不可能危及被害人的身体健康甚至生命的,难以认定为抢夺罪。

区分盗窃与抢夺的界限,首先,应当考察行为人是否实施对物暴力,抢夺罪必须具有对物暴力,盗窃罪则无。退一步来说,无论是否主张盗窃行为具有暴力性,从行为的暴力性上看,盗窃罪与抢夺罪、抢劫罪的暴力程度应当是逐级提高的。尽管有学者质疑仅仅通过客观方面区分盗窃罪与抢夺罪的做法。[105] 但是,应当看到,区分此罪与彼罪的标准是客观行为或者行为方式(法益侵害行为的样态),而不是主观方面。主观方面所解决的只不过是行为人所承担的责任而已。其次,应当考察被害人对被盗抢的财物是紧密占有还是松弛占有。对于离开被害人身体的财物实施非法取得行为的,宜认定为盗窃罪;虽然对被害人紧密占有的财物实施非法取得行为,但行为本身平和、平稳,不能评价为对物暴力,因而不可能致人伤亡的,宜认定为盗窃罪;如果行为人所取得的并非被害人紧密占有的财物,也没有使用强力夺取财物,即便被害人在场,也宜认定为盗窃罪。[106] 对被害人紧密占有的财物,通常成立抢夺罪,这也是要求抢夺罪必须具有对物暴力的重要原因。在盗窃罪中,除了扒窃的情况,行为人所取得的基本上是被害人松弛占有的财物。最后,区分盗窃罪与抢夺罪,必须从上述两点出发,兼顾刑法的特别规定,以实现罪刑相适应。区分此罪与彼罪之间的标准不是唯一的,可能是多个标准。犯罪之间的界限受到法条规定特别是刑罚规定的制约,不同时代也有差异,因而也是流动的。

进一步来说,不能认为刑法条文具有固定不变的含义,因为生活事实在发生变化,刑法用语的含义也在不断变化,对刑法用语的理解也应当相应地发生变化。“一个制

---

〔104〕 参见温登平:《“以刑制罪”思维模式批判》,载陈金钊主编:《法律方法》(第 17 卷),山东人民出版社 2015 年版,第 316~329 页。

〔105〕 参见何荣功:《也论盗窃与抢夺的界限——兼与张明楷教授商榷》,载《当代法学》2012 年第 4 期。

〔106〕 参见张明楷:《盗窃与抢夺的界限》,载《法学家》2006 年第 2 期。

定法的解释一定不必永远保持相同。谈论什么某个排他性的正确解释,一个将从这个制定法的什么某个排他性的正确解释,一个将从这个制定法的一开始到其结束都是正确的含义,这是彻底错误的。”[107]因此,“任何一种解释如果试图用最终的、权威性的解释取代基本文本的开放性,都会过早的吞噬文本的生命”。[108] 因此,解释者必须注意不受制于传统观点,不受制于自己的先前理解。“在面对有疑问的法律用语时,应当想到各种可能的意义,提出各种不同的假设,对各种观点进行充分论证,反复权衡,看哪一种解释结论最符合正义理念。”[109]对于“公开盗抢”行为的性质的界定,或者说对盗窃罪与抢夺罪的区分,也应当贯彻上述解释理念。

[107] 柯勒语,转引自[美]本杰明·卡多佐:《司法过程的性质》,苏力译,商务印书馆1998年版,第51~52页。
[108] [英]韦恩·莫里森:《法理学》,李桂林等译,武汉大学出版社2003年版,第555页。
[109] 张明楷:《盗窃与抢夺的界限》,载《法学家》2006年第2期。

民间集资刑法规制路径研究*

张　凯**

内容摘要：既有民间集资刑法规制方案存在固有缺陷，且以狭义教义解释立场展开，缺乏实质进路，在重构解释立场与方法时，不能走狭义教义解释的路径。一方面，应将谦抑性的适用还原于构成要件的解释当中；另一方面，在开放的教义解释立场上，应结合金融刑事政策的衡平作用，不能逾越"从法条中来，到法条中去"的理念。在司法适用上应坚持"投资性"与"资质保护性"的教义规则，站在保护出资人的视角合理进行"风险分配"。

关键词：民间集资　刑法规制　开放教义　刑事政策

与民间集资的有关话题一直备受瞩目，[1]相关的文献也可谓汗牛充栋，然而问题并没有得以充分释明，如何看待民间集资的地位及如何规范民间集资行为就存在不小分歧，我国当前民间资本市场实际发展情形进一步提高了问题的复杂性。当前，我国民间资本市场呈现两多两少的格局，即中小企业大量出现，但能够获得资金支持的少；民间资本的存量大，但相应的投资渠道少。2016 年的政府工作报告强调完善现代金融监管体制，实现金融监管全覆盖，在规范互联网金融的同时，大力发展普惠金融与绿色金融，可以视为对 2015 年集资乱象爆发的回应。本文因理论和现实的需要，尝试在当前社会背景下对民间集资的刑法介入与处置路径，做规范体系和理论逻辑解读式的探索。

一、民间集资刑法规制既有策略及其实现方式评析

对民间集资的刑法规制策略从来都是采取了两分的结构形式，即区分合法集资与非法集资，我国现行刑法涉及非法集资行为的条款主要有四个：欺诈发行股票、债券罪；非法吸收公众存款罪；擅自发行股票或者公司、企业债券罪；集资诈骗罪。上述四个罪名在客观行为方面都表现为非法吸收资金的行为，所不同的是当出现了股票、债券这种特定行为载体时，才涉及欺诈发行或擅自发行的问题，而集资诈骗与非法吸收

---

* 本文系国家社科基金一般项目"依法治国背景下的刑法规范确证功能及其实现原则研究"（16BFX086）的阶段性成果。

** 吉林大学法学院博士研究生。

[1] 笔者以互联网金融兴起为分界点，大体上将民间集资分为线下与线上模式，由于传统的线下模式为民众所普遍知晓，文中对集资问题的论述多结合新兴融资方式如众筹进行，虽然传统的线下模式与新兴的线上模式在资金来源和人员构成的规模上会有差异，但其本质都是民间主体自发形成的资金融通方式。另外，司法实践对非法吸收公众存款与集资诈骗的罪名适用比率居高，本文论述也结合此两罪展开。

公众存款在客观行为上没有本质区别，只不过集资诈骗是以集资之名行诈骗之实，更重要的是集资诈骗具有“非法占有目的”的客观超过要素。实践中，非法吸收公众存款罪与集资诈骗罪的适用比率居高，尤其是非法吸收公众存款罪，“业已成为当下金融业发案数量最高的罪名，这与该罪的扩张适用与口袋化密切相关”。[2] 据此，下文将选择具有典型性的非法吸收公众存款罪罪状进行分析，以获得对民间集资刑法规制策略上的问题洞察。

透过有关非法集资的多部法律、法规及相应的指导意见，对非法集资的定义大致着眼于“未经主管部门批准”“高额回报”与“不特定人数”等特征，而最高法 2010 年颁布的《最高人民法院关于审理非法集资刑事案件具体应用法律若干问题的解释》(以下简称《集资解释》)第 1 条规定，非法吸收公众存款的行为是指“违反国家金融法律规定，向社会公众(包括单位和个人)吸收资金的行为，同时具备下列四个条件的，除刑法另有规定外，应当认定为《刑法》第一百七十六条规定的非法吸收公众存款或者变相吸收公众存款。”

(一)非法吸收公众存款罪的认定标准及狭义教义解释困境

1. 非法性

《集资解释》将“非法性”界定为“未经有关部门依法批准或者借用合法经营的形式吸收资金”。长期以来，我国对金融行业实行特许制度，严格控制单位和个人染指金融机构业务，如《商业银行法》第 11 条第 2 款规定，“未经国务院银行业监督管理机构批准，任何单位和个人不得从事吸收公众存款等商业银行业务，任何单位不得在名称中使用‘银行’字样”。相应地，在 1998 年国务院通过的《非法金融机构和非法金融业务活动取缔办法》第 4 条第 2 款规定：“前款所称非法吸收公众存款，是指未经中国人民银行批准，向社会不特定对象吸收资金，出具凭证，承诺在一定期限内还本付息的活动；所谓变相吸收公众存款，是指未经中国人民银行批准，不以吸收公众存款的名义，向社会不特定对象吸收资金，但承诺履行的义务与吸收公众存款性质相同的活动。”非法性不应作扩大解释，除了规范性文件存在位阶的问题需要考虑外，我国历来对非法集资的专项治理活动都是对集资风险加剧后的强力回应，行政机关的认定可能是非法集资定性的有力依据，如 2007 年《国务院关于同意建立处置非法集资部际联席会议制度的批复》同意由银监会牵头的处置非法集资部际联席会议制度，可能使部门利益影响司法机关依法作出认定。非法吸收公众存款行为是以违反众多行政管理法规为前提，而一些行政法规滞后于民间金融的发展，难以起到监管的目的。另外，发展迅猛的互联网金融新模式，如 P2P 信贷、股权众筹，目前这些模式并未在规范性文件给予明确的界定，只是在政策性层面上有一定的扶持，那种以信贷平台经手资金的间接融资模式在实践中大量存在，但刑法并未对其广泛介入，这说明“非法性”的认定存在软化的趋势。

---

[2] 刘伟：《非法吸收公众存款罪的扩张与限缩》，载《政治与法律》2012 年第 11 期。

2. 公开性

《集资解释》将"公开性"界定为"通过媒体、推介会、传单、手机短信等途径向社会公开宣传",有学者认为,"对于'公开性',《集资解释》其实是使用了两个条件来界定,即第一条的第二项和第四项,前者是对公开宣传方式的规定,后者才是对公开性的界定……将该因素作为界定非法集资活动的必要条件,却缩小了定义的范围,也因此会带来所谓的口口相传如何认定的困难"。[3] 笔者赞同此看法,通常来说,只要是集资行为,无论是合法还是非法,"公开性"都是集资行为的固有表现形式,也正因如此行为不仅侵犯到个人的财产权益,也会侵犯到金融管理秩序,但公开性只是认定非法集资行为的辅助条件,因为在非法集资行为中,筹资人与出资人对于相关信息的交流总是公开的,出资人以外的人是否知晓该投资信息,并不是认定非法集资行为的必要条件,如中国人民银行和国家工商管理总局《关于进一步打击非法集资等活动的通知》对非法集资情形的规定"利用民间会社形式进行非法集资以及利用传销或秘密串联的形式非法集资",相关信息只是特定组织内部知晓,并没有向社会公布,因此,"公开性"并不是非法集资行为的构成要件要素,当集资行为具有了非法性、利诱性、社会性时,大体可以肯定非法集资行为的存在,当集资主体以公开宣传方式发布信息时,通常会使受众群体不断增加而导致不特定群体有随时加入融资行为的可能,具有"公开性"时,使非法集资的定性更为明确。

3. 利诱性

《集资解释》将"利诱性"界定为"承诺在一定期限内以货币、实物、股权等方式还本付息或者给付回报",集资行为以承诺回报为前提,这是区别非法集资与普通诈骗的一个典型特征,但资本逐利是其天然本性,利润越高越容易聚集,相应地交易活力与金融风险也会同步增大。不允许承诺回报无异于将民间集资的发展"一棒子打死",我国当前一些众筹平台为了规避法律风险,对投资人采取非金融性奖励作为回报,如发放实物、授予特定资格,奖励某项特权等,认为不以资金回报形式为诱饵,就可避免非法集资的嫌疑。但《集资解释》对回报形式的规定恰恰否定了此种看法,另外非法集资行为所要规制的是擅自吸收资金的行为,对资金的占有和掌控是规制的重点,至于以什么利诱方式来吸收资金并不是重点,只要该种方式能够便利资金的吸取,足以导致国家对资金宏观走势的失控即可。对承诺的回报的数额没有具体要求,《集资解释》认为只要是一种回报即可,回报利诱性的高低不会对非法集资行为的定性产生重要影响。

4. 社会性

《集资解释》将"社会性"界定为"向社会公众即社会不特定对象吸收资金",社会性是区分合法民间融资与非法集资的重要标识之一,不具备社会性的融资行为不会对金融秩序造成破坏,对"社会公众"的标准学界的看法莫衷一是:有学者认为,"对于社

---

[3] 彭冰:《非法集资行为界定——评最高人民法院关于非法集资的司法解释》,载《人民司法》2011年第6期。

会公众，可以进一步理解为不特定的多数人或者特定的多数人”。[4] 该观点对对象的特点与否不予关注，只要具备人数之多即可成立，也有观点否定特定范围的多数人标准，如“以集资为名诈骗特定范围的人员，例如熟人的，一般也不宜以集资诈骗罪论处，构成犯罪的可以合同诈骗罪或者诈骗罪定罪”。[5] 我国学者张明楷教授认为：“‘不特定对象’并不是指非特定范围内的不特定人或单位，而是指出资者或被害人有随时增加的可能性。”[6] 在司法实践中，为了严惩非法集资行为，往往以集资对象特定与否作为区分罪与非罪的首要要件，然而，“对是否‘特定’本身是比较模糊的，亲属可以肯定是特定关系，沾亲带故、邻里同乡、同事朋友等是否特定，或者完全不相干的人才算不特定？该标准无法操作，不解决实际问题”，[7] 最终又以集资人数的多寡作为“不特定对象”的判断标准，民间金融线上运行模式受到青睐不仅是因为能降低交易成本，事实上人数超过《集资解释》的限定标准反而能分散投资风险，如此一来，人数多寡的设定并不合理，只会降低非法吸收公众存款罪的入罪门槛。

由此看出，《集资解释》的认定标准虽然相对明确，但其实施的社会效果并不理想，固有的逻辑缺陷也并未解决。有学者指出现有的刑法罪名体系以及罪状设置，难以覆盖大量出现的非典型集资行为……《公司法》和《证券法》对何为“股票”“债券”给出了严格定义，但《商业银行法》等法律规范却没对“存款”做出明确界定，在“严打”非法集资行为的刑事政策下，将“公众存款”作扩大化解释，使“存款”概念演变为“还本付息”的债权债务关系，在司法实践中，不区分集资目的与是否造成严重后果，一概对非法集资行为适用非法吸收公众存款罪来打击，导致该罪成为规制非法集资行为的一个“口袋罪”，[8] 这表现在行政与司法双重扩张路径上，除却《集资解释》认定标准的缺憾，及刑事政策下对构成要件的扩张解释，在细化非法吸收公众存款的行为类型的同时，设置了“其他非法吸收资金的行为”的兜底条款，显然实践的需要会放松对非法集资行为类型化的需求。此外，非法吸收公众存款认定的依附性凸显等原因，使对集资行为的规制出现随意性。

问题的根源在于以往对非法吸收公众存款的探讨多是在封闭的狭义教义学体系中进行，而这种教义学正是“以实在法规范为研究客体，以通过法律语句阐述法律意蕴为使命的一种技术方法”。[9] 虽然，“刑法教义学的重要任务就是要通过对刑法条

---

[4] 曲新久：《金融与金融犯罪》，中信出版社2003年版，第277页。

[5] 刘妙香、姚裕知：《如何认识集资诈骗罪的客观要件》，载《人民法院报》2004年9月15日，第B4版。

[6] 张明楷：《诈骗罪与金融诈骗罪研究》，清华大学出版社2006年版，第499页。

[7] 谢望原、张开骏：《非法吸收公众存款罪疑难问题研究》，载《法学评论》2011年第6期。

[8] 参见刘伟：《非法吸收公众存款罪的扩张与限缩》，载《政治与法律》2012年第11期。

[9] 陈兴良：《刑法教义学方法论》，载《法学研究》2005年第2期。陈兴良教授如此定义，与其提倡严格的形式法治立场有关，这一提法在当时是契合教义学发展趋势的，也可将此种立场称为安全导向的教义刑法观。也有学者认为教义学有传统与现代之分，而现代教义学已走向开放，具有反思与批判的功能，参见冯军：《刑法教义学的立场与方法》，载《中外法学》2014年第1期。笔者赞成冯军教授的分类，现代教义学亦同于以公正为导向的教义观，但需注意现代刑法教义学也应有合理的界限，不能攒用刑事政策的方法论，两者在概念体系、方法论、价值观方面毕竟还是有巨大的差别。

文的教义阐述,消除歧义,形成统一认识”。[10] 从而增强法律适用的确定性,但就《集资解释》所确立的四个标准而言,争议不断,法律适用难以统一。根源在于这些标准仅停留在对生活中非法集资样态的表面化归纳,采用的是经验事实的还原方法,缺乏对规范独特属性的考察,缺少实质进路。也就是说,狭义教义不允许法律之外的素材充实到法律发现与法律论证的过程中,其将现有规范视为无可改变的信条,法官只是输出法律判决的机器,对于案件事实解释同样如此,不允许掺杂目的价值而改变法律评价的自然事实的本来面目。但实践证明,对于常规案件,人们径直运用教义规则就能够解决问题,而反观非法集资领域发生的案件,许多都属于疑难案件,“在‘疑难案’的拷问下,裁判者必须对那些‘终极’问题做出正面回答。对这些问题的回答,裁判者必须‘说理’——给出价值判断上的理由,而不能仅仅‘说法’——局限于教义分析上的讨论”。[11] 换言之,“非法性”“公开性”“利诱性”和“社会性”只是就非法吸收公众存款的客观表象进行类型化,鲜有从该罪设立的目的、刑罚所达至的社会效果及金融法治所需的内生价值进行考量,这也是导致对非法吸收公众存款扩大化解释的诱因。

（二）既有典型学说对非法集资规制策略的评析

如果能在合法集资与非法集资之间画出一条明确的界限,从非法集资的范围内确立刑事制裁的边界,可能上述问题也就迎刃而解。但仅依靠《集资解释》的认定标准很难实现这一目标,有学者开始以刑民关系的视角进行解释,其认为,“只有当一个民间集资行为虽然从形式上看,具备了集资借贷的外壳,但实际上并不符合构成民事行为的要件时,即该民间集资行为缺乏构成合同的基本要件,集资人和出资人之间根本就没有形成‘合意’时,才能够异化为刑法中的集资诈骗罪”。[12] 由于集资诈骗的要素多于非法吸收公众存款,因此非法吸收公众存款也可谓不符合合同的“合意”,这种隐瞒真实信息而促成交易的情形在民法上也属欺诈,但这实际上排除了非欺诈型的非法吸收公众存款的存在,就集资诈骗而言即便缺乏“合意”,也有成立民事欺诈的可能,很难径直认为就成立刑法上的犯罪。“合意”说并不能起到实际区分的效果,论者进而又以是否具有非法占有目的、数额是否达到要求作为判断基准,根据《关于贯彻执行〈中华人民共和国民法通则〉若干问题的意见（试行）》第 68 条规定,“一方当事人故意告知对方虚假情况,或者故意隐瞒真实情况,诱使对方当事人作出错误意思表示的,可以认定为欺诈行为”。据此,民法中对“欺诈”的定义是包含了刑法中非占有的欺诈案件,广于刑法对“诈骗”的构造的内涵,民法实际上也在调整非法集资行为的一部,相较于民法更加注重结果,刑法更注重行为样态本身,民法中推定的效力通常强于刑法,在调整平等主体之间的财产关系中,基于欺诈而使对方作出错误意思表示的行为,也就是欺诈人实现非法占有目的的过程,这也是许多商事欺诈行为同样具有非法占有目的的原因,而刑法中的“欺诈”并不总是与非法占有目的相挂钩,另外依据数额

[10] 董邦俊:《教义学发展、功能与内涵之刑法学揭示》,载《环球法律评论》2014 年第 4 期。
[11] 徐德风:《论法教义学与价值判断》,载《中外法学》2008 年第 2 期。
[12] 张理:《民间集资行为异化为集资诈骗罪的分析研究》,载《中国刑事法杂志》2013 年第 12 期。

的要求,也很可能导致结果责任的出现,《集资解释》第 3 条对非法集资与变相集资的追诉门槛都以结果为本位,完全忽略了行为人的主观状态对行为性质的考量。

有学者对非法集资与民间借贷的界分提出了抽象的外部性与“扰乱金融秩序”的专业审查标准,抽象外部性的判断应着力于从一个集资系统的外部性伸张的社会网络的规模,社会性的判断应当是总体上的、抽象化的,而不是拘泥于表象。“扰乱金融秩序”这一专业化审查标准应由金融监管部门提出专业化审查意见,由法官对控辩双方的交锋意见进行裁决。[13] 尽管论者提出所谓的“实质”标准,但该标准缺乏事物本质的类型性思考而不具有可操作性,如抽象外部性无非是着眼于集资规模的影响,外部性伸张也只是强调出资人资金来源能力的影响,一个着眼于集资规模的整体性标准往往径直认定吸取资金造成重大损失的案件构成非法集资。而专业化审查标准的提出也并不能带来所谓的实质合理性,避开实体的普适标准而通过程序的具体解决会带来诸多的不明确,金融监管部门与国有金融企业本身即存在亲缘,监管部门作为强势的一方,被告即使聘请专人也不能与之抗衡,况且赋予审查意见如此重要的地位,也很难保证不带有一定的恣意性。也有学者对民间融资的刑民界分提出以客观化的经营风险为临界,以绝对化的先民后刑为指导的标准。如果对可控的经营风险存在主观过错,对“扰乱金融秩序”的行为属应当遇见。[14] 即使在经营性质的集资行为中,如果存在过失也可能构成非法集资,这无疑给经营者施加了过于严苛的负担,不仅使经营行为萎缩而且使刑法的触角伸得更远;而在投资性质的集资行为中却很难判断是可控风险还是不可控风险。绝对化的先民后刑易导致软法能够处理,刑法就不能过问的境遇,但作为行政犯的非法集资行为同时应承担行政责任与刑事责任,况且在软法不健全时,社会系统的监管就会出现坍塌。有学者感慨“在实践中难以对非法吸收公众存款行为与合法民间借贷做出区分,而且在合法的民间借贷与构成犯罪的非法集资行为之间仅存在不受法律保护但不违法的高利贷行为,缺少一种违法却不构成犯罪的面向公众的借贷行为,即在合法行为与犯罪之间缺少缓冲地带”。[15] 单纯以狭义教义方法作为理清民间融资与非法集资的边界可能显得捉襟见肘,以现有解释立场与方法也难以作出合理回应。“合法民间融资与非法吸收公众存款罪无法区分,缘于行政管制囊括了各种集资形态。因此,在行政取缔与刑事处罚结合的双重模式下,如果行政管制能够取消各种集资行为的‘不法性’,那么一些集资行为尤其是出于正当融资需求的集资行为,则理所当然得以剥离‘犯罪标签’。”[16] 固然,非法吸收公众存款的成立是因为其违反了相应的行政管制目的,倘若消除行政权力的干预,入罪的合理性就值得怀疑。遗憾的是,论者只是点出了制度上的成因,然而面对当前集资乱象的爆发,一味

〔13〕 林越坚:《非法集资与民间借贷的刑民界分》,载《财经科学》2013 年第 1 期。

〔14〕 梅传强、李璐:《民营企业民间融资法律风险探析——以“刑民界分”为切入点》,载《扬州大学学报》(人文社会科学版)2016 年第 1 期。

〔15〕 徐昕、黄艳好、王万琼:《非法集资类犯罪的立法反思与对策》,载《学术界》2015 年第 3 期。

〔16〕 毛玲玲:《集资行为的刑事管制》,载《政治与法律》2009 年第 9 期。

地缩减行政监管也不现实。另外,我国金融刑法和行政法的衔接本就存在问题,这不仅需要我国行政、刑法立法模式的完善,而且也需要建立长效的行政执法与刑事司法的程序衔接机制,[17]行政犯罪的认定归根结底需要以刑法为最终统筹,不在刑法体系内考虑非法集资的认定可能行不通。

二、反思:民间集资刑法规制策略的当下立场与实现方法

(一)金融刑事政策的转向

对非法集资的解释需要重新进行,而在方法论上首先应受刑事政策的指引。刑事政策有广义和狭义之分,通常在广义上使用,即"国家机关通过预防犯罪、缓和犯罪被害人及社会一般人对于犯罪的愤慨,从而实现维持社会秩序的目的的一切措施政策,包括立法、司法及行政方面的对策"。[18] 刑事政策始终围绕着犯罪治理和预防的最优化而展开,其最显著的特征在于功利性,"'犯罪化'与'非犯罪化'以及由此派生出来的'刑事化与非刑事化'的双向运动是刑事政策的永恒状态",[19]而其功能的发挥,需依仗立法的刑事政策化与司法的刑事政策化来完成,以立法形式使刑事政策具体化实际上就是制定与修订法律的过程。非法集资相关罪名的历史沿革是,长期的利率管制,企业间拆借的严格禁止,大量在特殊时期需要资金支持的建设也都是在保证国有金融垄断利益为前提,受计划思维影响的缘故,担心金融秩序的紊乱,对私主体投资从事金融业保持戒备,这一时期的金融刑事政策可以归结为"扩大犯罪圈,从严规制,从重治罪,以儆效尤"。[20] 而在当前国有金融业难以解决供需矛盾的背景下,大量中小企业与农村地区缺乏信贷支持,提倡发展普惠金融与绿色金融就是时代所需。民间金融的地位凸显,不仅能直面解困"两多两少"格局,还能增强企业信誉的强化效应。而相关领域的规范缺失,对于辩证地看待金融犯罪治理的存在具有帮助,因为"改革与犯罪是相依为命的,不可分离的",[21]那些被当作金融犯罪治理的行为相反可能是金融改革的前进方向,这尤其体现在互联网金融这一新兴领域的发展上。因此,对待民间金融刑事政策恐怕应有所改变,之前强调对金融监管的垄断与抑制的刑事政策应向衡平主体利益的金融交易的刑事政策转向,对非法集资相关罪名的解释理应在这一转变下进行。[22]

对于不合时宜的刑事政策我们当然可以通过修法来加以改变,这是显而易见的,

---

〔17〕 参见程凡卿:《行政刑法立法研究》,法律出版社 2014 年版,第 55 ~ 62 页。

〔18〕 [日]大谷实:《刑事政策学》,黎宏译,法律出版社 2000 年版,第 3 页。

〔19〕 卢建平:《论刑事政策(学)的若干问题》,载《中国刑事法杂志》2006 年第 4 期。

〔20〕 李娜:《论金融安全的刑法保护》,武汉大学出版社 2009 年版,第 76 页。

〔21〕 [美]科瑟:《社会学思想名家》,石人译,中国社会科学出版社 1990 年版,第 160 页。

〔22〕 当然,这并非对民间金融大敞怀抱,放松监管,而是对民间金融规制趋势的一种原则性引导,事实上,就互联网金融这一创新模式,也存在较大的风险。参见刘宪权:《论互联网金融刑法规制的"两面性"》,载《法学家》2016 年第 5 期。

事实上一些学者已经站在立法论的视角作出了努力。[23] 即便以符合时宜的刑事政策所构建的法律规则,严格遵循这些教义学的规定也不能保证司法的刑事政策化,即使在法治健全的国家,法律也不能对所有生活事实作出回应,总是存在实质上值得处罚与否的难题,刑事政策给司法领域带来了价值判断、实质判断、目的判断的新方法。在避免修法费时烦琐以及维护法律安定性的前提下,刑事政策司法化是引导相关集资行为规制的可行路径,但在法律适用过程中,如何发挥刑事政策的合理优势是需要斟酌的。

(二)刑法谦抑性理念的误用与还原构成要件解释的提倡

谦抑性理念是刑事政策对相应的刑事司法观念产生重要影响的产物,[24] 尤其是借助刑法的补充性、二次性,只有在诸如道德、习惯及其他部门法不足以保护法益时,刑法才能介入,从而达到对相关罪名的合理规制。谦抑性理念作为当今刑法不可动摇的基本原则,在刑法限度的探讨中有积极意义,但依据法益的充足保护而动用刑罚或径直将谦抑性理念作为法律适用的根据还值得商榷。

其一,在其他部门法不足以保护法益时,刑法的有效介入是否是必然的,即充分有效地保护法益本身是否是构成适用刑法的正当性根据。当前,为了回应集资乱象的蔓延,司法机关存在过度与及早介入的情形,认为这是挽回被害人的损失的有力应对,但恰恰是此种强力介入使有可能恢复的资金运作体系彻底瘫痪。大谷实认为:“刑法的目的是通过保护法益来维持社会秩序……所谓犯罪就是违反社会上的一般人当然应当遵守的社会伦理规范的侵害法益的行为,以及具有侵害法益的危险行为。”[25] 在他看来,法益充足的保护只是刑法发动的一个限制条件。

其二,刑法在救济法益时必遵循第二性或者补充性,那么这是否意味着刑法处于从属性地位?有学者认为在处理经济刑法与非刑事规范处理时必须遵循两个原则:一是行政先定原则;二是经济刑法的独立判断原则。行政先定原则是指对某一法益的保护必须先有相关的经济规范、行政规范加以规制,第二顺位的才是运用刑法手段予以调整……经济刑法的独立判断原则认为,经济犯罪虽然具有补充性或者第二性,但是这并不意味着刑法天然具有从属性的地位。[26] 以刑法和民法在法益保护上的差别为例,民法通过对受害人进行补偿而使既有权利恢复到受损之前的状态,重在“调整”相关利益,损害赔偿有填补已经产生的损害的回顾性机能;而刑法注重个人自由,强调对

---

〔23〕 相关立法建议参见冯亚东、刘凤科:《非法吸收公众存款罪的本质及其立法失误》,载《人民检察》2001 年第 7 期;石奎:《宽严相济刑事政策视野下非法吸收公众存款罪的立法完善》,载《西南民族大学学报》(人文社科版)2009 年第 5 期;袁爱华:《民间融资合法化趋势下的非法吸收公众存款罪的立法完善》,载《云南大学学报》(法学版)2010 年第 1 期;童伟华:《论集资诈骗罪的废除》,载《新东方》2015 年第 2 期。本文不赞成废除非法吸收公众存款罪与集资诈骗罪,因为在转型时期存在大量侵犯交易秩序的行为,作解释论上的努力可能比立法完善建议更具建设性。

〔24〕 参见黎宏:《论“刑法的刑事政策化”思想及其实现》,载《清华大学学报》(哲学社会科学版)2004 年第 5 期。

〔25〕 [日]大谷实:《刑法总论》,黎宏译,中国人民大学出版社 2008 年版,第 36 页。

〔26〕 参见涂龙科:《经济刑法规范特性研究》,上海社会科学院出版社 2012 年版,第 80 ~ 85 页。

行为人的谴责与预防,使对侵害的弥补具有展望的功能,刑法在保护法益上具有其独立意义。[27]

谦抑原理过于宏观,作为解释具体类罪的处罚界限的路径时,其不明确性较为明显。例如,就集资诈骗罪而言,有学者认为应当对"生活、市场、投资和投机等领域分别适用不同的欺诈标准,离基本生活越远的领域,就越不需要刑法的介入……简言之,生活与刑法同在、市场进诈骗退、投资抵触刑罚、有投机无诈骗"。[28] 这种限制处罚范围的观点并不涉及量化标准,而是直接指向了刑法规定之诈骗行为所能涵摄的行为类型,即在上诉四个领域,可能出现集资诈骗罪的四种不同成立标准,而限缩的原理就是对谦抑性的直接适用。以谦抑性的其他制裁手段作为替代性措施的前提时,会使划定刑法的处罚界限增加难度。尽管在大量关于刑罚威慑性效应是否存在的研究中,充满了矛盾的结论,但刑罚制裁在法律责任体系中显然不可或缺,同时我们又提倡尽量以其他制裁手段代替刑罚,这意味着在两者各自管辖范围的边界必然存在模糊性区域,如何在这样的模糊地带划定界限是无法逃避的难题。刑法谦抑性有其自身的局限性,实不宜因为片面强调刑法的谦抑性脱离具体的历史语境动辄就主张对刑事立法和司法予以"非犯罪化""轻刑化"等方式加以变革,从而破坏刑法内在的有机的和谐性与安宁性。另外,作为人们对刑法文本的意义追问和解读,刑法谦抑性理念也并非是具有普适性的科学真理,"它必须结合具体的历史语境和特定的理论预设来彰显自身的独特品质和内涵"。[29] 换言之,谦抑性理念在立法和司法的过程中,其存在路径存有本质差别,在立法领域,其存于文本制定过程中,而司法的过程是个案与规范的连结过程,是将抽象的法律规范解释适用于具体个案的过程,不得不考虑存在实在法的现实。一方面,行为符合了规范的类型时,缘何可以通过谦抑性理念予以出罪是存在疑问的,就如同罪与非罪的判定只能是根据相应的犯罪构成来进行,而不是直接适用但书予以出罪。[30] 另一方面,当谦抑性理念不能内化为统一适用的类型标准时,罪的分属会出现不确定性。因此,在考虑相关类罪的处罚界限时,只能将谦抑性理念还原于相关类罪构成要件的解释当中。这种方法适用于个罪有明确而合理的犯罪构成,如集资诈骗罪与诈骗罪的特殊与一般关系,构成集资诈骗必然符合"实施欺骗行为→对方产生错误认识→基于认识错误而处分财产→行为人或第三人取得财产"这一犯罪构成,其具体解释方向容后文述,当然,该条款的特殊性还在于"集资"如何认定,其应运用下述

---

〔27〕 现实中,很多行政法规的规定都落后于新兴金融产品发展的步伐,给监管都来了困难,这是否意味着刑法也不能有所为,那倒也未必。虽然,谦抑性理念是奠定现代刑法重要的理论基石,但若对其机械地理解、僵硬地适用,可能只会适得其反。

〔28〕 高艳东:《诈骗罪与集资诈骗罪的规范超越:吴英案的罪与罚》,载《中外法学》2012 年第 2 期。

〔29〕 张颖杰:《刑法谦抑性践行之思考》,载《海南大学学报》(人文社会科学版)2007 年第 5 期。

〔30〕 在法律适用上,这种情形还大量存在,如浙江省高级人民法院在 2010 年发布的《关于为促进中小企业加快创业创新发展提供司法保障的指导意见》对主要用于生产经营,能及时清退资金,情节轻微,社会危害不大的,可免予刑事处罚或不作为犯罪处理的相关规定。另外,通常认为对于转型时期经济犯罪的治理应采用"抓大放小"的原则,即重大打击严重犯罪,放松对轻微违法的惩治,但何为严重何为轻微往往在司法适用上出现随意性。

的开放教义解释立场,即后文给出的两个实质标准。

（三）开放教义解释提倡与脱离刑事政策指引之误区

非法集资的解释不能脱离教义,但也不是站在前述的那种封闭的狭义教义解释观的立场,笔者赞成以开放的教义立场界定非法集资的问题,其核心并非排斥经验知识和价值判断,只不过这种价值的运用应有其合理的界限,遵循"从法条中来,到法条中去"的理念。以刑事裁判理论为例,分为"法的发现"与"法的证立"两个过程,法官基于"前见""找法"的过程,不可能抛弃直觉、情感、偏见、价值进行一种纯客观的思维活动,他们是引起裁判开始的因素,并非决定裁判的依据。"从法条中来"意味着"法的发现"过程是因既有的裁判规则引起的,"法的证立"则在于保障司法决定的客观性,并将这种思考过程予以"合理化",〔31〕从这个意义上来讲,"法的证立"是法教义学更为重要的组成部分。"到法条中去"意指理性思考的结果必须再回到所证立的教义学的理论模型上去,使他们"规范化"。当然,就本文对非法集资的规制问题上采取此立场,对于法条明确、案件事实清楚、争议不大的案件,径直在规范体系内,运用传统法律材料与方法即可。而在法条不周延、不明确、案件争议较大时,允许根据规范目的、后果考量,"刑法的原则、原理、社会进步来丰富刑法规范的内容",〔32〕以求得个案公正。该种方法适用于当前个罪的犯罪构成存有缺憾的情形,一般是行政犯中具有空白罪状而又争议不清的条款,非法吸收公众存款罪即是典型,除了犯罪构成的显性特殊性外,该方法的运用还应注意:所论证的教义学理论模型能够被类型化,即所确立的标准体现了事物的本质;所论证的标准具有逻辑性,在规制事物与适用标准之间不存在前后不一的矛盾结论。

在开放的教义解释立场上,是否就能确立非法集资的适用标准,那也不尽然,〔33〕"信条主义者(只要他是学者或者法官)就必须像立法者那样进行刑事政策上的辩论。他必须在一定程度上对立法者仅仅能够粗略描绘的现行法的形象,在一切细节上进行

〔31〕　雷磊:《法教义学的基本立场》,载《中外法学》2015 年第 1 期。

〔32〕　冯军:《刑法教义学的规范化塑造》,载《法学研究》2013 年第 1 期。

〔33〕　有学者撰文指出,非法经营罪的异化是因为司法的曲解,并认为只有遵循教义学限缩才是解决的路径,通过对"违反国家规定""其他扰乱市场秩序的非法经营行为""情节严重"的教义限缩,能够得到合理的结论,参见武良军:《非法经营罪堵截条款异化之研究》,载《环球法律评论》2014 年第 5 期。笔者并不否认论者的立场,只是与非法吸收公众存款罪做一对比,即便站在开放的教义学的立场上,也并不能划出一条合理的界限,原因在于:首先,非法经营罪背后的价值衡量弱,与相应的刑事政策转向没有直接联系。其次,二者都是具有兜底性的行政犯的典型,但罪状表述与立法技术有差异,非法吸收公众存款是典型的空白刑法规范,非法经营罪的罪状描述明显更为详细,其列举的方式最终都指向市场准入的行为,兜底例示也是如此,而就《集资解释》所列举的 11 种情形而言,并无此种规律可循。并且,就刑法条文指向的行政规范的明确性而言,非法吸收公众存款的状况弱于非法经营罪,如当下发展火热的互联网金融模式,行政法规并未对有关内容进行规范,严格上都属于未经批准,但现实情形是职能部门多是在放任观望。也就是说,这些特殊情形的存在使得对非法吸收公众存款的界定会更加困难,需要在刑事政策引导下作更为精确的界定。此外,解释对象上很少提及刑事政策影响也源于担忧刑事政策所具有的灵活性和"非规范"性,但依本文所见,刑事政策起引领解释方向的作用,并非是要替代刑事规范。

设想和加工”,[34]这说明对某些罪名的教义解释不能脱离刑事政策的指导,笔者下面以常用的目的解释方法为例来具体阐述这一问题。

目的解释是阐明刑法条文真实含义的解释方法,依据各罪法益对构成要件进行实质的解释,以达相应的解释目标。目的的不同会制约犯罪圈的大小。以非法吸收公众存款罪为例,通常认为该罪的客体是国家对“存款”的管理秩序,[35]因此,对“存款”的解释就会忽略其金融学意义,行为若使银行的储源下降,干扰银行利益的实现,以过于形式化的立场看,属于扰乱对“存款”的管理秩序,如果认为该罪是对金融管理秩序的破坏,那么该罪涵摄的类型就可能扩展到承诺回报的债权债务关系,会过于扩大打击范围;如果认为该罪是对金融市场秩序的保护,融资以间接形式用于货币、资本的经营也应是该罪所规制的对象,这是因为法律为此设置了更为严苛的实质性要件,而直接融资的交易是基于双方自愿的基础上,这种情形只受民法所调整。但以债权众筹为例,有的将大额借款拆分成小额借款出售给不同的认购者,已涉及金融理财服务领域,有的在规定融资的规模和人数的同时,投资者的资金并不是直接打入项目发起人的账户,而是由众筹平台先行托管,或是交由与平台有关联的第三方支付机构保存,实际上是承担了间接融资的效果,这种情况在债权众筹模式中普遍存在,上述发展态势有其自身生存发展的必然性。[36] 事实上,单纯对金融秩序保护的目的已然与现实境遇有所冲突。即便是站在维护金融秩序的立场,其效果也会背离此初衷,如 2015 年中国人民银行同十部委联合发布了《关于促进互联网金融健康发展的指导意见》,明确了支付机构不能为 P2P 网贷公司开立支付账户,如此一来,银行可能最终托管资金,表面上是降低资金风险,然而,在维护金融秩序的驱使下,实质上又回到了对传统金融机构垄断利益的保护上。这是因为银行监管门槛普遍超越这些 P2P 网贷平台,相应的手续费和额外的保证金的增加在很大程度上提高了平台的运营成本,这些将不利于债权众筹市场的发展。

《集资解释》第 3 条规定:“非法吸收公众存款或者变相吸收公众存款,主要用于正常的生产经营活动,能及时清退吸收资金,可免于刑事处罚。”这显然具有结果责任之嫌,该条将风险完全转嫁于筹资者,已然背离以维护金融秩序为目的的初衷,甚至单纯以发生挤兑风波、群众围堵政府机构的恶性群体事件作为非法集资的导火索。目的解释存在的缺憾在于,不能脱离各罪在刑法体系中的位置所确立的相应规范目的而展开,因而,对以下情形的出现很难作出说明,当法益存在两种以上的解释时,目的的正当性何在;当依据各罪在刑法体系中的相关法益进行解释时,司法解释却存在突破此

---

〔34〕［德］克劳斯·罗克辛:《德国刑法学总论(第 1 卷)——犯罪原理的基础构造》,王世洲译,法律出版社 2005 年版,第 137 页。

〔35〕王作富:《刑法分则实务研究》,中国方正出版社 2009 年版,第 454 页。

〔36〕笔者曾经参加过一些研讨互联网刑事法制的论坛,与会者的发言透露出了几分无奈,一方面不对项目进行额外的担保,这不符合多数国内投资者的内心;另一方面仅仅是做中介平台,在抵销掉必要的成本后,难有利润可言。

特定倾向，存在法外价值的介入，也就是说只有借助刑事政策指引，才能更好地进行利益衡量与风险分担。有学者指出："目的论解释是刑事司法中输入政策性考量的合适管道，但这并非传统目的论的简单重复，而是在相当意义上拓展和深化了这一操作，表现在目的来源的凸显、目的的正当化证诚、目的与后果的沟通、目的的开放性权衡及目的之例外创设。"〔37〕也就是说，对于非法吸收公众存款这种开放性刑法法规，目的解释是达到后果实用主义的手段，只有在刑事政策的引导下，重构目的解释，才能完成这一设想。

综上所述，对非法集资相关罪名的解释有两条路径可寻：其一，将谦抑性理念还原于构成要件的解释；其二，结合刑事政策的指引以开放教义学方式解释。需注意集资诈骗罪的解释同时运用了上述两种方式，只不过其特有的犯罪构成已经内含了下述的投资者资质的可保护性标准，但对交易本质的要求还是体现了开放教义学的论证方法。谦抑性理念的误用与脱离刑事政策的指引在两种路径中都存在，只不过前种路径更为凸显的是因谦抑性而随意出入人罪的问题，后者更为凸显的是缺乏刑事政策的考量而难以正确进行利益衡量的问题，而两种路径有一定的相通之处，还原于构成要件的方式也运用了"法的证立"的方法。因而，一方面不能走狭义教义解释的路径，因为这会缺失对复杂现实所暴露问题的解决能力；另一方面在开放的教义解释立场上，应承认刑事政策的指引作用，注意该教义规则与刑事政策的合理边界，遵循"从法条中来，到法条中去"的理念。

三、适用：集资罪名解释与实质标准的提出

依据金融法治的三大价值目标，效率、公正、安全来看，刑法对于融资领域的介入必须在权衡三者价值的基础上进行，并且尽可能与相应的教义规则保持和谐。民间金融具有手续便捷、小额低廉、减少资源错配率的效率优势，这对于促进金融交易、鼓励金融创新，实现金融资源的合理配置有重要作用；民间金融具有使大量微小企业、低收入群体不因自身条件受限而享有金融发展红利的公平诉求，这对于扶持金融弱势群体，优化现有的金融体制，破除金融垄断具有重要作用；民间金融的安全价值则体现在防范对于投资者的风险、潜在的个人信息泄露风险及对国家金融管理秩序的威胁。效率与公正更多体现的是对非法集资的限缩指引，而安全价值则是对非法集资的入罪指引，因此，刑法介入的重点在于如何保障效率与公正的基础上对风险进行合理分配。

（一）非法吸收公众存款罪的解释趋势

有学者在考察非法集资罪的形式要件的基础上，提出了非法吸收公众存款罪的实质要件——信息不对称，并将信息不对称具体化为欺诈和高风险两个具体要件。欺诈隐瞒了集资人的真实情况，使出资人在丧失意思自治的基础上与集资人交易，导致风

〔37〕参见杜宇：《刑事政策与刑法的目的论解释》，载《法学论坛》2013年第6期。类似观点参见劳东燕：《刑事政策与刑法解释中的价值判断——兼论解释论上的"以刑制罪"现象》，载《政法论坛》2012年第4期。

险加剧,而超过自身能力的高额回报也会使出资人的资金存在风险。[38] 笔者对此限缩路径给予肯定,但就部分观点还有疑义。首先,正如前文所述,《集资解释》列举的情形也包括投资入股、委托理财而实施的非欺骗类型。其次,欺诈并不是一个明确的定性依据,有在市场经济中基于博弈所必要的欺骗行为,有一般的民事欺诈行为,也有危害严重的刑事欺诈行为,欺诈只是对风险升高的一个例示。高风险有过于将风险全部归结于筹资人的嫌疑,笔者更愿意以"风险分配"替代"高风险"的表述,也就是说不能不考虑投资人承担风险的能力,如合格投资人制度的建立。之所以如此,还是基于大背景下利益衡量的缘故,民间融资的良好运行需要多方努力,奢望行业自律而达到良性运行不太可能,[39] 而且当前我国融资的新兴模式多是从传统的民间融资领域转化而来,其服务对象也多是初创企业与小微企业,成本效率也是不得不考虑的因素。

在坚持对"非法""存款"等要素进行明确的同时,其实质要件应重点考虑风险分配,"融资风险及其规制必要性取决于融资对象、方式、用途等多种要素的组合,立法对民间融资的规制策略应以不同融资类型的风险是否可控为据,而风险是否可控往往与融资行为的具体类型以及集资者有无相应的资本经营素质与风险控制能力紧密相关"。[40] 为此,有必要注意以下几点:其一,集资的用途及其主观心态,行为人将出资人的金钱所有权转化为债权时,用于正常的生产经营活动,具有打算履行债务和回报的真实意思,不能动辄以结果归罪,而融资行为的界限需依据相关的金融法规,对于没有明确规定的新型融资,在风险可控的情况下,可以观望一阵子,评估其走势,当然,也应尽量遵循"软法"治理为先的原则。其二,由信息不对称导致的风险问题,应该以必要的慎省义务为前提基础。国内还未建立一个统一的征信系统,而银行业内部的征信系统尚未对外开放,因此,在行业发展的初期,只要对借款人资历、项目、履约情况进行基于行业所通常程度的审核,就应避免刑法的过度干预,尤其是以信息中介自居的平台,不能动辄以借款人非法集资的共犯进行处理。[41] 其三,必须考虑相应的被害人教义学问题,对于高额回报,投资人自身资历能否履行一定的审慎义务,否则即无被害人法益自我保护的需要。

(二)集资诈骗罪的解释趋势

集资诈骗罪有其特有的规范化构造,对其解释在教义层面的重点是以被害人是否陷入错误认识并决定处分财产等犯罪构成客观要素来具体判定,在刑事政策方面需抽

---

[38] 参见姜涛:《非法吸收公众存款罪的限缩适用新路径:以欺诈和高风险为标准》,载《政治与法律》2013 年第 8 期。

[39] 如 2010 年中国温州民间融资市场的崩溃就是自发形成的一个不成功范例。

[40] 张东平、赵宁:《民间融资的立法规制梯度及刑事法边界—以类型化的融资风险等级划分为依托》,载《政治与法律》2014 年第 4 期。

[41] 2014 年,最高人民法院、最高人民检察院和公安部联合下发的《关于办理非法集资刑事案件适用法律若干问题的意见》的规定:"为他人向社会公众非法吸收资金提供帮助,从中收取代理费、好处费、返点费、佣金、提成等费用,构成非法集资共同犯罪的,应当依法追究刑事责任。"实践中,不乏将普通员工作为共同犯罪处理的情形,参见李永升、胡东阳:《P2P 网络借贷刑法规制问题研究——以去了近三年的裁判文书为研究样本》,载《政治与法律》2016 年第 5 期。

离被害人教义学问题,诈骗犯罪是典型的行为人与被害人在沟通与互动过程中产生的犯罪。被害人并没有完全丧失意志自由,而是在行为人的诱导和强化下,出现了其瑕疵意志的错误处分行为,从诈骗犯罪构成要件的行为结构中可以看出,被害人的认知和决策是诈骗犯罪得以成立的组成部分。诈骗罪既遂的根本原因在于被害人因疏忽陷入错误认识而自愿交付财物,而对于一般意义上的疏忽刑法无法给予评价,这是匿名社会必然付出的交往成本。但是,在充满风险且复杂多变的现代社会以及刑法资源有限的情况下,对诈骗罪中有过错的被害人提出谨慎义务并非义务加担,而是防止自我法益损害最有效的手段,也是站在被害人的角度维护规范有效性的要求,否则,即是违反了刑法的功能定位和公正原则。[42] 在不同领域的被害人并不是抽象的一般人的存在,而是具有行为人所属相当领域的一般人的存在,即不必刻意划分集资所发生的不同领域而适用不同的定案依据,而是将其内化为统一适用的标准,刑法对那些懈怠履行慎省义务的人降低刑法的保护也正是站在被害人立场上考虑其是否陷入了认识错误的当然结论。以上是在刑事政策的指引下该实质标准的认定应体现的趋势,当然,对集资诈骗罪的解释还需进一步推行,实现"到法条中去"的实质目标。

(三)"投资性"与"资质保护性"的适用

有学者给出了界定非法集资的两个实质条件:一是交易的性质,如果是一个正常的商品买卖,它就不是集资交易,我们无须管他;二是交易的公开性,如果它不涉及公众,它就是合法的私募,我们也无须管它。笔者赞同此观点,此标准一方面是从"法条中来",《集资解释》四个标准的"非法性"和"利诱性"就是在探讨交易性质,"公开性"和"社会性"最终落脚点在交易的私募性。而交易性并非是《集资解释》当中的"未经批准向公众吸收资金"的资金募集方认定,而是站在资金提供方视角,即出资人的目的是什么;私募性也并非《集资解释》的"不特定多数人",而是站在保护投资人的视角,即他的资质能否保护自己。[43] 如果对投资者的资质没有限制,或者这个资质要求是个随意标准,与能否保护自己无关,则交易就涉及公众,就是公开融资。[44] 交易性质的提出体现了类型化的适用标准,符合"存款"的信用性本质。对公开性的重新解读与设立非法吸收公众存款罪的目的即有条件保护出资人的利益相符,而不是单纯地对金融秩序的维护,这具有实质合理性,二者所涵盖的类型也如下文所述并不会造成首尾不一的逻辑矛盾。但以出资者资质对公开性的解读应与我国当前的民间金融发展的大环境相适应,不应将制度不健全的内生性风险全盘转嫁于筹资方。

有学者在适用这一标准时似乎有某种犹豫,其承认 P2P(债权众筹)在性质上属于

---

〔42〕 参见潘庸鲁:《诈骗罪中的被害人过错问题研究》,载《云南大学学报》(法学版)2010 年第 4 期。

〔43〕 应根据投资者主体资格、资产状况、风险识别能力与风险承受能力等界定该资质。国外对此一般有三条标准:投资经验丰富的人;与集资者关系密切的人,通常是直系亲属;财富状况优越的人。之所以设制这三条标准是因为即使投资失败,也不会对其造成实质影响。

〔44〕 参见彭冰:《"非法集资"现象背后的是与非》,载中国法律评论 · 热点观察:https://mp.weixin.qq.com/s?__biz=MzA5NDI0MzgyMA==&mid=402386587&idx=1&sn=2a6d3189e1bb9d88518ac36d735b8b2,最后访问日期:2016 年 2 月 2 日。

非法集资,但在现有法律框架下具有生存空间,《集资解释》划设了集资行为的底线,而在行政监管方面则可以给 P2P 预留合法的生存空间,其刻意区分了刑罚标准与行政监管标准,认为"集资性质"和"面向社会公众"[45]是行政监管界定非法集资的两个核心要素。[46] 而在之后的文章中,其并未区分行政监管与刑罚在界定非法集资时的差异,并明确指出《集资解释》界定的非法集资标准是错误的,但又认为此红线有适用的必要。[47] 这说明行政监管与刑罚就非法集资的性质界定在本质上应该是一致的,只不过刑法还有定量的要求,笔者认为,如果《集资解释》在定性标准上出现错误,也很难划出一个相对合理的定量依据,[48]之所以论者态度暧昧,是因为许多人都有相同的担心:我们在界定非法集资的标准时,是否能突破既有的教义规则,尤其是刚性刑法面前,严格适用法律、司法解释是应有之义,而且《集资解释》的出台至少在明确性上没有打折扣。笔者认为,实质标准的提出并未突破前述站在开放教义学上的界定原则。原因在于:其一,非法集资相关罪名典型的以空白罪状的行政犯特质,"它仍然是构成要件类型化、定型化的一种法律模式,同时,也给法官留有一定的自由裁量余地,法官需根据行政管理法规从实质上判断犯罪是否成立"。[49] 其二,在三阶层的犯罪构造模式中,存在超法规违法阻却事由与责任阻却事由正是对开放的出罪路径的很好诠释,在当前依照相关法律法规存在过罪化趋势的情形下,若站在出罪的视角,应允许补强论证作适度超前。其三,虽然司法解释在我国有其特殊的历史地位与现实意义,但也完全存在重大失误的解释结论,罪刑法定只是对法律主义的维护。其四,补强论证必须严格限定,所界定标准必须"规范化""类型化",补强理由应符合国民的公正预期与回应现实的需要,具有普遍有效性,因为"法教义学的基本特征,在于通过可检验的、可沟通与交流的机制来确立、解释和适用规则"。[50] 其五,"教义学要以一定的科学性作为自己的突破口,如基于犯罪的构成要件事实上的变化而导致处罚上的选择教义学可以不受法律的制约,做出评论甚至对法律的文字表述进行一定程度的批评提出自己的解决路径使刑法的适用更加科学合理。而对已制定的成文法缺陷的弥补也是建立在科学性认识上的。从这个意义上来讲,刑法教义学在一定范围内是超越法规的"。[51]

用"交易性质"在分析线下传统融资类型时,如返本销售、代养回购、售后包租等模式,出资人的目的都在于投资,且所获利润与自我劳务没有多少关联,如"蚁力神案"以交保证金而代养蚂蚁并回购的模式,表面上出资人付出了"劳动",但过于简单的劳动(密封的蚁箱里只需浇浇水、撒点饲料)与其收入难以成正比,该种模式无疑具

[45] 该社会公众标准是论者所说的保护投资者的资质设置。

[46] 参见彭冰:《非法集资与 P2P 网贷》,载新浪财经:http://finance. sina. com. cn/money/lcp2p/20140524/110019215025. shtml,最后访问日期:2014 年 5 月 24 日。

[47] 同上。

[48] 如在设立小额豁免的情形下,人数的增加相反会降低投资风险。

[49] 刘艳红、周佑勇:《行政刑法的一般原理》,北京大学出版社 2008 年版,第 53 页。

[50] 许德风:《法教义学的应用》,载《中外法学》2013 年第 5 期。

[51] 董邦俊:《教义学发展、功能与内涵之刑法学揭示》,载《环球法律评论》2014 年第 4 期。

有投资性。又如,购买各种服务的年卡和商场里的预付消费卡,即使该商家卷款跑路,也至多属于民事的债权纠纷(可能是民事欺诈),因为出资人的目的在于消费。民间借贷并非是前述的违反合同“合意”而异化成非法集资,即便存在隐瞒真实情况,若出资人的目的在于投资,那么此种民间借贷也可能会涉及非法集资。一般线下集资由于存在信息不对称的道德风险,很难形成较大规模的资金流动市场,除了与筹资人具有特定联系外,一般不会对出资人的资质进行任何限制,其“公开性”标准的识别不会过于复杂,当然,《集资解释》所确立集资额与人数豁免对投资者资质的判断会起到一定的作用,但并不能以此径直认为成立犯罪。线上众筹的各类模式中,捐赠众筹与奖励众筹的资金供给方的目的都不在于投资,因而不涉及非法集资的问题,债权众筹和股权众筹模式,都属投资性质,由于我国法律对公开发行股票有明晰的规定,不管是利用平台自身的发行条件,还是组建新的发行主体,如有限合伙企业采取私募基金发行方式都可避免触碰法律底线,公开与否都易于识别;有问题的是债权众筹、互联网的介入使集资行为没有地域限制而无限延展,对投资者的资质设置就显得尤为重要。在涉及共性的问题上,资质设置的合理性应坚持站在保护投资者立场上进行风险分配,而具有平台风险积聚的有这样几个指标,如平台解决资源错配所使用的信息技术、资金池、项目自身风险、利率回报、短标配比、自融现象。这些指标多数是可量化的,单一指标难以发挥相应地量定结果,可能需要综合多项指标。因而,如央行就打击非法集资而一味地禁止资金池的现象值得反思,虽然此举是最彻底的举措,但其牺牲了金融法治的效率与公正,这是由于资金池的良性运行具有减少资源错配与时间错配的功能,在降低交易成本与提高普惠金融的覆盖方面具有作用。在为投资者设定相应的资质权限时,这些指标可能呈现一个此消彼长的对应关系,如大量短标的发放意味着平台的投机性明显,但投资资质的设置使短标的配比可以相应地提高。又如,自融与项目自身风险具有一定的内在关联,项目设定与自融的目标要相匹配,否则即使设置了相应的资质也值得警惕;如果项目自身履行了必要的审查后,每个投资者所分担的风险较小,根据资质保护性的内涵,这种情形也不需要刑法保护。未来在国家立法层面上可以对资质的设置划设一些基本的底线,但在保护投资者利益上,个案往往掺杂诸多因素,传统刑法中统一定量模式,可能并不适于对非法集资案件的审理,因而可在诉讼程序中给筹资方设置更多的救济机制,在投资者能够保护自己且不需要公权力的介入时,筹资方应负责说明该资质设置的合理性,举证投资者能保护自己或不需要保护。

我国遗嘱执行人法定权责模式的选择
——管理清算型抑或监督保全型?*

赵　莉**

内容摘要:我国没有在《继承法》中规定遗嘱执行人的权责,导致实践中即使立遗嘱人指定了遗嘱执行人,其亦无法完成遗嘱所指定的执行任务。学界多主张赋予遗嘱执行人管理遗产的权利,英美法赋予遗嘱执行人以管理清算权责;大陆法系的法国仅赋予监督保全之权责;采当然继承模式的日本法建立了以管理清算为核心的遗嘱执行人的权责,却在实践中引发了与继承人管理清算权责的冲突。我国在遗嘱执行人权责内容的立法选择上,应注意避免日本法上的问题,可由立遗嘱人根据自身的情况选择赋予遗嘱执行人管理清算抑或监督保全之权责;在立遗嘱人未予明确时,法定遗嘱执行人的权责为监督保全,以避免和继承人的权责发生冲突。

关键词:遗嘱执行人权责　遗产管理人　管理清算模式　监督保全模式

2015年9月1日报载,成都李先生立下公证遗嘱,其死后各种费用的报销、银行存款的清理等均指定其二姐作为遗嘱执行人负责处理。李先生去世后,其二姐以遗嘱执行人身份起诉李先生单位要求领取李先生死后的相关费用近十万元,但被成华法院以缺乏法律依据为由驳回起诉,认为所涉遗产的诉讼权利提起人仍应当为死者李先生的继承人。[1] 但相反的是,2012年,温州瑞安市著名画家施美生立遗嘱将其所藏书画分别捐献给国家、浙江、温州和瑞安博物馆,另外,其在银行的100多万元存款,除去医疗及丧葬等费用后,悉数捐给瑞安红十字会和瑞安慈善总会,并指定他的3名学生作为遗嘱执行人提取存款。后遗嘱执行人因无法取款成讼。[2] 此案中原告的诉讼请求则获法院支持。同样是遗嘱执行人,司法实务中的认识却并不相同,凸显了我国《继承法》关于遗嘱执行人权利义务规定空白导致的问题。一方面,立遗嘱人指定遗嘱执行人完成遗嘱人之心愿的需求已经越来越多;另一方面,我国《继承法》仅在第16条规定了公民可以指定遗嘱执行人,再无其他相关规定,以致实践中对遗嘱执行人之职责缺乏认识,相关部门不予配合,已经严重影响了该制度的实施。同时,我国虽在2001年的《信托法》中正式确定了信托遗嘱,但由于我国目前法制、社会、文化等因素

---

* 本文获国家社科基金项目(项目批准号13BFX080)"我国家事诉讼立法研究"项目资助。

** 南京师范大学法学院副教授。

[1] 王英占:《成都商报电子版:〈遗嘱执行人打官司执行遗嘱　法院不认〉》,2015年9月1日。载http://e.chengdu.cn/html/2015-09/01/content_535505.htm,最后访问日期:2015年9月4日。

[2] 遗嘱执行人的取款诉请获得法院支持。参见浙江省瑞安市人民法院(2012)温瑞商初字第3245号民事判决书。

的影响，遗嘱信托委托信托公司实施存在诸多障碍，即使设立，起点基本为5000万元，如2013年平安信托为一企业家设立的、大陆首单家族信托。[3] 这样的信托显然无法为普通中产阶层仅为身后遗产管理之目的所利用，如罹患重病、已离婚者希望有人在其身后，每月从其遗产中支付一定费用给虽成年但仍在求学的孩子至其成家；同时，民众对信托遗嘱的认知度并不高，可通过明确遗嘱执行人的管理权责，弥补遗嘱信托设立之难，受托人所能完成的管理任务。但由于我国《继承法》中对遗嘱执行人职责并无规定，导致实践中即使专业人员如律师、公证人员面对需求也无法提供相应的法律服务。

对此，学界已经注意到此问题，针对《继承法》的修改，学者在建议稿中对遗嘱执行人的职权提出了一些建议，汇总起来主要有：(1)召集全体遗嘱继承人和受赠人，公开遗嘱内容；(2)查明遗嘱是否合法真实；(3)清理遗产，制作财产目录；(4)管理遗产；(5)清偿遗产债务；(6)按照遗嘱内容将遗产最终转移给遗嘱继承人和受遗赠人；(7)代理有关遗产的诉讼；(8)请求继承人赔偿因执行遗嘱受到的意外损害；(9)辞任权和获得报酬的权利；(10)排除各种执行遗嘱的妨碍。共十项权责，其中管理遗产是学者的共同建议。[4] 但是，遗嘱执行人的权责内容应与继承模式相配合，否则，或"架空"遗嘱执行人的权责，或导致遗嘱执行人之权责与继承人之权责冲突，将会给司法带来混乱。因为，如赋予遗嘱执行人清算管理任务，则立法要保障该核心任务，于诉讼权利上，须赋予遗嘱执行人诉讼地位；于实体权利上，须赋予遗嘱执行人管理遗产的优先权利。对此，笔者拟通过考察两大法系在遗嘱执行人权责内容上不同的立法模式，即管理清算模式和监督执行模式，再结合邻国日本在遗嘱执行制度移植到其国家后在司法实践中产生的问题，探讨适合我国的遗嘱执行人权责内容的模式，以期为完善该制度尽绵薄之力。

一、遗嘱执行人权责行使的前提探讨：继承人能否成为遗嘱执行人

我国《继承法》并无关于遗嘱执行人资格或欠格的规定，英美法直接规定遗嘱执行人的资格，如在英国，未成年人可以作为遗嘱执行人，要等其年满18周岁才能获准遗嘱检验；同时，英国法不允许不能处理自己事务的、被法院宣告为无行为能力的精神

---

〔3〕 参见徐维强：《财富传承借助信托平台　平安诞生首单家族信托》，载中国证券网：http://www.cnstock.com/simu/simudt/201301/2439987.htm，最后访问日期：2014年5月23日。

〔4〕 如张玉敏建议稿第49条，参见张玉敏：《中国继承法立法建议稿及立法理由》，人民出版社2006年版，第14页。梁慧星教授建议稿第1890条，参见梁慧星主编：《中国民法典草案建议稿附理由　侵权行为编、继承编》，法律出版社2004年版，第217页。王利明教授建议稿第636条，参见王利明：《中国民法典学者建议稿及立法理由》，法律出版社2005年版，第592页。杨立新、杨震建议稿第55条第3款"遗嘱执行人的职责内容、辞任、解任、共同执行，准用遗产管理人的规定"，杨立新、杨震等：《〈中华人民共和国继承法〉修正草案建议稿》，载《河南财经政法大学学报》2012年第5期。侯国跃：《我国遗嘱执行人制度的立法构想》，载《法学杂志》2010年第6期。魏小军：《我国四法域遗嘱执行制度比较研究》，载《贵州大学学报》（社会科学版）2006年9月等。

病人担任遗嘱执行人。[5] 在美国,具有民事行为能力的自然人与法人均可担任遗嘱执行人,在遗嘱没有指定遗嘱执行人时,法院通常在死者的生存配偶、成年子女、父母、兄弟姐妹、债权人或本社区有威信的人中指定。[6]

大陆法系国家多通过对遗嘱执行人欠格的规定来确定遗嘱执行人的资格。德国法规定无行为能力人、限制行为能力人和因心理疾患或者身体上、精神上、心灵上的残疾不能处理其财产事务而由监护法院为其选任了照管人(Betreuer)的成年人不能担任遗嘱执行人(德国民法典第 2201 条)。[7] 共同继承人之一可以担任遗嘱执行人(BGHZ 30,67,70);单独继承人在例外情况下也可以担任执行人(BGH ZEV 2005,204),但在一般情况不得为遗嘱继承人,因为此种委托没有意义,从而也是无效的(OLG Jena ZEV 2009,244,245)。[8] 法国法要求遗嘱执行人不得为无能力负担债务的人与未成年人。[9] 日本法对于遗嘱执行人欠格的规定与法国法相同,规定未成年人和破产者不得担任(《日本民法》第 1009 条),显然限制不多,均无继承人不得担任遗嘱执行人的禁止性规定。但日本在起草继承编时,起草者是以遗产的全部作为执行对象,认为委托继承人为遗嘱执行人较为危险,委托给遗嘱执行人较为妥当。[10] 但东京地方裁判所早在大正 2 年 8 月 29 日的判例中就明确了继承人被指定为遗嘱执行人并不为法律所禁止,只要继承人没有欠格事由。在日本实务中,遗嘱选任继承人作为遗嘱执行人的也很普遍。[11]

由上可见,英美法、大陆法系都没有把继承人排除在遗嘱执行人的资格外,唯德国法排除了单独继承人。一般遗嘱执行人既可是继承人兼任,也可是非继承人。从理论上看,诚如日本立法起草者所担心的,允许继承人担任遗嘱执行人确实有令人担心的一面;但从现实来看,遗嘱指定继承人之一担任遗嘱执行人的较为普遍,如果立法禁止继承人担任遗嘱执行人,会缩小立遗嘱人的选择范围,毕竟挑选遗嘱执行人需有一定的信赖关系,故会大大削弱本就利用不多的该制度的作用。而指定继承人担任遗嘱执行人是否会出现问题?事实上,遗嘱执行人一方面为立遗嘱人指定,则多为遗嘱人信任之人;另一方面遗嘱执行人须忠实地执行遗嘱人的要求,这就限制了遗嘱执行人的权限,再在立法中强化继承人担任遗嘱执行人时的职责,可以有效防止继承人担任遗嘱执行人时利用遗嘱执行人的身份侵害其他继承人或受赠人的权益。从立法例看,明文认可继承人可担任遗嘱执行人的,如《韩国民法典》第 1095 条规定:"依前 2 条规

---

〔5〕 参见陈苇主编:《外国继承法比较与中国民法典继承编制定研究》,北京大学出版社 2011 年版,第 312 页。

〔6〕 同上书,第 318 页。

〔7〕 同上书,第 280 页。

〔8〕 参见[德]Frank/Helms,Erbrecht,6. Aufl. (2013),S. 134。此部分感谢湖南师范大学王葆莳老师提供。同时感谢现在德国马堡大学(Uni Marburg)攻读继承法方向博士学位的林佳业博士的帮助支持。

〔9〕 参见陈苇主编:《外国继承法比较与中国民法典继承编制定研究》,北京大学出版社 2011 年版,第 273 页。

〔10〕 参见[日]竹下史郎:《遺言執行者の研究》,成文堂2005 年版,第 57 页。

〔11〕 同上书,第 26 页。

定，无指定遗嘱执行人时，继承人为遗嘱执行人”。[12] 故无必要排除继承人担任遗嘱执行人。

二、遗嘱执行人权责立法模式考察：管理清算模式和监督执行模式

从两大法系的构造来看，英美法采清算继承模式而大陆法系国家多采当然继承模式，继承发生后物权即转移给继承人。[13] 这也决定了两大法系在遗嘱执行人权责内容上的立法模式的根本不同。

（一）管理清算模式

1. 英美法之遗嘱执行人和遗产管理人的人格代表权

英国法的继承是先清算，被继承人死亡后，遗产并不当然归属于继承人，被继承人的财产先由代表死者人格的人格代表者（personal representative）概括继承，在清算后才归属于继承人。该人格代表者在有遗嘱指定遗嘱执行人时为遗嘱执行人，在有遗嘱而未指定遗嘱执行人或无遗嘱时为法院选任的财产管理人。在法院的监督之下，人格代表者对遗产进行管理、清算、处分。[14] 美国法因各州规定不同而不同，但大致程序为，先由遗嘱指定的遗嘱执行人向法院申请遗嘱执行令，有遗嘱而未指定遗嘱执行人或无遗嘱时，根据制定法由规定的遗产管理人候补者申请遗产管理令进入遗产管理程序。然后，由人格代表者收回死者的遗产、进行评价、制作遗产目录交付给法院。人格代表者有收回死者债权的义务，必要时可提起诉讼。在人格代表者将遗产清算后制定最终收支报告、提出遗产分配方案，法院在此基础上作出遗产分配判决。最后，法院在遗产管理程序结束后终止人格代表者。[15] 因此，在英美法上，遗嘱执行人或遗产管理人以自己的名义而非继承人之代理人，其权利要比大陆法系遗嘱执行人大得多，具体为：登记遗产、清偿被继承人的债务、确定继承人范围，分割遗产、转移交付遗产。[16]

2. 德国法上的遗产管理人清算管理权优先及立遗嘱人对遗嘱执行人管理权的限制

《德国民法典》在第2205条赋予了遗嘱执行人有管理处分遗产的权利，但该权利可根据被继承人的意思而扩张或缩小。为此，德国学者根据被继承人的不同目标设置，将遗嘱

---

〔12〕《韩国最新民法典》，崔吉子译，北京大学出版社2010年版，第272页。

〔13〕如《德国民法典》第1922条第1款规定，“在某人死亡（继承开始）时，其财产（遗产）作为总体转移给一个或一个以上的他人（继承）”。参见陈卫佐编译：《德国民法典》，法律出版社2010年版，第551页。《法国民法典》第724条第1款“法律指定的诸继承人当然占有死者的财产、权利与诉权”，参见罗结珍译：《法国民法典》，北京大学出版社2010年版，第205页。本论文涉及法国法法条的均出自该译著，不再一一标注。《日本民法典》第896条“继承人自继承开始时起继承属于被继承人的一切财产上的权利义务。但被继承人的一身专属权除外”。我国《物权法》第29条规定：“因继承或者受遗赠取得物权的，自继承或者受遗赠开始时发生效力。”

〔14〕参见［日］浦本寛雄：《英国遺産管理制に関する一考察》，载《法学論集》（鹿児島大学法文学部紀要）第3卷，第55页以下。

〔15〕参见前引，［日］竹下史郎书，第42页、第43页。

〔16〕参见江平著：《西方国家民商法概要》，法律出版社1984年版，第198页。

执行人分为清算或分配型执行人(Abwicklungsoder Auseinandersetzungsvollstreckung)和管理型执行人(Verwaltungsvollstreckung)。清算型执行人须将被继承人的终意处分付诸实施(第 2203 条),特别是遗赠和加重负担的落实,同时结清遗产债务;存在多个继承人的,执行人必须在继承人之间实施遗产分割(第 2204 条)。为实现清算目的,执行人有权依照第 2205 条之规定管理遗产。管理型执行人的任务在于对全部遗产、部分遗产或特定遗产标的进行管理(第 2209 条)。虽然根据第 2210 条之规定,对管理型执行人的任命期限以 30 年为限。但实际上该期限可根据第 2210 条由立遗嘱人的指示延长(被继承人可以要求执行人持续管理直到继承人或遗嘱继承人死亡)。[17]

德国法还设立了用于债务清算的遗产管理人制度。在当然继承的模式下,德国民法对债务的清偿采无限继承,但继承人可申请限定继承,而在该限定继承中最重要的制度是为清偿债务而设立的遗产管理制度。一旦法院发出遗产管理命令,则继承人丧失对遗产的管理处分权,针对遗产的请求权只可对遗产管理人提出。此时遗产从继承人的固有财产中分离,继承人的固有债权人不得对遗产采取强制执行或诉前保全措施(《德国民法典》第 1984 条)。该条在实体法上的效果亦扩张至遗嘱执行人,即当遗产管理命令颁布后,遗产执行人亦丧失对遗产的管理、处分权,但在遗产管理结束后又可恢复。[18] 遗产管理人管理遗产,从遗产中清偿遗产债务后,将剩余的遗产转移给继承人(《德国民法典》第 1985 条、第 1986 条)。[19] 因此,在德国法上,虽也如英美法一般设有遗嘱执行人和遗产管理人,但一旦发出遗产管理命令,则遗嘱执行人的管理权退位于遗产管理人。

(二)监督执行模式

与强化遗嘱执行人权责方向发展的英国相比,法国则朝着弱化遗嘱执行人之权责、强化继承人之权责发展,并退化至监督的职能。[20] 法国法构建了以继承人管理、清偿债务为主、遗嘱执行人仅予以监督的模式。法国法也如德国法一样规定了无限继承和限定继承的两种方式,但在限定继承时,继承人须制定遗产清单,提交法院(《法国民法典》第 789 条、第 790 条),债务的清偿当然也是由继承人来实施(《法国民法典》第二节第二目),特别是一旦继承人申请限定继承,该继承人则具有了特殊的地位,即该继承人成为遗产的管理人(第 800 条)。[21] 这是法国法和德国法在遗产清偿上的显著不同之处,根据《德国民法典》第 1984 条,继承人丧失管理权,则继承人不得担任遗产管理人。因此《法国民法典》赋予遗嘱执行人的权责主要为监督遗嘱的执行,具体为:遗嘱执行人可采取有利于顺利执行遗嘱的保全措施(第 1029 条第 1 款),通知继承人到场,按法律规定的形式清点遗产(第 1029 条第 2 款)。而遗嘱执行人要

---

〔17〕 参见[德]Frank/Helms, Erbrecht, 6. Aufl. (2013), S. 134。此部分感谢湖南师范大学王葆莳老师提供。

〔18〕 参见[日]太田武男、佐藤義彦編:《注釈ドイツ相続法》,三省堂 1989 年版,第 227 页。

〔19〕 参见前引[日]浦本寛雄文。

〔20〕 参见[日]浦本寛雄:《イギリス相続法における人格代表制度の成立過程》,载《九州法学》第 35 卷第 4 期。

〔21〕 参见前引[日]浦本寛雄文。

占有遗产、处分遗产中的动产、不动产的全部或部分,须有遗嘱人的授权(第1030条、第1030-1条第1款)。即使如此,遗嘱执行人只有在通知各继承人之后才能出卖遗产中的不动产,否则不动产的买卖不产生对抗效力(第1030-1条第2款),并且法律规定了授权期限自遗嘱开启时起算不超过2年,法官最多延长1年(第1031条)。

三、遗嘱执行人权责执行之实务考察:以日本法为中心

继受了法国法的日本民法同样采无限继承(《日本民法》第896条),且同法国法一样设置了限定继承制度,遗产管理人亦由继承人担任(《日本民法》第926条、第936条),此时遗产的管理权限由选定的遗产管理人执行,遗嘱执行人的管理权限中止。但与法国法不同,采当然继承(《日本民法》第896条)的《日本民法》除在第1011条具体规定了遗嘱执行人的制作财产目录的职责和第1018条规定的报酬权利以外,在第1012条概括规定,遗嘱执行人有管理继承财产和从事执行遗嘱所必要的一切行为的权利和义务(第1款);遗嘱执行准用日本民法有关受托人的义务规定的第644条至第647条(第2款),即受托人的注意义务、报告义务、受托标的物的交付义务以及金钱消费责任。对于第1012条规定的权利和义务究竟包含哪些内容,一直为日本学界和司法界所争论,而且,该遗嘱执行人的权责又会与遗产管理人、继承人之权责重叠,在日本的司法实践中亦产生大量问题。

(一)如何确定遗嘱执行事项

日本在民法中明确规定了遗嘱可以规定的内容,这些内容乃遗嘱事项;法律未予规定的内容,除非判例予以认可,否则非为遗嘱事项。非为遗嘱事项,则即使指定了遗嘱执行人,亦无执行之必要。这些遗嘱事项可分为四类:有关身份的事项、[22]有关法定继承的事项、[23]有关财产处分的事项、[24]有关遗嘱执行和撤销的

〔22〕 这些事项有:①非婚生子女的认领(民法第781条第2款);②未成年监护人的指定(民法第839条);③未成年监护监督人的指定(民法第848条)。

〔23〕 这些事项有:①推定继承人的废除(民法第893条)以及废除的取消;②继承份额的指定(民法第902条);③遗产分割方法的指定或者禁止分割(民法第908条规定遗产禁止分割的最高期限为自继承开始起5年);④有关遗产分割时的担保的特别规定(民法第914条);⑤遗嘱中有与法定事项不同时从遗嘱的下列情形。具体为:受遗赠者死亡时其继承人的承认和放弃(民法第988条)、遗嘱效力产生前受遗赠人的死亡(民法第994条第2款)、受遗赠者的孳息取得权(民法第992条)、遗赠无效或者失效时标的物的归属(民法第995条)、不属于继承财产的权利的遗赠时的遗赠义务人的责任(民法第997条)、第三者的权利目的的财产的遗赠(民法第1000条)、受赠者的附负担的遗赠的放弃(民法第1002条第2款)和附负担的遗赠的受赠者的免责(民法第1003条)、有关特留份减抵顺序(民法第1034条)。有关担保责任,是指立遗嘱人为避免继承纠纷,言明,继承人之间对于指定遗产分割方法后发生遗产数量不足或者有瑕疵等情形时,相互之间免除担保责任。参见[日]遺言執行実務研究会編集:《遺言執行の実務》,新日本法規2001年版,第52页。

〔24〕 这些事项有:①概括遗赠和指定遗赠(民法第964条);②设立财团法人的捐赠行为(民法第41条);③遗产信托设定(日本信托法第2条)的三种情形。日本法上的遗赠包括概括遗赠和指定遗赠。概括遗赠指将遗产的全部或部分让受赠人继承,概括受遗赠人和继承人具有同一法律地位,适用继承的承认、放弃;而指定遗赠指将遗产中特定的财产让受遗赠人继承,在该财产为特定、独立时,受赠人在继承开始时立刻取得遗产的所有权。[日]金子宏等编:《法律学小辞典》(第3版),有斐阁2000年版,第19页。

事项。[25] 无法律明文规定但解释为可由遗嘱指定的事项有三种：祭祀主宰者的指定（民法第 897 条）、特别收益归扣的免除（《日本民法》第 903 条第 2 款）、保险金收取人死亡时的再次指定收取人（《商法》第 676 条，东京高等裁判所平成 10 年[1998 年]3 月 25 日判决）。[26] 上述事项以外的事项即使遗嘱中记载亦不具有法律上的效力。遗嘱如果仅涉及债务清偿事项，则因该遗嘱事项不是法定遗嘱事项，日本大正年代的判例认为，遗嘱中指定遗嘱执行人处分遗产、清偿债务的遗嘱对债权人没有任何直接利益，遗嘱执行人按照遗嘱出售遗产的行为被认定为无效。[27] 但如果以概括遗赠为前提指定遗嘱执行人处分不动产的，则属于遗嘱执行事项。[28]

日本有学者又从遗嘱执行的必要性角度，将上述遗嘱事项划分为仅遗嘱执行人可为的事项、遗嘱执行人或继承人任何一方都可为的事项和遗嘱的生效自身导致遗嘱内容实现从而无可执行的三类事项。[29] 只有属于前两类的，才是必须指定或选任遗嘱执行人的，而划分到第三类的，则因无执行之必要，如果利害关系人申请选定遗嘱执行人，则可驳回。

仅遗嘱执行人可为的事项有：A. 通知继承人、制作财产目录；B. 有关身份的事项。涉及身份的事项本应无执行的内容，但因日本法规定非婚生子女的认领和推定继承人的废除、撤销需经过申请，因此这属于仅遗嘱执行人可为的行为。对此，日本学界尚无异议，如果立遗嘱人没有指定遗嘱执行人的，则须裁判所选定。一方面，立遗嘱人可以在遗嘱中指定遗嘱执行人认领其非婚生子女（《日本民法》第 781 条第 2 款），遗嘱执行人应当在就任后 10 日内将遗嘱复印添附后向户籍处申请。推定继承人的废除、撤销是根据《日本民法》第 893 条和第 894 条第 2 款之规定，被继承人在遗嘱中表示要废除推定继承人时，遗嘱执行人在遗嘱生效后必须立即向家事裁判所提出申请。此时，废除溯及自被继承人死亡时生效。另一方面，被继承人任何时候都可以向家事裁判所申请撤销对推定继承人的废除；[30] C. 选定受遗赠者。日本最高裁在平成 5 年（1993 年）1 月 19 日的判例中认可遗嘱执行人有选定受遗赠之人的职责。本案的立遗嘱人分别立下两份遗嘱，甲遗嘱指定原告为遗嘱执行人，乙遗嘱称“遗产排除一切继承，全部遗产捐赠给公共”，本案的法定继承人为立遗嘱人的两个已断绝关系的妹妹，即被告。立遗嘱人去世后，两被告将遗产中的不动产登记名义转移至自己名下，遗嘱执行人遂提起诉讼，要求撤销不动产登记。日本最高裁认定本案遗嘱有效，立遗嘱人的意

---

〔25〕 这些事项有：①遗嘱执行人的指定（民法第 1006 条第 1 款）；②遗嘱执行人的转代理权（民法第 1016 条第 1 款）；③遗嘱执行人的报酬（民法第 1018 条）；④遗嘱的撤回（民法第 1022 条）。

〔26〕 参见[日]二宫周平著：《家族法》（第 2 版），新世社 2005 年版，第 383～384 页。

〔27〕 [日]大判大正 6 年 7 月 5 日民録 23 辑，第 1276 页。

〔28〕 [日]大判昭和 5 年 6 月 16 日民集 9 卷，第 550 页。

〔29〕 参见[日]松尾知子：《遺言執行者による遺言執行》，载久贵忠彦主编：《遺言と遺留分》（第 1 卷），日本評論社 2011 年版。

〔30〕 所谓推定继承人，是指如果现在发生继承，则立刻成为继承人之人，也即在法定继承人中最优先顺位之人。参见[日]金子宏等编：《法律学小辞典》（第 3 版），有斐阁 2000 年版，第 650 页。

思是遗产不由其妹妹继承,而全部捐赠给公益团体,委托遗嘱执行人选定受赠者。[31]由此可见,设立财团法人的捐赠行为和遗产信托设定也系仅遗嘱执行人可为的行为。

遗嘱执行人或继承人任何一方都可为的事项包括上述遗嘱事项中有关财产方面的三种执行事项。[32] 因此,直至平成3年(1991年),日本登记实务上,对于继承导致的不动产转移登记,既可由继承人办理,也可由遗嘱执行人申请办理。[33] 但自平成3年(1991年)4月19日最高裁判例之后,登记实务则不再接受遗嘱执行人之申请,对此问题,将在下面论述有关遗嘱执行人管理权与继承人管理权的冲突时,详细阐述。

遗嘱的生效自身导致遗嘱内容实现从而无可执行的事项包括上述事项以外的、多为不涉及财产执行的事项,如未成年监护人的指定、继承份额的指定、遗产分割方法的指定或者禁止分割。故我国台湾地区学者史尚宽先生亦将遗嘱事项分为积极事项和消极事项,"其以消极的事项为内容者,因继承开始法律上当然发生效力,不以执行为必要(安田'遗嘱之执行'家制全集法律编第325页、第326页)","然以积极事项为内容,尤其要求遗产一定法律关系之变动时,为其实现仍以一定之行为为必要,尤其遗赠、捐助行为为然"。[34] 由于上述最高裁在平成7年(1995年)1月24日的判例认为在指定继承的情况下,对于遗嘱中指定的特定财产的登记转移不属于遗嘱执行人的职责,从而使得涉及财产执行事项也被认定无须执行。

(二)遗嘱执行人在行使权责时遭遇的障碍

虽然《日本民法》第1012条第1款规定,遗嘱执行人有管理继承财产和从事执行遗嘱所必要的一切行为的权利和义务,但遗嘱执行人,特别是非继承人的遗嘱执行人在执行中则遭遇如下障碍。

1. 遗嘱执行人无法查询遗产

《日本民法》第1011条明文规定了遗嘱执行人须制作财产目录并交付给继承人,而要制作财产目录,则须查清遗产范围,为此,遗嘱执行人常会请求银行协助,但银行则要求全体法定继承人到场。为此导致遗嘱执行人和银行间产生纠纷。在神户地方裁判所平成11年(1999年)6月9日的案件中,银行认为,保险箱的租赁合同是被继承人和银行签订的,该契约上的地位当由继承人全体继承,只有在全体继承人到场的情况下方可以打开保险柜、清点柜中之物。但裁判所认为,在概括继承的情况下,遗嘱执行人的权限及于全部遗产,遗嘱执行人有打开保险柜的权利。[35] 同理,裁判所也支持遗嘱执行人请求银行支付存款的请求。[36] 但是,如果遗嘱中明确指定的存款由特定的人继承,则存款的权利当然归属于受益的继承人,无遗嘱执行之余地,遗嘱执行人无

---

〔31〕[日]《最高裁判所民事判例集》第47卷第1号,第1页。另外,本案还是一件有关遗嘱解释的判例。

〔32〕[日]遺言執行実務研究会編集:《遺言執行の実務》,新日本法規2001年版,第316页。

〔33〕参见前引[日]松尾知子文。

〔34〕史尚宽:《继承法论》,中国政法大学出版社2000年版,第565~566页。

〔35〕[日]《判例时报》第1697号,第91页。

〔36〕东京地方裁判所平成14年(2002年)2月22日判决,载[日]《家事裁判月报》第55卷第7号,第80页。

权请求银行支付存款。[37] 但有学者也认为,上述案例是基于通过诉讼确认了遗嘱真实性为前提的,在日本,除了通过诉讼确认遗嘱之真实性以外别无他法,故银行实务中为担保遗嘱的真实性从而要求全体继承人到场确认也是有一定的合理性的。[38] 早在昭和 60 年(1985 年)12 月 12 日,日本公证人联合会向日本全国银行协会发出"基于遗嘱的银行账户的户名变更、支付的要求",但银行认为,存款的支付涉及众多利害关系,易导致纠纷,不能仅仅根据遗嘱。随后,日本公证员在制作公证遗嘱时,如有指定遗嘱执行人的,多附上遗嘱执行人可单独变更银行账户名义、支取存款权限的内容,从而扫除执行中的障碍。[39]

2. 如何协调遗嘱执行人的管理处分权和继承人的管理处分权之间的关系

《日本民法》在第 1013 条规定,"有遗嘱执行人时,法定继承人不得处分遗产或实施妨碍遗嘱执行的其他行为",试图通过规定继承人处分权的限制来协调两者之间的关系,保障遗嘱执行人排除执行遗嘱的妨碍。在司法实践中,对于遗嘱执行完成前,继承人处分财产的行为,比如在遗产上设定抵押权、收取出租遗产的租金、债务的抵消行为等,裁判所都确认该处分行为无效。[40] 这也带来一系列问题,如大判昭和 14 年 6 月 13 日的判例,被继承人的债权人要求继承人清偿债务且获得胜诉判决,但因遗产在遗嘱执行人的管理之下而无法强制执行。另外,继承人之间如果达成与遗嘱内容不符的协议时,遗嘱执行人主张无效,可否得到支持,日本的裁判所对此还是有分歧的。大阪地方裁判所在平成6 年(1994 年)11 月 7 日的判决中认为该协议妨碍了遗嘱内容的实现,故无效;[41]但东京地方裁判所也在平成 6 年(1994 年)11 月 10 日判决中认为,遗赠继承人明知遗嘱的内容却订立遗产分割协议,乃对遗赠的放弃,放弃部分归属于法定继承人,故无遗嘱执行之余地。[42] 东京地方裁判所又在平成 13 年(2001 年)6 月 28 日的判决中明确,遗产分割协议不属于《日本民法》第 1013 条规定的处分,将基于遗嘱取得的份额赠与法定继承人或交换性赠与,只要遗嘱受益继承人的该合意并非存在压力,则该合意符合私法自治原则,乃有效之合意,从而否定了遗嘱执行人提出的确认遗产分割协议无效以及撤销登记请求的诉讼。[43]

最大的问题在于遗嘱执行人的管理权与继承人管理权的冲突。继承开始后、遗产分割前,在共同继承的情况下,继承财产处于共有状态(《日本民法》第 898 条)。当遗产已经处于继承人管理之下时,一般不会也无必要特意先转移给遗嘱执行人,然后再

---

〔37〕 东京高等裁判所平成 15 年(2003 年)4 月 23 日判决,载[日]《旬刊金融法务事情》第 1681 号,第 35 页。

〔38〕 参见[日]二宫周平著:《家族法》(第 2 版),新世社 2005 年版,第 418 页。

〔39〕 参见[日]岸本洋子:《遺言の執行——遺言執行の実情調査の結果から》,载《遺言と遺留分》,日本評論社 2011 年版,第 384 页。

〔40〕 大判昭和 5 年 6 月 16 日民集 9 卷 550 页、大决昭和 2 年 9 月 10 日评论 16 卷民 994 页、大判昭和 3 年 3 月 24 日新闻 2868 号 9 页。

〔41〕 [日]《判例タイムズ》第 925 号,第 245 页。

〔42〕 [日]《旬刊金融法务事》第 1439 号,第 99 页。

〔43〕 [日]《判例タイムズ》第 1086 号,第 279 页。

转移给继承人，特别是遗产主要是不动产的情况下，遗嘱执行人之转移遗产的任务主要表现在办理不动产登记转移手续方面，并无管理占有不动产之必要。从日本的司法实践来看，日本最高裁在昭和43年（1968年）5月31日的判决中认为，“在遗嘱执行人指定或选任的情形下，遗嘱执行人有管理继承财产或者遗嘱指定的财产以及从事执行遗嘱所必要的一切行为的权利和义务，法定继承人不得有妨碍继承财产或者遗嘱指定财产执行的行为，故如本案这样接受特定不动产遗赠之人以遗嘱执行为目的诉求讼争标的物不动产所有权登记转移的，作为适格被告的仅限于遗嘱执行人”，从而将维持以继承人为被告的一、二审案件发回重审。[44] 本案继日本大审院时代的昭和14年（1939年）第1093号和昭和15年2月13日的判决中确立了遗嘱执行人在诉讼上的被告适格地位之后，再次确认了遗嘱执行人的诉讼地位，但也同时确认了遗嘱执行人办理不动产所有权登记转移的职责，但是，日本20世纪90年代后的判决却对遗嘱执行人的转移登记职责采取了否定态度。如上所言，自平成3年（1991年）4月19日最高裁判例之后，登记实务不再接受遗嘱执行人之申请。该案被继承人订有四份内容不同的自书遗嘱。昭和58年2月11日的遗嘱载明“3至6号土地由二女儿一家继承”、昭和58年2月19日的遗嘱载明“1、2号土地由二女儿继承”、昭和59年7月1日的遗嘱载明“7号土地转让给二女婿”、昭和59年7月1日的另一份遗嘱载明“8号土地上属于自己的四分之一由三女儿继承”，本案的法定继承人有被继承人的丈夫、长女，即本案两被告和二女儿、三女儿，即本案原告。另，二女婿亦为本案原告。原告请求确认他们对1号至8号土地的所有权和共有权，被裁判所支持。日本最高裁在该判例中认为，在继承开始的同时遗嘱指定的不动产的所有权就转移给指定的继承人。最高裁又在平成7年（1995年）1月24日的判例中确认，在指定继承时，遗嘱执行人不再负有转移不动产登记的职责。此案被继承人在遗嘱中将讼争不动产留给长子，即原告，而被告为遗嘱执行人。被继承人去世后，本案的讼争房产根据法定继承登记在包括原告在内的共5名法定继承人的名下。原告遂起诉被告，要求其根据遗嘱更正登记并进行损害赔偿。一审法院驳回了原告的诉讼请求，二审、三审都予以了维持。理由为，原告在被继承人死亡时依继承取得了本案讼争不动产的所有权［最高裁平成元年（1989年）第174号、平成3年（1991年）4月19日第二小法庭判决确立］，故原告可以单独办理本案讼争不动产所有权转移的手续，遗嘱执行人不负有履行上述登记手续的义务。[45] 随后，日本最高裁又在平成10年（1998年）2月27日的判决中撤销了下级法院的判决，驳回了以遗嘱执行人为被告的案件，理由是将指定的财产由指定的继承人继承的

[44] 该案的被继承人在公证遗嘱中明确将讼争不动产由其两个妹妹，即原告各得二分之一，并指定了遗嘱执行人（后被解任，法院选任了一位律师）。被继承人的养子，即本案被告在被继承人死亡后以法定继承为根据，将讼争不动产登记转移至自己名下，原告遂提出所有权登记转移请求，被告提出特留份减扣请求。一审支持了原告的请求，二审改判在减扣特留份后的份额转移至原告，但三审的最高裁则撤销了二审的判决，发回重审。［日］《最高裁判所民事判例集》第22卷第5号，第1137页。

[45] ［日］《判例时报》第1523号，第81页。

遗嘱，该继承人当然取得所有权，故遗嘱执行人不负有管理该不动产以及将其交付给遗嘱继承人的义务，则若无特殊情形，本案的被告当为其他继承人而非遗嘱执行人。〔46〕

上述日本判例的发展过程可见，近年来，日本在涉及遗嘱执行人为被告的诉讼中，通过缩小其执行权限来否定遗嘱执行人的职责，从而减轻乃至不令遗嘱执行人在继承纠纷中承担责任。这是一个值得我国在构建遗嘱执行人职责时认真思考之处。

四、我国遗嘱执行人权责构建之选择：管理清算抑或监督执行？

通过上述比较分析可见，我国在构建遗嘱执行人权责时，在采当然继承的模式下，显然不可能采英美法的清算主义并强化遗嘱执行人之职责，但也不能如现行法对遗嘱执行人之权责只字不规定。为此，有必要探讨我国如何避免日本法出现的问题，确立与继承人权责相互协调的遗嘱执行人之权责。基于上述出发点，笔者提出如下构建我国遗嘱执行人权责之建议：

（一）遗嘱人指定职权优先法定职权：赋予立遗嘱人选择权

首先，在实体权利方面。法律在规定遗嘱人可指定遗嘱执行人的同时，可通过立法列举的方式引导立遗嘱人明确遗嘱执行人的职权，让立遗嘱人根据自己的情况保障自己终意的实现。即在我国《继承法》第 16 条增加规定“遗嘱可明确遗嘱执行人的职权为管理清算或监督保全，未明确选择时从法定”，同时规定清算管理的职责主要有：(1) 查询、清理遗产，制作财产目录；(2) 占有遗产；(3) 管理遗产；(4) 按照遗嘱内容将遗产最终转移给遗嘱继承人和受遗赠人；(5) 代理有关遗产的诉讼；(6) 清偿遗产债务，继承人不得有妨碍遗嘱指定的遗嘱执行职权的行为。总之，由于被继承人自身对自己的财产及家庭情况最为了解，故让被继承人决定遗嘱执行人的职责是管理清算抑或监督执行更合理。如本文冒头案例可见，立遗嘱人言明遗嘱执行人取出银行存款，除去医疗及丧葬等费用后，捐赠给遗嘱指定的机构，显然是管理清算型遗嘱执行人。

其次，在诉讼权利方面。在遗嘱人明确遗嘱执行人有管理遗产的职权时，在诉讼

---

〔46〕 本案被继承人订立了公证遗嘱将讼争土地留给长子和三子(原告)各二分之一，次子为遗嘱执行人。原告主张被继承人在生前将讼争土地上的房屋赠与了自己，故分别以包括次子在内的其他继承人以及作为遗嘱执行人的次子为被告，请求确认与被继承人生前签订的土地租赁权协议有效。一审法院驳回了针对包括次子在内的其他继承人的起诉，但支持了作为遗嘱执行人的次子为被告的案件的诉讼请求，二审驳回了次子的上诉。但三审的最高裁则做出了相反的判决，理由是，将指定的财产由指定的继承人继承的遗嘱，该遗嘱指定的继承人在被继承人死亡时，无须进行遗产分割而依继承取得该不动产的所有权[最高裁平成元年(1989 年)第174 号、平成3 年(1991 年)4 月 19 日第二小法庭判决确立]，故遗嘱执行人不负有管理该不动产以及将其交付给遗嘱继承人的义务，则若无特殊情形，本案的被告当为其他继承人而非遗嘱执行人。[日]《最高裁判所民事判例集》第 52 卷第 1 号，第 299 页。

法上采法定诉讼担当制度,赋予遗嘱执行人独立的诉讼地位。[47] 对于属于遗产上的权利的诉讼,仅可由享有管理权主体的遗嘱执行人作为原告提起;而对于针对遗产的诉讼,也只能由遗嘱执行人为被告。但对于有关确认遗嘱效力的诉讼,只可由继承人起诉或起诉继承人,但赋予遗嘱执行人参与诉讼的权利。

(二)遗嘱人未指定职权时的法定职权:以保全监督为主

首先,在实体权利方面。在遗嘱执行人未指定遗嘱执行人权责时,法律只规定遗嘱执行人的权责以保全监督遗嘱的执行为主,具体为:(1)遗嘱执行人可采取有利于顺利执行遗嘱的保全措施;(2)遗嘱执行人有权督促继承人查询遗产、制作遗产清单;(3)遗嘱执行人有权督促继承人管理遗产、清偿遗产债务;(4)遗嘱执行人有权督促继承人按照遗嘱内容将遗产最终转移给遗嘱继承人和受遗赠人。理由为:首先,我国和其他大陆法系国家一样采当然继承,故不应当建立英美法上的清算继承模式,否则会如日本法一般导致遗嘱执行人的管理清偿权责与继承人取得所有权后的管理清偿权责发生冲突,诚如日本学者的研究所示,在当然继承的模式下,除身份执行的遗嘱事项须由遗嘱执行人实施以外,关于财产的遗嘱事项乃遗嘱执行人和继承人双方都可为的行为。在包括了积极财产和消极财产的财富都在增加的情况下,继承时的清算问题在修法时也必须考虑。与德国、法国、日本不同,我国《继承法》第33条规定了限定继承,继承人愿意则无限定继承。但我国无有关遗产债务清偿制度,修法时完善该制度是必然的,笔者无力在本文论述此问题,但有一点必须注意的是,在构建遗嘱执行人法定权责时需考虑与遗产管理人之权责的协调,显然,法律赋予遗嘱执行人保全、监督权,则不会与遗产管理人的管理权相冲突。当然,在构建遗产管理人制度时,可以由遗嘱执行人担当,此时因遗嘱执行人已是遗产管理人,进入遗产清算程序,其遗嘱执行人身份中止;在遗产管理清算结束后,遗嘱执行人身份恢复,方不发生两者的权责冲突。其次,遗嘱执行人最重要的管理、清算、分割遗产、转移遗产的职责是清算遗产时最重要的职责,而对于无清算的遗产继承是没有意义的。从遗产的种类来看,主要包括不动产、股权、股票及储蓄,在被继承人死亡后,多为继承人中的全部或部分占有或第三方占有。一旦继承发生,继承人即取得所有权,根据共有之原理,其当然有权管理遗产、清偿债务乃至转移遗产给遗嘱继承人或受遗赠之人。在非继承人担任遗嘱执行人时,其多不占有遗产,法律如果规定其管理遗产,显然勉为其难、也无必要。我国《继承法》第24条规定,“存有遗产的人,应当妥善保管遗产,任何人不得侵吞或者争抢”,是故,实务中如银行、房产登记部门都因怕卷入纠纷而不予协助遗嘱执行人履职,故实无必要再赋予遗嘱执行人法定的管理职责,更不用说要求其清偿债务、按照遗嘱内容将遗产最终转移给遗嘱继承人和受遗赠人,因为此职责多为遗产管理人之职责。

---

〔47〕 有关诉讼担当,详细参见张晓茹:《再论诉讼担当——以担当人和被担当人在实体法和程序法上的关系为视角》,载《法学杂志》2012年第2期。

其次,在诉讼权利方面。在不赋予遗嘱执行人管理权,只有保全监督权的情况下,遗嘱执行人则不能作为诉讼担当,只能由法院根据情况通知其参与诉讼。当然,对于针对遗嘱执行的,遗嘱执行人可为原告或被告。

五、结束语

总之,由于在我国,遗嘱执行人制度并非遗嘱执行中的必设机构,因此,当构建以遗嘱确立遗嘱执行人权责为主,法律规定遗嘱执行人之监督职责为辅的,与我国继承制度相符的遗嘱执行人权责制度。而后,再通过该制度在我国实践中的执行,总结其中的经验教训,予以完善,并构建与之相配套的保障遗嘱执行人履行职责的制度,乃下一步的重要课题。

论我国商誉权法律保护制度的构建

王晓翔*

内容摘要：市场竞争说到底就是商品或服务的品牌之争，创造名牌就是为了打造品牌良好的商誉。商誉作为商主体无形财产的重要组成部分，能增强商主体的竞争优势并为其带来巨大的经济利益。然而，我国现行法律明确对商誉加以规定的仅存在于《反不正当竞争法》和《刑法》中，在民事立法中则依法人名誉权的规定来保护商誉，此种立法模式无法实现对商誉的有效保护。本文指出，立法应确立商誉的权利地位，商誉权的性质应采商事人格权说。我国在编纂民法典的过程中，应在民法典的人格权一编或章中明确商誉权的独立法律地位；同时在民法典外另行设立商事通则，作为民法的特别法，在商事通则中规定商誉权的内容。此外，还应完善我国《反不正当竞争法》对商誉的规定。

关键词：商誉权　商事人格权　立法模式　法律保护制度

"商誉"一词为"舶来品"，源于英美法系国家 goodwill 这一概念，后逐渐为大陆法系国家所采纳。[1] 商誉主要指一般社会大众在商事交易过程中产生的，对商主体的商品或服务质量、经营管理水平、员工素质、创新能力等诸多因素的综合评价，反映了商主体的总体商业形象。商誉是商主体无形财产的重要组成部分，良好的商誉能为其带来巨大的经济利益。

然而，长期以来我国在立法层面忽视了对商誉的保护，法律明确对商誉加以规定的仅有《反不正当竞争法》第 14 条[2]及《刑法》第 221 条，[3]而且《反不正当竞争法》相关规定存在诸多缺陷与不足；而商誉的民事保护则仅依据《民法通则》第 101 条、第 120 条关于法人名誉权的规定来加以实现。如此立法模式自然无法实现对商誉的有

---

* 复旦大学法学院博士研究生。

[1] 早在 16 世纪中后期，商誉即作为商业上的词汇出现。而使商誉一词具有法律上意义的则由英国的 Eldon 法官所创，其在 1810 年的 Cruttwell v. Lye 一案中对商誉下了定义，指出商誉只不过是企业吸引顾客到老地方来购买商品的可能性。See Floyd A. Wright, *Tort Responsibility for Destruction of Goodwill.* Cornell Law Quarterly, Vol. 14, Issue 3, pp. 298 – 315. 在英国 1901 年 C. I. R. v. Muller& Co.'s Margarine Ltd. 一案中，法院将商誉称为"企业名声、信誉及业务往来的利益和优势；它是一种习惯的吸引人的力量"。See Suman Naresh, *Passing-off, Goodwill and False Advertising: New Wine in Old Bottles.* Cambridge Law Journal, 45(1), March 1986, pp. 97 – 125.

[2] 我国《反不正当竞争法》第 14 条规定："经营者不得捏造、散布虚伪事实，损害竞争对手的商业信誉、商品声誉。"

[3] 我国《刑法》第 221 条规定了损害商业信誉、商品声誉罪："捏造并散布虚伪事实，损害他人的商业信誉、商品声誉，给他人造成重大损失或者有其他严重情节的，处二年以下有期徒刑或者拘役，并处或者单处罚金。"

效保护,而此种立法层面的忽视使实践中商主体商誉保护意识淡薄,商誉受到侵害的现象屡见不鲜。实际上,中国过去有很多商品具有良好的商誉,如"永久自行车""凤凰自行车""中华牙膏"等,但在改革开放中由于企业忽视对自身商誉的保护,致使商誉贬值甚至湮没。诸如上述列举的这些品牌大多创立于新中国成立初期,有些甚至在新中国成立前就已创立,可以说是我国的"老字号"品牌。然而,随着改革开放在中国大地上的迅速展开,企业间的联营、合资、合作成为当时的热潮。而在此潮流中,一些"老字号"企业由于商誉意识淡薄或者盲目吸引资金,低价评估品牌的商誉甚或不对商誉进行评估即匆匆开展合资、合作,造成企业无形资产的流失。〔4〕 更有甚者,一些企业依据《民法通则》关于联营的规定,〔5〕与其他企业或事业单位进行联营,但它们在联营中急功近利,不重视数十年才积累而成的商誉,对联营另一方的商品质量差、服务品质低的情况予以放任,致使品牌商誉降低。在20世纪八九十年代,中华牙膏曾是风靡全国的民族品牌,1994年英国联合利华公司通过技术投资、租用方式将其纳入旗下;而在如今的市场竞争中,中华牙膏已然成为明日黄花,取而代之的则是佳洁士、高露洁等国外牙膏品牌,这个民族品牌正在逐渐消失。市场的竞争,最主要的是商品或服务品牌的竞争,像"凤凰自行车""中华牙膏""全聚德烤鸭"等传统民族品牌的商誉,都是经过了几代人的努力才积聚而成,更值得我们去珍惜和维护。因此,对商誉的保护,法律不能缺席,必须予以回应。

一、商誉权概念的提出

商誉的概念来自英国,但在英国并没有发展出商誉权 goodwill right 的概念。英美法系国家提出并发展商誉概念,原本是为了弥补对名誉保护的不足。英美法对名誉的保护通过诋毁(defamation)之诉进行,〔6〕但公司因名誉受损而遭受的损失则并不在于情感、尊严等人格利益的受损,而是表现为一种财产损害,其无法通过名誉诋毁之诉予以救济,因此才发展出商誉的概念并确立了对抗商誉侵权的"仿冒(passing off)之诉"。〔7〕 仿冒(passing off)〔8〕一词最早由 Langdale 法官在1842年 Perry v. Truefitt 案确立,其是指"人们不能将自己的商品以假冒他人商品的方式出售"。〔9〕 早期,英国法院认为"仿冒之诉"是用来保护商人的商标、商号的财产权。而1915年 Spalding v.

---

〔4〕 参见郑新建:《商誉权的法律保护》,中国人民公安大学出版社2010年版,第257~258页。

〔5〕 详见《民法通则》第51条、第52条、第53条的规定。

〔6〕 See Joanna R. Jeremiah, *Merchandising Intellectual Property Rights*, published in 1997 by John Wiley & Sons Ltd., p. 249; Henry R. Cheeseman, *Contemporary Business Law* (*Third Edition*), Prentice Hall, p. 112.

〔7〕 沙金:《论商誉权的侵权法保护》,吉林大学2010年博士学位论文,第12页。

〔8〕 美国使用与 passing off 具有近似意义的 palming off 概念,"palming off" means that unfair competition that occurs when a company tries to pass one of its products as that of a rival. See Henry R. Cheeseman, *Contemporary Business Law* (*Third Edition*), Prentice Hall, p. 110.

〔9〕 The principle was stated by Lord Langdale MR as early as 1842 in Perry v. Truefitt as being: "A man is not to sell his own goods under the pretence that they are the goods of another man." See Joanna R. Jeremiah, *Merchandising Intellectual Property Rights*, published in 1997 by John Wiley & Sons Ltd., p. 14.

Gamage 一案，Parker 法官将此类诉讼的客体明确为商誉，因虚假表示可能使商誉受侵害的可行使“仿冒之诉”。[10]

在大陆法系国家和地区，也不存在商誉权的概念，其主要通过竞争法来实现商誉的保护。[11] 典型条文如德国联邦议会 2004 年通过的新《反不正当竞争法》第 4 条第 8 项的规定，日本 1993 年修正的《不正当竞争防止法》第 1 条的规定，我国台湾地区“公平交易法”第 22 条的规定等。

（一）商誉权独立法律地位的确立

我国同样未在现行法律体系中明确商誉权的概念，只在《反不正当竞争法》和《刑法》中规定了商誉，即“商业信誉、商品声誉”。尽管在我国法学界有商誉权的提法，但鲜有文章探讨此种权利产生的理论依据。商誉权法律地位的缺失易使人们将其与名誉权概念混淆，从而比照名誉权的规定处理商誉侵权问题，进而损害商誉主体的利益。因此，商誉利益能否上升到权利高度，对商誉保护而言至关重要。

要探讨此问题，首先需明确何为权利。“权利”一词是拉丁语 ius 在用法上变化的结果，西文表达权利概念的语词，多带有“正确”之义，如英文 right、意文 diritto、法文 droit 以及德文 Recht；可见，在西方法律文化中，“权利”与“正当性”存在天然的内在联系。[12] 关于权利的本质，主要存在三种学说，即意志说、利益说和法力说，其中以法力说为现今通说。法力说认为，权利是由特定的利益和法律上之力两种因素构成。[13] 权利的本质内容在于利益，其是一种类型化了的利益；因此，一种利益要上升为权利，需要将一个利益类型化处理。而法律除了保护权利之外，还保护一些利益，这些利益被称为法益。[14] 在权利之外之所以会有法益的存在，是由于这些利益的范围难以确定，权利类型化基础过于薄弱，尚无法将其变成一种权利形态。[15] 例如，法律保护的人格利益中包含了一般人格利益和具体人格利益，具体人格权利益中诸如生命权、健康权等均以权利的形态体现出来；而一般人格利益因其利益范围难以确定，只能以法益的方式加以保护。

通过上述对“权利”的分析可知，一种利益能否上升到权利的高度，取决于该种利益是否具有正当性以及该种利益范围是否具有可确定性。笔者认为，商誉利益具有正当性和相对的确定性，可以而且有必要将其确立为一项独立的权利形态加以保护。首先，商誉的形成是一个逐渐积累的过程，不可能一蹴而就，有些老字号品牌的打造甚至

[10] See Joanna R. Jeremiah, *Merchandising Intellectual Property Rights*, published in 1997 by John Wiley & Sons Ltd. , pp. 14 – 15.

[11] 也有少数国家将商誉放在信用那儿予以规定，典型的如《德国民法典》第 824 条的规定，但德国对商誉的保护主要也是通过竞争法实现的。

[12] 参见朱庆育：《民法总论》，北京大学出版社 2013 年版，第 483 ~ 484 页。

[13] 王利明：《民法总论》（第 2 版），中国人民大学出版社 2015 年版，第 95 页。

[14] 我国民法将权利和法益放在一起规定，统称为权益，如《民法通则》第 5 条确立了民事权益受法律保护原则，《侵权责任法》第 2 条适用范围的第 1 款规定了“侵害民事权益，应当依照本法承担侵权责任”。

[15] 参见郑新建：《商誉权的法律保护》，中国人民公安大学出版社 2010 年版，第 44 页。

经过了几代人持续不断的努力。例如,“全聚德烤鸭”,创建于 1864 年,历经几代人的艰苦创业才成为了如今有口皆碑的金字招牌。因此,良好商誉的背后必然凝结着商主体的智慧以及持续的辛勤劳作,对此种利益保护的正当性不言而喻。其次,尽管商誉是一般社会大众对商主体的一种主观判断和评价,具有抽象性和不断变化性;但商誉作为商主体的一种重要无形财产,仍具有相对的确定性。这种确定性体现在商誉价值在一定时期内具有相对稳定性,可予以量化和评估。商誉评估的作用在商主体进行企业的合并、投资及商誉侵权时尤为明显。最后,在市场竞争日益加剧的当今社会,伴随着信息技术的迅猛发展,商誉侵权变得更为简便且侵权形态更为多样化,商誉侵权的后果也变得更为严重。[16] 因此,将商誉利益上升为一种独立的权利形态加以保护在当今社会更多了一份现实意义。

（二）商誉权的法律性质

商誉利益可以成为一项独立的权利,这种权利是指商主体对其依法创造的商业信誉和商品声誉享有的人格利益和财产价值不受侵犯的权利。学者们对该项权利的法律性质存在不同的观点,归纳而言,有以下四种:其一,人格权说。持这种观点的学者以王利明为代表,其指出法人的名誉权与法人的商誉权是种属关系,法人的名誉权是一个范围更广的概念,商誉权只是法人名誉权的部分内容。[17] 其二,财产权说。持这种观点的学者以吴汉东为代表,其指出商誉是一种无形财产,由此所生的商誉权应当为财产权。[18] 其三,人格权财产权混合说。此种理论又有两种不同观点,有的认为商誉权是兼具人身权和财产权双重属性的新型权利;[19] 还有的认为商誉权是一种知识产权,作为该权利客体的商誉是人脑的产物,具有非物质性,与知识产权的特征相符。[20] 其四,商事人格权说。该说认为商誉权属于商事人格权范畴,持此观点的学者主要有程合红、范健等。[21]

笔者赞同上述第四种观点,即商誉权的法律性质应定性为商事人格权。前面三种观点均存在不同程度的缺陷。“人格权说”的缺陷在于:其在强调商誉权人格利益的同时否定了它的财产利益。然而,财产利益对商誉权主体而言至关重要,对商誉权的

---

〔16〕 商誉侵权现象在当今社会屡见不鲜,相关司法案例不可胜数,典型的有《上海市奉贤区人民检察院诉陈恩等人损害商品声誉案》,载《最高人民法院公报》2004 年第 6 期;美联物业顾问(上海)有限公司诉上海房产之窗房地产信息有限公司损害商业信誉、商品声誉纠纷案,[(2007)浦民三(知)初字第 97 号];上海蓝豹旅游服务有限公司与携程计算机技术(上海)有限公司损害商业信誉、商品声誉纠纷上诉案,[(2008)沪高民三(知)终字第 48 号]。

〔17〕 参见王利明:《人格权法》,中国人民大学出版社 2009 年版,第 234 ~ 235 页。持类似观点的学者还有魏振瀛、张新宝等,参见魏振瀛:《民法》(第 5 版),北京大学出版社、高等教育出版社 2013 年版,第 637 页;张新宝:《名誉权的法律保护》,中国政法大学出版社 1997 年版,第 35 页。

〔18〕 吴汉东:《论商誉权》,载《中国法学》2001 年第 3 期。

〔19〕 赵万一:《商法基本问题研究》(第 2 版),法律出版社 2013 年版,第 306 页。

〔20〕 参见梁上上:《论商誉和商誉权》,载《法学研究》1993 年第 5 期。

〔21〕 参见程合红:《商事人格权:人格权的经济利益内涵及其实现与保护》,中国人民大学出版社 2002 年版,第 13 页。范健、王建文:《商法基础理论专题研究》,高等教育出版社 2005 年版,第 292 页。

侵害，往往造成主体财产利益的受损。“财产权说”虽然将名誉和商誉进行了区分，并肯定了商誉权的财产利益，但该说忽视了商誉权同时还具有的人身依附性，对于商誉的评价需依附商主体而存在。上述第三种学说中的“兼具人身权和财产权双重属性的新型权利”说法肯定了商誉权具有的双重属性，但此说法并未明确该种权利究竟属于何种权利。至于“知识产权说”，尽管商誉权的客体具有非物质性，符合知识产权的特征，但商誉权与传统知识产权相比，仍具有自己独特之处。首先，商誉权不受地域限制，商誉主体的商誉权在任何已建立起商誉的地方受侵害时，均得实施救济；而知识产权的保护具有严格的地域性。其次，商誉权的存续不受人为规定的时间限制，与商誉主体的人格存续相始终；而知识产权的保护具有法定的时间限制。[22]

商事人格权这一概念的提出，一方面源于当今社会“人的普遍商化”现象的盛行，人格利益的财产属性日益加强；另一方面由于法人的人格利益具有直接的财产属性，而传统的人格权理论和财产权理论均无法对此给予回应。在我国，此概念最早由江平教授在第二届罗马法国际研讨会上做《论信用——从罗马法到现代社会》演讲中提出，后逐渐引起学者们的重视。[23] 而对商事人格权内涵的界定，学界存在不同观点。有学者指出，商事人格权是传统民事人格权的一种衍生，指公民、法人对其在商事活动中体现出来的具有财产价值的商事人格利益所享有的一种权利。[24] 另有观点认为，商事人格权是商主体特有的、以商事人格利益为客体的一项基本商事权利。[25] 笔者倾向于后一种观点，认为商事人格权是指商主体依法享有的，以保护商事人格利益为核心的，具有财产属性，且具有一定可转让性的权利。前一种观点的本质仍属传统人格权范畴，无法解释商主体的具有明显财产属性的商事人格权能被否定财产属性的传统人格权包容。商事人格权与传统的民事人格权相比，存在以下几方面的不同：第一，权利享有的主体不同，前者是商主体，后者为民事主体，因此诸如自然人肖像权的许可使用是民事人格权商品化的标志，但其本身不属于商事人格权；第二，权利内容不同，前者具有明显财产内容，后者主要体现为人格利益；第三，流动性程度不同，前者具有可转让性，后者一般不能转让；第四，救济手段不同，前者不适用精神损害赔偿，后者可适用精神损害赔偿。商誉权是商主体对其依法创造的商誉享有的人格利益和财产价值不受侵犯的权利，其是商主体所专有的、兼具人身性和财产性的一项权利，符合商事人格权的定义，应将商誉权的法律性质界定为商事人格权。

---

〔22〕 参见吴汉东：《论商誉权》，载《中国法学》2001年第3期；程合红：《商事人格权刍议》，载《中国法学》2000年第5期。

〔23〕 沙金：《论商誉权的侵权法保护》，吉林大学2010年博士学位论文。

〔24〕 参见程合红：《商事人格权论——人格权的经济利益内涵及其实现与保护》，中国人民大学出版社2002年版，第13页。

〔25〕 参见范健、王建文：《商法基础理论专题研究》，高等教育出版社2005年版，第236页。该书对商事人格权作了界定：“所谓商事人格权，指的是商主体所特有的经法律确认而以商事人格利益为客体的商主体之商事法律人格所必备的基本权利。”

二、商誉权保护的立法模式分析

英美法系国家对商誉的保护主要通过判例的方式实现。如上所述,商誉概念来自英国,作为判例法国家,英国通过"仿冒之诉"的方式实现了对主体商誉的保护;而美国对商誉的保护,除"仿冒之诉"外,还通过司法实践将其上升为成文法,发展出竞争法和商标法保护模式。[26]

考察成文法国家的立法及相关国际公约对商誉权的法律保护,主要存在以下三种模式:

(一)名誉权立法模式

这种模式也就是传统民事人格权保护模式,其通过对法人名誉权的保护来实现商誉权的保护,我国《民法通则》第 101 条和第 120 条的规定即采此模式。该模式存在如下缺陷:

其一,法人名誉权和商誉权的主体不同。法人名誉权的主体限于法人,既包括营利性法人也包括非营利性法人;而商誉权的主体则为商主体,包括商自然人、商法人和商合伙,但不包括非营利性的法人。因此,通过法人名誉权的方式来保护商誉权无法实现对除法人外的其他商主体的法律保护,其立法局限性至为明显。

其二,在权利内容上,法人名誉权是对主体的一种道德评价,属于非财产性权利;而商誉权作为一种商事人格权,是对商主体的经济能力的评价,具有明显财产性内容。名誉权立法模式忽视甚至否定了商誉的财产价值。商誉权作为一种抽象的权利,其损失难以估算,侵害商誉权的行为往往导致权利人的长期损失;而名誉权损害赔偿,没有实现对商主体商誉利益中隐含的机会财产利益的救济。此外,商誉受损时受害人遭受的主要为财产上的损害,且法人作为法律拟制的主体,无法适用精神损害赔偿;而名誉受损时受害人遭受的是精神上的损害,对其救济适用精神损害赔偿。

其三,在我国目前的法律体系中,此种立法模式会造成法律适用的不统一。我国《反不正当竞争法》第 14 条规定了商誉保护的内容,并指出商誉侵权的主体限于经营者。因此,当商誉被经营者侵害时,其行为应定性为商誉侵权;若是被其他主体侵害的,则依《民法通则》和《侵权行为法》有关名誉侵权的规定处理。

(二)知识产权法立法模式

在商誉权的国际保护中,相关国际公约已将其纳入知识产权法保护领域。例如,1967 年《保护工业产权巴黎公约》第 10 条之 2 的规定;1967 年签订的《建立世界知识产权组织公约》则在第 2 条中规定了知识产权包括制止不正当竞争的权利,而商誉侵权属于不正当竞争范畴;1976 年签订的《世界知识产权组织公约》第 2 条第 7 款规定了"与防止不正当竞争有关的权利"。此外,在我国与其他国家签订的双边投资协议中,将商誉与版权、商标、专利都规定为是可投资的资产,如 1984 年我国与法国订立的

[26] 郑新建:《商誉权的法律保护》,中国人民公安大学出版社 2010 年版,第 79 页。

《关于相互鼓励和保护投资的协定》第 1 条第 4 项的规定,2003 年我国和德国订立的《关于促进和相互保护投资的协定》第 1 条第 4 项的规定。我国也有诸多学者认为,《民法通则》没有商誉权的规定,仅从法人名誉权中推导出商誉权,并将此归于非财产权的立法模式存在缺陷;作为商誉权客体的商誉属于知识产权范畴,应在我国民法中确立商誉权为一项独立的知识产权。〔27〕

尽管商誉权与知识产权颇为相似,且该种立法模式得到了诸多学者的肯定,但此模式仍存有以下问题:

其一,该模式未确立商誉权的法律地位,只为其提供了间接保护。商誉权具有抽象性,需通过载体表现出来,而商标是商誉最重要的载体;因此,对商标侵害的同时往往侵害了主体的商誉权。故而,这种模式往往通过对商标的保护来实现保护商誉权的目的,然对商誉载体的保护无法替代对其本身的保护。即使如我国学者主张的将商誉权规定为一项独立的知识产权,商誉权仍具有区别于传统知识产权的独特之处。这在上文商誉权的法律性质中已予以探讨,此不赘述。

其二,此种保护模式对商誉权的救济十分有限。首先,知识产权法对商誉权的救济只能适用作为财产权的保护方式,即损害赔偿,不包括消除影响、赔礼道歉、恢复名誉等人格权的救济方式。其次,该模式只赔偿现实损害,对商主体商誉利益中隐含的机会财产利益无法给予必要的保护,而此种利益才是商誉权人损害最大的利益。

(三)竞争法立法模式

此模式为大多数国家和地区采用,如德国新《反不正当竞争法》第 4 条第 8 项的规定,日本《不正当竞争防止法》第 1 条第 1 款第 6 项的规定,我国台湾地区"公平交易法"第 22 条的规定。我国大陆地区对商誉权的保护也通过此种方式,体现在我国《反不正当竞争法》第 14 条的规定中。该模式存在以下缺陷:

其一,对商誉权的法律性质避而不谈。竞争法的立法宗旨有二:一是保护经营者和消费者的合法权益;二是维护公平的市场竞争秩序。竞争法这种保护客体双重性特点使其能够避开对商誉权性质的探讨,而仅对商誉加以笼统的规定。日本学者小岛庸和就认为这种权利只是一种反不正当竞争权,仅具有消极地请求禁止的效力。〔28〕 该模式无法对商誉权予以积极的保护。

其二,法律适用的不统一。在适用竞争法保护商誉权国家或地区的民法典中并未确立商誉权的法律地位,而竞争法中规定商誉侵权的主体仅限于有竞争关系的经营者。因此,若是一般主体实施了侵害商誉权的行为,由于民法中未规定商誉内容,受害人只能依名誉侵权的规定寻求救济。

---

〔27〕 吴汉东:《论商誉权》,载《中国法学》2001 年第 3 期;郑新建:《商誉权的法律保护》,中国人民公安大学出版社 2010 年版,第 61 页;许中缘:《论商誉权的人格权法保护模式——以我国人格权法的制定为视角》,载《现代法学》2013 年第 4 期。

〔28〕 转引自范健、王建文:《商法基础理论专题研究》,高等教育出版社 2005 年版,第 297 页。

三、我国商誉权法律保护制度的构建

我国现行法律体系中没有商誉权的概念,只有商誉的内容,在商誉权保护的立法模式上,我国既有名誉权立法模式,又有竞争法模式;而正如上文对商誉权保护立法模式的分析可知,上述保护方式均存在缺陷,且我国《反不正当竞争法》关于商誉权内容的规定存在诸多不足,无法实现商誉权的有效保护。而实践中商誉侵权现象却普遍存在,由于现行法律未对商誉权予以系统规定,致使司法实践中或依《民法通则》中关于法人名誉权的规定处理,或依《反不正当竞争法》的规定处理,但这些规定缺乏依商誉权的独特性而设计的损害赔偿制度,往往使商誉权人无法获得充分救济。鉴于商誉权保护的重要性及我国商誉权法律保护制度的不足,笔者认为,应当构建并完善我国的商誉权法律保护制度。

(一)商誉权的民商法保护路径

商誉权的民商法保护主要存在以下两条路径:

1. 在民法典的人格权一编或章中明确商誉权的独立法律地位

随着 2014 年党的十八届四中全会编纂民法典决定的作出,民法典的立法活动正如火如荼地进行。商誉权作为商事人格权,是商主体专有的、同时具有人身性和财产性的一项权利,其既不属于传统的人格权范畴,又不能为财产权、知识产权所涵括,现有的任何一种权利类型都无法准确概括此种权利的特征。因此,我国有必要确立商誉权的独立法律地位,以求更好地保护商誉主体的利益。

笔者认为,应将商誉权纳入人格权的保护范围。商誉权作为一种商事人格权,兼具人格性和财产性,但人格性是财产性的基础。商誉权具有明显的人身依附性,对商誉的评价需依附商主体而存在,离开了主体,商誉权将成为无源之水、无本之木;而且对主体商誉的评价越高,其财产性利益也就越高。因此,尽管商誉权因其明显的财产内容而有别于传统的人格权类型,但就本质而言,其仍属于人格权范畴。当下,学者们对人格权应否从主体制度中独立出来单独成编的问题争议较大,其中持肯定观点的以王利明教授为代表,[29] 持否定观点的以梁慧星教授为代表。[30] 笔者首先倾向于人格权单独成编的做法;其次,作为折中方案,也可将人格权在民法总则中单独作为一章来规定。而人格权若要单独成编,其需体现时代特色,随着市场经济的发展,新出现的人格权内容越来越丰富,且其重要性日益凸显,诸如商誉权、商业形象权等,这些兼具人格利益和财产利益的权利无法在现有的法律体系下获得有效保护,故人格权编须突破传统人格权保护范畴,对上述现象给予回应。因此,要求对包括商誉权在内的商事人格权的规定,也从一定意义上支撑了人格权单独成编的理由。在现有民商合一的立法

---

[29] 参见王利明:《再论人格权的独立成编》,载《法商研究》2012 年第 1 期;王利明:《民法典的时代特征和编纂步骤》,载《清华法学》2014 年第 6 期。

[30] 参见梁慧星:《制定民法典的设想》,载《现代法学》2001 年第 2 期;梁慧星:《我国民法典制定中的几个问题》,载《法制现代化研究》2004 年第 9 卷。

模式下，民法典的一般规定具有统率商事单行法作用，只有在民法典中规定了商誉权等商事人格权，才能充分发挥民法对商法的统率作用。此外，也只有在人格权法中确立了商誉权的独立法律地位，侵权行为法的规定也才有其存在的基础。[31] 因此，笔者认为，在民法典的人格权编规定商誉权的同时，还应在侵权行为编的适用范围所保护的民事权益中增加商誉权的规定。

2. 在商事通则中明确商誉权的独立法律地位

如上所述，笔者已将商誉权的性质界定为商事人格权，其是商主体专有的一项权利。我国至今没有颁布民法典，但具有相当于民法总则功能的《民法通则》，同时，我国也不存在商法典，商事立法以商事单行法的形式体现。而无论采取民商合一还是民商分立的立法例，商法都是作为民法的特别法存在的。在法律的适用上，依据"特别法优于一般法"原则，如果商法有特别规定，应优先适用商法的相关规定，商法没有规定的，才适用民法的一般规定。但是，在我国商事法律发展的过程中，还经常遇到民法和商事单行法均没有也难以提供规则的问题。[32] 商事人格权即为典型的例子。商事人格权作为商主体的一项基本权利，有必要将其规定在商法之中；而且其作为商事主体制度的内容，具有商事法律关系的共性，应作为调整商事关系的一般规则规定于商事通则之中。以王保树教授为代表的诸多学者指出，我国应在制定民法典的同时制定一部商事通则，这种需要不是人为的，而是出自商事实践。[33] 商事通则作为调整商事法律关系的一般性规则，其与公司法、证券法、票据法等商事法律一样，均属于商事单行法，区别仅在于功能的不同，商事通则提供的是其他商事单行法未曾提供且具有必要性的一般性规则，如商誉权、商业账簿、商事代理等制度。[34]

值得欣喜的是，经过学者们的共同努力，由王保树教授生前主持的《中华人民共和国商事通则》调研组发布了《商事通则》建议稿，该建议稿在"商人"一章的第15条[35]明确规定了商誉权的内容。或许有人会质疑：既然认为要在民法典的人格权一编或章中确立商誉权的独立法律地位，为何还要在商事通则中规定商誉权的内容？笔者认为，二者不存在矛盾，而是相互联系的，前者是后者的基础，后者则为前者的具体化。二者看似重复，实则确有必要，唯其如此，才能充分发挥民法对商法的统率作用。

（二）完善我国《反不正当竞争法》对商誉的规定

对商誉权的侵害，往往通过不正当竞争的形式表现出来，而且综观现有的各类立

---

〔31〕 许中缘：《论商誉权的人格权法保护模式——以我国人格权法的制定为视角》，载《现代法学》2013年第4期。

〔32〕 参见王保树：《商事通则——超越民商合一和民商分立》，载《法学研究》2005年第1期。

〔33〕 参见王保树：《商事通则——超越民商合一和民商分立》，载《法学研究》2005年第1期。持此种观点的代表性学者还有赵旭东、范健等，参见赵旭东：《制定"商事通则"的五大理由》，载《中国商法年刊》2007年；范健：《论我国商事立法的体系化——制定〈商法通则〉之理论思考》，载《清华法学》2008年第4期。

〔34〕 参见王保树：《商事通则——超越民商合一和民商分立》，载《法学研究》2005年第1期。

〔35〕 该建议稿的第15条规定："商人的商号权、商誉权、商业形象权受法律保护，任何人不得侵犯。"

法,大多采用竞争法模式来保护商誉权;因此,在民商事法律中确立商誉权的独立法律地位后,仍有必要对其加以竞争法的保护。但是,因竞争法仅具有消极禁止效力,无法对商誉权提供积极的保护,故其只能作为一种附加模式进行保护。

而我国《反不正当竞争法》关于商誉的规定存在缺陷与不合理之处,无法对商誉提供有效保护,实有完善之必要。此部分内容,学者讨论颇多,基本达成了共识,笔者对此仅予以简要叙述。[36] 我国对《反不正当竞争法》的完善,主要可从三方面进行:第一,借鉴世界知识产权组织(World Intellectual Property Organization,WIPO)于 1996 年出版的《〈反不正当竞争示范法〉及其注释》第 5 条注释之 5.05 的规定,[37] 突破传统理论将实施不正当竞争行为的主体限于与被侵害者具有竞争关系的经营者的做法,将侵权主体扩大到一般主体。可喜的是,我国司法实践已将商誉侵权的主体扩大到除经营者外的其他主体。[38] 第二,扩大商誉侵权行为的表现形式。我国《反不正当竞争法》第 14 条规定商誉侵权行为是"捏造、散布虚伪事实",如此规定缩小了商誉侵权保护的范围,我们应参考 WIPO《〈反不正当竞争示范法〉及其注释》的规定,[39] 增加有关"不合理陈述"的规定,依此可使商誉侵权行为由诋毁扩展到误导、违法对比、淡化等行为。第三,我国《反不正当竞争法》第 20 条的规定对商誉救济不足,应加以完善。除赔偿损失外,还应适用停止侵害、恢复商誉、消除影响、赔礼道歉等。对赔偿数额的确定,应成立专门的商誉评估机构,为商誉权损失计算提供依据;对主观性质恶劣的商誉侵权人,可借鉴我国台湾地区"公平交易法"第 32 条第 1 款的规定,依侵害情节,由法官酌定损害额以上的赔偿,但不得超过已证明损害额的三倍。[40]

四、结语

在市场竞争日益加剧的当今社会,商誉的重要性不言而喻;而我国在立法层面未建立商誉的系统保护模式,致使商誉侵权现象在实践中屡见不鲜。对商誉的系统有效保护,其前提在于将商誉确定为一项独立的权利形态,该种权利应定性为商事人格权。

---

〔36〕 参见郑新建:《商誉权的法律保护》,中国人民公安大学出版社 2010 年版,第 349 ~ 354 页;范敦强、叶勇:《论商誉的反不正当竞争法保护》,载《知识产权》2015 年第 3 期;吴汉东:《论商誉权》,载《中国法学》2001 年第 3 期。

〔37〕 该条规定:"不但竞争者,而且像消费者团体或者新闻媒体,也可以实施违反公平竞争原则的行为。"参见孔祥俊译:《反不正当竞争示范法及其注释(续)》,载《工商行政管理》1998 年第 12 期。

〔38〕 上海市奉贤区人民检察院诉陈恩等人损害商品声誉一案指出,记者参与不实报道策划,故意发表不实报道的,构成损害商品声誉罪,参见《最高人民法院公报》2004 年第 6 期;美联物业顾问(上海)有限公司诉上海房产之窗房地产信息有限公司损害商业信誉、商品声誉纠纷案[(2007)浦民三(知)初字第 97 号],该案指出网络服务提供者未尽到审查义务,致使竞争对手的商业信誉受到损害,其存在过错的,应承担相应的法律责任。

〔39〕 该法第 5 条规定了"任何虚假的或者不合理的陈述"都可能构成不正当竞争行为;对该条的注释 5.02 则进一步指出"可能产生同样后果的真实而不完全的陈述,也同样适用"。参见孔祥俊译:《反不正当竞争示范法及其注释(续)》,载《工商行政管理》1998 年第 12 期。

〔40〕 我国台湾地区"公平交易法"第 32 条第 1 款规定:"法院因前条被害人之请求,如为事业之故意行为,得依侵害情节,酌定损害额以上之赔偿。但不得超过已证明损害额之三倍。"

我国在编纂民法典的过程中,应在人格权一编或章中明确商誉权的法律地位,并在侵权行为编所保护的民事权益中增加商誉权的规定;同时在民法典外另行设立商事通则,在商事通则中规定商誉权的内容。此外,还应完善我国《反不正当竞争法》对商誉的规定。

环境风险决策中的公众参与权研究

王文卓*

内容摘要：我国近年来频发的环境群体性事件揭示了我国环境风险决策中公众参与渠道受阻的问题。反思我国环境风险决策存在的现实问题，公众参与权利体系必需要从理论和制度上予以完善。公众参与权包括信息权、程序权和救济权。信息权利是公众参与权的前提，程序权利是公众参与权的核心，救济权利则是实现公众参与权的保障。因此，要想解决我国环境风险决策中的现实问题，就要在落实协商民主决策模式的前提下，保障环境信息的充分公开、公众的全面参与、权利的有效救济，只有这样，我国才能平衡经济发展与环境保护的二元价值，走向真正的环境法治。

关键词：环境风险决策　公众参与权　信息权利　程序权利　救济权利

一、问题的提出

随着社会经济的发展，我国的环境问题日益严峻，严重威胁着“穹顶之下”居住着的人民的生命健康。日益恶劣的生存状况使环境问题越发受到人们的关注。在法治建设不断推进的当代中国，伴随着民主法治意识觉醒的，是人们越发强烈的环境决策参与需求，而与之相矛盾的则是相对封闭的环境决策现实。这种矛盾所带来的直接后果是大规模爆发的环境群体性事件。

以厦门海沧 PX 项目为例。2006 年，厦门市引进对二甲苯(PX)化工项目，在经过国家发改委批准立项以及国家环保总局审批通过环境影响报告书后，该项目于 2006 年 8 月正式动工。由于该项目存在规划环评缺位、信息公开不充分、公众参与不到位等问题，项目刚刚动工就遭到了以中国科学院院士、厦门大学教授赵玉芬为代表的学者们的反对。[1] 之后，105 名全国政协委员于 2007 年 3 月举行的全国两会上，联合提交了《关于厦门海沧 PX 项目迁址建议的提案》。该提案将厦门海沧 PX 项目推上了风口浪尖，出于对政府决策公信力的质疑和常规反对渠道的缺失，5000 多名厦门市民在厦门市政府门前集体“散步”，以理性的方式反对该 PX 项目的建设。虽然政府最终决定将项目迁址漳州古雷半岛，但给翔鹭集团[2]造成了巨大的经济损失。

此事件并非孤立。“据相关统计，我国自 1996 年以来，环境群体性事件一直保持年均 29% 的增速。”[3]近年来，发生的具有代表性的环境群体性事件有：2011 年大连

---

* 武汉大学法学院环境法研究所研究生。

[1] 学者们指出该项目存在项目园区与居民区等人口密集地毗邻的巨大隐患，建议项目迁址。

[2] 台资翔鹭集团是厦门海沧 PX 项目的建设单位。

[3] 王姝：《中国近年来环境群体性事件频发年均增速达 29%》，载搜狐网：http://business. sohu. com/20121027/n355849555. shtml，最后访问日期：2016 年 4 月 8 日。

PX 事件、2012 年什邡市反对钼铜项目事件、2013 年昆明 PX 事件以及 2016 年常州外国语学校事件。这些环境群体性事件的发生原因虽然具有差异性，但也存在较大的共性。具体分析如下：

表 1

案例 / 发生原因	环境影响评价法规实施	信息公开	公众参与	环境群体性事件的表现形式及严重程度
厦门 PX 事件	缺乏规划环评，环评结论不准确	隐瞒项目信息、未充分公开环评报告书	无	理性“散步”、无冲突
大连 PX 事件	规划环评未缺位，但未批先建	未公开环评报告书	无	集会游行、未发生暴力冲突
什邡市反对钼铜项目事件	环评法规实施情况良好	官方未主动公开，公众申请可得	无	集会游行、警民冲突、多人受伤
昆明 PX 事件	环评法规实施情况良好	隐瞒项目信息、拒绝公开环评报告书	无	集会游行、未发生暴力冲突
常州外国语学校事件	环评报告存有严重瑕疵、学校未批先建	事前隐瞒学校选址信息、事发后各执一词	无	集众抗议、未发生暴力冲突

造成上述环境群体性事件发生的原因自然是极为复杂的，但通过上表对其主要发生原因的分析，不难发现其中最为重要的因素，可能正是这些项目在环境风险决策中公众参与的缺失。具体而言，这些项目存在环境信息公开极为不充分以及公众参与渠道严重受阻的问题。由于无法有效地获取信息，也无法通过常规渠道进行风险沟通，民众只能自发地采用具有一定施压性的方式迫使决策者重新考虑决策的合理性，这些方式可能是理性的，也可能是暴力的。这意味着，要解决环境群体性事件，有效的途径之一，就是确保环境风险决策中的公众参与权得到充分的实现。因此，从法理与制度双重层面探讨环境风险决策中的公众参与权问题，在全面推进依法治国的进程中就具有了重要的意义。

二、公众参与环境风险决策的法理基础

要建构公众参与环境风险决策的权利体系，完善其权利运作模式，就必须要夯实其理论基础。一般来说，环境风险决策中的公众参与权不仅具有环境权理论、民主理论、治理理论三大理论基础，还具有长期得以有效实施的制度基础。在保障公众参与权的必要性理论基础上，公众参与环境风险决策也具有相应的理论模型。

（一）公众参与环境风险决策的制度基础

为了应对与科技大工业生产模式并行的环境风险问题，我国建立了较为全面的环境风险预防制度。环境风险预防制度具体包括风险评估、风险沟通以及风险决策制度，[4]

---

[4] 秦天宝：《漳州 PX 工厂的反思》，载法治周末网：http://www.legalweekly.cn/index.php/Index/article/id/7308，最后访问日期：2016 年 3 月 10 日。

公众参与贯穿其中。风险评估是专家应用科学技术量化风险的阶段,公众参与监督专家的主体资格、评估过程,可以保证评估结果的客观性和科学性;风险沟通是各方利益主体进行协商、辩论,科学理性与社会价值相互交融的过程,公众参与是该阶段的核心内容;风险决策则是风险分配的最终阶段,决策的公正与否、决策程序是否民主合法,都是公众参与监督管理的内容。因此,公众参与制度是环境风险预防制度的重要组成部分。

我国具有较为全面的公众参与环境风险决策立法,信息公开是公众参与的前提,救济制度是公众参与的保障,因此有关信息公开和救济程序的规定可以视为公众参与权立法的重要内容。我国公众参与环境风险决策立法经历了两个阶段:原则性立法阶段和具体性立法阶段。在第一阶段——原则性立法阶段,1996年修订的《水污染防治法》及同年通过的《环境噪声污染防治法》均原则性地规定了应当在环境影响报告书中编入该建设项目所在地单位和居民的意见。而从2002年起,我国公众参与环境风险决策立法就进入了第二个阶段——具体性立法阶段,2002年颁布的《环境影响评价法》以及2014年修订的新《环境保护法》都对信息公开和公众参与作出了具体规定。其中,新《环境保护法》还首次明确了环境风险决策中公众具有实质的参与权,政府在保障、引导公众参与决策中负有重大的责任。[5] 对相关主体如何公开信息、公众如何参与环境风险决策等具体程序作出规定的是2006年颁布的《环境影响评价公众参与暂行办法》。《环境保护行政许可听证暂行办法》《政府信息公开条例》以及《环境信息公开办法(试行)》也对相应主体的责任作出了具体规定。

环境风险决策中的公众参与权立法不仅包括上述全国性立法的规定,还包括有效地方性立法的相关规定。例如,厦门海沧PX项目的环评程序也同样适用《福建省环境保护条例》《厦门市环境保护条例》等地方性法规。但这些地方性法规有关公众参与的规定大部分与全国性立法具有重复性,未能发挥其特有的细化法律便于实践的作用。

无论是原则性立法,还是具体规定,都遵从了我国宪法所规定的民主性原则,即国家的一切权力属于人民,人民有权依照法律规定,“通过各种途径和形式,管理国家事务,管理经济和文化事业,管理社会事务”,为环境风险决策中公众参与提供了系统的法制基础。

(二)公众参与环境风险决策的理论模型

在环境风险决策中,由于环境公共事务的复杂性和不确定性,政府在决策的过程中除了上述法律制度的引导和规制,还需要依赖一定的决策模式或机制。选择何种决策模式,反映了公权力决策过程中的价值取向。而不同的价值取向,决定了公共决策中公众参与的程度、范围及效果。基于科学与民主二分法的讨论,主要有三种决策模

---

〔5〕 新《环境保护法》第53条首次明确指出,“公民、法人和其他组织依法享有获取环境信息、参与和监督环境保护的权利”。并且,“各级人民政府环境保护主管部门和其他负有环境保护监督管理职责的部门,应当依法公开环境信息、完善公众参与程序,为公民、法人和其他组织参与和监督环境保护提供便利”。

式:专家决策、民主决策和协商民主决策模式。

1. 专家决策模式

专家决策模式,是指应用科学知识进行公共决策。在这种模式下,科学技术标准是主要标准,价值选择仅是附属标准,“价值选择也是重要的,但是,只需要在恰当的风险评估完成之后,将价值选择融入决策之中即可”。[6] 这种决策模式具有一定的合理性:首先,环境风险具有科学性和技术性。环境风险(这里特指人为环境风险)是由人类运用科学技术进行开发、生产活动而产生的。它伴随着科技的发展产生,其评估、预防和控制注定主要通过科技来解决。其次,一项公共决策关系着不同的利益群体的利益,政府在进行环境风险决策时若过度依赖民主程序,在缺乏权威性讨论基础的情况下,利益分配会变得十分困难,最终造成决策低效的后果。最后,专家模式可以防止决策被狭隘的“民意”所绑架,避免“非理性的恐惧和武断的价值选择毒害恰当的科学分析”。[7]

然而,重视客观科学价值,忽视民主价值的重要作用,很难为环境风险决策提供合法性依据。首先,在现代民主国家,虽然政府的行政自由裁量权来自立法机关的授权,但做出涉及重大公共利益的公共决策,必须基于民主的程序。因为只有在民主模式下,各种利益集团才可能得到制衡,利益和风险才能得以公平地分配。其次,作为权威的专家其实也有自己的价值偏好和知识局限,也有可能作为利益集团的代言人发布具有偏向性的论证,在这种情况下,若过度依赖专家的判断,很有可能使决策被单一利益所“绑架”,从而使决策丧失客观性和科学性。最后,由于专家决策主要依靠科学分析,在后期才引入价值选择,公众介入时间的过晚和专业知识的局限会使公众监督发生断层的现象,因此该模式不利于公众参与权的充分行使。

2. 民主决策模式

民主决策模式,是指通过民主程序进行风险决策。即在环境风险决策过程中,引入公众的观点进行价值选择。公众与专家在面对一项环境风险决策时考量的内容和重点往往不同。专家在科学分析时,单纯考虑客观科学因素,往往会忽略风险所在社会的复杂性和不确定性。而大部分公民由于缺乏相应的专业知识,考虑的大多是自身利益及社会公平问题,在环境风险决策面前很难做出纯粹客观的判断。正因为不同的利益主体有着不同的价值追求,所以有必要让他们通过民主程序将自己的价值引入决策。

然而,传统民主决策模式强调在决策中的国家主导性地位,商议主体、决策议题与决策结论都是由行政机关决定的,因为行政权行使本身就具备由民主选举产生的代议制机关传送的民主性和合法性。[8] 该决策模式虽然主张通过公共参与增强决策行为

---

[6] [美]伊丽莎白·费雪:《风险规制与行政宪政主义》,沈岿译,法律出版社2012年版,第15页。

[7] 同上书,第15页。

[8] 此观点属于过往通行的传送带理论之核心观念。具体内容可参见F. Goodnow, *The Principle of Administrative Law of the United States*, Andesite Press, 1995, pp. 6 -7。

的合法性和民主性,但在这种模式下,公众参与是在以国家为中心的约束性环境下进行的,政治精英掌握着决策的全过程,这种参与主体的不平等性很可能会使传统民主决策模式沦为少数政治精英操控的工具,这些政治精英极有可能打着民主的旗号将公众排斥在决策之外,使公众参与流于形式,并为国家侵害公共利益提供表面上的合法性。

3. 协商民主决策模式

协商民主决策模式,又称审议式民主决策模式,[9] 根据哈贝马斯的理论,审议式民主就是在交往理性基础上,公众通过民主、公正的程序广泛地参与,公开讨论、自由地表达自己的观点,在辩论中实现偏好转换或在协商中达成共识,从而赋予决策以合法性的民主决策模式。

与传统民主不同,协商民主摆脱了意识哲学思维的影响,不再"以国家为中心",而是在语言哲学的基础上,强调交往理性,主张国家应当发挥恰如其分的作用。[10] 因此,协商民主决策模式之于传统民主决策模式的区别在于,协商民主决策过程是在不受强制的环境中交往和商谈的过程,[11] 决策主体、议题及程序都是由公众普遍认可、接受的,政府决策的过程是通过民主协商途径来实现,而不再"是通过强制性的自上而下式或者精英主义模式来实现",[12] 并且公众间的协商交流真正贯彻了从决策拟议到实施的整个过程。

从实践运行来看,协商民主决策模式尊重主体的平等性,既注重专家的理性分析,也注重公众的价值选择,它具有合法性、公开性、责任性、公正性等特质。合法性是指通过保障公众参与权的民主程序,体现人民主权在公共决策中的要求;公开性是指决策所依据的信息材料以及决策过程等公开透明;责任性是指协商式民主模式实质上是授权公众对自己负责;而公正性则是指在协商民主模式下,通过公开的程序和信息,使利益主体充分地协商、辩论,让政府、专家、公众等各方主体相互间的矛盾得以调和,利益得以公平地分配。

综合上述三种决策模式,当今世界的主流观点是涉及公共利益的环境风险决策应当适用协商民主模式。这是因为协商民主模式在程序上避免了前两种模式分别可能出现的专家垄断决策和公众参与形式化的社会风险,从公众的交往协商中实现公共利益。

然而真正贯彻协商式民主决策模式也绝非易事。协商式民主制度就是要"通过全体公民的平等参与,通过充分的讨论和论证,来实现民主政治的合法性和合理性目

---

〔9〕 该民主模式是哈贝马斯基于对自由主义民主与共和主义民主批判基础上提出的"第三种民主"的规范模式。

〔10〕 张翠:《民主理论的批判与重建》,人民出版社 2011 年版,第 89 页。

〔11〕 同上书,第 90 页。

〔12〕 马琼丽:《当代中国行政中的公众参与研究》,云南大学 2013 年博士学位论文。

标”。[13] 公民的平等参与是协商式民主的重要前提，要做到这一点就必须建立起民主、公正的协商程序和规则以消除“隐蔽地进入交往结构的权力关系”，因为“这种权力关系造成了心理和人际交往的壁垒，阻碍着人们有意识地避免冲突，并通过共识的达成来解决冲突。因为，在被扭曲的交往结构中，规范的共识事实上是通过强制被维护的，因而是虚假的”。[14] 而在当下中国，正是因为缺乏可以避免扭曲交往结构的民主、公正的协商程序和规则，公众参与环境风险决策面临更为现实的问题。

三、公众参与环境风险决策的现实问题

（一）公众参与环境风险决策的现实问题

我国近年来频繁发生的群体性事件一方面说明我国民众环境意识和权利意识的觉醒，另一方面也揭露出我国环境风险决策中存在的公众参与渠道受阻等现实问题。具体而言，我国环境风险决策中主要存在以下几个问题：

1. 环境影响评价功能定位错误。真正能够保障公共利益，具有合法性和正当性的环境风险决策应当具备工具合理性和价值合理性两个条件。所谓工具合理性是指决策的科学性和有效性，价值合理性是指决策的民主性和可接受性。为了保障决策具备这两个正当条件，环境影响评价具有必要性。然而，在具体实践中，环境影响评价的功能不再是运用科学的分析和民主的审议保障环境风险决策的合理性，而是帮助公权力以表面的合乎程序、合乎法律来敷衍大众，使能够带来经济效益的项目顺利落成。以厦门 PX 项目为例。厦门 PX 项目经历过两次环评，均由国家环保总局审批通过。之所以会有第二次环评的出现，最根本的原因在于第一次环评本身存在问题。按国际通行做法，[15] 环评理应将项目所在区域的整体布局、其对周边环境以及居民的影响纳入考量范围。[16] 而该项目第一次环评并未将这些因素纳入考察范围，[17] 得出的环评结论并不具有真正意义上的科学性。环评制度设立的主要目的在于为环境风险决策提供科学民主的依据。而我国居高不下的环评审批通过率以及频发事端的审批合格项目让人不得不对审批决定的合理性产生怀疑。如果是为了通过项目审批而进行环评，

---

〔13〕 张翠：《民主理论的批判与重建》，人民出版社 2011 年版，第 90 页。

〔14〕 哈贝马斯：《话语伦理学解释》，转引自章国锋：《话语·权力·真理——社会正义与“话语的伦理”》，载《社会科学》2006 年第 2 期。

〔15〕 根据我国国家环保总局 2003 年颁布的《环境影响评价技术导则——石油化工建设项目》（以下简称《技术导则》），对环境可能造成重大影响的建设项目在编制环境影响报告书时，应当设置自然环境与社会环境现状调查专题。该专题具体包括项目所在地地理位置、自然保护区、风景游览区、社会经济状况等内容。

〔16〕 龙雪晴、任波、庄颖：《厦门 PX 环评警示》，载腾讯网：http://finance.qq.com/a/20070627/000477.htm，最后访问日期：2016 年 3 月 11 日。

〔17〕 2007 年在全国两会上政协委员联合提出的“关于厦门海沧 PX 项目迁址建议的提案”指出，海沧 PX 项目厂区与居民区的最近距离不足 1.5 公里，距离厦门市中心和国家级风景名胜区鼓浪屿均只有 7 公里，并且项目 5 公里半径范围内的海沧区人口超过十万，10 公里半径范围内覆盖了大部分九龙江河口区和整个厦门西海域及厦门本岛的 1/5。而项目的专用码头则位于厦门海洋珍稀物种国家级自然保护区，该保护区拥有中华白海豚、白鹭、文昌鱼等珍稀物种。而厦门 PX 项目的第一次环评并未将这些因素纳入考量范围。

那么环评制度本身就被架空，其功能定位发生错误，将丧失其应有的权威性。

2. 信息不对称与环境风险沟通中的公众参与不足。在环境风险决策中，相较于建设单位和政府机构，公众对环境风险信息的掌握是相对贫乏的，处于不利的地位。在这种情况下，公众能否参与以及在多大程度和范围上参与环境风险沟通，在很大程度上取决于政府、环评单位以及项目建设企业是否公开或者在多大程度上公开环境风险项目的相关信息。然而现实却是，建设单位以及政府部门往往采用隐瞒或者以代称等变相隐瞒的方式不主动、及时地进行信息公开，[18]公众不仅无法充分地进行风险沟通，也容易被错误信息误导，引发环境群体性事件。并且，长此以往，会产生累积效应，[19]使政府公信力愈加低下，社会信用体系更加薄弱，造成无论是否进行沟通，由于政府之前的失信行为，公众将对政府之后的一切风险决策采取坚决抵制的态度。

3. 环境风险决策中的权力运作具有短期性和权变性。环境法治对政府进行环境风险决策的要求是，公权力应当在法律系统的监督和制约下，真诚地回应民意，作出具有工具合理性和价值合理性的决策。而在具体实践中，“政府决策受到多方面、多主体复杂利益考量的影响”，[20]“政府作出决策的基本态度是‘走一步看一步’；当‘首要任务’或者博弈的力量对比发生变化，政府很可能采取新的策略，相应决策也随之改变。”[21]例如，厦门海沧 PX 项目在“散步”事件发生后，厦门市政府不仅积极地进行了信息公开，还组织了程序严谨的网络平台投票、座谈会等公众参与活动，其最后的迁址决定也是基于科学的环评结论和广大民众的反对意见作出的。然而，这种良好的公众参与实践具有短暂性。在随后进行的项目漳州阶段，不仅环评信息没有充分公示，PX 项目落户漳州的信息也被公权力刻意回避。由此可见，厦门 PX 项目的实践极有可能是政府迫于公众压力而做出的应急改变，到了迁址漳州的阶段，变相隐瞒相关信息的政府完全可以在规避舆论压力的情况下保障项目的顺利落成。当然，现实中这样的情况还有很多，政府在各方压力之下，往往采用缓建、停建等方法消除压力，并在压力消退后采用其他方式“卷土重来”。这些都反映出我国政府在环境风险决策中权力运作的短期性和权变性，表现了我国“行政决策过程中形式法治的充溢与实质法治的阙如”。[22]

（二）公众参与环境风险决策的制度及法理不足

造成上述现实问题的一个重要因素在于权力制度性约束条件本身存在缺陷。法律制度是实现程序正义的重要条件，如果制度本身存在缺陷，那么其对权力的引导和约束效果将大打折扣。我国法律虽然赋予了公众参与权，但多为任意性、原则性规定

---

〔18〕 在漳州 PX 事件中，漳州官方场合或者官方文件，全都以“古雷重大石化项目”代替“PX”一词，变相隐瞒 PX 项目落户漳州的事实。

〔19〕 这里的累积效应包括时间效应和地域效应。时间效应是指公民由于政府之前的失信行为，而不再信任政府之后的行为。地域效应是指由于其他地方发生政府失信行为，以致本地公民不信任本地政府的行为。

〔20〕 陈海嵩：《绿色发展中的环境法实施问题：基于 PX 事件的微观分析》，载《中国法学》2006 年第 1 期。

〔21〕 同上。

〔22〕 同上。

而非强制性、具体性规定，其制度化和程序化水平远远无法达到公众参与环境风险决策制度设立的目标。具体而言，我国公众参与环境风险决策制度主要有以下三个方面的不足：

1. 信息公开制度存在缺陷。我国法律对政府、建设单位以及环评机构的信息公开义务都有所规定，并且内容有所区别。因此，环境风险决策中信息公开制度的不足应当区分以上三方义务主体进行分析。具体来说：

(1) 政府信息公开制度的缺陷。首先，政府信息公开范围不够明确。我国法律规定只要环境影响评价报告书涉及国家秘密和商业秘密的事项就不能公开。[23] 然而国家秘密、商业秘密的界限并不明确，这种范围笼统的例外规定很容易造成“保密为原则，公开为例外”的尴尬。[24] 在自行筛选秘密的情况下，政府机关往往会筛选出对自己有利的进行公开，而对自己不利的则作为“国家秘密”或是“商业秘密”不予公开。其次，政府公开信息的时间过晚。我国立法只要求行政主管部门在受理报告书之后才公告相关信息，这样一来，在规划编制部门或建设单位、评估机构未进行充分信息公开的情况下，公民就没有时间充分了解相关规划或风险项目的信息，更无法很好地将自己的意见和利益诉求反馈给决策机关了。[25] 最后，政府信息公开方式未做详细规定。大部分法律仅规定了政府应当举行论证会、听证会，或者采取其他形式听取公众意见，而未直接规定信息公开的方式和途径。在国家环保总局 2006 年发布的《环境影响评价公众参与暂行办法》(以下简称《暂行办法》)中，仅规定了建设单位或其委托的环境影响评价机构公开相关信息方式，而对政府公开信息的方式未做具体规定。

(2) 建设单位信息公开制度的不足。首先，信息公开方式具有随意性。《暂行办法》第 10 条和第 11 条分别列举了多种建设单位或者其委托的环境影响评价机构发布信息公告和公开环境影响评价报告书简本的方式。[26] 尽管法条对这两阶段信息公开的方式做出了便利公众知情的限定，但建设单位及环评机构仍拥有较大的自由。法条所列举的不同的方式具有不同的信息公开效果，在规定细致程度不足的情况下，以趋利避害为“本性”的建设单位必定会选择对自己有利且合乎法律规定的方式公开信息。其次，缺乏有效的监督管理机制。我国法律虽然规定建设单位负有公开环境信息

---

[23] 《环保法》第 56 条第 2 款规定主管部门除涉及国家秘密和商业秘密的事项外应全文公开环境影响评价报告书。

[24] 王锡锌：《政府信息公开语境中的“国家秘密”探讨》，载《政治与法律》2009 年第 3 期。

[25] 《暂行办法》仅在第 13 条要求“环境保护行政主管部门在受理建设项目环境影响报告书后，在其政府网站或者采用其他便利公众知悉的方式，公告环境影响报告书受理的有关信息”。除此以外，只有一些原则性规定要求政府进行信息公开。

[26] 《暂行办法》第 10 条规定：“建设单位或者其委托的环境影响评价机构，可以采取以下一种或者多种方式发布信息公告：(一) 在建设项目所在地的公共媒体上发布公告；(二) 公开免费发放包含有关公告信息的印刷品；(三) 其他便利公众知情的信息公告方式。”第 11 条规定：“建设单位或其委托的环境影响评价机构，可以采取以下一种或者多种方式，公开便于公众理解的环境影响评价报告书的简本：(一) 在特定场所提供环境影响报告书的简本；(二) 制作包含环境影响报告书的简本的专题网页；(三) 在公共网站或者专题网站上设置环境影响报告书的简本的链接；(四) 其他便于公众获取环境影响报告书的简本的方式。”

的义务,但并未具体规定建设单位不履行这种义务的法律后果,也没指定相关部门负责监管其信息公开义务的履行。因此,虽然有法律规定建设单位的信息公开义务,但由于缺乏具体责任条款,这些规定对建设单位的约束力度不大。

(3)环评机构信息公开制度的缺失。在我国法律上,环评机构的信息公开义务不具有强制性。《环保法》和《环境影响评价法》只规定项目建设单位必须进行信息公开,而《暂行办法》则规定只要建设单位或环评机构中任意一方履行义务即可,〔27〕这就意味着,一旦建设单位履行了信息公开义务,环评机构则无须另行公开。这显然是不合理的。环评机构属于第三方评估机构,负责项目风险评估和科学预防,其代表的是与项目建设单位不同的立场。建设单位很有可能为了自己的利益而选择性地回避一些环境影响评价的信息,而处于科学中立立场的第三方评估机构则能完整地发布有关环境影响评价的信息,使公众接收到较为全面的信息。因此,法律应当规定评估机构也负有独立发布环境信息的义务,保证环境信息的科学性和客观性,降低公众被瑕疵信息误导的可能性。

2. 风险沟通过程存在缺陷,具体可以从以下四个方面进行分析:

(1)风险沟通的主体范围笼统。我国法律规定,环境风险决策中公众参与的"公众"包括公民、专家和有关单位。〔28〕 但究竟哪些公民、法人和单位是环境风险沟通的主体呢?《暂行办法》虽然规定了建设单位、环评机构和行政主管部门"合理选择"参与公众时应当"综合考虑"的因素,〔29〕但并没有给予"公众"一个确切的范围,也没有对建设单位、环评机构和行政主管部门如何综合考虑给定的因素进行进一步规定。

(2)公众参与风险沟通的时间不足。对于公众参与风险沟通的时间,《环保法》未多作规定,仅在第 56 条要求应当编制环境影响报告书的建设项目在编制时要充分征求公众意见,并未规定规划等其他环境风险决策的公众风险沟通时间。《环境影响评价法》对《环保法》的规定进行了限定,即必须在规划草案或者建设项目环境影响报告书报送审批前进行风险沟通。但"从提出拟议中的规划或建设项目、可行性研究论证、准备编制环境影响报告书、环境影响报告书编制完毕直至进行报批",〔30〕这一阶段的时间跨度非常大。相关法律仅规定在"报批前"组织风险沟通且期限最少可达 10

〔27〕《暂行办法》第 5 条第 1 款规定:"建设单位或者其委托的环境影响评价机构在编制环境影响报告书的过程中,环境保护行政主管部门在审批或者重新审核环境影响报告书的过程中,应当依照本办法的规定,公开有关环境影响评价的信息,征求公众意见。但国家规定需要保密的情形除外。"

〔28〕《环保法》第 53 条第 2 款规定:"各级人民政府环境保护主管部门和其他负有环境保护监督管理职责的部门,应当依法公开环境信息、完善公众参与程序,为公民、法人和其他组织参与和监督环境保护提供便利。"《环境影响评价法》第 11 条和第 21 条也规定,专项规划的编制机关或建设单位在专项审批或项目报批前,应当举行论证会、听证会,或者采取其他形式,征求有关单位、专家和公众的意见。

〔29〕《暂行办法》第 15 条规定:"建设单位或者其委托的环境影响评价机构、环境保护行政主管部门,应当综合考虑地域、职业、专业知识背景、表达能力、受影响程度等因素,合理选择被征求意见的公民、法人或者其他组织。被征求意见的公众必须包括受建设项目影响的公民、法人或者其他组织的代表。"

〔30〕汪劲:《论中国公众的环境权益与环境决策中的公众参与》,载《第三届中国律师论坛论文集》(实务卷)2003 年 12 月。

日，如果建设单位、环评机构和行政主管部门在完成风险报告书后、报批前夕才组织风险沟通，“那么即使听取了公众的意见，也很难再根据公众意见或评论对报告书进行修改”，[31] 并且，公众风险交流期限的下限规定为10日明显过短。环境风险决策中的风险沟通应当贯穿环境风险项目的论证阶段、建设实施过程以及项目投产，法律仅规定在论证阶段进行环境风险沟通会使公众无法向决策机关反映项目建设过程中以及投产后出现的风险问题，环境风险沟通制度就存在了空缺。

（3）风险沟通方式可操作性差。《环境影响评价法》第11条和第21条均规定应当“举行论证会、听证会，或者采取其他形式，征求有关单位、专家和公众的意见”。《暂行办法》还补充了“调查公众意见、咨询专家意见、座谈会”的方式。但是，各种征求意见方法不是统统都要进行，而是由建设单位、环评机构和行政主管部门选择实施的。事实上，各种风险交流方式所能达到的交流效果不同，且法律并没有对“其他形式”作出限定，风险交流的组织者往往会采用“其他形式”中的“信息发布——公民自行反馈”方式征求意见，全然依靠公民参与的自觉性和自我组织性，其沟通效果远远差于听证会等由义务主体组织引导公众参与的双向沟通形式。

（4）公众参与风险沟通的效力有限。公众参与的效力是指在风险沟通后，建设单位或环评机构、环境保护主管部门、审批机关对公众意见的反馈和认定，公众参与的效力决定了公众的意见在环境风险决策中是作为参考还是作为决策的依据。我国法律为发挥公众参与的实效设置了三道关卡：首先由环境影响报告书编制机关进行对公众意见的采纳，其次由环境主管部门组织审查并提出处理意见，最后由审批机关审批，对未采纳审查意见的情况作出说明并存档备查。[32] 貌似严谨的程序背后其实存在很多漏洞。主要有以下两点：其一，报告书编制机关仅将采纳或不采纳公众意见的说明附具在报告书中，虽然《暂行办法》第18条规定如果公众认为报告书编制机构“对公众意见未采纳且未附具说明的，或者对公众意见未采纳的理由说明不成立的”，可以书面向负责审批或者重新审核的环境保护行政主管部门反映。但法律没有规定其一定要将附具的采纳情况公之于众，又如何保证公众能够行使《暂行办法》第18条赋予的监督权利呢？其二，审批机关在审批中未采纳环境保护主管机关的处理建议时，仅需作出说明后存档备查，不需要向公众公布审批时的依据和结论，法律也未规定若公众反对其审批依据和结论时的救济程序。这样一来，风险沟通很容易形同虚设，使公众意见根本无法影响最终决策。

---

〔31〕 陈海嵩：《绿色发展中的环境法实施问题：基于PX事件的微观分析》，载《中国法学》2006年第1期。

〔32〕 《暂行办法》第17条和《环境影响评价法》第11条第2款分别规定建设单位、其委托的环境影响评价机构和专项规划的编制机关，应当在报送审查的环境影响报告书中附具对公众意见采纳或者不采纳的说明。《暂行办法》第17条第2款规定，环境保护行政主管部门在收到环境影响评价书后，“可以组织专家咨询委员会，由其对环境影响报告书中有关公众意见采纳情况的说明进行审议，判断其合理性并提出处理建议”并报送审批机关。《暂行办法》第36条规定，审批机关在审批中应当充分考虑公众意见以及前述环境保护行政主管机关作出的处理建议，对未采纳审查意见中关于公众参与内容的处理建议的，应当作出说明，并存档备查。

3. 公众参与决策的救济制度缺失。《环保法》和《环境影响评价法》对建设单位、规划编制机关、审批机关的法律责任作出了规定,但对公众权利救济方面规定甚少。目前,公众参与决策权受到侵害的救济途径有行政及司法救济。关于行政救济,《环保法》仅在第 57 条规定了公众可以就行政机关的违法行为向其上级机关或者检察机关举报,而未规定公众的其他救济途径,甚至也未明确受理举报的机关应当如何调查、处理并对举报人予以回应。公众固然可以依照行政法的相关规定进行行政救济,但依据《行政复议法》的规定,复议机关既可以是原行政机关也可以是本级人民政府,这种"自己做自己的法官"的管理模式使得该行政救济并不具有独立性。在司法救济方面,行政诉讼将原告严格限定为行政相对人,使能够针对行政机关在环境风险决策过程的违法行为提起诉讼的主体范围十分有限。此外,虽然依据中央全面深化改革领导小组审议通过的《检察机关提起公益诉讼试点方案》,检察机关可以针对行政机关在环境保护领域违法的作为或不作为行为提起环境行政公益诉讼,在一定程度上弥补了公众由于没有直接利害关系而无法提起诉讼的制度空缺,但无论是2014 年修正的《行政诉讼法》,还是现行《人民检察院组织法》,均未明确检察院有权提起环境行政公益诉讼,检察机关提起环境行政公益诉讼还存在法律障碍。综上可见,我国的救济体系存在漏洞,现有的救济制度无法满足公众保障环境风险决策参与权的需求。

四、公众参与环境风险决策权设立的基础条件与制度功能

为了解决我国环境风险决策中存在的现实问题,上述环境风险决策的法律程序和制度不足必须加以完善。然而,除了法律制度的规制和引导,公众参与环境风险决策权的设立还需要其他主客观基础条件。

(一)公众参与环境风险决策权设立的基础条件

1. 公众理性。环境风险决策中公众参与权能否得以有效行使的重要条件除却政府完善的组织之外,还包括公众理性。公众参与公共决策的最大问题在于公众很容易被误导信息或是个人情感操控,在参与过程中变得情绪化。公众参与共同决策的过程不仅是公众对自己负责,也是公众对公共利益负责的过程。如果公众陷入茫然的恐惧,对决策者进行过度的限制,那么该"民意"并不一定代表公共利益,决策效率也会因此变得低下。公众是否能够理性参与协商,在协商中形成对政策新的认知,与决策者达成一定程度的共识,对于公众参与权能否有效行使起关键作用。

2. 公众组织化。在实践中造成公众参与能力不足的一个重要原因在于公众组织化的缺失。"分散的、未经组织的大多数公众,在采取行动方面往往只能在无所事事和无所顾忌这两种极端方式之间进行选择。"[33] 并且,分散的公众提出的主张往往分散,且可能存在内部冲突,这将削弱公众在参与决策过程中追求共同、根本利益的能

---

〔33〕 朱谦:《环境公共决策中个体参与之缺陷及其克服——以近年来环境影响评价公众参与个案为参照》,载《法学》2009 年第 2 期。

力,使其无法提出一致的利益诉求。而经过组织化以后的公众,利益表达会变得更加集中有力,他们利益诉求经过内部的讨论筛选,其参与将会变得更加理性,从而在与其他主体协商时拥有话语权,并处于平等地位。

3. 合理的参与成本。公众积极获取环境风险决策的相关信息或者启动沟通、救济程序的一个重要前提在于公众参与的成本合理,属于公众为了实现环境利益可以接受的范围。这里的成本不仅包括经济成本,也包括时间成本。因为公众"是理性的、追求个人效用最大化的'经济人'",[34]往往根据自己的利益进行活动,当参与成本过高时,公众很有可能会在利益权衡间选择放弃参与权的行使或者采用其他不正当手段以实现利益。因此,必须保证公众参与环境风险决策的成本具有合理性,以激励、引导公众积极、合法地行使参与权。

4. 政府积极的合作态度。环境风险决策本身具有一定的专业性和复杂性,在这之中,有效的公众参与需要行政机关做大量的解释工作。如果政府不积极地与公众真诚合作,社会公众很可能无法理解特定事项的行政目的,从而无法提出有针对性的意见和建议。[35] 例如,在环境风险决策的信息公开方面,如果政府不考虑公众的专业能力和理解能力局限,公开的尽是晦涩难懂的专业信息,在这种情况下,尽管政府依法履行了信息公开义务,也无法实现信息公开制度本身的目的和价值。公开信息本身不是目的,让公众知悉并消化信息才能发挥信息公开制度的价值。因此,行政机关必须保持积极的合作态度,真正有效引导公众参与,只有这样,才能建立公众与政府之间的系统信任,发挥公众参与的价值。

(二)公众参与环境风险决策权的制度功能

满足了上述条件后,公众参与权行使就能真正发挥以下作用:

1. 增强行政行为的可接受性,提高行政效率。在政府的积极引导下,公众增强了对行政行为的理解,并与政府协商最终作出具有一定共识的决策,这必然会提高公众对决策的接受程度。与决策可接受性增强相伴随的,是政府行政效率的提高。公众参与打破了政府的封闭决策,公众意见在决策中充分表达并得以合理的解释,使大部分社会公众建立起对行政行为基本的信任后,将不会再对决策产生异议,行政行为也就可以顺利推进。

2. 提高决策质量,增强决策的科学性和正当性。公众参与过程实际上是一个双向交流的过程,即在政府向公众传递自己所掌握风险信息的同时,公众也在向政府传达与决策内容相关的有效信息。公众提供的相关信息和知识在某种程度上可以弥补公权力在理性和价值上的局限,从而增强决策的科学性。即便公众意见有可能出现非理性的情况,让公众主张能够为决策者倾听、考虑,是公众参与内在的、独立的民主价值的要求,[36]符合人民主权的要求,因此公众参与能够增强决策的正当性和合法性。

---

[34] [美]理查德·A. 波斯纳:《法律的经济分析》,蒋兆康译,法律出版社 2012 年版,第 28 页。

[35] 李春燕:《公众参与的功能及其实现条件初探》,载《兰州学刊》2006 年第 9 期。

[36] 沈岿主编:《风险规制与行政法新发展》,法律出版社 2013 年版,第 308 页。

3. 监督行政权的运行,促进决策公正。在有效的信息公开下,环境风险决策的过程是相对透明的,权力的运作不单有政府机关上下级之间的监督,还有公众的监督。公众基于自身利益,在参与中往往能够付出较大的热情监督行政权的行使,以保证自己有足够的机会去表达自己的利益诉求,保障利益博弈的公平。因此,有效的公众参与能够监督决策者,促进决策公正。

4. 保障公共利益,促进集体责任感的形成。在协商民主决策模式下,公众在参与协商过程中,势必要以公共利益为目标,在倾听他人的利益诉求的同时,调整自己的利益以求得公共利益的实现。这也意味着,在公众参与环境风险决策的过程中,公众可以通过公开检视个人的决策,认识到个人行为与集体利益的联系,并意识到自己对社会的责任。

五、公众参与环境风险决策的信息权利

(一)公众参与环境风险决策信息权利的内涵

公众的环境信息权,亦称为环境知情权,[37]是自然人、法人和其他组织知悉和获取环境信息的权利。公众参与环境风险决策的环境知情权是公民行使公众参与权的先决性权利,在民主国家,公民要想拥有参与决策的机会和能力,必须获得充分正确的信息。没有正确的信息,就没有正确的判断,那么身为主权者的公民就无法真正治理好国家。秘密比其他任何东西都能伤害民主,它能让自治、公民最大限度地参与国家事务都成为一句空话。[38] 为了让秘密消失,让公民能够最大限度地参与到环境风险决策中去,必须要进行信息公开、充分保障公民的环境知情权。

(二)公众参与环境风险决策信息权利的行使

环境知情权的行使包括公众"知悉"和"获取"环境信息这两种途径。环境信息的"知悉"是指公众被动接受义务主体主动公开的环境信息。环境信息的"获取"则是指公众主动向义务主体申请获取所需环境信息。

权利的实现需要依靠义务的履行,所以要想实现公众的环境信息权利,需要信息公开义务主体的积极回应。在协商式民主决策下,所有的事务并非政府自己可以决定。这也意味着,保障公民充分掌握与决策有关信息的责任主体也不只有政府。在环境风险决策中,除了政府,还有项目建设单位、第三方环评机构掌握着比公民更为全面的信息,他们都处于有利的信息地位。为了让博弈机会更加均等、利益的分配更加公平,政府、企业、环评机构都有义务向公众公开对环境风险决策具有重大影响的相关信息。为了充分保障环境风险决策中公众信息权利的行使,上述义务主体的义务履行需要具备许多方面的要求。首先,信息公开必须及时、持续。在环境风险决策的各个阶段,信息公开的内容和范围都不相同。义务主体应当保证公众在相应的阶段适时地获

---

〔37〕 周卫:《欧共体环境知情权立法发展及启示》,载黄进主编:《武大国际法评论》(第 5 卷),武汉大学出版社 2006 年版,第 359 页。

〔38〕 王名扬:《王名扬全集:美国行政法》(下册),北京大学出版社 2016 年版,第 959 页。

取所需信息，并且信息公开应当贯穿着整个决策，从决策拟议到最终决定，义务主体都应当保障公众获取信息的通畅。其次，公开的信息应当真实、全面。环境风险决策中的环境信息具有极强的科学性，义务主体公开的信息应当是客观的并且是影响公众对决策认知的重要信息，而不是无关紧要或具有误导性的。最后，公众信息获取的渠道应当是明确的，信息获取成本应当是低下的。义务主体应当建立有效的渠道明确公众获取信息的时间、程序、费用，并保证公众获取信息的成本的低廉性。只有满足了上述条件，信息公开的义务才算很好地得以履行。

信息权利的实现不仅需要义务予以保障，还需要公众主动行使——积极请求义务主体满足其知情需求。如果公众只是被动地接受，那么环境信息公开的主动权就完全掌握在了义务主体的手中，在缺乏完善约束机制的情况下，义务主体往往会选择对自己有利的信息并在有限范围内予以公开，这样一来，公众的环境知情就无法实现其监督公权力的行使并防止权力滥用的功能。因此，只有公众积极请求与义务主体积极回应相结合才能更好地保障公众环境信息权利的行使。

（三）公众参与环境风险决策信息权利保障制度的完善

公众环境知情权的行使主要存在信息公开范围及程序不够明确、信息请求权缺乏制度保障的问题。解决这些问题，需要遵从以下几个方面：其一，遵循“公开为原则，保密为例外”的原则，明确划分正常信息与国家秘密、商业秘密的界限，防止义务主体为了自身利益，在选择信息公布时以保密为借口，变相隐瞒对环境风险决策有重大影响的信息，造成“保密为原则，公开为例外”的结果。其二，设置具有约束性和可操作性的法律程序。权利的实现依靠义务的履行，为了保证义务能够充分履行，在法律中明确规定各个义务主体在决策的不同阶段采用有效方式分别公开不同程度和范围的信息十分必要，具有可操作性的程序能够保障信息公开的形式合法性，强制义务主体在实施过程保障公众知情权。其三，建立“双向性”的信息公开模式。我国最新颁布的《环境保护法》也仅规定了政府积极公开环境信息的形式，而未规定依公众申请而消极公开环境信息的形式。鉴于“单向性”的环境信息公开并不利于知情权的充分实现，我国应当具体规定公众申请信息公开的具体程序、效力、救济等内容，充分发挥环境知情权行使的积极性和参与性。其四，完善公众信息权利受到侵害时的救济程序。应当针对公众“知悉”和“获取”的两种信息权利分别设置具体的救济程序，没有救济就没有权利，只有有效可行的救济制度才能真正保障环境风险决策中公众知情权的行使。

六、公众参与环境风险决策的程序权利

（一）公众参与环境风险决策程序权利的内涵

公众参与环境风险决策的程序权利就是公众参与风险沟通过程表达诉求并得以有效反馈的权利。如果说信息权利是公民获得参与环境决策机会和能力的前提保障，那么决策过程中的程序权利就是公众真正可以对最终决策的形成产生重大影响的核

心权利。该程序权利的行使,就是指在环境决策的目标选定、环境信息的调查与收集、方案设计、风险评估、反馈调整与审批决定等环境决策的整个过程中,社会群体通过各种制度化途径介入与其切身利益相关或涉及公共利益的环境决策的制定过程,提供信息、表达意见、发表评论、阐述利益诉求的过程。〔39〕因此,环境风险决策中的公众程序权根据决策流程可归纳为环境风险决策动议权、创制权与复决权、表决权、听证权、监督权等具体权利。〔40〕程序权利行使的有效程度决定了公众参与环境风险决策的影响力,为了让公众参与真正影响决策,与公权力之间建立互信互助的"伙伴关系",必须保障公民参与的程序权利。

(二)公众参与环境风险决策程序权利的行使

探讨公众参与环境风险决策的程序权利问题,首先,要明确行使该权利的公众范围。按照环境权理论,任何公众都有权参与环境决策,表达自己的要求。但出于决策效率及经济成本等现实条件的约束,让所有公众都参与具体程序显然不具有可操作性。我国《暂行办法》第 15 条提供了确定公众范围的几种因素:"地域、职业、专业知识背景、表达能力、受影响程度等因素。"在这些因素当中,最重要的两个因素是地域及受影响程度,因此,公众中应当包含的第一类即受到或者可能受到影响的居住在规划地域内或项目建设地点附近的居民。其次,由于风险沟通在经济层面上讲其实是利益分配的协商过程,因规划或建设项目得利或利益受损的工商业者都应参与到风险沟通中去,此为第二类人。再次,风险沟通探讨的一个重要的命题是是否应该为经济发展做出面临环境风险的牺牲,或是生态环境应该在多大程度上进行让步。因此,致力于生态保护的团体组织、个人和具有专业知识、把控科学风险的学者都应当有机会参与讨论,此为第三类公众。最后,负责舆论传播的媒体和与项目相关的其他政府部门也应参与风险沟通。〔41〕因为媒体在不充分了解情况时传播的舆论可能会误导其他群众。而之所以要让其他政府行动者参与解决政策问题,是因为"当代许多政策问题已经超越了传统职能部门的界限",像环境风险这样的问题,已经不可能依赖单一的政府部门来解决了。〔42〕

确定好程序权利的主体范围之后,必须明确该权利行使的程序或途径。根据约翰·克莱顿·托马斯的理论,在行政决策中,公众程序权利的行使在政府不同的决策模式下有四种行使途径:其一,改良式的自主管理决策。在该模式下,管理者从不同的公众群体中搜集信息,然后独自解决问题或指定决策,在这种途径中,公众的要求是否能在决策中得到反馈并不肯定,程序权利是否具有实效处于不确定状态。其二,分散

〔39〕 郑毅:《环境决策中的公民参与研究》,上海师范大学 2010 年硕士学位论文。

〔40〕 李国旗:《论行政决策中的公众参与权》,载《理论与现代化》2012 年第 5 期。上述分类是由学者李伟权提出的,也有学者认为公民在政府公共决策过程中享有的程序权利应当包含知情权和救济权,并且是否将只有少数国家公民享有的公共决策创制权、复决权和表决权纳入我国现行法律框架是有待考量的。

〔41〕 田良:《环境影响评价中公众参与的主体、内容和方法》,载《兰州大学学报》2005 年第 3 期。

〔42〕 [美]约翰·克莱顿·托马斯:《公共政策中的公民参与》,孙柏瑛等译,中国人民大学出版社 2010 年版,第 46 页。

式的公众协商。决策者分别与不同的公众团体进行协商,听取他们的观点和诉求,并在决策中予以反馈,在这种途径中,公众程序权利的效力非常明确。其三,整体式的公众协商。公众作为一个集合体与决策者进行协商,其程序权利具有实效,而且每个公众都有机会行使,但不要求每个人都实际行使。其四,公共决策。整合起来的公众与决策者试图在问题的解决方案上取得共识。这四种途径具体表现为问卷调查、听证会、座谈会等形式。然而,公众通过不同的途径参与风险决策,其权利产生的效力也不同,并且不是每种途径都是每个公众有均等机会参与的。根据我国现行立法,这些程序的启动权基本掌握在建设单位和政府机关的手中,如果其启动的是参与实效不高的程序,则虽然合法但却无法保障公众充分参与环境风险决策。因此,为了保障公众能够充分行使程序权利,程序权利本身应当包含启动程序权,即公众在环境风险决策中,对必不可少的程序具有向建设单位或政府机关申请启动的权利。

(三)公众行使程序权利的程序瑕疵的完善

公众行使程序权利的主要障碍在于程序瑕疵限制、参与效力有限。针对上述问题可以从以下几个方面加以完善:

1. 完善公众参与时间的相关规定

对于公众参与时间过短、参与时机过晚等问题,对应的解决方案应当是使公众提早介入,并让公众全程参与。具体是指让公众并不是在环评开始后、审批前才介入讨论,而是在拟议该项目存在的环境风险是否需要评估时就开始参与,直至项目建设投产。并且,在评估机构或主管机关进行具体征求意见的程序时,应当提高每个环节进行时间的下限规定,留出足够的时间以便通知公众并让公众能够准备好有效参与环境风险决策。[43]

2. 完善风险沟通方式的选择

在公众参与风险沟通中,法律一定要建立常规化的沟通渠道保障公民充分表达意见。在公示公开的沟通渠道中,公众可以随时向主管机关或评估机构反馈信息、发表意见。除了常规渠道外,公权力机关与建设单位、环评组织都应当组织座谈会、听证会等双向交流形式让公众参与风险沟通,而不是仅由建设单位等自由选择"其他形式",不给予"其他形式"一定的限制。

3. 提高公众参与风险沟通的效力

公众参与是否能够产生实效在我国主要依靠政府的推动。因此,要想提高公众参与的效力,关键在于明确政府的职责。首先,要明确政府信息公开的职责。在环保部门收到附具有采纳公众意见情况的环境影响报告书时就应当公开报告书附具的公众意见情况,在之后进行的审议并提出处理建议时也应当公示其审议的结论、提出处理建议的依据。审批机关在做出最终决策时也要将决策中对公民意见的采纳情况及时进行公示。其次,要明确政府回应公众质疑的职责。当公众认为报告书编制机构对公

[43] 在此借鉴了《奥胡斯公约》第6条第3款的规定。

众意见未采纳且未附具说明，或者对公众意见未采纳的理由说明不成立，并书面向负责审批或者重新审核的环境保护行政主管部门反映时，主管部门要及时对公众意见进行整理分析，并根据实际情况进行审查，最后将处理意见或审查结果及时向公众反馈。

七、公众参与环境风险决策的救济权利

（一）环境风险决策中公众参与救济权利的内涵

环境风险决策中公众参与救济权，是指在环境风险决策中，当公众参与权受到或者可能受到侵害时，公众通过行政、司法或其他争议解决部门获得补偿或补救的权利。[44] 与环境风险发生的事后救济不同，环境风险决策中的救济主要是公众对环境风险决策过程中出现的环境保护行政主管部门、审批机关、建设单位、环评机构等主体的违法性行为进行的权利主张。这种事前救济[45]对公众来说有着至关重要的作用，如果没有救济，公众参与权这一实体权利就形同虚设。从我国现行法律的规定来看，我国主要依靠行政手段来保障公众参与权的实现。然而，行政手段存在自身局限，仅靠公权力机关的自我监督和处罚是无法完全实现公民权利的保障的，这是由权力的属性所决定的。因此，为了实现权利的救济以及救济权的救济，公民救济权利应当包括行政救济权与司法救济权两类。

（二）环境风险决策中公众参与救济权利的行使

环境风险决策中公众参与救济权利的实现需要以下条件：

1. 独立的救济机构。如果公众只能通过行政机关的层级监督进行救济，那么将难以摆脱行政机关“自己做自己的法官”这一现实困境。因此，必须要存在独立于纠纷之外的机构对违法行为进行审查，并作出公正的救济结论。

2. 完善的救济程序。救济程序是公众行使救济权利最重要的条件。公众要想获得有效的救济，其可以行使的救济程序必须是明确、公正、及时且成本较低的。明确是指可寻求救济的机关、所需条件、救济无果的再救济、最终救济结果等程序信息必须是明确为公众所知悉的或轻易为公众获取的。公正是指该救济程序平等地适用于所有公众，并且救济的机关对违法行为的处理必须是公正、不偏私腐败的。及时是指必须有明确的时限要求保证行政或司法机关快速地作出处理结果，及时对公众参与权的损害进行补救。而成本包括时间和费用成本。如果救济费用过于高昂，时间过于漫长，人们行使救济权利的积极性就会受到打击。

3. 有力的救济结果执行。“公众寻求救济的目的并不是获得一份裁定书或判决书，而是其中的内容得到执行。”[46] 因此，当行政或司法机关作出决定或裁判时，只有

---

〔44〕 王兆平：《环境公众参与权的法律保障机制研究——以〈奥胡斯公约〉为中心》，武汉大学 2011 年博士学位论文。

〔45〕 这里的事前救济是指环境风险发生之前的救济，而非单指程序性权利受到损害之前的救济。

〔46〕 王兆平：《环境公众参与权的法律保障机制研究——以〈奥胡斯公约〉为中心》，武汉大学 2011 年博士学位论文。

救济结果得到及时、有力地执行，受损的公众参与权才能得到补救。

（三）环境风险决策中公众参与救济制度的完善

在行政与司法救济并行的框架下，要从以下几个方面完善救济机制：

首先，明确各方主体的法律责任。只有明确的责任分配才能让公众在权利受到损害时确定责任主体，并运用行政或司法渠道进行救济。因此，法律要进一步明确建设单位、规划编制机关、审批机关等主体在信息公开、风险评估、组织沟通、行政审查审批等各方面的法律责任。

其次，明确救济的权利和途径。虽然新《环保法》第57条第2款规定了公众针对政府部门的失职行为，有权向其上级机关或者监察机关举报，但对举报的效力未做出具体的规定。并且，仅举报这一条途径远远无法保障公众救济权利的实现，法律也未明确规定公众参与权受损的其他的救济权利和行使途径。虽然根据环境权理论，公民享有环境救济权利，但在法律未明确规定的情况下，该权利仅具有理论意义，而不具有现实价值。因此，法律应当明文规定公民享有救济的权利，并规定一些切实可行的方法途径让公众实现实体权利。

最后，拓宽司法救济渠道。现行法对公众参与权的司法救济渠道过于狭窄，在我国《行政诉讼法》的规定中，原告仅限于与被诉行政行为"有法律上的利害关系"的主体，这样一来，很多与环境风险决策无明确具体利害关系的公众将无法通过行政诉讼补救自己的参与权。虽然《检察机关提起公益诉讼试点方案》规定检察机关可以提起环境行政公益诉讼，但未规定公民寻求救济与检察机关的起诉之间的衔接问题，且现行法律也未对行政公益诉讼制度加以明确。因此，法律应当明文规定行政公益诉讼制度，明确检察机关或其他符合一定条件的主体提起行政公益诉讼的标准、范围、方式和程序等，让公众能够借助行政公益诉讼实现权利的救济。

结语

从上述研究可见，由于环境风险决策中公众参与权保障的缺失，环境群体性事件及环境污染后果相继发生。为了杜绝类似事件的再次出现，我国必须要建立完善的公众参与权利体系和运行制度。保障环境风险决策中的公众参与权，就是要保障公民在环境风险决策中的信息权利、程序权利和救济权利。因此，公众参与权制度必须要从信息公开、风险沟通、权利救济三个方面进行完善。只有落实协商式民主决策，建立长效的沟通机制，保障环境信息的充分公开、公众的全面参与，我国才能平衡经济发展与环境保护的二元价值，走向真正的环境法治。

司法理论研究

法官员额制改革进程中的几个逻辑问题

曹也汝*

内容摘要:作为本轮司法改革的核心内容,法官员额制改革的进展对于协调推进各项司法改革任务具有重要的示范意义,同时,法官员额制改革的推进又仰赖相关配套改革以及组织保障的协同跟进。在推进法官员额制改革进程中,要妥善处理好法官员额制改革"快"与"慢"的关系。法官员额制改革是本轮司法改革的突破口,而员额制改革的高度组织化特征也是改革得以迅速推进的重要条件,在快速推进法官员额制改革的同时,尤其要加大审判权运行机制改革等关联改革的推进力度。要正确认识法官员额制改革"多"与"少"的关系,员额制改革意味着要缩减现有法官数量,必然会进一步加剧法院的人案矛盾。在科学分配法官员额,加大司法辅助人员配备,建立审判团队提高审判效率以缓解员额制改革带来审判工作压力的同时,要努力探寻多元矛盾纠纷化解机制,改革诉讼制度和审判方式,实现案件繁简分流,以减轻法官工作压力。要科学对待法官员额制改革的"高"与"低"的关系,客观评价法院领导干部入额问题,防止简单地以职务高低来代替法官能力水平的高低。在统一入额标准,完善遴选机制,加大领导干部入额后办案考核的同时,更要积极推动法官法修改,祛除法院内部行政化管理机制,真正实现法官平等。

关键词:法官员额制　改革进展　内在逻辑

法官员额制改革无疑是本轮司法改革的标志性内容。继 2015 年 4 月上海法院率先启动员额改革试点并遴选出首批员额法官之后,各地法院也相继启动了法官员额制改革的试点工作。尽管中央为本轮司法改革制定了"路线图",制定了"时间表",但从试点情况来看,各地推进法官员额制改革的进度并不一致,为此,中央政法委和最高人民法院多次组织专项督查,强力推动改革进展。然而,司法改革毕竟不同于一般的工程建设,法官员额制改革的进展和成效除了需要决策部门改革的决心和力度外,还有赖于试点地区改革方案的科学性及配套条件的成熟度。因此,在认真落实中央关于司法改革的决策部署,大力推进法官员额制改革试点工作同时,我们有必要对改革进程中的一些现象和问题予以关注和思考,以进一步深化对改革发展路径的认识。

---

* 法学博士,江苏省高级人民法院法官,南京师范大学中国法治现代化研究院特邀研究员,江苏高校区域法治发展协同创新中心客座研究员。

一、法官员额制改革的"快"与"慢"

法官员额制改革的命题由来已久,最高人民法院 1999 年发布的《人民法院五年改革纲要》即已提出,要"对各级人民法院法官的定编工作进行研究,在保证审判质量和效率的前提下,有计划有步骤地确定法官编制"。这一改革目标的提出可以被视作我国法官员额制改革的雏形和开端。[1] 在最高人民法院的努力推动下,2001 年全国人大常委会在修改《法官法》时,特意在附则部分增设条文,"最高人民法院根据审判工作需要,会同有关部门制定各级人民法院的法官在人员编制内员额比例的办法",为法官员额制改革提供了法律依据。然而,与最高法院迫切推动改革的努力相对应的是,此后的十余年间,法官员额制改革却始终"只听楼梯响,不见人下来"。为此,有最高法院负责司法改革的官员在分析法官员额制改革之路为何如此漫长时不仅感慨"法官员额制之难"。[2]

法官员额制改革的再次出发则已经在党的十八大之后。针对我国司法机关长期以来人员混同、管理混乱的问题,2013 年 10 月,党的十八届三中全会提出了"完善司法人员分类管理制度"的改革目标。在此基础上,2014 年 6 月,中央全面深化改革领导小组第三次会议审议通过了《关于司法体制改革试点若干问题的框架意见》和《上海市司法改革试点工作方案》,本次会议在前一个文件明确提出"确定法官、检察官员额"的改革任务的同时,后一个文件则就上海率先启动包括法官员额制改革在内的司法改革试点工作作出部署,速度之快、效率之高,可见一斑。其后,2014 年 7 月最高人民法院发布的《人民法院第四个五年改革纲要》(2014 ~ 2018 年),2014 年 12 月中央政法委《关于司法体制改革试点中有关问题的意见》等一系列文件密集连续出台,迅速架构起法官员额制改革的基本制度框架。

在相关改革文件密集出台的同时,法官员额制改革试点工作也在紧锣密鼓地推进。继上海率先被确定为改革试点地区后,2014 年下半年,经中央批准,广东、青海等 7 个省(市)作为司法改革第一批试点地区,先行启动司法改革试点工作。2015 年 5 月 5 日,中央全面深化改革领导小组第十二次会议又同意山西、内蒙古、江苏、浙江等 11 个省(市、区)作为第二批试点地区,加入司法改革试点阵营。2015 年 12 月,中央全面深化改革领导小组第十九次会议审议批准《关于在全国各地推开司法体制改革试点的请示》,同意北京、天津等 13 个省(市、区)及新疆建设兵团推开司法改革试点。改革试点的迅速推开,充分展示了中央推进司法改革的力度与决心。

---

〔1〕 在这一文件中,最高人民法院还明确提出,计划"选择不同地域、不同级别的部分法院进行法官定编工作的试点","在总结试点法院经验、进行深入调查研究的基础上,2001 年向中央组织、人事部门提出法官编制的具体方案"。参见《人民法院五年改革纲要》(法发〔1999〕28 号),载《中华人民共和国最高人民法院公报》1999 年第 6 期。

〔2〕 2006 年,时任最高人民法院司改办副主任的蒋惠岭在《人民法院报》撰文,指出,"唯有法官员额制,在法官法修改 5 年之后仍在调研、试点阶段"。参见《人民法院报》2006 年 7 月 20 日,第 7 版。转引自丰霏:《法官员额制的改革目标与策略》,载《当代法学》2015 年第 5 期。

然而,与中央对司法改革的密集部署,强力推进相比,实践中,法官员额制改革的进展并不一致。除了不同改革试点批次的时间差异外,同一试点批次法院开展员额制改革的进展情况也不尽相同。例如,作为首批试点法院的上海第二中级人民法院,早在2015年4月即已遴选出首批员额法官,而同属于首批试点省份的首批试点法院的广东省茂名市法院自2014年启动改革试点,至2016年3月才完成首批员额法官选任工作。[3] 在改革路径、试点规模等方面,不同地区法院之间也存在很大差异。大部分省、市都采取试点法院先行,然后全省推开的改革推进方式,少部分地区如海南省则采取全省推开方式开展员额制改革试点,2015年7月首批即遴选1116名员额法官。[4] 法官员额制改革影响如此重大,即便是首批改革试点省份已经作了大胆探索的基础上,第二批、第三批改革试点地区并未简单照搬先行试点法院"可复制、可推广"的经验做法,而大多抱有积极谨慎的态度,按部就班地推进改革。针对各地改革进展不一的状况,2016年7月,中央政法委在长春召开的全国司法体制改革推进会上专门作了部署。这次会议之后,各地法官员额制改革的进程和速度明显加快。会议之后,中央政法委和最高法院对包括员额制改革在内的几项重点改革任务的进展情况到有关省份进行督查,一定程度上反映出中央对改革进展低于预期目标的担忧。

当然,快有快的理由,慢有慢的原因。从宏观上看,法官员额制改革的"快"与"慢"取决于中央推进改革的力度以及地方响应改革部署的积极程度,这显然与我国"政府主导型"的法治发展类型相关。本文无意就员额制改革法院久推不动,中央一抓就灵这一现象作过多解读,而是仅就本轮司法改革中法官员额制改革的快与慢的逻辑关系作初步的探讨。应当承认,在本轮司法改革涉及的诸多改革任务中,法官员额制改革无疑是社会关注度最高,中央推进改革力度最大的一项改革任务,这与本轮司法改革的特征以及法官员额制改革的性质密切相关。一方面,与以往历次司法改革不同,本轮司法改革将着力解决影响司法公正、制约司法能力的深层次问题作为改革重点,而在影响司法的诸要素中,人的因素无疑是最核心、最要害的因素。因此,本轮司法改革将推进司法人员分类管理,实行法官、检察官员额制作为改革的核心任务,是必须牢牢牵住的"牛鼻子"。实行法官员额制改革意味着将要打破长期以来人们习以为常,但僵化低效的利益格局,从根本上改变人员混同的管理体制。以此作为本轮司法改革的切入点和突破口,有助于直击问题要害,迅速打开改革局面。另一方面,相比较其他改革项目,在本轮司法改革中,法官员额制是改革进程较易掌控,改革成效容易量化的一项改革任务。得益于行政化管理体制的天然优势,组织推动是法官员额制改革的最主要方式,改革进展的快与慢,很大程度上源于上层领导的重视程度及推进力度。并且,无论是员额法官的遴选、法官等级的设置还

〔3〕 参见颜庆明:《茂名确认首批员额法官检察官216名》,载《茂名日报》2016年7月19日。
〔4〕 参见《海南省首批进入员额法官、检察官人选公示》,载《海南日报》2015年7月18日。

是工资福利的增长,都是直观可见的改革成效。通过迅速推进改革,可以在较短时间内取得可以量化比较的改革成果,有助于凝聚人们的改革共识,增强改革的信心。此外,法官员额制改革涉及众多人员的利益调整,是本轮改革中一块难啃的“硬骨头”,通过迅速推进改革,可以向人们昭示中央深化改革的决心和力度,对推动其他一系列改革具有积极的示范作用。基于法官员额制改革的这些要素特质,我们就不难理解中央快马加鞭、层层施压,快速推进法官员额制改革的良苦用心了。

然而,员额制改革是否越快越好呢?本轮司法改革的重点是解决影响司法效能和司法公信的体制机制问题,必然涉及工作方式及利益格局的重大调整。为保证司法工作的延续性和司法队伍的稳定性,大部分试点地区都在改革方案中设定了 3 年到 5 年不等的改革过渡期。法官员额制改革是对现有法官管理体制的一场“伤筋动骨”式的自我革新,在思想工作不到位,对审判工作缺乏周到安排的情况下,仓促推进改革,将有可能对队伍建设及审判工作带来巨大冲击,进而影响改革的成效。正因如此,在先行试点的法院已经作了大胆探索的情况下,后续开展试点的法院在员额制改革时仍然持有小心谨慎的态度。另外,法官员额制改革能否顺利推进,还有赖于相关配套改革措施的跟进和落实,其中与员额制改革联系最为密切的当属审判权运行机制改革。围绕习近平总书记提出的“努力让人民群众在每一个司法案件中都感受到公平正义”这一目标,[5]2013 年年底,最高人民法院制定了《关于审判权运行机制改革试点方案》,计划通过在上海第二中级人民法院等全国 13 家法院开展为期两年的审判权运行机制改革试点,建立起符合司法规律的审判权力运行模式,真正实现“让审理者裁判,由裁判者负责”。[6] 如今,为期两年的试点已然结束,除最高人民法院在 2015 年 9 月发布《关于完善人民法院司法责任制的若干意见》中明确“除审判委员会讨论决定的案件以外,院长、副院长、庭长对其未直接参加审理的案件的裁判文书不再进行审核签发”,部分让渡裁判文书签发权外,对改革后法官在审判组织中的职权地位、审判组织的运行模式、审判管理权与司法责任的分担等问题尚缺乏进一步的规定,而这些问题都和员额法官的选任及管理密切相关。在新型审判权力运行模式尚未确立,员额法官的职权要求尚不明朗的情况下,开展员额法官遴选工作,难免有学者提出员额制改革会不会出现“新机构和新制度下,踊跃着的依然是‘旧法官’”的“新瓶装老酒”的担忧。[7] 此外,与法官员额制改革密切相关的法官助理制度、书记员制度、人财物省级以下统一管理制度等改革进展相对滞后,这些都对法官员额制改革的进展造成一定影响。

当然,在当前的改革形势下,我们不能寄希望法官员额制改革能够放慢节奏,或是停下来等一等,让其他改革措施能够跟上来。在大部分地区首批员额法官已经产

〔5〕 参见习近平:《在首都各界纪念现行宪法公布施行 30 周年大会上的讲话》,人民出版社 2012 年版,第 10 页。

〔6〕 参见蒋惠岭:《论审判权运行机制改革》,载《北京行政学院学报》2015 年第 2 期。

〔7〕 参见叶竹盛:《司法改革要改掉三种法官》,载《南方都市报》2015 年 3 月 1 日,第 A02 版。

生,法官员额制改革进入实质性运作的阶段,在关注法官等级提升及工资保障水平提高的同时,更要加大审判权运行机制改革等配套改革的推进力度,以适应法官员额制改革进展的需要。

二、法官员额制改革的“多”与“少”

在法官员额制改革中,员额法官的多与少问题无疑是人们关注的焦点。开展员额制改革的初衷,即是要压降现有法官的数量,引入竞争机制,提高法官质量。因此,在员额制改革之初,中央政法委即提出39%的员额比例限制,即一省员额法官数量应当控制在其中央政法编制的39%之内。相关领导也在会议上反复强调,这一标准必须坚守,不仅不能突破,还要留有余地。在推进员额制改革的进程中,针对各地司法机关人员编制不平衡的历史因素及部分地区人案矛盾异常突出的现实问题,2016年7月,中央政法委书记孟建柱同志提出,“考虑到我国80%左右的案件在基层,对“案多人少”矛盾突出的区、县法院检察院,可考虑把事业编制人员纳入员额比例的基数,以留住原来在一线办案的业务骨干。在此基础上,如果这些地区仍存在案件多、办案人员不够的,可以考虑把员额比例提高到40%左右”。[8] 笔者认为,这一讲话固然体现了中央领导同志尊重客观,实事求是的改革态度,也有着减少矛盾冲突,加快推进改革进程的考虑,但我们切不能将此作为员额制改革的新标准,更不能因此而得出员额比例将放宽,员额制改革出现松动的结论。随着诉讼制度改革、人员分类管理改革等配套改革的推进和落实,这一标准还有可能进一步下降。

关于39%的员额比例限制是否合理,还值得进一步的研究和商榷,但在法官员额制改革已经万舟竞发的态势下,一个更为直接和关键的问题是,如何在39%的员额限度内来确定和分配法官员额。由于各省中央政法编制数大体恒定,在本届政府作出的财政供养人员只减不增的承诺下,近期通过编制调整增加员额法官数量的可能性不大,这就让各试点地区在确定首批法官员额比例时面临两难局面。一方面,首批员额比例不能过高。比例过高既与中央提出的“留有余地”的要求不符,客观上也会放宽法官入额的条件,让那些不符合司法改革要求的人进入员额,有可能造成员额制改革的目标落空。同时,过高的比例也会大大压缩未来人才选拔的空间,让一些优秀的年青人看不到发展的希望而心生去意,更为今后法院面向社会遴选法官和从下级法院遴选法官设置了无法逾越的障碍。另一方面,首批员额比例也不能过低,比例过低则意味着要大幅削减现有法官人数,由此引发的队伍管理的矛盾和风险将大幅增加,客观上加大改革推进的难度。并且,在一些案件数量大的地区,员额比例过低无疑将会进一步加剧法院的人案矛盾,使本已十分突出的“案多人少”问题更加难以解决。如何在精简法官队伍同时,应对日益增长的案件压力,不仅要有壮士断腕、刮骨疗伤的改革勇气,更需要对改革形势精准判断和周密细致的制度安排。

---

〔8〕 孟建柱:《坚定不移推动司法责任制全面开展》,载《长安》2016年第10期。

结合笔者曾经参与的江苏法院员额制改革实践,有这样一些经验做法值得进一步总结和思考。

第一,将案件量作为员额测算及分配的重要依据。尽管员额制改革对审判工作的影响无可避免,但执法办案始终是法院的中心任务和立足之本,如果法官的减少造成大量案件办不出去的情况,法院既会面临巨大的社会压力,也势必动摇改革的正当性。由于案件种类及法官个体素质的差异,很难对一个法官能够承受多大的案件压力作出准确测算。2014 年,江苏法院在全省范围开展案件饱和度调研,通过大量的数据统计和分析调查,测算不同类型、不同审级案件耗费的工作量,进而得出理想状态下法官能够办理案件的极值。在测算首批员额比例时,根据近年来案件增长态势及法官在理想状态下能够承受的案件压力,提出员额比例。由于各个法院编制不平衡、案件不平衡,在分配员额时,将各个法院近 3 年受理案件按照一定案件权重系数进行折算,再结合各个法院编制数及法官结构等情况,综合测算各个法院首批入额法官人数。全省法院最高的是苏州吴江区法院,达 50.91%;最低的盐城开发区法院,仅为 20%。在法官人数整体核减的情况下,将审判资源向办案任务重的法院倾斜。当然,这种员额分配方式的局限性也非常明显,一些办案任务重的法院因员额数多,现有法官大多能够进入员额,甚至有少数法院出现员额数高于申请入额人数的情况;而一些编制数大但员额数少的法院,具有多年审判经验的资深法官却难以入额。从长远来看,还需要积极推动省级以下人、财、物统一管理改革,在各个法院编制人员能够动态调整的情况下,逐步实现员额法官的全省遴选,才能真正实现好中选优的目标。

第二,加强审判辅助人员配置。审判辅助人员力量不足,是长期以来影响法官办案数量和质量的重要因素。根据统计,我国法官与司法辅助人员的配比为 1:0.45,两名法官还配不上一名辅助人员,因此,法官不得不耗费大量的时间和精力从事本应由辅助人员承担的事务性工作,有学者认为,这是我国法官办案数不及其他国家和地区法官的重要原因。[9] 最高人民法院早就意识到这一问题。在 1999 年《人民法院五年改革纲要》中即已提出建立独立的书记员、法官助理队伍的目标。此后,2003 年,最高人民法院还会同中组部出台《人民法院书记员管理办法》,试行聘任制书记员制度。其后,2004 年和 2008 年,最高人民法院先后在全国数百家法院开展法官助理改革试点。[10] 这些改革有些无疾而终,有些名存实亡,还有一些如聘任制书记员改革则明确宣告失败,审判实践中审辅搭配不合理的问题始终未得到有效解决。针对司法实践中书记员力量不足,严重拖累法官工作进度的问题,江苏法院自 2013 年起开展聘用制书记员改革试点工作,在编制内书记员无法满足需要的情况下,通过面向社会招录方式,利用几年时间建立起一支聘用制书记员队伍。在增加人数的同时,加强对书记员的考

---

〔9〕 参见陈永生、白冰:《法官、检察官员额制改革的限度》,载《比较法研究》2016 年第 2 期。

〔10〕 其中 2004 年选定海南高院、常州中院等 18 家法院,2008 年在西部 12 个省挑选了 800 余家法院进行试点。

核和培训,提高书记员工作技能。目前,全省法院书记员与员额法官的配比已经超过1:1。[11] 下一步,随着法官助理制度的逐步确立,审判辅助力量还将进一步增强,这无疑将有效减轻员额法官的工作压力。当然,对辅助人员的作用,我们也不能过高估计,书记员、法官助理固然可以承担案件审理中的事务性、程序性工作,但审判的核心事务仍将由法官执掌,同时,法官与审判辅助人员的配合协调也是影响法官工作量的重要因素。

第三,挖掘审判潜力。面对不断加剧的人案矛盾,近年来,不少法院在调整司法资源配置,将人员力量尽可能向一线办案部门倾斜的同时,也在积极探索建立审判团队、实行要素式审判等方式,努力发挥"1+1>2"的资源整合优势。例如,作为全国审判权运行机制改革的江阴市法院,自2012年起,在全院范围内试行"主审法官+法官助理+书记员"的(1+N+N)的人员组合模式,先后组建了26个规模不一的审判团队,每个团队集中审理一至两类案件,对案件实行繁简分流,推行要素式审理,有效提高办案效率。截至2014年,在案件数量大幅增长,办案人员未增加的情况下,案件受理数与审执结数分别较改革前的2012年增长75.2%和53.1%。[12] 当然,审判团队建设是否能够成为解决"案多人少"矛盾的万应灵药,还需要进一步的探索和观察。实践中,我们也注意到,审判团队在针对某些特定类型的案件审理效果比较明显,而对于大量的民间普通纠纷,其提质增效的作用不是很突出。另外,审判团队发挥作用,还需要内部成员高度的协调一致及密切配合,这就需要相应的激励机制来保障团队各个成员的积极性。江阴法院作为东部发达地区经济保障水平高的法院,在这方面有着得天独厚的优势。针对员额制改革后未能入额的法官,从中央高层领导到学界都普遍认为,不能让这些审判资源流失,一个可行的办法是将其编入审判团队,在员额法官的指挥下继续发挥作用。但是,在身份发生变化,待遇存在落差的情况下,如何保证这些人的工作积极性,这是在推进改革过程中各级法院无法回避的现实问题。

当然,创造各种条件,让入额法官能够"多拉快跑"绝非法官员额制改革的本义,而只能是改革过渡期在法官人数减少的状况下应对"案多人少"矛盾的权宜之计。从长远来看,还是要通过建立多元矛盾解决机制,改革诉讼制度,推动社会诚信体系建设,不断提高社会管理水平,实现规则之治,在根源上减少矛盾纠纷的发生。只有如此,法官才能真正告别司法劳工的悲情角色。因此,对于员额制改革可能引发的司法阵痛,我们必须有清醒的预期和足够的思想准备。

三、法官员额制改革的"高"与"低"

法官员额制改革的一个基本思路是通过员额控制,提高法官的入职门槛,从而实

---

〔11〕 江苏法院首批员额法官是6203人,截至2016年11月30日,全省法院共有书记员8624人,其中聘用制书记员4901人。

〔12〕 参见王立新:《建立法官员额制是中国法官职业化的必由之路:以江阴法院司法改革为样本》,载《人民司法》(应用)2015年第12期。

现法官的优胜劣汰。对于这一思路,早在 2002 年,时任最高人民法院副院长的祝铭山即已指出,“只有对法官定额,才能够将真正符合条件的审判人员确定为法官,把现有法官中的优秀人才选拔出来,担当行使审判权的重任”,同时要“淘汰不合格人员,进一步优化法官队伍”,以实现造就一支高素质法官队伍的目标。[13]

然而,在实践中,如何区分高素质的法官和低素质的法官,却并非一个非黑即白的简单选择。由于缺乏对法官素质能力进行科学评价的评估体系,长期以来我们对法官素质要求的认识和态度是模糊不清的。在法官法施行之初,针对当时法官来源复杂,文化层次总体不高的现实状况,提高学历层次成为提高法官素质的首选。1995 年《法官法》规定“具有高等院校法律专业毕业或者高等院校非法律专业毕业具有法律专业知识”,作为担任法官必须具备的条件。2001 年修改《法官法》时又进一步将其提高为“高等院校法律专业本科毕业”。[14] 因此,在相当长的一段时间内,法官学历层次的进步成为法院向社会宣传法官队伍素质提高的一个重要指标。但是,在《法官法》已经施行 20 年,法官的学历层次已经高度同质化的现状下,特别是随着我国高等教育的快速发展,文凭学历的含金量已经大幅降低,再以此作为评价法官素质的依据,很难取得人们的认同。在法官素质评价上,也有人借用霍姆斯“法律的生命不在于逻辑,而在于经验”这一经典名言,强调法官资历对于审判经验积累,司法技艺提升的重要性。认为年资较长的法官“在事实认定、社会沟通和协调能力上可能会比年青法官要强一些”。[15] 然而,在案件数量快速增长,新类型案件不断出现的情况下,受过系统法律教育,拥有扎实理论功底的青年法官无论在办案精力上还是对新知识的接受速度上,都有着无可否认的天然优势。

对法官素质的评价具有如此多的不确定性,但是,在实践中却存在一个可资参考的重要依据,那就是干部选拔。长久以来,我们选拔干部的一个重要原则是“德才兼备,唯才是举”,其中尤其强调“不唯资历、不唯学历,唯能力”,而能力恰恰是反映干部素质的核心内容。按照这一逻辑,能够选上的,应当都是素质高、能力强的。然而,干部选拔能否替代法官遴选呢?换言之,法官职位的高低能否等同法官素质的高低呢?应当承认,在现阶段的干部选拔体制下,各级法院从业务部门走上领导岗位的法官大多数是具有丰富审判经验和优良司法业绩的精英。但是,同样不能否认的是,在现阶段高度行政化的法院管理体制下,这些法官一旦走上领导岗位,将要承担大量繁重的行政管理事务,离办案一线渐行渐远,即使参与办案,也大多是参与审判委员会讨论案件,听听汇报,拿拿意见,长此以往,难免会出现眼高手低,动口可以、动手不行,提意见可以,提建议不行的能力蜕化现象。此外,受“劳心者治人,劳力者治于人”的传统观

---

〔13〕 参见祝铭山:《大力加强法官职业化建设、努力开创人民法院队伍建设新局面——在全国法院队伍建设工作会议上的讲话》(2002 年 7 月 6 日),载《中华人民共和国最高人民法院公报》2002 年第 4 期。

〔14〕 该法同时明确:“适用这一学历条件确有困难的地方,经最高人民法院审核确定,在一定期限内,可以将担任法官的学历条件放宽为高等院校法律专业专科毕业。”

〔15〕 参见胡道才:《推行法官员额制改革的两个基础问题》,载《唯实》2014 年第 11 期。

念影响，当担任领导职务的法官适应了作为管理者的角色后，往往很难放下身段，重新回到审判一线，再干劳力者的活。笔者曾经就近年来一些法院人领导岗位上退居二线的法官进行过调查，愿意重回审判一线办案的极为罕见。这些具有多年审判经验的法官宁可回家休养，也不愿意放下身段和自己曾经的管理对象一起审理案件。这种特权思想和等级意识一旦形成，便难以根除。

基于上述因素，中央政法委和最高人民法院对于员额制改革中领导干部入额问题态度比较模糊，实践中各试点地区的做法也不尽相同，有些地区是硬性规定领导干部入额的比例，如山西规定试点法院领导干部入额数控制在领导班子职数的30%以下，吉林规定中级法院领导干部入额比例不得超过本院领导基数的40%、基层法院不得超过50%。还有一些通过变相设定门槛，限制领导干部入额，如湖北规定纪检组长、政治部（处）主任一旦申请入额，便需辞去领导职务等[16]在改革初期，这些规定固然可以在一定程度上减缓人们对领导干部与普通法官争员额的担心和疑虑，有利于钝化矛盾，推进改革，但并未在法理上对领导干部入额问题作正当性的解释，更没有消除在下一步的改革中领导干部利用优势地位与普通法官争员额的风险。因此，职务高的法官与职务低的法官如何平等竞争入额，入额之后如何发挥作用，仍然是法官员额制改革进展中必须认真回应的现实问题。笔者认为，有这样三个方面的因素值得进一步关注和思考：

第一，要建立相对独立的法官遴选机制。对于领导干部入额问题，在2015年7月召开的司法体制改革试点工作推进会议上，孟建柱同志明确指出，“领导干部入额，要按照程序和标准参加遴选。如果遴选都不敢参加，谁还会信服你？只有符合程序和标准，并与其他员额法官检察官一样办案，自己才有底气，干警才会服气”。从各种媒体渠道看到的关于员额制改革试点的消息来看，大部分地区都提到领导干部入额经过严格遴选，但具体如何遴选，则透露不多。但是笔者注意到一个细节。从各地遴选方式情况来看，绝大多数地区都采取“考试+考核”的方式，尽管考试内容、题型、人员范围各不相同，但鲜见有法院领导参加考试的。尽管可能有法院领导不屑与下属同台竞技的因素，但也不排除有领导疏于业务不敢考的因素。虽然一张考卷定前程并不合理，但在目前情况下，它无疑是形式上最公正也是最难操控的方式。当然，由于职责分工不同，要求领导干部与普通法官按照同一标准考试、考核入额，不尽现实，也不符合实际。但是，只要法官遴选的考试考核是由法院主导的，就难免出现居于优势地位的人在制定规则时作出有利于自己的选择。要避免这种“自肥”现象的发生，还是要将法官遴选的规则制定交由第三方，如法官遴选委员会或人大，并且在组织实施中公开透明，严格接受内部和外部的监督，遴选出的法官才能得到各方认可。

第二，要进一步明确领导干部办案标准。对员额法官的办案问题，中央政法委在《关于司法体制改革试点中有关问题的意见》中明确要求“进入员额的法官、检察官必

---

〔16〕 参见陈永生、白冰：《法官、检察官员额制改革的限度》，载《比较法研究》2016年第2期。

须在司法一线办案。担任法院、检察院领导职务的法官、检察官办案要达到一定数量"。有关领导同志也多次强调,领导干部入额必须亲自办案,对办案质量终身负责。并提出对那些进入员额不办案、少办案或挂名办案的领导干部,要严肃纪律,予以查处。在此要求下,已经启动员额法官遴选的试点法院,均对入额领导干部提出相应办案要求。例如,广东提出,基层人民法院入额的院领导必须三分之一以上时间用于办案;北京法院则提出院长、副院长审理案件数量不少于十二件,庭长不少于法官平均结案数的 20%。海南则是以上一年度法官人均办案数为基数,规定高、中、基层法院副院长办案数不低于 10%、20%、30%,庭长则分别不低于 40%、50%、70%。[17] 这种按照级别来分配办案量的情况虽然照顾到各级领导干部承担行政事务的差别,但无疑强化了的司法审判的行政化色彩,难以体现领导干部入额的意义,同时也难以杜绝少办案、挂名办案现象的出现。因此,一方面,要进一步精简领导干部的行政事务,让进入员额的领导干部把更多的精力投入审判工作中去。另一方面,要细化对领导干部办案的考核,不仅要明确办案数量,而且要明确所办案件的类型;不仅要担任审判长审理案件,更要亲自承审案件。要建立案件甄别和筛选机制,让领导干部带头承办疑难复杂和新类型案件,发挥典型示范作用。通过强化办案考核,让真正高素质的领导干部激发办案热情,找到成就感,让那些能力一般,不愿承担办案责任的人员知难而退,让出法官员额。

第三,要努力消除员额法官的行政化色彩。对于领导干部入额问题,尽管中央领导反复提出要求,试点地区也进行了积极探索,但只要员额法官中存在"领导"和"被领导"之分,人们对员额制改革被异化的担忧就始终会存在。扬汤止沸,孰如抱薪去火,要破除行政权力干扰法官遴选这一怪圈,还是要努力淡化员额制改革中的行政化色彩。正如有学者指出的,法官员额制"改革的主导策略还在于通过对法官等级制度进行修正,将行政职务的任免与法官等级的评定彻底脱钩,在未来的实践中将改革重心放在'去行政化'的核心目标上,处理法官员额的稀缺性与开放性、法官身份的终身性与流动性的矛盾,逐步实现人员身份安排上'行政管理/案件审判'的'分离模式'"。[18] 因此,一方面,要继续推进审判权运行机制改革,彻底改变目前层层审批,上命下从的审判管理模式,还权于合议庭,还权于法官,真实实现"让审理者裁判,由裁判者负责"。另一方面,要积极推动《法官法》修改,取消现行《法官法》第 2 条规定的法官"包括院长、副院长、审判委员会委员、庭长、副庭长、审判员和助理审判员"的表述。在法院内将相关职务分为法律职务和管理职务两种,法官的法律职务名称即为法官,职务层次按照年资分为不同法官等级,并依此确定相应的待遇,法官的法律职务没有任期的限制;如果法官同时承担管理职责的,可以另设管理职务,即院长、副院长、庭长、副庭长,依其不同的管理职务在法律职务之外另行给予相应的待遇,但管理职务应

---

〔17〕 参见商西:《孟建柱:法检领导干部入额须遴选并亲自办案》,载南方网:http://news.southcn.com/china/content/2016-07/20/content_151823519.htm,最后访问日期:2016 年 12 月 1 日。

〔18〕 参见丰霏:《法官员额制的改革目标与策略》,载《当代法学》2015 年第 5 期。

当设定一定的任期,防止长期担任管理职务引发行政化倾向。只有在法律层面去除法院内部行政化的土壤,真正实现法官平等才有希望。

法官员额制改革已然迈出重要一步,但仍面临着一系列艰巨的挑战,在深入推进法官员额制改革的过程中,既要明确改革的目标和任务,坚守改革的方向不动摇,又要把握改革的路径和条件,积极稳妥处理好改革过程中各种矛盾问题,最大限度凝聚改革共识,蹄急步稳推进改革。

论非法证据排除程序中的证据规则若干问题

陈鹏飞*

内容摘要：非法证据排除程序的运行也应遵守一定的证据规则，证据材料是否被认定为非法证据并适用排除规则，同样只能以证据为依据。"情况说明"这类的说明型的证据材料，必须具有完整的法定形式，也需要其他证据的印证和侦查人员出庭制度来加以保障。同步录音录像应当以原始性为原则，并具有完整的保管链条，同步录音录像的内容上的完整性也是强化证明力的关键。在证明标准上，对非法证据的认定以及排除规则的适用应当设置严格的证明标准，并通过赋予被告人就非法证据排除问题单独上诉权的方式对法官自由裁量权进行合理的限制。

关键词：非法证据　证据能力　证明力　证明标准

非法证据排除问题，历来都是各国刑事诉讼中的一大难题，有着极强的技术性和争议性。在我国，历次刑事诉讼法修改时都确定了非法取证的禁止性条款，但由于缺乏可操作性的程序保障，致使非法证据排除规定成为睡眠条款。我国真正意义上建立非法证据排除规则，明确非法证据排除程序，还是始于 2010 年的两个《证据规定》。两个《证据规定》的出台，使非法证据排除具有可能性，是我国刑事诉讼制度改革的里程碑。

在过去相当长的一段时期内，公安机关都呈现出过度的强势，以其强势的政治地位和先进的侦查手段，几乎绑架了起诉与审判，整个刑事诉讼程序呈现出强烈的侦查本位色彩，侦查权成了一匹脱缰的黑马。高度自治的侦查权是极度危险的，每一起冤假错案的曝光，我们在其背后都能找到非法取证的影子。非法取证的后果是显而易见的，但如何界定非法证据却又是高难度的。这既要求相当的立法技术和司法能力，还要排除部门利益的纠纷。将非法证据排除在法庭之外，已经成为社会共识。特别是近年来网络民意的崛起，一系列冤假错案陆续曝光，引起了社会公众对于刑事证据制度的反思，并发现侦查环节的高度自治是造成这些冤假错案的主要因素，缺乏约束的侦查权以及由此导致的权力越轨，使司法权无力守住最后一条社会防线，并直接催生出了两个证据规定的出台以及非法证据排除规则的建立。

非法证据排除规则建立以来，学界与实务界对此关注度极高，已成为刑事诉讼法学研究的热点话题。但是，从目前的研究成果来看，更多的还是关注非法证据排除的实体性问题，如什么样的证据应当被认定为非法证据，而对于非法证据排除程序内在的证据规则却关注甚少。我国刑事诉讼理论界对于程序性裁判程序一直都不甚重视，

* 重庆市北碚区人民检察院助理检察员，法学硕士。

作为典型的程序性裁判程序,非法证据排除程序中的证据问题存在诸多现实问题,直接影响到非法证据排除的实践效果。尽管从证据法学通说来讲,程序性事实的证明无须建立严格的证据规则,不应过于强调其证据能力的限制,采用自由证明的方式即可。但是,非法证据排除程序与回避、管辖等程序性裁判程序又有明显的不同,不仅对最终的定罪量刑有着深刻的影响,还涉及激烈的利益冲突,因此,应当建立相对严格的证据规则。并且,从立法设计上来看,非法证据排除程序与回避、管辖等程序性裁判程序有明显的区别,后者由于只是纯粹性的程序性事由,对于实体裁判也没有直接的影响,因而几乎完全附庸于审判程序;而非法证据排除涉及的利益冲突较大,能够在相当程度上影响实体裁判,具有一定的独立性,俨然成为一种"程序中的程序",因此有学者称之为"诉中诉""案中案"或者"审判之中的审判"。[1] 鉴于非法证据排除程序的特殊性与敏感性,有必要专门讨论该程序中的相关证据问题。

一、关于证据能力问题

所谓的证据能力,是指证据材料能够作为证据采用的能力和资格,解决的是证据之所以能够成为证据的资格问题。[2] 排除非法证据,否定的是证据的证据能力,使之无法成为认定案件事实的依据,实质上也是对侦查取证行为合法性的否定,启动非法证据排除程序,是为了解决侦查取证行为合法性质疑。根据司法解释,被告人申请排除非法证据时,需要向法庭提供涉嫌非法取证的人员、时间及内容等方面的相关线索或者证据,法庭经过审查认为可能存在非法取证情形的,就可以启动非法证据排除程序,并产生证明责任倒置的法律效果,由公诉人接着针对被告人的非法取证指控进行证明。在证据能力方能,刑事证据立法对于公诉人和被告人作出了不同的安排,对于被告人而言,立法并没有提出过高的要求,对其提出的线索或者证据并未设置过多的资格性限制,对被告人提出的线索或者证据所具有证据能力几乎是持默认的态度,只要让法官对侦查人员侦查取证行为合法性产生合理怀疑的,便可启动非法证据排除程序。我国刑事证据立法关于非法证据排除程序中证据的证据能力的限制,主要是针对公诉人的,公诉人用以证明侦查取证行为合法性的证据能否具备证据能力,立法对此进行了一定的规制。下面主要探讨司法实践中最为常见的同步录音录像和"情况说明"的证据能力。

(一)同步录音录像的证据能力问题

司法实践中,被告人申请非法证据排除的理由,大多是审前供述过程中受到了刑讯逼供,以此为由控诉侦查人员的侦查取证行为违法。为了证明审前侦查取证行为合法,最直接、最有效的证据便是同步录音录像,将审讯过程直接向法庭展示,直接证明侦查人员并未采取刑讯等非法行为。关于同步录音录像的证据能力,司法解释只是强

---

〔1〕 陈瑞华:《程序性制裁理论》(第2版),中国法制出版社2010年版,第23页。

〔2〕 潘金贵:《证据法学》,法律出版社2013年版,第42页。

调录音录像的原始性，系第一手资料，没有经过加工、制作。目前，立法对于同步录音录像的证据能力问题涉及不多，因而造成实践中做法不一，法官的把握尺度也不尽相同。笔者认为，审查同步录音录像的证据能力时，除了审查其原始性要求之外，对其来源和保管过程问题也应高度重视，即同步录音录像的来源是否明确，保管链条是否完整。

审查同步录音录像的原始性，主要考察其是否是第一次制作的那份。原则上，用以证明侦查取证行为合法性的同步录音录像应当是原始版本，而不能是复制的。但在特殊情况下，确实不能提供原始同步录音录像的，应当允许公诉人提交复制件，但要严格限制复制件的使用，所有的复制件必须经过严格的制作，并经制作人员签名。重点审查不能提交原件的原因以及原件存放地点，审查复制的人员是否主体合法，复制过程是否严格。

审查同步录音录像的来源是否明确，主要是考察制作主体的合法性。同步录音录像的制作主体，一般包括侦查人员或者专门的技术人员，除此之外的制作不应当被允许，如果不是合法主体制作的同步录音录像，则不具备证据能力。

审查同步录音录像的保管链条是否完整，主要考察其从制作到保管的整个过程是否严格，是否能够保证同步录音录像的真实性。一份同步录音录像制作完成后应当进行密封，并载明制作时间、地点等基本内容，并由制作人员和被讯问人当场签名、密封，无法定理由不得私自拆封。在提交法庭之前，同步录音录像应当保管在专门的场所，不得私自播放、加工或者外借。对同步录音录像施以严格的形式要求，主要是为了证明该项证据从制作到提交法庭的期间，制作、保管、处理到提交法庭的整个过程是妥善的，没有出现过保管链条的断裂，其真实性是不容置疑的。

（二）“情况说明”的证据能力问题

在非法证据排除程序中，为了证明侦查取证行为具有合法性，公诉人经常向法庭提交由侦查人员（或侦查机关）出具的“情况说明”，《非法证据排除规定》也明确规定了这类解释说明材料的证据资格。一般来说，公诉人提交的“情况说明”，都是由侦查人员拟定并签名，并加盖侦查机关的公章，以示该“情况说明”的真实性与完整性。在《非法证据排除规定》出台之前，遇有被告人控诉非法侦查取证情形时，公诉人也会向法庭提交类似的“情况说明”，有时还没有侦查人员签名，仅仅是加盖公章，而法庭往往将“情况说明”视为案件卷宗的一部分，直接认可其证据能力，这过高地认定了“情况说明”的证明价值。[3] 在《非法证据排除规定》出台后，对这类“情况说明”的证据能力问题有了明确的法律规定，即要求有关人员签字或者盖章，从形式上对“情况说明”的证据能力进行了限制。

应当说，立法对于“情况说明”证据能力作出的限制是合理的，解决了这类证据的证据能力认定上存在的过于随意的问题。这类“情况说明”没有侦查人员签名或盖

〔3〕 郭晶：《程序类情况说明的证据能力分析》，载《国家检察官学院学报》2013 年第 4 期。

章，就相当于证据来源问题未明确，在有侦查人员必须出庭接受询问时法庭就无从通知，相当于剥夺了被告人的质证机会。侦查人员签名或盖章，还解决了证人责任问题，否则如果侦查人员没有签名或盖章，一旦发现该“情况说明”系伪造的，造成严重后果需要追究责任时，责任主体都无法落实。从本质上讲，这类“情况说明”属于证人证言，是侦查人员就其办案过程中所感知的事实向法庭作出的陈述，并以书面的形式表现出来。因此，对于没有侦查人员签名或者盖章的，必须否定其证据资格，不得作为定案的根据。在实践中，有的办案人员将“有关讯问人员签名或者盖章”理解成讯问人员签名或者单位盖章，并以此为由在“情况说明”上只是加盖公章，而拒绝在“情况说明”上签名，以避免成为责任主体。很显然，这种理解系曲解立法，立法规定的“签名或者盖章”应当都是针对侦查人员的，即侦查人员签名或盖章是必选项，单位盖章是可选项。事实上，侦查人员在“情况说明”上签名也不必然能够证明其内容的真实性，只是为了落实责任主体所设置的形式要件，在有必要的时候法庭可以有针对性地通知相关人员出庭作证，保障被告人的质证权利。

那么，在一份“情况说明”具备了侦查人员签名或盖章的形式要件时，法庭是否就要一律认可其证据能力呢？从目前刑事证据立法和实践做法来看，似乎是认可这一观点，但笔者认为，这样简单的做法有失妥当，应当从严把握。证据能力主要涉及证据的形式合法问题，因此，只要被告人对于侦查人员出具的“情况说明”没有异议的，法庭可以直接认可其证据能力。但是，如果被告人在庭前对“情况说明”的真实性存在异议，并经法官审查，其提出的理由可能成立的，那么就不应当直接认可其证据能力，而是要通过侦查人员出庭来解决问题。[4]

二、关于证明力问题

自非法证据排除制度建立以来，该程序的实践运行还不够顺畅，证明指控证据的合法性的过程往往流于形式，指控方能够很容易就完成了自我救赎。两个《证据规定》出台5年来，被告人的法律意识逐渐增强以及专业的辩护律师的介入，有越来越多的被告人对侦查人员提出非法取证的控诉，而与之相对应的是，指控证据被认定为非法证据并予以排除的情况还比较罕见。出现这种不对称的情形，是侦查人员确实做到了严格依法办案吗？此说法很难具有说服力，侦查取证过程中的违法现象依然存在。出现非法证据排除难的困境，问题就出在非法证据排除程序的证据规则，特别是证据的证明力把握问题。现代刑事诉讼，法律一般不专门规定证据的证明力大小，证据是否具有真实性和关联性，能否直接据此认定案件事实，而是由法官、陪审员根据经验、理性和良心来自由判断。[5] 证据的证明力问题，主要包括证据的真实性和关联性两个侧面，前者包括形式真实和内容真实，后者则主要指证据所反映出来的信息与待

---

〔4〕 陈瑞华：《论侦查人员的证人地位》，载《暨南学报》2012年第2期。

〔5〕 [美]弗洛伊德·菲尼、[德]约阿希姆·郝尔曼、岳礼玲：《一个案例　两种制度——美德刑事司法比较》，郭志媛译，中国法制出版社2006年版，第350页。

证事实之间是否具有逻辑上的关联,能否据此得出某个结论。从证明力的两个侧面来看,审查证据的证明力大小存在较大的主观性,是一个从客观到主观的判断过程,立法确实难以通过某种特定的标准进行界定。因此,判断证据的证明力,在很大程度上要依赖法官的主观能力,判断某项证据是否为非法证据,所依据的证据证明力是否足以让法官相信它是或者不是非法证据。在非法证据排除程序中,证据的证明力大小同样要由法官根据经验和逻辑来自由判断,这一立法精神和规则设置并无问题,而问题在于这一主观审查的过程存在相当程度的随意性,这也是非法证据排除难的重要原因。

(一)同步录音录像的证明力问题

同步录音录像制度在检察机关自侦案件中已经得到全面适用,2012 年新《刑事诉讼法》将同步录音录像制度推广到了可能判处无期徒刑以上刑罚的普通类型案件。立法没有强制要求其他案件也要同步录音录像,但从实践情况来看,各侦查机关基本上都安装了同步录音录像设备,对每一次审讯活动进行录音录像,只是在没有立法强制性规定的情况下,侦查机关不愿意对外提供这些同步录音录像。在非法证据排除程序中,被告人提出的非法证据排除的理由多为刑讯逼供,控诉侦查人员违法侦查取证,如果制作了同步录音录像,那么反映审讯过程的同步录音录像就是证明侦查取证行为是否具有合法性的最有力证据,也是非法证据排除程序中最为常见的证据类型之一。关于同步录音录像的证明力问题,主要涉及其真实性与关联性问题。对于同步录音录像的真实性,一般还不存在伪造同步录音录像,提供虚假材料的情况,主要问题在于同步录音录像的关联性问题。

所谓的关联性问题,也就是公诉人提交的同步录音录像与待证事实之间不具有关联性,或者关联性很小。从司法实践来看,公诉人向法庭提交的同步录音录像不具有完整性,并不能做到全程、同步的标准,往往只是针对某份讯问笔录提供录音录像(审讯规范、被告人认罪态度好的讯问过程),或者只选取其中某一次或者某一段同步录音录像(多为被告人认罪态度较好的时间段)提交到法庭,以证明相应的审讯过程合法,这种断片的录音录像反而会对法官造成不良的引导。某一次或者某一时间段的同步录音录像的证明力是极为有限的,甚至是不具有证明力的。执行严格的全程全面的标准是十分有必要的,被告人经过多次审讯,精神高度紧张,可能自己都不清楚具体是哪个时间点发生了违法侦查取证行为,只有保证同步录音录像的完整性,扩大审查范围,才能达到实质审查的效果。〔6〕 在裁判过程中,直接根据侦查人员提交的同步录音录像片段内容认定侦查取证行为的合法性,驳回被告人非法证据排除的申请,是很多法官的通行做法,这也使最具证明力的同步录音录像没能有效发挥证明作用,还使这一制度失去了遏制侦查权滥用的功能。

---

〔6〕 万毅:《两个证据规定运行情况实践调研——以 S 省 G 市地区法院为调研对象》,载《证据科学》2012 年第 4 期。

同步录音录像的完整性,是指录音录像要不间断地实施,不得进行间断性录音录像。[7] 同时,反映审讯过程的录音录像不得被剪辑、加工,其内容应当涵盖整个审讯过程,这是一个基本原则。如果说上述保管链条的完整性是其外在的和形式上的完整性,那么本处提到的完整性就是其内容上的完整性。在实践中,面对被告人提起的非法证据排除申请,公诉方往往只能提供部分审讯的录音录像,或者只是针对某份讯问笔录提供录音录像,并且以案件秘密为由拒绝提供全程的同步录音录像。一些侦查人员还曲意释法,将刑事诉讼法规定的"可以对讯问过程进行录音或者录像"中的"可以"理解成有时可以录音录像,有时可以不录音录像;如果犯罪嫌疑人供述罪行就录音录像,无罪辩解就不录,或者讯问过程规范就录音录像,反之就不录,结果出现在庭上的录音录像都是证明侦查取证行为合法的。[8] 对于这种情况,笔者认为,应当严格执行全程全面的原则,被告人经过反复的审讯,可能自己都不清楚具体的违法审讯发生在哪一次、哪个具体时间和地点。因此,除非被告人能够说明准确的时间段,侦查人员提交的同步录音录像应当具有完整性,其内容要涵盖从被告人进入审讯场所到离开整个过程。如果确实涉及案件秘密,不宜全部移送法院或者庭上播放的,则应当严格限制接触的人员范围,原则上只能由法官、公诉人和被告人观看。考虑到侦查人员拒不提供录音录像或者只提供片断的录音录像的行为与违法侦查取证之间有着较高的伴生性关系,在此情况下,法官可以作出对侦查人员不利的推定。[9]

(二)"情况说明"的证明力问题

侦查人员出具的情况说明,是侦查人员对案件情况所作的书面陈述,其内容多为自我澄清,如"文明执法""无刑讯逼供等违法行为",甚至还会以单位的名义证明侦查人员侦查取证行为的合法性。从证明力的两个侧面来看,情况说明的关联性是无疑的,一般都直接针对违法侦查取证控诉进行了直接地否定,其问题主要出在真实性上,也就是说,情况说明的内容真实性难以保证。面对被告人的违法侦查取证的控诉,作为侦查取证行为的直接责任者,对此予以否定并进行自我澄清是本能的反应,基本上不会出现承认违法侦查取证的情形。侦查人员一旦承认有违法侦查取证行为,那么相应的证据就有可能被认定为非法证据而予以排除,并可能直接导致追诉失败,在普遍的责任倒查制度下,侦查人员将会面临着纪律处分甚至是刑事追究。因此,即使存在违法情形,侦查人员也不会直接承认,甚至还会编造一些理由或者解释来逃避责任追究。作为直接的利益关系人,侦查人员出具的情况说明的内容真实性是无法保证的,这与被告人否认实施犯罪行为在本质上是相同的。[10] 在过去,对于侦查人员出具的书面情况说明,法庭往往会直接采纳,并以此为由驳回被告人排除非法证据的申请,这些过于随意性的做法导致了很长一段时期内非法证据在庭审中泛滥,也纵容了侦查人

---

〔7〕 宋英辉:《中华人民共和国刑事诉讼法精解》,中国政法大学出版社2012年版,第61页。

〔8〕 孙长永、王彪:《审判阶段非法证据排除实证考察》,载《现代法学》2014年第1期。

〔9〕 何家弘、王爱平:《强制性讯问录音录像推定规定》,载《国家检察官学院学报》2015年第3期。

〔10〕 陈瑞华:《刑事证据法学》(第2版),北京大学出版社2012年版,第365~367页。

员违法侦查取证行为。

事实上,侦查人员出具的情况说明,在本质上与证人证言并无区别,其证明力也应当结合全部证据综合审查判断,并不当然具有较强的证明力。如果仅凭侦查人员单方面出具的情况说明就予以定案,轻易地就能避开非法证据排除和责任追究,那么必将导致非法证据排除制度被彻底架空。对于情况说明的证明力问题,笔者认为,需要注意两个方面的问题:

第一,孤证不定案原则应当适用于非法证据排除程序,如果只有侦查人员出具的情况说明,而没有其他有效证据的,法官不应认定侦查人员取证行为的合法性。情况说明类的书面材料,只能与其他证据共同产生证明作用,必须有其他证据对情况说明的内容进行印证。侦查人员在出具情况说明的同时,还应当提供能够印证情况说明内容的其他证据,如同步录音录像、证人证言、体检报告等。法官不能仅根据情况说明就认定侦查取证程序合法,这一点已经在最高人民法院司法解释中得到明确,法官要结合其他证据综合审查,要审查情况说明能否和其他证据相互印证,侦查人员的描述和解释是否合乎逻辑和常识,是否足以使法官排除违法侦查取证的怀疑。

第二,尽快完善侦查人员出庭制度。侦查人员出庭,是解决情况说明类证据材料证明力问题的重要措施。既然情况说明在本质上是证人证言,是侦查人员就执行职务的相关事实所作出的陈述,并通过书面的形式表现出来,那么侦查人员出庭陈述情况就是理所当然的。尽管我们无法保证侦查人员在庭上陈述的真实性,基于职业利益和风险考量,侦查人员在庭上要么不承认有违法侦查取证行为,要么称"即便略有不规范之处,但只是程序瑕疵,不适用排除规则"。[11] 但是,侦查人员出庭,接受专业辩护人的询问,当面质证有关事实,既有利于通过质证发掘事实真相,发现或者排除情况说明中存在的矛盾或者逻辑问题,保障被告人质证权,又有利于法官通过观察侦查人员的语言、情绪、表情等方面的特征,形成最接近客观事实和最合乎逻辑的判断。促进侦查人员出庭,直接目的不是指望侦查人员能够在庭上如实陈述违法侦查取证行为,而是在于通过贯彻直接言词原则,使法官在直接的听审中形成最合理的心证。目前,侦查人员出庭率非常低,一些侦查人员担心侦查取证中的违法或者瑕疵在辩护方的交叉询问中暴露以及避免出庭带来的讼累,多数侦查人员都拒绝出庭,在这极少数出庭的案例中,很多还是协调、商请甚至是组织观摩庭的结果。[12] 面对侦查人员拒绝出庭的问题,法庭缺乏足够的权威和强制手段,只能是听之任之。笔者认为,在非法证据排除程序中,侦查人员是证人的地位,那么也应当适用普通证人出庭的规则,在必须出庭时侦查人员应当无条件地出庭接受询问,并适用相关的强制性规定。

---

〔11〕 徐汉明、赵慧:《从实施情况看非法证据排除规则的完善》,载《检察日报》2011 年 6 月 7 日,第 3 版。

〔12〕 潘申明、刘浪:《非法证据排除中侦查人员出庭作证制度研究》,载《华东政法大学学报》2013 年第 3 期。

三、关于证明标准

（一）非法证据排除程序中的证明标准

我国刑事审判程序是以定罪为中心展开的，最核心的就是要解决被告人定罪问题，如何将案件办成“铁案”是法官的直接追求，这些实体性裁判实行的是最严格的证明标准。而对于程序性裁判，主流观点都认为并不需要确立严格的证明标准，适用自由证明标准即可。作为程序性裁判程序，非法证据排除程序要解决的并不是被告人刑事责任问题，而是程序性争议，因此没有必要设置过于严格的证明标准。管辖、回避等程序性裁判事由，立法设置的是相对自由的证明标准，甚至是只需要进行释明即可，同样作为程序性裁判程序，非法证据排除程序的证明标准却较为严格。根据最高人民法院司法解释规定，法官只有在确认和不能排除存在非法取证情形的，才能排除有关证据。也就是说，对于被告人提出的非法证据排除申请，指控方要证明侦查取证行为和指控证据的合法性，就需要达到这样的证明标准：一是积极的证明标准，即法官形成确认；二是消极的证明标准，法官不能排除非法取证可能。所谓的确认，是指在具备了充分、确实的证据的情况下，法官形成内心确信，认为确实存在违法侦查取证行为，相应的证据应当予以排除；所谓的不能排除非法取证可能，是指存在一定的迹象或者证据，使法官相信存在一定的非法取证的可能，而指控方没有提交充分的证据对这一不利于指控的迹象或者证据加以反驳，或者提交的证据不能足以证明侦查取证行为的合法性，从而不能使法官排除合理怀疑。从立法表述上看，司法解释使用的是“确认和不能排除”，而对于定罪的证明标准立法表述却是经典的“案件事实清楚，证据确实、充分”，尽管在文字表述上有所不同，实质上二者并无太大区别。司法解释对于证据确实、充分进行了详细的界定，解释的内涵其实就包含确认有罪和排除无罪的合理怀疑两个方面。因此，排除非法证据所要达到的证明标准，其实已经是最严格的证明标准，可以认为达到了证明被告人有罪同样的程度。

有学者认为，作为程序性裁判程序，对于指控方设置如此高的证明标准是没有必要的，也不具有可行性。但笔者难以苟同这一观点，在非法证据排除程序中，对指控方设置较严格的证明标准既是有必要的，也是可行的。其一，确定被告人是否有罪，必须以证据为依据，证据的合法性是犯罪构成事实的附带事实，与犯罪构成要件事实的证明直接相关。[13] 指控被告人有罪，不仅要向法庭提交证据，还要保证这些证据的合法性。如果那些以非法侦查手段取得的不具有证据能力的证据也能成为指控的依据，那么整个刑事司法体系的公信力也将荡然无存，不仅无法保证有效打击犯罪，也会从根本上摧毁法治根基。在我国的权力构架中，审判权与侦查权、检察权一道，共同构成立法权的二级权力，法院没有司法审查权，不能对追诉权形成有力制约。[14] 考察当前的

---

〔13〕 罗国良、刘静坤：《证据收集合法性事实的证明方式和证明标准》，载《法律适用》2015 年第 3 期。

〔14〕 石茂生：《论检察权的宪政地位》，载《郑州大学学报》（哲学社会科学版）2008 年第 2 期。

审判权,也只有证据审查程序才能最有效地制约追诉权,然而,在强势的追诉部门面前,如果非法证据排除不达到较高的证明标准,那么在实践中就有可能遇到相关部门的抵制,从而更难以排除非法证据。其二,设置较严格的证明标准也是具有可行性的。能够用来证明侦查取行为是否合法的证据一般有情况说明、同步录音录像、言词证据笔录、体检记录,这些证据都是掌握在公权力机关手里,而指控方代表国家进行刑事追诉,掌握着强大的公共资源,他们能够通过法定程序轻松地获得这些证据和资料,只要指控方尽力收集证据,就能够保证非法证据排除程序的顺畅运行。并且,被告人申请排除非法证据是对追诉行为的挑战和质疑,在这一程序中,侦查人员处于程序被告的地位,较高的证明标准也有利于促使侦查人员规范执法,严格依法侦查取证。

根据"谁主张,谁举证"的法律原则,提出积极诉讼主张的一方应当承担证明责任,并将证明活动达到法定的证明标准。非法证据排除程序实行的是举证责任倒置,被告人不需要承担证明侦查取证行为违法的证明责任,但被告人需要承担初步的证明责任,即提供涉嫌非法取证的人员、时间、地点、方式、内容等相关线索和证据。相对于指控方需要达到的证明标准,立法对被告人设置的证明标准并不高,只需要使法官对侦查取证行为的合法性产生怀疑即可。之所以对被告人和指控方设置不同的证明标准,主要是考虑到控辩双方的力量不对称的现实情况,能够证明侦查取证行为不合法的证据基本上都掌握在追诉部门手中,被告人和辩护人不可能轻易取得这些证据,在这种控方主导的局面下对被告人设置过高的证明标准是不现实的。

(二)法官对证明标准的自由裁量问题

在非法证据排除程序中,法官对于证明标准的把握,普遍存在自由裁量过于随意的问题。当然,现代刑事诉讼都十分重视发挥法官理性与经验逻辑的功能,并没有设置过多的法定标准,立法对于证据问题的限制主要是集中在证据能力方面,而对于证据标准的把握,普遍赋予了法官较大的自由裁量权。刑事诉讼并不是一门精确的自然科学,而是一门无法量化、难以精确的社会科学,需要借助人的主观能力,才能得出最为合理、最接近客观事实、最能让社会成员接受的终局性裁判。在证明标准的把握上,赋予法官一定的自由裁量权,是刑事诉讼的必然要求。但是,法官的自由裁量权不能过大,也不能过于随意,必须这种自由裁量权限制在一定的范围之内。

在非法证据排除程序中,法官对于证明标准的把握存在自由裁量权滥用的问题。由于我国社会心理还没有达到普遍接受程序优先理念的程度,加之非法证据排除涉及的强势部门较多,排除非法证据容易带来放纵犯罪的指责和舆论压力,法官"不敢排除"和"不愿排除"的问题还比较突出,只要被告人不是被屈打成招,案件不是冤假错案,作出驳回被告人排除非法证据申请的裁判,其风险和冲突都要小得多,既不违背法律规定,规避排除证据所带来的风险和压力。[15] 因此,一些法官在证明标准的把握上存在随意性,即使其内心认为可能存在违法侦查取证情形,也完全可能不排除相应证

---

〔15〕 龙宗智:《新刑事诉讼法实施半年初判》,载《清华法学》2013年第5期。

据。就形成确认或者不能排除非法证据可能的证明标准而言,实际上这是一个主观性极强的标准,如何才算是形成了确认或者不能排除非法证据可能的,事实上只能由法官结合经验和逻辑来判断。如果证明违法侦查取证的证据已经非常充分,而法官硬要说没有形成确认或者能够排除违法侦查取证的可能,被告人也无可奈何。即使有时这种理由十分牵强,不太符合常情常理,法官认为已经形成了确认,或者能够排除侦查人员违法侦查取证的可能性,作出不予排除相关证据的裁判,我们也很难说法官的裁判有误。

如何解决法官在证明标准的自由裁量过于随意的问题,我们无法通过立法对证明标准进行精确地量化,只能通过分散非法证据排除的权力来限制这种过于随意的自由裁量权。具体而言,就是要充分发挥审级制度的功能,赋予被告人针对非法证据排除裁判的单独上诉权。如果被告人认为法官作出的不予认定和排除非法证据的裁判不合法,可以专门就此问题向上级法院提出上诉,上级法院应当尽快予以审查,并作出是否支持上诉理由的裁定。目前,我国立法并未予赋予被告人单独就非法证据排除问题的上诉权,检察机关也不能专门就此提出抗诉,只能与案件事实认定或法律适用问题一并提出上诉或抗诉,二审法院只能在二审审查中附带审查非法证据排除问题。笔者认为,赋予被告人就非法证据排除问题的单独上诉权,能够更好地保障被告人诉权,制约法官在证明标准上的自由裁量权。并且,即使允许被告人单独上诉也不会过于拖延诉讼效率,如果只能在上诉或抗诉时附带解决非法证据排除问题,就有可能使原本不想上诉的被告人为了排除非法证据而上诉,相比而言,单独解决反而更有利于提高诉讼效率。当然,为了防止被告人滥用诉权,拖延诉讼进程,保障诉讼效率,如果赋予被告人就非法证据排除问题的单独上诉权,就应当同时作出适当的限制性规定,只允许被告人提出一次上诉,如果上级法院驳回上诉,被告人不得再就同一类问题提出上诉。

司法工作压力的性别分析
——从女性法官群体切入

陈　强*

内容摘要：当下法官流失现象严重，但其中女性法官流失的比例要远低于男性法官。通过对法官压力来源进行归纳分类，发现男性、女性法官除生理性因素之外的压力感差异主要体现在职业荣誉感与个人成就感两方面。进一步分析该两方面差异的影响因素可知，女性法官受其自身关怀道德的影响形成自然法法律观更为注重案件的实质正义，更多采取调解的工作方式，加之女性自身的性格特征使她们趋于采用"去暴力"型的司法工作方法，这些都令女性法官更具职业荣誉感与个人成就感。女性法官群体的这种抗压性表现对于当下中国的司法工作而言，意味着中国的司法工作在司法理念、司法工作机制以及司法工作方法三个方面要"尊重每位消费者，重视每个用户体验"，追求法官个人体验感与满意度的司法工作模式。这里的个人，不仅包括法官，也还包括司法服务的群众。

关键词：女性法官　压力　道德取向　性格特征　司法应对

一、现象描述与理论梳理

近年来不断出现法官离职的新闻报道，以至于有些媒体称当下的中国迎来了"法官离职潮"。以2008年至2012年这5年的流失情况为例，北京市法院招录的人员为2053人，而流失人员总数达到348人，占同期招录人数的16.96%。[1] 江苏省高级人民法院院长许前飞透露，2008年至2012年6月，江苏全省法院流出人员2402名，其中法官1850名；广东省高级人民法院院长郑鄂称，5年来广东全省各级法院调离或辞职法官人数超过1600名。[2] 来自云南省数据显示，2008年至2013年5年间，怒江州两级法院共有27名法官调离法院或考到外地；昭通市两级法院2009年至2014年6年间共流失法官122人。[3] 诸如此类的新闻不胜枚举，从地域上看几近遍布全国；从时间脉络上看，该类新闻报道一直在延续，并且没有减少的趋势。

"诉讼大爆炸"时代，国家愈发重视法治发展，司法改革也在如火如荼地进行着，司法如此一片大好的形势偏偏却迎来了"法官离职潮"，这很难不引得文人学者撰文对此发表看法。邹坚贞认为"压力大、待遇低是法官离职的主要原因"，[4] 王浩云也认

---

* 鸿华融资租赁（江苏）有限公司法律事务部。

〔1〕 李远方：《法官为何频频"跳槽"》，载《中国商报》2014年2月25日，第10版。

〔2〕 周坤、邓益辉：《法官缘何脱下法袍？》，载《民主与法制时报》2013年11月18日，第6版。

〔3〕 叶泉：《法官离职注释下的理想与现实》，载《法制日报》2015年4月22日，第7版。

〔4〕 邹坚贞：《法官离职为哪般》，载《中国经济周刊》2015年第20期。

为产生法官离职潮的一个重要原因在于“无论是同比体制内的其他公务员，还是同比法律职业的律师，法官们的工作压力之大、强度之高都超出负荷”，[5]这表明很多学者认为法官工作压力是产生法官离职潮的一个重要的原因。故而有学者专门对此进行了实证研究，如《司法人员压力应对方式研究——基于楚雄地区 51 个样本的实证分析》一文，[6]指出司法人员应对压力的方式单一，并提出与传统文化相结合、开展针对性的教育工作及加强司法人员应对技能的训练等建议。也有学者从理论上表述了自己对于法官离职的看法，如《从法官“离职”现象看法官员额制改革的制度逻辑》[7]一文，认为“某些改革举措偏离了‘让优秀法官受惠’的逻辑目标，并且诸如曲折性、非系统性和非公开性等进路偏差亦加剧了人心的离散”。要解决这些问题，“就必须重溯制度分析的逻辑：一是要将‘让优秀法官受惠’作为法官员额制改革一以贯之的逻辑目标；二是围绕这一逻辑目标，采用谋定而动、系统推进、公开透明的策略和进路”。

然而却鲜少有人从性别角度切入，分析“离职潮”现象下法官群体内部的差异。事实上，在一次实证调研中发现：受访的离职法官中男性法官占 80. 33%，明显高于女性法官的比例(19. 67%)，也高于男女法官的性别比(约为 2 : 1)。[8] 这说明，男性法官群体和女性法官群体在离职这个问题上存在较大的差异，女性法官群体离职相对较少，也即相较于男性法官群体更具有“抗压力”，这也在某种程度上反映了本文将要论证的主题——司法工作压力的性别分析具有一定的研究价值。

从一般意义上来说，职场中的女性抗工作压力的表现要优于男性。这与女性的生理因素密不可分，“据刊登在《每日邮报》上的一项研究发现，雌性激素具有保护作用，可以帮助阻止紧张和压力刺激对大脑产生负面影响”。[9] 换言之，在同样的压力条件下，女性往往更能够应付自如。也有研究发现除了雌性激素与减轻女性的焦虑作用有关联之外，催产素也对女性在焦虑、依恋、母性行为影响方面与动物有着同样的作用。[10] 西南师范大学心理系的张炼和张进辅借此认为“对人类而言，催产素可以抑制糖皮质激素的释放，这也预示着其具有减轻焦虑的作用。因此，女性对压力的逃避反应是受到神经内分泌抑制的结果，而这种抑制有利于压力情境下女性自身及后代的生存”。[11] 以上科学研究都表明，职场中的女性因生理因素而具有相对较强的抗压性，但这是否是影响女性法官离职相对较少的全部因素？

---

[5] 王浩云：《从法官到律师：中国司法职业逆向选择现象透视》，载《湖南社会科学》2014 年第 3 期。

[6] 胡洁、钟慧、罗红、张广求、鸣春：《司法人员压力应对方式研究——基于楚雄地区 51 个样本的实证分析》，载《苏州大学学报》2014 年第 4 期。

[7] 刘斌：《从法官“离职”现象看法官员额制改革的制度逻》，载《法学》2015 年第 10 期。

[8] 胡昌明：《中国法官缘何选择出走？——法官离职原因解读及应对良策》，载 http://www.360doc.com/content/15/0925/13/22513831_501446435.shtml，最后访问日期：2016 年 1 月 19 日。

[9] 《抗压力女性比男性更强》，载黑龙江新闻网：http://www.hljnews.cn/fou_qywy/2013-08/01/content_2049981.htm，最后访问日期：2016 年 1 月 19 日。

[10] Uvnas-Moberg K, “Neuroendocrinology of the mother-child interaction”, *Trends in Endocrinology and Metabolism*, 7, 1996.

[11] 张炼、张进辅：《压力应对的性别差异及相关的生物学机制》，载《心理科学进展》2003 年第 2 期。

答案恐怕是否定的，就宏观层面而言，工作压力是一个包含“压力源→个体压力感→压力结果”的系统。[12] 将这一系统具体应用到司法工作领域进行分析，法官离职的现象即为“压力结果”，而女性生理因素则为影响个体压力感的因素，但这种因素是客观存在地，于整个系统而言似乎是“空降”的，直接跳过了“压力源→压力感”的环节。但压力源的差异也存在引起个体压力感差异的可能，从而影响最终的压力结果，而男性法官与女性法官所承负的工作压力不尽相同，这便使男女性法官在司法工作压力源上存在一定的差异。下文将重点围绕“压力源→压力感”这一环节对法官压力来源进行归纳分类，并分析男女性法官压力感的差异所在，在此基础上再行进一步的研究。

二、法官工作压力的来源以及压力感的性别差异

关于法官压力的来源，如上文所及已有众多学者教授对此做过详尽的分析阐释。然而众人往往关注的是法官这个职业群体整体层面的压力来源，这种宏观的分析模式的内涵实为“压力源→压力结果”的系统，忽视了个体压力感的环节，故而鲜有人在性别上对法官压力来源作进一步地区分以研究除生理因素之外的男女性法官压力感的差异。下文将在已有学者研究的基础上从性别角度切入，对法官压力来源进行归纳分类，以便更好地分析法官压力感之性别差异。

（一）外在压力

外在压力，指法官离职的外在因素，不涉及法官个体自身精神层面的影响。该种压力源属于客观的压力形式，其于法官压力感的作用亦同样是客观的，不会因法官的性别不同而有所差异。

首先，待遇不好，这是法官们普遍的呼声。北京市某中院干部处工作人员曾对媒体表示，“12 级法官等级所对应的津贴，最高等级每月不到 400 元，每级每月相差不过十余元”。[13] 某一线城市法官说：“我所在的地方是一线城市。在工资从 2000 元慢慢涨到四千多元期间，当地房价也从每平方米七八千元涨到了三万多元。”[14] 这说明工资收入上的绝对值低令法官感受到巨大的压力，不仅如此，来自律师等其他法律群体收入的相对值差距也令法官们颇感无奈。以各地最新的律师收费指导意见为例，西安市每件民事案件收费金额可在 3000 元至 300, 000 元幅度内议定；广东省律师计时收费 200 ~ 3000 元/时；江苏省律师收费标准不涉及财产 2500 ~ 10, 000 元/件，涉及财产的根据标的金额按比例收费。由此可见，有的律师一天的收入基本上就相当于法官工作一个月的收入了。如此大的相对收入差距无疑给法官离职提供了巨大的“拉力”，再加之法官自身收入绝对值偏低所形成的“推力”，这“一推一拉”之下便促生了当下众多法官离职的现象。

---

[12] 刘玉新：《工作压力与生活：个体应对与组织管理》，中国社会科学出版社 2011 年版，第 69 页。

[13] 周坤、邓益辉：《法官缘何脱下法袍?》，载《民主与法制时报》2013 年 11 月 18 日，第 6 版。

[14] 吴明：《就这样，我选择了离开》，载《工人日报》2014 年 9 月 27 日，第 5 版。

其次,法官工作量大。“案多人少”已成为绝大多数法院的现状,尤其是基层法院。据2015年最高人民法院工作报告,地方各级人民法院受理案件1565.1万件,审结、执结1379.7万件,结案标的额2.6万亿元,比2013年分别上升10.1%、6.6%和15.7%。据2016年最高人民法院工作报告,最高人民法院受理案件15,985件,审结14,135件,比2014年分别上升42.6%和43%;地方各级人民法院受理案件1951.1万件,审结、执结1671.4万件,结案标的额4万亿元,同比分别上升24.7%、21.1%和54.5%。对比发现,法院的工作量在逐年递增,并且幅度明显变大。然而法官的人数却没有随之相应比例地增长,反而离职现象却愈发地普遍,如此的“一增一减”,在职法官压力剧增。

再次,法官的责任重。英国哲学家培根曾说:“一次不公正的审判,其恶果甚至超过十次犯罪。因为犯罪虽是无视法律——好比污染了水流,而不公正的审判则毁坏法律——好比污染了水源。”司法是维护公平正义的最后一道防线,而法官就是这最后一道防线的守护神。法官所承载的不仅是公平正义,还有无数民众对司法公正的朴素期望。尤其是在当下这个互联网时代,法官稍有不慎就会被铺天盖地的舆论所湮没。

最后,当下国内司法体制的不健全也给法官带来了一系列的压力。例如,职业发展通道不顺畅、行政化的管理模式、法官编制管理方式等。从某种方面来说,体制因素对以上三种压力产生的是基础性的影响,因而学者文人的目光多集中于此,纷纷提出自己的见解看法,故而笔者不再对此赘述。

以上外在压力,不论是待遇、工作量、责任还是体制因素,都有一个共同的特点即是以整个法官群体为对象的,在性别上没有明显的差异。待遇上,不会因为性别的不同而有所差异,否则就会有性别歧视的嫌疑,更何况在法院这样的专职司法之地;工作量上,记者日前从中国女法官协会获悉,全国法院系统共有女法官44,502人,占法官总数的23.48%,全国各省区市高级人民法院以及新疆生产建设兵团分院均已成立女法官协会,[15]女法官职业群体的发展表明其能力受到认可,这也可以说明在工作量上女性法官与男性法官之间不会有较大的差距;在责任上,制度不会因为是女性就给予特殊的优待,老百姓也不会因为法官是女性就给予更多的同情和谅解;体制因素也更是一视同仁的——现下没有任何制度会罔顾平等而偏向任何一方。

或许有人会认为至少男性法官要肩负养家糊口的重担,而女性法官无此必要,这就使男性法官与女性法官在待遇压力上的承受度不同了,并非是没有明显的差异。这样的质疑不无道理,但这并不代表从性别角度对司法工作压力进行分析没有意义,原因在于依据社会性别理论——“个体从出生开始,不仅具备了生物学上的性别事实,而且随着成长也会逐渐接受社会为其规定的、与其性别相吻合的角色行为标准,进而获得该社会所认可的、适合其性别身份的价值、动机、性格特征、情绪反应及

---

〔15〕 杨维汉:《全国女法官共有44502名占法官总数23.48%》,载腾讯网:http://news.qq.com/a/20090128/000256.htm,最后访问日期:2016年1月19日。

行为方式"[16]可知,这样的差异是人们观念之中对于男性的期待,是长时间的经验发展而形成的。因此,从人们观念的角度来看,该种差异是天经地义的,就如同男性和女性这种客观的差异一般。并且这种差异是普适性的,放至任何一个行业皆如此,因而强调这种差异的意义不大。故而可以初步认定:以上所及司法工作的外在压力在性别角度上的差异并不明显,换言之以上所及压力源在法官压力感产生方面无明显地性别差异。

(二)内因压力

内因压力,指法官的离职主要由法官内心的情感因素推动所致,该种压力源是法官主观的压力形式。毫无疑问每一法官个体的压力感知是千差万别的,故而由相似特征的个体所组成之群体间的压力感亦会存在一定的不同,即男女性法官的压力感存在着差异。

1. 职业荣誉感

"职业荣誉感是对职业的一种内在满足,可视为一种内在报酬,它可以消解、弥补相对收入的不公平感,并可以持续地维持职业兴趣,防止员工流失。"[17]不仅如此,职业荣誉感还凝聚着相当一部分法官的理想与追求,是大部分法官最初选择这一职业的原动力。法官作为曾经的一名法学学子,心中大多会有匡扶正义的冲动,随着时间的沉淀融入血液中,最终表现在职业选择上。因而,职业荣誉感的缺失不仅使法官失去了"内在报酬",而且也失去了一部分精神信仰的支撑。造成职业荣誉感缺失的原因有很多,其中很重要的一个便是社会公众的认可度不高。2006 年至今的最高人民法院工作报告支持率只有 2008 年、2014 年和 2015 年稍高于最高人民检察院报告,而且历年都远远低于政府工作报告。如果说这只是社会精英的评价,那么"案结事不了"的法官工作状况则降低了司法工作在一般社会公众中的认同度。在法官的工作不为多数人所满意的情况下,法官是很难获得职业荣誉感的。

以典型的女性法官为例,从已进行的两届"全国法官十杰"的评选结果来看,第一届女性占了 4 位,第二届则占到了 7 位,两届共计 11 人,所占总比例为 55%。[18] 这一比例已然很高,再结合上文所及 2007 年全国女性法官占法官总数 23.48% 的比例,更能明显地看出女性法官至少在社会公众认可度方面较之男性法官更具有职业荣誉感。

2. 个人成就感

法官的个人成就感是具体到每一个案件当中的主体感,是付诸情感以及汗水审结案件之后的欣慰及喜悦。站在案件之外,只会让司法成为一台"自动售货机",而法官只能碌碌而无为地递送案件事实,取出判决。长此以往,庞大的工作量因成就感的缺乏必将增加法官内心所承受的压力。

2013 年,北京朝阳区人民法院收结案双破 6 万件,一线法官人均结案 253 件,民

---

〔16〕 刘建中、孙中欣、邱小露:《社会性别概论》,复旦大学出版社 2010 年版,第 130 页。

〔17〕 方宏伟:《法官流失及其治理研究》,载《武汉理工大学学报》2015 年第 5 期。

〔18〕 方乐:《司法经验中的生活体验——从典型女性法官形象切入》,载《法制与社会发展》2012 年第 5 期。

商事一线法官人均结案达292件。[19] 广东省高级人民法院政治部副主任熊正良举例说，深圳宝安人民法院2012年人均办案高达411件，东莞第一人民法院2012年人均办案394件。[20] 按理说，法官每年的办案成果如此“丰硕”，法官的个人成就感理应得到极大的满足。然过犹不及，一年总计250个工作日，一线法官人均结案250件以上，这也就意味着法官每个工作日至少要审结一起案件，每天开庭的次数要多于两次——这样日复一日的开庭结案让部分法官变成了“流水线上的工人”。再次以典型的女性法官为例，可以发现她们工作中充分地运用自己的司法智慧与经验处理案件，如陈燕萍法官“用群众认同的态度倾听诉求、用群众认可的方式查清事实、用群众接受的语言诠释法理、用群众信服的方法化解纠纷”，[21] 可以看出典型女性法官在司法工作当中的个人成就感，这同样也反映了男性法官和女性法官在个人成就感上的压力感存在差异。

职业荣誉感及个人成就感作为精神层面的因素，实质上为心理上的满足感。心理上的满足可以带动精神的愉悦，而精神的愉悦可以加深对于法官这一职业的热爱，对于职业的热爱则可以削弱职业本身所带来的压力。此外，当外在的压力难以消解，便只能依靠精神寄托支撑下去，职业荣誉感与个人成就感便是法官们的精神寄托和依靠。鉴于上文所及法官外在压力的群体针对性以及女性法官离职相较于男性法官更少的事实，可以初步得出结论：女性法官相较于男性法官具有更强的职业荣誉感以及个人成就感是女性法官更具“抗压性”的原因。

三、女性法官抗压性的进一步分析

当我们用宏观的视角以整个法官群体为研究对象时，实际上是将压力源默认为外在压力，而外在压力于法官压力感的作用是客观的，故而影响压力感性别差异的因素便只剩生理因素。在此情形下，我们当然不必去深入地分析法官群体内部的性别差异，因为我们并不能试图通过改变或促使其改变男性（女性）所特有的生理性质来使他们更好地“适应”压力，我们所能做的仅是找到外在压力的原因，通过改变外在的环境去消解外部压力。但仔细思考可以发现，这种宏观的视角实质上是“压力源→压力结果”的思路，它跳越了法官“个体压力感”的环节。但通过上文的分析可知，男女性法官在“个体压力感”上存在一定的差异，并且这种差异影响了“压力结果”——女性法官离职比例更小，故而有必要对女性法官抗压性行进一步地分析，以期能够从中获取司法工作压力应对的一些启示。

（一）道德取向与司法工作

卡罗尔·吉利根在20世纪七八十年代提出了“不是存在一种而是存在两种不同

---

〔19〕 袁定波：《时间都去哪儿了——白天开6个庭晚上写裁判文书》，载《法制日报》2014年3月18日，第7版。

〔20〕 韩振：《基层法院法官为何辞职现象突出》，载《新华每日电讯》2014年5月29日，第6版。

〔21〕 《陈燕萍工作法研究报告》2010年第1期。

的道德取向”[22]的观点，这两种道德取向分别是女性关怀主义道德以及自古希腊哲学以来就始终处于核心地位的男性公正道德。其中男性公正道德认为道德行为“应该诉诸普遍性的抽象道德原则，并对道德原则进行纵向的等级排序，使道德行为通过理性认知援引相对高的道德原则；女性关怀主义道德则诉诸具体情境，关注主体在具体情境中的体验和情感，依靠感性的道德直觉，综合多方面因素最后作出抉择，并以关怀的行为、关系的维持以及所有人的满意为终极目标”。此外，吉利根还借用格式塔心理学图形理论指出了这两种道德取向的关系，即“这两种道德价值取向平等而又互补，即它们是组织道德判断的不同方法，是道德抉择的两种视角，代表了道德发展的两种方向”。[23]

这两种道德取向不仅反映了男女性的道德差异，同时也渗透在司法工作当中。其中男性公正道德与形式主义法学相呼应，女性关怀道德则更贴近于实质主义法学。析言之，即男性公正道德式司法强调逻辑正确、规则化判断，倾向于法实证主义法律观，而女性关怀道德式司法注重细节、追求“案结事了”，倾向于自然法法律观。此外，男性公正道德式司法通过总结归纳提炼出经验而后在具体案件中做抽象性思维，而女性关怀道德式司法则将“生活体验融入司法经验”[24]中对案件做个体思维。具体而言，这两种道德取向对司法工作的影响主要体现在男女性法官的法律价值观以及各自所倾向的工作方式上。

1. 法律价值观

公正道德取向使男性更多在具体情境中做抽象思维，而关怀道德取向则令女性更多关注个案的特殊情境。正如波斯纳所述：“男性法律世界观从案件的丰富特殊性中抽象出几个显著的事实并使它们在法律上起决定性作用，这就是规则之法——也就是规则的作用。而女性主义法律世界观更情愿将判决基于案件的全部情况不为全体的规则所限制，不为决定必须服从的普遍的和‘中立的’原则所麻烦。”[25]据此，“男性的法律观就是法律实证主义的法律观，女性的法律观就是自然法的法律观”的结论呼之欲出。

卡罗尔·吉利根认为公正道德取向与关怀道德取向平等又互补，那么由道德取向所延伸发展形成的法律观亦理应是平等又互补的，即实证主义法律观与自然法法律观应当是互补的。析言之，实证主义法律观强调“程序”，自然法法律观强调“实体”，片面追求“程序”易致实质正义缺陷，片面追求“实体”又易致实际操作困难、司法秩序混乱，唯两者相结合方能达至良好的司法效果。在现下的社会发展阶段，程序公正须优于实体公正，即实证主义法律观占据主流。在实证主义法律观的潮流里，“司法是一台自动售货机……一个法官唯一的工作就是把案件事实从上面放进去，从下面

[22]　岑国祯：《吉利根对道德认知发展理论的修正》，载《心理科学》1992 年第 4 期。
[23]　于沧海：《试论道德的两种价值取向：公正与关怀》，载《学术交流》2015 年第 5 期。
[24]　方乐：《司法经验中的生活体验——从典型女性法官形象切入》，载《法制与社会发展》2012 年第 5 期。
[25]　[美]理查德·A. 波斯纳：《法理学问题》，苏力译，中国政法大学出版社 1994 年版，第 580 页。

取出判决”。[26] 试想如此一般地机械操作,令法官的作用类似于机器,主体感如此缺失怎能给法官带来职业荣誉感抑或是个人成就感?繁重的工作压力之下,法官怎能不心生“弃”意?

女性法官由于其自然法法律观,所关注的不仅是案件的法律适用是否正确,还包括判决所带来的结果、产生的效果是否合情合理。以漳州芗城区人民法院民一庭副庭长黄志丽所办的案件为例,“2003 年的一天,某城中村一对邻里闹到法院,一方状告另一方家的猪圈占用了自家宅地。案件证据充分、事实清楚,黄志丽很快结了案。3 个月后,黄志丽来到这个村回访,一位知情的老人无意中说出了背后隐情。原告、被告是堂兄弟,因琐事起了冲突闹到法院,一纸诉状断了三代人的情。黄志丽为此感到十分地后悔,自那以后便给自己立了规矩,以后办案要尽量搞清楚为什么会有矛盾,什么途径可以更好解决矛盾,不让当事人留下心结。”[27] 黄志丽法官本无必要非得对类似于此适用法律绝对正确的案件进行相关后续工作,但是出于对案件处理效果的重视,她进行了回访而且发现了案件处理效果不好,并为此感到十分后悔,决定以后“改正”。她的上述做法表明其将自己当作是案件的主体,而非顺从于法律机械地判决。她所决心做的是“突破”法律,追求案件处理的社会效果而非法律正确。所以,在那之后“当她认为依法裁判可能不利于老人的生活起居,便通过调解的方式顺利地解决了问题,并赢得了老人由心的尊重与感激”,[28] 对于当事人来说问题得以顺利地解决,对于法官来说则收获了解决案件的个人成就感以及作为法官的职业荣誉感。

2. 工作方式

在关怀主义道德取向的影响下,女性法官通常会关心案件判决之后对双方当事人的影响,尤其是民事案件中处于弱势一方的当事人。这便决定了女性法官的工作方式侧重于调解,调判结合。例如,法官宋鱼水的调解率是 70%,金桂兰的调解结案比例达到了 90%,文惠新从 2005 年至 2008 年的调解结案率则高达 96.3%。[29] 以彩礼纠纷为例,依据地方风俗,给彩礼是必需的环节,但是一旦产生纠纷,一方当事人抵赖不承认曾经接受彩礼,而另一方当事人也因缺乏证据意识,既没有中间人、媒人等人证,也不存在收据等物证而无法举证,此时若根据证据法机械地进行判决,受害方的利益便很难得到保障。此时女性法官便会选择调解,尽可能地去保护受害方的利益。

选择调解的工作方式相较于径行判决来说,需要耗费更多的时间与精力,再结合当下“案多人少”“待遇差”“责任重”等现状来看,女性法官选择的工作方式似乎令其承受了更大的工作压力,但离职的比例相较于男性来说却更小,这其中的差异便明显地体现在内因压力之上——女性选取的工作方式令其比男性收获更多的职业荣誉感及个人成就感。以上文所及彩礼纠纷为例,女性法官以调解的工作方式处理,一方面

[26] [美]庞德:《普通法的精神》,唐前宏等译,法律出版社 2001 年版,第 119～120 页。

[27] 李想:《知心女法官柔情解千结》,载《法制日报》2016 年 3 月 24 日,第 1 版。

[28] 同上。

[29] 方乐:《司法经验中的生活体验——从典型女性法官形象切入》,载《法制与社会发展》2012 年第 5 期。

保护了受害方当事人的利益,其所求所为的不是当事人言语上的“千恩万谢”抑或是“兴师动众”的彩旗锦旗,而是来自当事人内心的感谢与尊敬,是自己作为法官的职业荣誉感。另一方面女性法官投入了情感与精力去“动之以情,晓之以理”,其所做的事是与“复杂”的人打交道,而不是面对着千篇一律的卷宗“做案例题”;实现的是自己作为法律工作人员的“创作性”,而不是作为“法律机器”的“执行性”。

法官宋鱼水认为:“法律工作具有和谐之美的特质,法官的工作就是要将社会最不和谐的音符变成与社会相和谐的美丽音符。作为一名职业法律工作者,我想除了对生活、艺术之美的追求外,工作之美应该是我们最高境界的追求。”〔30〕女性法官将工作看作追求美的过程,而非“流水线式的操作”,其工作自然而然地成为一种享受的过程,内心的个人成就感亦随之油然而生。江苏省高级人民法院的女法官万海坚如是说:“我们这些普通的女法官,没有惊天动地的业绩,也没有耀眼的光芒,在我们平平淡淡的工作中,有的是具体的一件件案件,每天面对的是不同的当事人,思考的是不同的法律适用问题,研究的是各种纠纷的解决方案,忙碌而辛劳,丰富且充实。”〔31〕女性法官们重视每一个案件的细节以及“背后的故事”,用心思索努力创新,“善用民俗巧断案”〔32〕,不仅能有效地解决争议,也在不知不觉中获得了职业荣誉感与个人成就感,使自己的司法工作抗压性得以加强。

此外,为追求案结事了的社会效果,不少地方法院对调解率进行了强制性要求,甚至要求法官写下“目标责任状”。这对于有着公正道德倾向的男性法官群体来说,无疑是雪上加霜——行为方式的变化先于思想意识的转变对于男性法官群体的司法工作来说又增添了一份压力。

女性法官在关怀道德取向的影响下,形成了特定的女性法律价值观,并在其司法工作方式中得以体现。自然法法律观让女性法官在案件的审理过程中,不仅着眼于法律正确,更关注于案件处理的社会效果,依据不同的情境思考不同的解决方法。在这些细小事件中,几乎不可能总结出一个模板套路,法官所能做的仅是每一个案子都“躬力亲为”,全身心的投入。虽说这加大了法官的工作量,但是这也同时使每一个案子对于法官来说都是新鲜的,每一个案子的成功解决都是自己的一分收获与成就,不仅使自身知识得以扩充,还能获得民众的认同与尊敬。女性法官通过调解的工作方式,追求司法工作的和谐之美,享受司法工作的过程;用心思索创新调解方法,以“主体”的姿态选择适用法律。这些都令女性法官在司法工作当中相较于男性更易收获职业荣誉感与个人成就感,也即更具有“抗压性”。

(二)性格特征与司法工作

首先,男性与女性存在生理层面的明显区别,一般来说女性较男性身体素质较为柔弱,因而女性更多地关注于微观的事物,更为细心;女性还肩负着生育的功能,在母

---

〔30〕 张景义:《感悟法律和谐之美》,载《人民法院报》2009 年 3 月 13 日,第 13 版。

〔31〕 万海坚:《女法官的法律情结——〈清流飞花〉读后感》,载《人民法院报》2014 年 8 月 1 日,第 6 版。

〔32〕 李想:《知心女法官柔情解千结》,载《法制日报》2016 年 3 月 24 日,第 1 版。

性的影响下,女性往往更具有亲和力。其次,男性与女性除了生理结构层面存在的明显区别,在思维方式上也有颇为明显的差异。“男性的左脑更发达,而左脑控制线性思维、序列信息、抽象思维和推理等。女性的右脑更发达,因此女性的想象力更丰富,艺术创造力更强,某些方面的视觉能力和空间能力也更强,同时女性还更擅长于基于直觉的整体思维。”〔33〕女性这样的思维方式,使其相较于男性来说情感更为丰富,更加感性。从种属发展的角度来看,女性呈现出保守、忠实、谨慎的特点,有利于种属的延续;而男性则呈现出灵活、易变的特征,有助于种属的进化。总体来说,女性相较于男性呈现出细心、有亲和力、感性、谨慎等较为明显的性格特征。

在司法工作当中,女性的这些特征则更多地表现为地方法院所总结宣传的“五心”〔34〕,即“耐心”“细心”“诚心”“公心”“热心”。耐心,主要是针对调解而言,上文所及女性法官因其关怀道德取向倾向于选择调解的工作方式,耐心的性格也让她们对调解的方式更为得心应手。细心,主要对查明案件事实而言,女性法官善于从案件中发掘细节,易于发掘“背后的故事”。细心还体现庭前庭后的后续性工作的细节中,如上文所及的黄志丽法官,即使案件已经判决了,并且适用法律几乎绝对正确的情况下,仍去到村子里向村中长辈了解情况。诚心,主要指女性法官认真、负责的特点,其使女性法官可以平心静气地应对常年累月地审理案件的法官生活。公心,指女性法官在其自然法法律观的影响下追求实质的公平正义。并且女性的交际范围相较于男性来说要小很多,因而女性所受到的外界影响相较男性来说更小,更易保持“公心”。热心,指女性法官对待民众的态度与方式——“脱下法袍、放下法槌、走下法台”到案发地进行巡回审判。这既方便了当事人诉讼,又起到了对广大群众进行法制宣传的作用,〔35〕同时也令女性法官更能收获民众的尊重,有利于树立法官的形象。

或许是因为方便宣传的缘故,所以地方法院系统通常将女性法官的特征总结为朗朗上口的“五心”,但女性法官还有一明显而不可忽略的特征即亲和力。尤其是在庭审过程中当事人对抗性较强的局面中,女法官可以充分地表现出亲和力的优势,因为当事人往往会出于不好意思或者其他心理而避免与女性法官顶着干。在这种情况下,女法官就比较好做工作,调解起来也就容易得多。女性法官亲和力的特征与耐心结合起来还表现为善于释法说理的能力,真正做到了“法律是冰冷的,法官却是亲和的”,〔36〕很好地调和了司法的刚性与柔性,增强了司法与民意的良性互动。

从女性法官职业群体相较于男性突出的性别特点上,我们可以看出,“五心”与亲和力并没有在物理层面减轻女性法官的工作量。相反女性法官需要花费更多的精力

---

〔33〕[美]朱丽亚·丁伍德:《性别化的人生:传播、性别与文化》,徐俊等译,暨南大学出版社 2005 年版,第 23 页。

〔34〕蔡锦其:《十陵女子法庭:“五心”撑起维稳半边天》,载《中国妇女报》2011 年 4 月 6 日,第 2 版。

〔35〕同上。

〔36〕何晓慧:《解怒气、聚和气——福建南平法院释法说理工作纪实》,载《人民法院报》2014 年 12 月 27 日,第 4 版。

去查证自己在案件事实中所发掘的细节的真实性,在本可以照法宣判的时候为了民众的切身利益而去走访、调解,即便在案件宣判了过后也额外的花费时间去回访去释法说理。但女性法官所做皆是有回报的,这些做法让她们得到了民众的认可,树立了法官的形象。换言之,女性法官从中获得了个人成就感与职业荣誉感。故而女性法官因性格特征而产生的"抗压性",实际上是减轻了内因压力。

四、法官工作压力性别差异的司法应对

"任何制度的有效性都有边界,都不可能是包治百病",[37] 因此需要不断探索以趋于完美。当下越来越多的法官离职,说明我国现有制度体系存在一定的问题,学者纷纷对此提出了自己的看法以及解决方案。苏力老师认为,"要促进微观和中观层面的审判管理,法院在审判管理的宏观战略层面应当有重大调整:从增加司法供给更多转向降低司法需求"[38] 以解决法院"案多人少"的问题;姜涛老师认为,"如果现代司法放弃建立纯而又纯的法条主义之梦,而将道德话语系统融入司法的价值判断,那么压力型司法将在以道德论证弥补法律之确定性的裂缝以及以判决书说理制度增加司法判决的可接受性之方法选择中走出困境";[39] 张洪涛老师则认为,"必须针对司法的高风险特征,建立三位一体的正式职业保障制度,降低法院及其法官所受到的外部不确定性职业风险和压力,以取代前这种得不偿失的以牺牲司法确定性为代价的非正式职业保障制度"。[40] 当然还有很多学者也对此提出了十分有见解的看法,"众人拾柴火焰高",学者们几近构造了一个乌托邦式的制度。

故而本文从性别角度切入,重点对女性法官群体在司法工作当中更易获取个人成就感与职业荣誉感的原因进行分析,从司法理念、司法工作机制及司法工作方法三个方面出发,以免"拾人牙慧"——重复学者们的观点,认为当下中国的司法要"尊重每位消费者,重视每个用户体验",追求法官个人体验感与满意度的司法模式。这里的个人,不仅包括法官,也还包括司法服务的群众。

首先,司法理念要给予法官以主体感,应重视实证主义法律观与自然法法律观的互补。卡罗尔·吉利根强调男性公正道德与女性关怀道德的关系应是平等且互补的,那么受该两种道德取向影响所形成的法律价值观亦理应是平等而互补的。以英美法系为例,其审判依据既有普通法,又有衡平法:普通法偏重于形式正义,衡平法则强调实质正义——衡平法的主要内容是传统的公平正义观念。[41] 在英国司法体系中,对普通法与衡平法是并重的,即两种法律价值观是平等且互补的。对于司法来说,这是程序与正义的要求;而对于司法工作来说,则是法官个人体验感与满意度的要求。原

---

〔37〕 苏力:《关于能动司法与大调解》,载《中国法学》2010 年第 1 期。
〔38〕 苏力:《审判管理与社会管理——法院如何有效回应"案多人少"?》,载《中国法学》2010 年第 6 期。
〔39〕 姜涛:《道德话语系统与压力型司法的路径选择》,载《法律科学》2014 年第 6 期。
〔40〕 张洪涛:《中国法院压力之消解——一种法律组织学解读》,载《法学家》2014 年第 1 期。
〔41〕 崔永东:《司法平衡与"中庸之道"》,载《传承》2011 年第 13 期。

因在于法律价值观对于法官的司法工作而言,是内在的指导。在实证主义法律观的影响下的男性法官,即便没有成为波斯纳所言的"自动售货机",也会在日复一日地"案例题"式的案件里消耗自身的热情,难以获得个人成就感。而女性法官在自然法法律观的影响下,"突破"法律规则,追求案件处理的实体效果的做法也令其在每一个案件中的主体感得以实现,自然而然地收获了个人成就感。此外,就社会大众而言,没有经历过系统的法学训练,有时会不能理解法官"程序公正"优先的做法,在他们心目中的合理判决结果更倾向于实质意义上的公平正义。在此情况下,受自然法法律观影响更多的女性法官显然要比男性法官更有"市场",更容易得到民众的认可,当然也就具有更强的职业荣誉感。故而在现有实证主义法律观给予司法工作以外在形式规制(程序公正优先的法律环境)的情况下,重视内在自然法法律观的指导,更能尊重"法官"这位消费者,也追求了民众的满意度。

其次,司法工作机制应强调调解的自发性,而不应予以强制性的约束。调解注重于追求司法服务的群众在司法中的个人体验感与满意度,其重要性无须过多地强调,诸多文人学者早已翔实地论证过了。但若对调解予以强制性的约束、规定详细的指标,便是矫枉过正,以法官的个人体验感与满意度换取民众的个人体验感与满意度的做法了。原因在于职业荣誉感与个人成就感实质上是法官内心的满足欲,若违背自己的真实心愿去做事,纵使结果可能与自发性地做事相差无几,但是对于自身内心的满足感却是极大地损害。更何况,如上文所及思想的转变跟不上行动的改变对于法官来说本身也是一种压力。因而纵使调解的工作方式有千万般好,亦不能上升至强制性要求,理应给予法官选择的余地,尊重法官在司法工作当中的主体地位。此外,调解对于法官和司法服务的大众来说,本就不是对立、非此即彼的关系,而是互利共存的,无论是法官还是普通大众都可以在调解中有所收获。因而良好的司法工作机制应当尊重"调解"本身的规律,顺其自然,却不"无为",予以宏观的引导,促使其"自发"。

最后,司法工作方法要追求法官个人体验感与满意度,即要求司法工作方法去"暴力性"。司法是以国家暴力强制为后盾的官方行为,从法院的道具到对抗制的程序,一直弥漫着强制与暴力的气息。[42] 故而司法工作中天然存在某些"暴力性"因素,如法官可以在事实清楚、法律正确地情况下径行判决,而不用去管所判决的事实是否合情合理。正是司法工作中潜在的"暴力性"因素,降低了民众对于司法工作的认可,进而影响法官自身的职业荣誉感。女性法官受其自身性格特点的影响,进行司法工作之时相对柔和,并善于"将解决纠纷的司法程序改造为对话的,而不是对抗的,是理解的,而非压制的诉讼程序",[43] 不但实质上解决了纠纷,而且收获了民众的称赞,既满足了个人成就感,也成就了职业荣誉感。但这并不代表法官需要改变性格特点去应对司法工作压力,而是要求法官在司法工作中采用"去暴力性"的工作方法,贴近生活、

---

〔42〕 孙菲菲:《法律职业中的女性》,载《现代法学》2009 年第 1 期。

〔43〕 同上。

贴近民众,让司法工作也乡土化。以释法说理为例,“单纯的法律规则主义因规则与社会沟通的法理缺失导致公民社会与公共权力之间的关系断裂甚至异化、酿成社会不合作以致民众暴力抗法”,[44]这种法理缺失也在一定程度上反映了法律规则主义的“暴力性”,为民众所不理解不接受也在情理之内,但倘若法官注重释法说理的工作方法,让民众即使输了官司也能心服信服,这样不但民众满意了,法官自己也满意了。

五、结语

首先,说明关于本文论证的几点问题。其一,文中所写的“女性法官”的特征指代的是女性法官整体显现的较为突出的特征,并非特指,更不是指所有女性法官都具备该特征。同理,“男性法官”也是一样。其二,文中所写女性法官相较于男性法官的特征区别,并不意味着这些特征男性法官不具备,只是着眼于整个群体层面女性法官具有这样的特征的概率较大,并且这样的区别是具有客观性的,仅表征客观事实,并非代表天然的优势。其三,关于法官压力的归纳总结,肯定没有涵盖全部因素,但是基本为学者所承认之因素。其四,文章中也有所提及,男女性司法工作压力的差异可能不仅限于文章所分析的部分,受笔者能力所限,仅从法官的职业荣誉感与个人成就感方面切入。

其次,关于本文视角集中于司法工作的一些说明。当下关于中国司法转型的呼声很多,大家都希望能够迎来一个成熟的法治社会。或者是“扬汤止沸不如釜底抽薪”,又或者是广义的司法转型即包括司法工作的转型在内,反正事实情况是司法工作转型的呼声较小,也或许司法工作只是需要稍作改变即可,远没有到需要转型的时候,但当下司法工作人员的流失却着实是一个堪虞的问题。故而本文希望通过性别角度对司法工作压力的分析,一方面希望能够提出自己的一些看法和建议,另一方面就是希求能作抛砖引玉之用。

最后,是本文写作的意义。随着中国经济的快速发展,“尽管贫富差别大了,但改革开放以来,基本上所有人都比先前更富裕了。这意味着:一、纠纷涉及的利益普遍增加了;二、纠纷解决的潜在收益也增加了;三、人们比先前更有钱打官司了。之前可打可不打的官司现在就可能甚至有必要去打了。”[45]案件数量的增长,意味着法官重要性的增加。然而却发生了大量法官流失的现象,于司法于社会都是重大的损失。对司法工作压力进行分析,不仅是为了帮法官减压,也是为了给司法减压,更是为了给社会减压!

---

〔44〕 汪习根:《化解社会矛盾的法律机制创新》,载《法学评论》2011 年第 2 期。

〔45〕 苏力:《审判管理与社会管理——法院如何有效回应“案多人少”?》,载《中国法学》2010 年第 6 期。

涉诉无理信访及其治理

——以S省M市涉诉信访的实证调研为基础的分析

蒋志如　严　明*

内容摘要：涉诉信访工作已成为法院的日常事务之一，却缺少对此的深入研究，特别是对其的实证研究。我们在借用其他学者对信访研究的分类概念，将信访分为（涉诉）有理信访、（涉诉）无理信访和（涉诉）商谈型信访，以实证方法深入讨论涉诉无理信访问题。通过分析，法院中处理（涉诉）无理信访案件的两种程序均无法实质上终结案件，究其原因有三：中国人的权利观、诉讼观和纠纷解决观在转型时期的错位，信访人的基本特点，行政命令性的"维稳"政策。最后，我们根据这些原因提出了相应的三条建议，即转变当前的"维稳"政策，加强公民教育和对无理信访案件的宣传，同时也应通过一种"仪式"方式回应已经在法律和（法院内部）程序上终结的信访案件。

关键词：涉诉信访　无理信访　治理　法律程序　信访终结

一、问题之提出、界定和研究方法

自党的十八大以来，中国司法改革也如火如荼地展开，上海、吉林、广东、青海等6省、市改革试点已实际展开，2014年7月，最高人民法院又公布了《人民法院第四个五年改革纲要》（2014～2018年）（以下简称《四五改革纲要》），为中国未来5年法院改革描绘了一个大致的图景。这些报告、规划所描绘的改革可谓中国司法改革中的大手笔。如何认识以司法改革为中心的问题呢？在笔者看来，我们在观察该问题时，除了要对司法领域内进行纵深思考、实践外，我们还需放宽视野，以其他相关事项观察中国现有司法改革。一方面，司法的一个基本功能为定分止争，司法改革的目标必须有之。否则，当不能定分止争之时，信访必然产生。另一方面，信访已经成为中国社会不可或缺的组成部分，不仅国家有信访局，地方也有专职的信访机构（已经科层化）以应付中国改革开放以来的不断增长的信访事件。[1] 此外，不仅有专职的信访人员、机构，在其他非专制机构中也设置信访结构（如信访室），即使是高校中也设置该相关机构以负责信访事务，在检察院、法院也有专门的信访机构和信访人员（在中级人民法院一般设置为正科级的信访室）。不仅如此，在当下法治成为普遍趋势或者成为一种至少是话语优势时，信访与法治也肯定发生深层关联，并要求信访制度法制化，或者说要求

* 蒋志如：西南科技大学法学院副教授；严明：四川省绵阳市中级人民法院研究室副主任。

〔1〕 对其的详细分析，请参见冯仕政：《国家政权建设与新中国信访制度的形成及演变》，载《社会学研究》2012年第4期。

将信访纳入法制化轨道;[2]当然,法律、特别是司法领域审视信访现象,最为重要的一项是涉诉信访问题。

简言之,信访、法治、(刑事、民事)程序的确有深层关系。因此,就涉诉案件信访而言,虽其属于信访领域,却也与司法、法院关系更深,以涉诉信访问题观察中国司法改革是非常重要的工具或窗口。

对涉诉案件的信访来说,笔者欲以一位学人关于上访(信访)的分类对其细化。该学者认为,上访(信访)可以分为三类:有理上访、无理上访、商谈型上访。而所谓的有理上访是指当事人合法权益受到侵犯的上访,目的在于维权;无理上访是指当事人的诉求明显不合法、不合理的上访;商谈型上访是一种政治参与性的上访,上访人不一定有明确的合法权益受到侵犯,却认为相关法律和政策不合理,因此上访"商谈"以期望改变法律和政策。[3] 具体而言,涉诉信访也可以分为涉诉有理信访、涉诉无理信访和涉诉协商型信访,但是就本文而言,仅讨论涉诉无理信访及对其的治理。

我们如何研究涉诉的无理信访呢? 本文就以实证方法展开对其讨论,主要有以下方法:首先,统计分析,通过收集 S 省 M 市涉诉信访的相关数据获得对其的基本情况,即对涉诉信访作一个定量分析;其次,个案研究,通过对具体涉诉信访案件作一个微观观察,以思考中国涉诉信访之启动、展开和"结束"程序,并分析出现如此现状的原因;最后,访谈。我们对根据既有程序、相关规则,提出解决涉诉无理信访案件的建议。

二、S 省 M 市之涉诉信访现状描绘

1. S 省涉诉信访的基本现状

(1) 涉诉信访总体情况

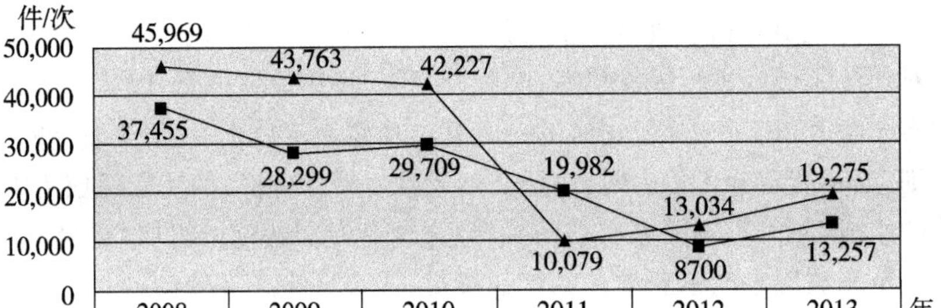

	2008	2009	2010	2011	2012	2013
—■— 来信（件/次）	37,455	28,299	29,709	19,982	8700	13,257
—▲— 来访（件/次）	45,969	43,763	42,227	10,079	13,034	19,275

—■— 来信（件/次）　—▲— 来访（件/次）

图 1　S 省来信、来访情况

〔2〕 对此的文献,可以参见杨小军:《信访法治化改革和完善研究》,载《中国法学》2013 年第 5 期。

〔3〕 请此的详细分析,请参见陈柏峰:《农民上访的分类治理研究》,载《政治学研究》2012 年第 1 期。

根据图 1,我们可以知道:2008 年全省来信、来访总量 83,424 件/次;2009 年全省来信、来访总量 72,062 件/次,与上年同比下降 20.17%;2010 年来信、来访总量 71,936 件/次,与上年同比上升 8%;2011 来信、来访 30,061 件/次,与上年同比下降 58.2%;2012 来信、来访 21,734 件/次,与上年同比下降 27.75%;2013 年来信、来访 32,532 件/次,于上年同比上升 49.68%。进言之,虽然信访数量有升有降,时有反复,但在整体上表现出了下降趋势,从 2008 年的 83,424 件/次,到 2010 年的 71,936 件/次,再到 2013 年的 32,532 件/次(2011 年、2012 年、2013 年连续 3 年均在 3 万件左右)。

(2)S 省涉诉信访案件类型

表 1 2008 年至 2013 年 S 省信访类型案件统计

年度	不服不予立案	不服民商判决	不服刑事判决	不服行政判决	申请国家赔偿	执行问题	干警违法违纪	其他	合计
2008	1001 (1.2%)	45,633 (54.7%)	1418 (1.7%)	1752 (2.1%)	83 (0.1%)	9427 (11.3%)	11,346 (13.6%)	12,764 (15.3%)	83,424
2009	733 (1.1%)	34,698 (52.1%)	1399 (2.1%)	1798 (2.7%)	67 (0.1%)	7259 (10.9%)	6460 (9.7%)	1419 (21.3%)	66,599
2010	935 (1.3%)	38,414 (53.4%)	3813 (5.3%)	3237 (4.5%)	216 (0.3%)	12,085 (16.8%)	5179 (7.2%)	8057 (11.2%)	71,936
2011	241 (0.8%)	15,541 (51.7%)	1623 (5.4%)	1142 (3.8%)	90 (0.3%)	3938 (13.1%)	1894 (6.3%)	5592 (18.6%)	30,061
2012	196 (0.9%)	10,797 (48.3%)	1499 (6.9%)	935 (4.3%)	87 (0.4%)	3195 (14.7%)	1021 (4.7%)	4004 (19.8%)	21,734
2013	358 (1.1%)	15,323 (47.1%)	2310 (7.1%)	1008 (3.1%)	195 (0.6%)	4002 (12.3%)	1269 (3.9%)	8067 (24.8%)	32,532

首先,S 省涉诉信访案件中,虽然数量较大,除 2012 年外其他年份达到 3 万件以上,最高时还达到 8 万件以上,但主要为以下几类:对立案类不服的信访、不服民商判决的信访、不服刑事判决的信访、不服行政判决的信访、申请国家赔偿的信访、执行问题的信访、针对干警违法违纪的信访。但是,令笔者比较惊讶的一项是对立案不服类的信访,虽然其占据的比例不高,仅在 1% 左右。

其次,民商案件占据涉诉信访案件的大宗,大约占据半壁江山,除却其他项,涉及刑事案件的信访位居第二位。进言之,在所有涉诉信访案件中,利益纠纷成为中国老百姓关注的重心,正如某些学者描绘的"谋利性上访"[4]逐渐增多。如果仔细审视,很多刑事案件(如本文后面将提及的刑事领域的历史老案张长某案)也往往涉及利益纠纷,因为这些案件从法律上、程序上已不可能得到解决,信访人主要关注赔偿数额即利益,其实大部分行政案件也是如此;当然,即使不算这两类案件与利益的纠葛,利益纠

[4] 关于谋利性上访的叙述,请参见田先红:《治理基层中国:桥镇信访博弈叙述(1995 - 2009)》,社会科学文献出版社 2012 年版,第 107 ~ 115 页。

纷也是涉诉信访的大宗。

2. S 省 M 市(中级人民法院)辖区内涉诉信访案件情况

(1)涉诉信访总体情况

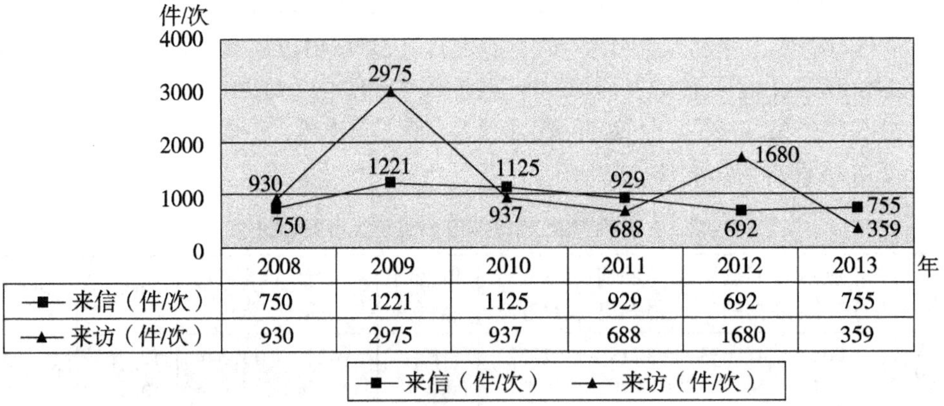

图 2　S 省 M 市来信、来访情况

首先,2008 年全市来信、来访总量 1680 件/次;2009 年全市来信、来访总量 4196 件/次;2010 年全市来信、来访总量 2062 件/次;2011 年全市来信、来访总量 1617 件/次;2012 年全市来信、来访总量 2372 件/次;2013 年全市来信、来访总量 1114 件/次。其次,如果与图 1 所反映的 S 省大环境比较的话,M 市的涉法信访的确有不一样的地方,每隔一年信访案件量的确反复较大,但是如果从 6 年统计数据总体来看,却也与一样,呈下降趋势。

(2)S 省 M 市涉诉信访案件类型

表 2　2008 年至 2013 年 S 省 M 市信访类型案件统计

年度	不服不予立案	不服民商判决	不服刑事判决	不服行政判决	申请国家赔偿	执行问题	干警违法违纪	其他	合计
2008	64 (3.8%)	81 (48.3%)	128 (7.6%)	91 (5.4%)	0	225 (13.4%)	76 (4.5%)	285 (17%)	1680
2009	86 (2.1%)	1958 (46.7%)	220 (5.3%)	298 (7.2%)	41 (0.1%)	472 (11.3%)	225 (5.4%)	919 (21.9%)	4196
2010	76 (3.7%)	1094 (53.1%)	173 (8.4%)	132 (6.4%)	21 (0.1%)	439 (21.3%)	64 (3.1%)	80 (3.9%)	2062
2011	52 (3.4%)	784 (48.7%)	179 (11.3%)	84 (5.4%)	29 (0.2%)	354 (22.1%)	64 (4.2%)	70 (4.7%)	1617
2012	79 (3.6%)	1131 (48.2%)	252 (10.9%)	131 (5.8%)	65 (0.3%)	522 (22.3%)	113 (5.1%)	79 (3.8%)	2372
2013	37 (3.4%)	564 (50.7%)	128 (11.6%)	59 (5.4%)	21 (0.2%)	219 (19.8%)	60 (5.7%)	25 (3.2%)	1114

根据该数据并与S省之数据比较，M市中级人民法院辖区涉诉信访案件呈现如下规律：首先，类似的是，民商事类涉诉信访案件占据半壁江山，是为大宗，进言之，M市涉诉信访也主要是以利益纠纷为主的信访；如果加上对刑事、行政案件的信访，则可以占据绝大部分，且以利益争执为中心。其次，对立案类不服的信访也占据一定比例。

综上所述，M市之涉诉信访情况与S省信访情况非常相似，从宏观上看，无论是S省，还是M市法院辖区涉诉信访在数量上均有所下降，在案件类型上也往往以利益为中心，更确切地说，当事人到法院信访的主要目的在于利益或者说谋利。当然，如果还要更深入理解和把握还必须进入涉诉信访案件的内部，以窥视M市信访的深层问题，笔者会在下面对这一问题进行深入的讨论。

3. S省M市涉诉无理信访的基本情况

(1) 涉诉无理信访的基本现状

表3　S省M市无理来信、来访情况统计

年度	告诉类〔5〕	申诉类〔6〕	信访类〔7〕	诉讼程序外类〔8〕	历史老案类〔9〕	5·12地震类〔10〕	非访类〔11〕	其他	合计〔12〕	占涉诉信访中的比例
2008	56	17	147	11	311	0	13	6	561	33.34%(1680)
2009	285	96	370	65	325	0	35	17	1193	28.43%(4196)
2010	95	22	172	43	122	98	89	13	654	31.71%(2062)
2011	69	36	81	32	102	116	109	8	553	34.19%(1617)

〔5〕告诉类大致包括以下内容：对各级人民法院尚在立案、一审、二审、再审、执行等诉讼法所规定的程序中的司法行为，提出意见、建议或者反映情况，经法官多次法律释明，仍然不服，缠访、闹访。

〔6〕申诉、申请再审类：是指对各级人民法院已生效的判决书、裁定书、调解书、决定书不服，提出申诉、再审申请；经法官多次解释并依法处理后，仍然不断上访。

〔7〕涉诉信访案件类：指对一审、二审已经发生法律效力的判决书、裁定书、调解书、决定书，依照法定程序行使了申诉、申请再审权，被人民法院依法驳回或者再审审判后，仍然不服，而再次缠访、闹访；以及因怠于行使申诉或者申请再审权利，逾期提出的申诉或者再审申请，经法官释明后仍然缠访、闹访。

〔8〕诉讼程序外类：指对不属于人民法院管辖的案件，或者没有案件在人民法院，经多次法律释明，仍然不断上访。

〔9〕历史老案类：指一些因历史和政策原因而遗留下来的老案，依照现有法律无法处理，经多次释明仍然重复上访。

〔10〕5·12地震影响类：指5·12地震后，部分受灾法院案件档案损毁，而案件当事人以此为理由上访，经释明仍然缠访、闹访。

〔11〕非法上访类：指已经终结的、已签订息诉罢访承诺书的信访案件，又开始上访，经释明仍然坚持上访。

〔12〕这里的分类不是严格意义上的学术分类，而是根据S省M市法院信访室自己的方便而设计的分类，我们遵从该分类。其实，是否有这些分类并不重要，因为我们只需要涉诉无理信访案件的数量与涉诉信访数量即可。

续表

年度	告诉类	申诉类	信访类	诉讼程序外类	历史老案类	5·12地震类	非访类	其他	合计	占涉诉信访中的比例
2012	106	65	139	43	108	112	98	17	688	29%（2372）
2013	23	8	28	21	83	67	49	6	285	25.58%（1114）

根据表3，涉诉无理信访的数量呈现出一种复杂情态。

其一，从涉诉无理信访在涉诉信访中所占的比重都不低，均在25%（1/4）以上；其二，虽然可以说数据在整体上呈下降趋势（从33.34%到28.43%，再到25.58%），细节上来看却呈反复状态［2009年比2008年下降，而2010年、2011年却是上升，而且2011年（34.19%）还超过了2008年的情况（33.34%）］；其三，如果除去2013年，涉诉无理信访的绝对量的确可以说呈一种增长趋势，而非下降趋势。因此，涉诉无理信访已是涉诉信访的重要组成部分，如果结合前述图2来观察的话，更可以作出这样的描绘：

在涉诉案件信访量总体上不断降低的情况下，而无理信访的绝对数却不断增加；该现象表明，涉诉无理信访不仅已成为涉诉信访中的重要现象，而且还有愈演愈烈的趋势。虽然在2013年在绝对数上急剧下降，在比重上也有下降，这的确是一件可喜的征兆，但在利益的刺激下，其未来能否持续下降，甚至让涉诉无理信访消失或者说至少保持在非常低的范围内，则取决于党和政府、各级法院如何梳理和处理当下中国涉诉信访中的无理信访的态度、决心和采取何种行为已到达制度性的解决。

（2）S省M市涉诉无理信访人的基本情况

表4　涉诉无理信访人的性别、年龄、学历等情况统计表

年度	来信、来访人总件次	性别		文化程度			上访经历		年龄（岁）		
		男	女	大专及以上	初、高中	小学及以下	初访	重复访	50以上	40～50	40以下
2008	561	73.1%	26.9%	10.7%	37.1%	52.2%	63.8%	36.2%	75.3%	23%	1.7%
		410	151	60	208	293	358	203	422	129	10
2009	1193	69.8%	30.2%	13.1%	47.8%	39.1%	57.3%	42.7%	78.7%	20.1%	1.5%
		833	360	156	570	467	684	509	939	240	14
2010	654	65.3%	34.7%	23.7%	41.2%	35.1%	46.4%	53.6%	79.5%	19.5%	1%
		427	227	155	269	230	303	351	520	127	7
2011	553	67.2%	32.8%	33.2%	45.7%	21.1%	42.1%	57.9%	78.6%	20.4%	1.4%
		372	181	184	253	116	233	320	435	113	5

续表

年度	来信、来访人总件次	性别		文化程度			上访经历		年龄(岁)		
		男	女	大专及以上	初、高中	小学及以下	初访	重复访	50以上	40～50	40以下
2012	688	66.4%	33.6%	43.3%	47.1%	9.6%	38.2%	61.8%	80.3%	19%	0.7%
		457	231	298	310	80	263	425	552	131	5
2013	285	71.1%	28.9%	45.8%	44.1%	10.1%	41.3%	58.7%	81.2%	18%	0.8%
		203	82	130	126	29	118	167	231	51	3

根据表4,我们可以知道涉诉无理信访呈现如下特点:其一,在该类涉诉信访中,信访人男女比例差距大,绝大部分从事涉诉信访的人是男性,一直保持在70%左右。其二,在信访中,70%以上的信访人可以归入老人这一群体,而且还呈不断增长的态势;而另一方面,40岁以下的信访者在不断减少,从2010年起,基本上保持在个位数。[13] 其三,信访人的文化程度在整体上不高,大部分均为中小学学历甚至无学历的状态,即使在2013年,该情况(大专以下的学历)也占据50%以上。根据现代社会分层原理,[14]其表明从事信访的人在整体上居于弱势的社会地位。当然,从一方面来说,从事涉诉信访的人在学历上也在不断上升,进言之,越来越多的更高学历的人从事无理信访——该现象值得我们重视。

如果结合前述图、表,S省M市涉诉无理信访的基本特征可以简单地描绘为:首先,涉诉信访的数量的确不断降低。其次,涉诉无理信访在绝对数上却没有降低,虽然在比例上也有下降趋势,但更值得关注的是6年间无理信访比例更呈现反复状态。再次,从事涉诉无理信访的人基本上年龄较大,学历不高,处于社会底层。最后,涉诉信访包括其中的涉诉无理信访均围绕利益转,涉及其他纠纷的信访比较少。

三、程序、无理信访与纠纷的"解决"

当然,前述对S省M市涉诉无理信访现状的描绘是宏观视野下的观察,其中涉及了一些问题,诸如为什么涉诉信访数量在整体上呈下降趋势的同时涉诉无理信访却成增长趋势;涉诉信访、涉诉无理信访中的利益是一种什么样的利益;为什么涉诉无理信访的年龄以老人为主体。要对这些问题作出回答,在笔者看来,我们先从微观角度观察涉诉无理信访,以探求刚才提及的问题到底是什么的样的问题,以更深层地分析涉诉无理信访中的原因和并据此提出具体建议。在笔者看来,有两类涉诉无理信访的案件。

---

〔13〕 这一点,在后面还会涉及,在这里暂时不再详细分析。

〔14〕 对此,请参见[英]保罗·威利斯:《学做工——工人阶级子弟如何继承父业》,秘舒、凌旻华译,译林出版社2013年版。

(一)法院内部终结程序:以杨某继承案为中心

1. 基本情况

申诉人基本情况:杨某,女,生于1945年9月,初识字,S省Z县人,住Z县X镇,农民,系史大某之继母,史志某之妻。原告史志某(现已去世)、杨某与被告裴邦某遗产分割纠纷一案,于2004年10月向Z县法院起诉。法院受理后依法追加宋柯某(史大某之女)、史某菊(史大某之女)、裴虎(史大某之继子)为原告,并依法组成合议庭两次公开开庭审理了本案。

2. 原审案件及其判决

Z县院审理查明:

(1)身份关系。被继承人史大某死亡之后,未立遗嘱,当依据法定继承相关条款确定史大某第一顺序继承人:其父史志某,妻女女宋柯某、史某菊,其配偶裴邦某以及与史大某之间有扶养关系的继母杨某和继子裴某。

(2)权利与义务关系。当时史志某在某地林业局工作。杨某抚养史大某及史某芳。1979年史大某与王莉某结婚,并生育了本案原告宋柯某(当时名字为史某蓉),2年后两人离婚,宋柯某归由王莉某抚养。1983年史大某又与邓翠某结婚,生下了第三原告史某菊,7年后史大某又与邓翠某离婚,史某菊由其母邓翠某抚养。1993年史大某与被告裴帮某结婚,被告将与前夫所生儿子裴某带到史大某家生活,婚后,夫妻共同承担对裴虎的抚养义务,但史大某未对其亲生女宋柯某、史某菊承担抚养义务。

(3)法院处理过程。一审判决:A. 坐落在X镇南仙路属被继承人史大某价值27,440.00元的遗产房屋归被告裴邦某所有。B. 被告裴邦某付给原告史志某应分得的遗产价值款8440.00元,付给原告杨某、宋柯某、史某菊应分得的遗产价值款每人各4000.00元,付给原告裴某应分得的遗产价值款3000.00元。本项费用限判决生效后一个月内付清。C. 驳回原告杨某、史志某的其他诉讼请求。

2005年7月5日县法院进行一审宣判,并送达判决书时,杨秀认为判决不公,后在上诉期内向中院提起了上诉。

二审通过对该案的审理,于2005年9月19日作出"驳回上诉维持原判"的判决。史志某、杨某不服,向S市中级人民申请再审,2006年9月13日S市中级人民法院作出(2006)S民监字第84号驳回再审申请通知书,驳回了史志某、杨某的再审申请。

3. 信访及其解决情况

杨某仍然不能接受法院的判决结果。在审判庭就哭闹,后又多次到院领导办公室纠缠,后经给杨某做工作,讲解、宣传法律、政策,杨某不仅不服,还不断上访,并将其夫史志某遗弃在市中院后,不知去向,后我院派人派车将史志某送回X镇。杨某到现在仍然在上访,其间对其上访有多次处置:

(1)2006 年 10 月 25 日上午在县法院二楼会议室召开了上访听证会。

会议由 Z 县法院副院长王智某主持,立案庭长杨世某、审监庭长张军某参加,出席会议的听证员有县政法委副书记杨晋某、县政法委督查督办室主任杨兴某、县信访办张某、X 镇党委副书记赵庭某等。

由到会的有关人员均认为,根据杨某的上访要求和法律,以及案件的具体情况,认为两级法院对本案的处理非常公正,充分考虑了各方面的情况,杨某是基于对法律的理解有问题才会有这些想法,对其诉讼请求和上访要求不予支持。

杨某仍然认为法院的处理不公正,并继续上访。

(2)2007 年上半年,S 中院又召开了一次杨秀信访案的信访协调会,并邀请了人大、政法委、政协、林业局、X 镇镇村干部参加。

2007 年年初,中院 M 院长安排市中院评查办对案件进行评查,具体由原副院长胡昌某组成评查组承办该案。最后评查组提出了四条处理意见:①将报告送市政法委、信访局和 Z 县政法委,让他们知晓案情,法院裁判公正,史志某、杨某申诉理由不能成立。②责成史志某、杨某的子女履行赡养义务,并配合组织做好父母的息访工作。学会依法办理,破除老传统、旧观念,告诉父母,不合理、不合法的要求找到哪里也解决不了。③史志某、杨某生活有困难,可由当地政府出面商请 A 州 H 林业局解决。④劝告裴邦某常回 X 镇看望史志某、杨某,以缓解婆媳矛盾,慰籍史大某的在天之灵。2007 年 4 月评查组就杨某提出的诉求对其进行了书面答复。

(3)杨某仍不服,从 2007 年开始经常到市中院去缠访,后市中院安排由政治部主任何某作为杨秀信访案的包案领导。

2007 年杨某一案进入执行程序后,杨某又阻挠执行人员按判决执行,提出裴邦某、裴某不能继承遗产,而且裴邦某还要求把与史大某共有属裴邦某个人所有的一半房产廉价卖给他的无理诉求,同时还提出了宋柯某、史某菊的继承份额也必须归他的无理诉求。现该案已全部执行完毕,杨某拒绝领取她自己应得的份额。

2009 年 7 月,S 市中级人民法院就杨某一案进行讨论,决定终结信访并报省高院报批,2010 年 3 月,省高院通过审委会讨论并决定终结该案。

4. 该涉诉信访案件的处理程序

根据上述,我们可以呈现涉及信访案件的一般程序,具体描绘如下:

首先,正式的诉讼程序。

当一个纠纷,就这里的案件而言,是一件涉及继承的民事案件,申诉人杨某(及其丈夫史志某)不服儿媳对其丈夫的财产继承更不能接受其不尽赡养义务的行为,进而向 Z 县法院提起诉讼,法院根据当时的《继承法》,该案的财产情况、各继承人与被继承人因身份而产生的的权利义务关系,法院作出了一审判决。当事人认为一审判决的遗产分割错误,对其诉讼请求置若罔闻,杨某一方面提起上诉,另一方面的上访活动也逐步启动;当二审法官作出维持一审判决的裁定时,法律程序基本上结束,而其间上诉人不断的上访、闹访行为,[15]一审、二审法官及相关机关人员对原告(上诉人)杨某进行法律解释、事实释明均不能说服上诉人杨某。但是,从中国民事诉讼程序(包括刑事诉讼程序)来看,正式的法律程序还没有穷尽,在杨某继续上访的情况下,甚至开始采取极端的手段,如将其老伴史志某留在法院,法院启动了(民事)再审程序。但是,再审程序的运行并非仅有法官的审理行为,更有Z县法院相关领导以包案的方式对信访事项的展开,以期多管齐下解决纠纷。最终,法院的再审程序仍然维持原来一审、二审法官作出的判决,即使信访的救济渠道也没有推动该案结果的任何变化。

其次,法院涉诉信访程序阶段。

当案件发展到再审程序结束之际,所有法律的救济方式已穷尽,当事人杨某如果还不服再审之结果,则只有信访(上访)一途。申言之:根据现行国务院颁布的《信访条例》,信访人可以在本级或上一级机关提出,[16]但在实际信访事务中,信访人本身并没有受到限制,他们可以到任何一级行政机关、党委和人大等机关启动信访,与法院审判有明确的管辖规则迥异,[17]涉诉信访人也面临同样的窘境;进言之,在涉诉信访案件中,当诉讼当事人(如本案的杨某)穷尽正式的诉讼方式救济权利时,转而只能依靠信访方式救济权利后,杨某可以借助的救济主体在理论上可以无限扩展,虽然最终还是进入法院领域,但不再是审判法官的事,而是一级法院甚至两级法院主持纠纷的解决,因而也就出现了以法院某个领导包案解决信访纠纷。在涉及杨某的财产继承案件中,有两次包案,第一次有Z县法院某副院长包案,没有得到解决;第二次由中院某副院长包案,仍然没有得到解决。最后,经过中院审判委员会讨论,决定终结该信访案件,并报S省高级人民法院,再经过高级人民法院审判委员会讨论,最终终结了该信访案件,整个案件从发生到终结耗时5年有余。

简言之,涉诉案件的信访程序,如果从启动来看,信访程序比较随意,但最终还是由法院负责,但是,其不再是案件承办法官、合议庭的法律和事实的判断,他们仅是参考因素之一。因为该程序基本上由两级法院和相关部门围绕该案运转,具体由主要领导以包案的方式具体展开,如果还不能解决案件纠纷,则启动法院内部的信访终结程序。

以图3示,如下:

---

[15] 由于二审程序还在进行之中,上诉人也期望二审法官满足其诉讼请求,因此,在该阶段,杨某的上访、闹访行为还不算激烈,更多只是耍泼、闹办公室而已,而且在笔者看来,上诉人之所以通过如是有"克制"的行为上访、闹访以达到对二审法官施压的目的。

[16] 根据现行《信访条例》第16条。

[17] 根据现行《民事诉讼法》、《刑事诉讼法》,当事人必须严格依据地域管辖和级别管辖规则向有权受理案件的法院提起诉讼,否则,无法启动诉讼方式的权利救济。

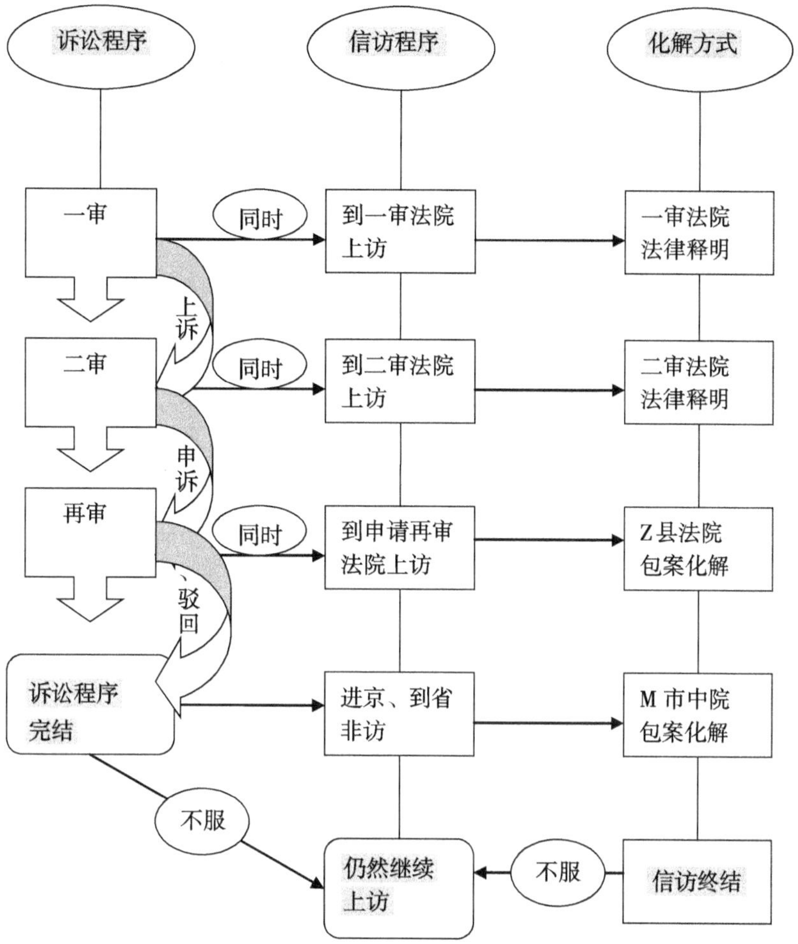

图3

根据对杨某案的叙述,涉诉信访案件有两个阶段程序:第一阶段程序是法律意义上的诉讼程序,由司法机关、当事人等共同参与诉讼程序,根据事实和法律决定判决的过程,法官作出的判决是代表国家作出的有法律效力、约束力和执行力的决定。第二阶段是信访程序阶段,在法律救济程序仍然不能实现当事人权利时(至少是主观上认为该程序没有实现自己的权利),当事人自然而然选择了信访,当然其也不是必然选择,绝大部分时候,当事人服从法律判决,虽然在主观上也不满意法院判决。

同时,我们也必须注意,这两个阶段并不截然分离,而是在二审审理程序中就可能有信访情况发生,如果在极端的情况下,一审程序中当事人也可能选择上访,[18]此后更是信访程序与法律救济程序如影随形,只有在法律程序彻底结束后,信访程

---

〔18〕 一审中的信访与二审及其后的再审程序中信访不一样:一审程序中,法官主要面对当事人及其当事人通过上访带来的影响;而在二审和再审程序中,法官不仅要考虑刚才提及的因素,更要考虑原审法院法官的判决,即在相当程度上尊重原审法院法官的判决。

序才是唯一的主角。另外，还需要注意，虽然该类案例设计的信访程序和法律程序均是国家权力机关作出，但前者有正式的可以强制执行的法律效力，且是真正终结法律救济程序，而后者仅是法院内部作出的终结信访的一种程序，且无法正式向当事人出示，其实也无法真正终结信访程序，当然不可否认其对信访人产生了相当大的影响。

（二）法院与当事人协议终结程序：以曾某离婚案为中心

1. 基本情况

曾秀某，女，生于1949年5月21日，汉族，S省S县人，住M市F区城。

1986年，曾秀某与前夫刘兴某在M市F区法院达成调解协议，双方同意离婚，所收养之女刘华某（14岁）由曾秀某抚养。家庭财产中的桌、凳、床、箱子、水桶、自行车等物品归曾秀某所有，其余归刘兴某所有。离婚后，曾秀某除务农外，于1988年开始与他人共同经营回收废旧物资。1991年，曾秀某之女刘华某经培训，取得了个体工商户业余培训考试合格证，并与曾秀某一道挂靠M市物资回收公司共同经营废旧物资回收，在曾秀某提供的1991年至1993年该公司刘华某收购门点进度检查报表中三年共收购黑色金属126,412公斤，价值72,321元，公司给刘华某门点所定任务三年共为6.5万元。1992年，曾秀某所有的旧房因城市规划被征用，共获得补偿费6800余元，同时给曾秀某、刘华某划分了宅基地。

1992年12月19日，曾秀某与何发某登记结婚。婚后，何发某也参与了共同经营。1993年下半年，曾秀某、刘华某、何发某共同在曾秀某、刘华某划分的宅基地上修建起三层半楼房一幢，约170平方米，共用人民币3万元左右。其资金主要来源于曾秀某所获得的旧房补偿费、曾及刘华某共同经营所积累的存款。何发某陈述也出了资共同修建。当房屋即将竣工时，刘华某死亡。之后，曾秀某仍继续经营废旧物资回收，并将部分房屋出租。1998年，曾秀某与何发某又出资2万元左右将原房改建成5层。房屋建成后不久，双方因多种矛盾发生纠纷，1998年8月22日，曾秀某凭本人身份证将5笔存款共计70,350元支取。同年9月3日，何发某向F法院提起离婚诉讼。在诉讼中，何发某主张两人共有存款99,050元（包括曾秀某于8月22日支取70,350元以及另两笔存款28,700元）。曾秀某在庭审中陈述所取了70,350元已还了1994年在亲属处的借款，但何发某声称不了解1994年曾借款，且经询问所谓借款人，证词矛盾，故曾秀某之说法不能成立。另何发某与曾秀某有共同债权28,460元（包括曾秀琼之弟、妹，何发某之子等人借款）。双方在庭审中对该债权均已确认。另两人还有以下共同财产：空调一台、长虹21英寸彩色电视机一台、排扇一台、吊扇一把、水泵二台、三轮车一辆、转椅两把、折叠饭桌一张、茶几一个、立柜一个、床垫一张、打浆机一台、挂钟一只、棉被二床、丝棉被五床、丝棉枕头两对。

另查明，刘华某之养父刘兴某于2001年3月21日死亡。

2. 案件处理情况

曾秀某与何发某离婚及分割财产纠纷一案，S省M市F区人民法院于1999年1

月 25 日作出(1998)F 民初字第 1771 号民事判决。何发某不服,向 M 市中级人民法院提起上诉,M 市中级人民法院于 1999 年 5 月 28 日作出(1999)M 民一终字第 108 号民事判决,对一审判决进行了改判。曾秀某不服,就离婚财产分割问题向 M 市中级人民法院提出申诉,M 市中级人民法院于 2000 年 9 月 27 日作出(1999)M 民监字第 73 号驳回申诉通知书,驳回了曾秀某的申诉。曾秀某仍不服,向有关部门继续申诉,2001 年 M 市中级人民法院再次立案复查后认为,原判认定事实不清,实体处理不当,决定对该案进行再审。

何发某及其代理人在再审期间表示,考虑刘华某共同建房的事实,同意在分割财产时适当照顾女方。再审法官据此作出再审判决后,曾秀某仍不服,继续向有关部门申诉,其理由是:M 市中级人民法院再审判决没有采纳她提供的证据,再审判决不公正。

3. 息诉息访工作

曾秀某离婚财产分割纠纷再审申请一案,M 市中级人民法院作出再审判决后,曾秀某仍不服,继续向有关部门申诉和赴京上访,M 市中级人民法院、M 市 F 区人民法院、M 市人大、M 市政法委多次给曾秀某做息诉息访工作,曾秀某仍认为她提供的证据充分,法院判决不公正。在集中处理涉法上访案件中,针对曾秀某提出的问题,M 市中级人民法院和 M 市 F 区人民法院给曾秀琼某讲了法院再审判决没有采纳她提供的证据的理由,并告诉曾秀某,让她提供证据线索,M 市 F 区人民法院已决定指派一名法官协作她取证,至今曾秀某也没有能提供出证据线索,但 M 市中级人民法院和 M 市 F 区人民法院仍然在耐心做曾秀某的息诉息访工作。后来,S 省高级人民法院对曾秀某上访案进行了督办,M 中级人民法院组织了以副院长 G 某为包案领导,原审监庭庭长、案件承办人为成员的化解合议庭,对本案审理所有程序及事实以及裁判结论进行了系统复查。在 2007 年 7 月 19 日,M 市中级人民法院、F 区法院、C 乡政府与曾秀某达成一致处理意见:(1)曾秀某充分尊重和理解 F 区人民法院以及 C 乡人民政府领导为她的上访问题所做的大量艰苦细致的工作,对 M 市中级人民法院对其与前夫何发某离婚及财产分割的终审判决,不再提出申诉等请求,也不再为此事上访。(2)鉴于曾秀某目前身体及生活状况,经 F 区人民法院与 C 乡人民政府协调,一次性救助曾秀某人民币贰万元整。(3)曾秀某承诺并保证今后不得以前夫何发某离婚及基于原婚姻关系产生的财产纠纷等为由再度上访。

曾秀某本人于 2007 年 7 月 23 日领取了救助款项并做出书面承诺,不再到北京和各级上访并签署息诉罢访承诺书。但曾秀某领取救助款并书面承诺息诉罢访后不久,又开始到省进京上访,至今仍在上访。

对此,如图 4 所示:

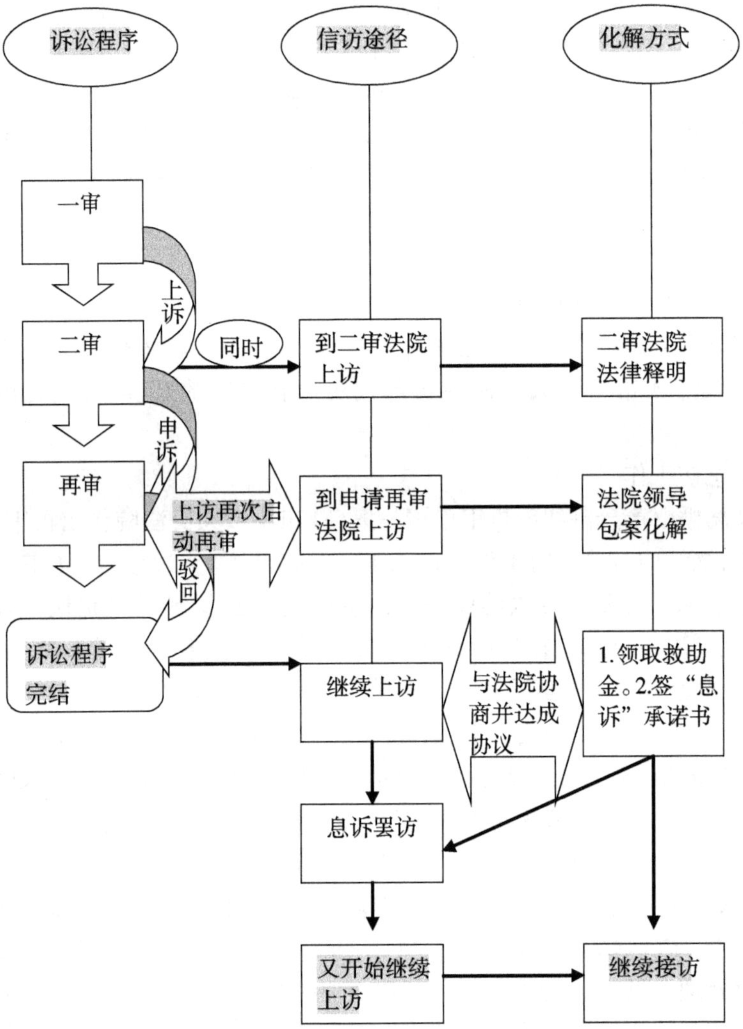

图 4

该涉诉信访案件的处理程序如下:本案争论的焦点在于确定曾秀某与何发某在夫妻存续期间的共同财产有哪些,而曾秀某不同意法院对共同财产的认定,进而不服一审判决,也不服二审判决,亦不服再审判决,而且在该案第二次再审作出判决(其实,这次判决已充分照顾曾秀某的诉讼请求,当然其是在法院调解下何发某自愿作出让步的条件下)时,仍然不服法院判决,进而法律救济程序穷尽。此为第一阶段。第二阶段,曾秀某在再审程序结束后,不断信访,从 M 市相关部门,再到 S 省相关部门,再到北京去上访,最后 S 省责成 M 市中级人民法院解决该纠纷,该案由该院相关领导 G 副院长包案,与 F 基层法院及当事人所在地政府与申诉人协商该案,最终达成协议,并履行协议。此为法院以信访程序解决纠纷的阶段,在该阶段中,由法院、地方政府、申诉人通过协商,达成一致协议,解决纠纷,并签订和履行协议。

（三）对涉诉案件的信访程序的初步评论

如果将两类法院处理信访案件的两类处理方式做一比较的话，还可以进一步分析如下：

首先，从启动来看，法律救济程序（第一审、第二审和再审程序）是涉诉信访案件的基础，如果没有它，涉诉信访案件也就无从产生或者说法院已经完成或穷尽的诉讼程序是启动涉诉信访的前提。

其次，从法律程序运行过程来看，两者仍有差异：后一类涉诉案件中信访现象并未在二审程序中出现，但是在二审之后，曾秀某不断以信访的方式申诉引起了两次再审程序，而前一类则在第一审程序就已开始。如质言之，两者并没有实质差别，虽然由于个案当事人行为方式、性格的不同，个案体现出不同的特征，却可以作出如下描绘，即从一审到再审程序终结这一过程中的法律救济程序不可避免均掺杂了不同程度的信访现象发生。不过，值得注意的是，它们之作用却有些不同，在曾秀某一类的涉诉案件中，信访的目的在于启动再审程序，[19]而在杨某前一类涉诉案件信访的目的在于对判决结果施加压力。

再次，从结果来看，两类案件均产生暂时的程序运行结果。杨某涉诉案件由法院内部程序终结该案，曾秀某一案由法院、地方政府和申诉人以协议方式终结该案。但也有不同之处，前者是法院内部终结涉诉信访案件的程序，其决议和程序并不为社会大众和申诉人知晓，是一种权力运行过程；而后者则是法院、相关者和申诉人一起达成的协议，是一种外部处理程序，是所有人共同参与、妥协、达成一致的过程，不仅是权力的运行，更是权利的参与，虽然该权利不一定在实体法甚至在诉讼程序上最终属于申诉者。

最后，如果从事后的结果来看，无论是杨某案的内部终结程序，还是曾秀某一案的法院与外部相关参与者以协议方式终结的信访程序均没有完全达到定分止争的目的，因为当事人即使是获得了利益，而且还不一定是法律意义上可以确定的权利，而是各种力量相互谈判、妥协后获得的可能是非应得之利益也没有达到息诉息访的目的。

四、涉诉无理信访的深层次原因剖析

根据前述，我们可以作出一个判断，涉诉信访案件运行程序所包括的两个方面，诉讼程序与信访程序（包括法院内部的信访终结程序和法院等与当事人协议终结信访程序两类）均无法实质性地终结案件。更确切地说，该信访案件仍然在路上，但法律程序已经穷尽，只是信访在路上而已，而且在可见的未来其仍然可能无法终结，因为申诉人还在不断地申诉。但是，这还仅仅是表面原因，我们还必须挖掘其

---

〔19〕 当然，不可否认，如果再审程序得以启动，申诉人之申诉行为也同样可以达到对判决结果施加压力的效果，因为在中国再审案件的启动条件非常严格，当事人不是启动主体，只能通过申诉的方式，通过检察院、法院启动。

深层次根源以为解决涉诉信访案件中无理信访提供治理一些有益的启示，具体分析如下：

第一，中国人的权利观、诉讼观、纠纷解决观。

在中国语境下，法（法律）从来就与刑（兵刑一体）、禁止、义务等观念紧密相联，[20] 而且法自君出，在天不变道亦不变的传统社会，法律与其说是治理社会的工具还不如说是治理官员的主要工具，[21] 当然也是君主治理国家或者说王国的主要工具，[22] 因而权利、理性无法成为中国法律的底色或者说权利与法律的关系不密切。[23] 法作为皇帝治理王国、官员的工具，也要求兼任法官的地方政府官员据之适用于刑事案件、民事纠纷[24] 以实现正义。但是，中国历代统治者却不喜欢此种纠纷解决方式或者正义实现方式：早在春秋时期的孔子，其曾言，“听讼，吾犹人也。必也使无讼乎”。[25] 除了大秦帝国崇法之外，[26] 历代统治者均称颂孔子这一主张并积极践行，以一定的制度诸如家庭、家族、乡里等组织解决其范围内的纠纷和矛盾，而非积极向法院提请诉求，最终实现费孝通所描绘的“无讼”社会景象；该社会的基本特征即以主张权利、特别是以打官司方式主张权利为耻，当纠纷发生后，在前述组织的调解下以各打五十大板的方式结案，[27] 即使到法院（县衙）起诉，法官判决或者说调解的指导思想，正如海瑞所言：

> 窃谓凡讼之可疑者，与其屈兄，宁屈其弟；与其屈叔伯，宁屈其侄；与其屈贫民，宁屈富民；与其屈愚直，宁屈刁顽。事在争产业，与其屈小民，宁屈乡宦，以救弊也。（乡宦计夺小民田产债轴，假契侵界威逼，无所不为。为富不仁，比比有之。故曰救弊。）事在争言貌，与其屈乡宦，宁屈小民，以存体也。（乡宦小民有贵贱之别，故曰存体。弱乡宦擅作威福，打缚小民，又不可以存体论。）[28]

因此，无论是正式的诉讼途径，还是家庭、家族、乡、里纠纷解决，均不为法律规定

---

〔20〕 对此的详细分析，请参见杨鸿烈：《中国法律思想史》，中国政法大学出版社 2004 年版。

〔21〕 分析法律作为治理官员工具的文献，请参见张晋藩：《中国法律传统与现代转型》，法律出版社 1997 年版，第 163～201 页。

〔22〕 在传统社会治理社会的工具除了法律之外，还有道德（和宗教），在西方历史上，是一个道德、宗教、法律共同治理社会到主要依据法律治理社会的过程（请参见［美］罗斯科·庞德：《法律与道德》，陈林林译，中国政法大学出版社 2005 年版，第 37～55 页），在中国语境下，一直以来均秉持德主刑辅的治理理念。

〔23〕 西方的希腊罗马社会以来，法律一直以理性、权利为底色，任何一部西方法律思想史与其是法律思想史，还不如说是权利观念变迁史，对权利理性思考的历史。

〔24〕 在古代社会，刑、民等案件都有，却以刑事案件为主，民事案件为次要，甚至民事案件也在浓厚的重刑主义思想指导下解决。

〔25〕 傅佩荣：《〈论语〉新解》（下册），译林出版社 2012 年版，第 61 页。

〔26〕 大秦帝国虽然崇法，但并没有以法作为评价一切的标准，它不要求皇帝守法，但要求除了皇帝之外的一切人守法，不仅是官吏，还有普通民众，而且还是严刑峻法。（对此，请参见费孝通：《中国绅士》，中国社会科学出版社 2006 年版，第 7～9 页。）

〔27〕 请参见费孝通：《乡土中国　生育制度》，北京大学出版社 2005 年版，第 53～58 页。

〔28〕 陈义钟编校：《兴革条例》，载《海瑞集》（上册），中华书局 1962 年版，第 117 页。

的权利张目,而是以通常之情理推定权利,因为其以"屈"的方式确定利益归属或者说言貌(即意气和面子);进言之,法官的该推理与其在确定权利,还不如说在重述义务以维护社会秩序。

综上所述,中国传统社会以无讼、厌讼为诉讼观,而纠纷解决与其要确定权利,还不如说其在进行一场家庭、社会教育或者说教化,叙说所有人基于其担任的社会、家庭角色应该承担的义务。

上述观念在传统、静止、熟人社会中,在争执标的额不可能很大的语境下,一些妥协和忍让甚至牺牲一些利益或为最佳选择。因为妥协、忍让虽然牺牲了些许利益,却获得了好名声(如说父慈子孝、兄友弟恭、里仁等)。但是,我们应该注意到一点,在纠纷解决过程中,虽然有妥协、忍让,但并不明确谁在争执中是"受益者",谁是"受害者",而且在"各打五十大板"的解决方案下,所有当事人均认为对方当事人"不当得利"了,而自己是"受害者",这种受害者心理产生,如果不断积累这一受害者心理,进而产生、积累受害人意识产生,并在社会中扩展。

根据前述,在厌讼、"无讼"的传统社会,这一受害人的意识并不会成为一个问题。不仅如是,还会将其归因于命运使然,[29] 但是在转型社会的当下,该受害人意识却可能成为严重的社会问题,具体分析如下:

首先,当下社会背景:根据前述,中国传统社会的法律观、诉讼观、纠纷解决观主要与义务、禁止、秩序等密切联系,但是在打开国门后,西方法律观、诉讼观等逐渐进入中国,特别是改革开放以后,在信息技术急剧发展的当下,其已成为中国人的普通思维方式。西方社会的法律观、诉讼观、纠纷解决观要求当事人主张权利,以理性、和平方式、诉讼方式解决纠纷,如果以西方谚语来表达:正义不仅仅要实现,而且要以看得见的方式实现。因此,其基本要旨在于以判决确定权利,明确义务以达到定分止争的效果,更确切地说,它要求在法律上有明确的对错双方,有明确的权利、义务双方——与中国传统的观念形成了鲜明对比。

其次,转型期间的缝隙:要接受如此迥异的法律理念、诉讼方式、司法实践有一个长期过程。这一个过程伴随着对异域法治的观察、观察、学习和实践后自愿接受的过程(当然也包含了对其作出具有本国语境下的修正)。[30] 如果在途中,旧有的与新的存在若干缝隙,进而产生一些错位,如对权利泛化理解,即"权利"已成为不能拒绝的潮流,也是每一位当事人的口头禅,[31] 但对权利深层含义(诸如理性、通过一定救济途径实现)却缺少理解;比如诉讼,通过诉讼可以实现正义,也可能在证据

---

〔29〕《红楼梦》中贾雨村审理薛蟠抢占甄应莲,打死冯渊之案件,虽然是枉法裁判,却也以夙孽相逢为依据了结该案,在此基础上要求薛家作出赔偿以抚慰受害人。此种方式虽然不能欺骗有识之士,却能让当事人、社会民众相信,否则以贾雨村之才智不会以此方式判决。另注:在传统的《三言两拍》《窦娥冤》等文学作品中,上述思想更浓厚,体现了其在中国古代司法判决中扮演了一个非常重要的角色或者说在疑难案件中扮演着不可或缺的角色。

〔30〕对此,请参见蒋志如:《法律职业与法学教育之张力问题研究》,法律出版社2012年版,第262~295页。

〔31〕请参见陈柏峰:《无理上访与基层法治》,载《中外法学》2011年第2期。

不足的情况下放纵犯罪或者说法官错误再配置了权利；再对纠纷解决的理念的理解，纠纷解决，对于当事人来说，可能仅是利益、权利的再确定，但对于法官而言，其在考虑判决结果时不仅需要案件情况，更需要考虑该案所涉及的制度问题。

最后，结果。当事人的诉讼请求、权利主张与法律规定、诉讼程序运行、法官的自由裁量等因素的复杂交织，必然产生若干错位，即当事人的权利主张与法官判决产生分歧甚至是冲突。

如果当事人能够基于前述而接受该分歧或冲突，不会出现任何负面效果，法律、法院的权威仍然不坠。当当事人不能接受，如果还有其他救济途径，如信访，则当事人必然选择信访。因而产生涉诉信访案件，而且当信访也不能解决的情况下，前面提及的受害人意识就可能不断积累，在封建社会留下的遗毒——官官相卫等陈腐理念影响下，无论是法官、其他机构、信访人员的如何解释，案件均不可能得到妥善解决。因为当事人总是认为自己的利益受到了对方、法官甚至其他机关“共谋”的侵犯。〔32〕

第二，年龄与无理涉诉信访。

中国公民的法理念、诉讼观、纠纷解决观仅是产生涉诉信访，特别是无理信访的原因。但这只是一种理论上的原因，其还必须具备可行性，如果当事人没有能力信访，如没有时间和精力，涉诉信访也不可能发生；如果有能力信访，但在有其他更有利事情或者计划的情况下，涉诉信访也不可能出现。因此，只有在当事人没有其他有利可图之事，且有时间、精力的情况下，信访，特别是无理信访则是其活水之源，具体分析如下：

根据笔者对S省M市中级人民法院的涉法信访调研，首先，我们对涉诉信访人精神状态和工作情况作了调研，根据访谈，〔33〕择其要可以描绘如下：

A（M市中级人民法院党组成员）：在涉诉的无理信访案件中，有的案件可以长达十余年不能结案，信访人与我已相互熟悉，其案情更是能烂熟于胸，但其的确不能解决、根据现有法律和政策也不可能解决，信访者就一直缠讼、闹讼，有一天我突然发现，其虽然年龄与我差不多，甚至有的信访人年龄比我大，身体与精神状态却比我好得多，一定是因为信访而长期东跑西转得到了“锻炼”……而且，他们大多数都处于农村人或者说退休状态，至少是半退休状态……

B（M市中级人民法院信访室领导）……在我们法院信访室在信访人年轻基本上是老年人，他们在身体上和精神上均处于优良状态，我是说在他们同龄人当中属

〔32〕 这或许是非法治国家在很多领域的共性，其他领域如教育（对此，请参见蒋志如：《中国法学教育的双输?!》，载《厦门大学法律评论》2010年卷，总第18辑）。

〔33〕 我们对S市中级人民法院、各基层法院信访室相关领导、信访室负责人、信访室科员等大约18名人员进行了访谈，可以分为三类：主管信访工作的领导（以市中院领导为代表），共有1人，还有其他在轮值时的接访领导3人；负责信访工作的实际负责人（信访室领导或者说主任），访谈计有5人，以M中院信访室B领导为代表；M中院下辖县法院信访室科员10名，以S县法院的C访谈为代表。

于良好状态。在职职工或者说能出外打工者非常少,除非受到重大冤屈,特别是刑事案件的冤案或者说无法被受害人家属接受法院的刑事判决案件,才可能有人放弃工作去上访,记得有一个故意杀人的刑事案件:根据法律和现有刑事政策,该案的被告人不可能被判处死刑,而受害人的父母作为C国有企业一中层职位(年收入达20万余元)并不接受法院判处死缓(死刑缓期两年执行)的结果,因而不断对该案进行信访……

C(M市S县人民法院信访室科员):虽然我在信访室的工作时间不长,已3年有余……但对S县信访已相当熟悉。在三年信访工作中,涉诉信访者大多已退休或者说无工作,且不担心吃饭问题(因为其已有成年儿女解决),年龄较大,精神和身体状态不错……

简言之,涉诉信访者大多处于"无业"状态有时间、有精力,且没有其他替代事情,因而涉诉信访从理论走向了现实。当然,这仅仅是访谈,还不够,还需要对其作进一步分析,请看下面的数据。

对上访者的年龄作了一个统计,具体如下:

表5 S市中级人民法院辖区内涉诉来访人(不包括来信)年龄情况统计表

年龄段 年度	来访人总件/次	30岁以下	30~40岁	40~50岁	50~60岁	60岁以上
2008	930	11	130	260	288	241
	比例	1%	14%	28%	31%	26%
2009	2975	238	446	565	1042	684
	比例	8%	15%	19%	35%	23%
2010	937	19	65	272	337	244
	比例	2%	7%	29%	36%	26%
2011	688	7	48	179	310	144
	比例	1%	7%	26%	45%	21%
2012	1680	17	84	454	773	352
	比例	1%	5%	27%	46%	21%
2013	359	4	14	104	154	83
	比例	1%	4%	29%	43%	23%

附图 5：

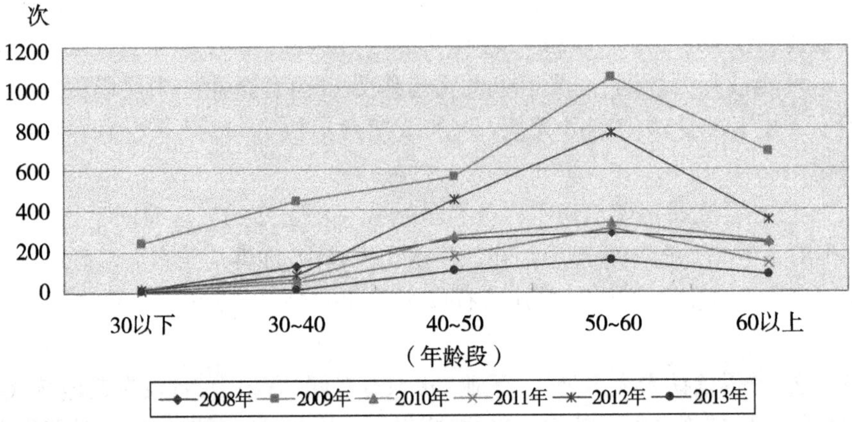

根据表 5 及其附图 1，可以作出以下描绘：其一，60 岁以上的信访者占据 20% 以上，而且从 2008 年 1 月到 2013 年 12 月的 6 年里，大致呈稳定状态，即保持在 23% 左右。其二，40 岁以上信访者占据 50% 以上，大致呈增长趋势，从 2008 年的 57% 到 2013 年的 66%。其三，30 岁到 40 岁之间的涉诉信访者在 2008 年达到最高，占 14%，其后一直呈下降趋势，从 14% 下降到 2013 年的 4%。其四，20 岁以下的涉诉信访者非常少，如果从绝对数看则更少，基本上处于 1% 左右（2009 年除外，占 8%）。

简言之，涉诉信访者的年龄主要是年长者；如果再深入观察，当年轻信访者无论是绝对数还是相对数均处于下降趋势时，可以推论属于老者的涉诉信访人必然呈上升趋势，进言之，在未来的涉诉信访中，属于年长者、老人的信访人比例和绝对数将可能处于绝对优势，而非现在的相对优势。[34]

因此，当大部分信访者的年龄处于老人阶段时，[35] 人生之精华已逝或者人生基本责任已完成：儿女已成人，毋庸照顾；他们基本上无事可做，农村人本无正式工作，收入微薄，城市人口基本上处于退休状态。因而涉诉信访者有了时间、精力去从事信访；特别是年老的无理信访者，他们基本上是每周接访日出现，其之行为相当于到法院散步或者说旅游而已——或许，这一概括，对真正有理涉诉信访者来说，非常的不公正。

第三，行政体制下的"维稳"政策。

中国自鸦片战争以来，一直处于动荡或混乱中，直到 1949 年新中国的成立。新中国成立之后，中国第一代领导人由于经济建设的经验不足，导致了有些错误和不足，如"文化大革命"，直到以邓小平为首的第二代领导人才全面转向到经济建设，而经济建

---

〔34〕 这一点，在笔者当下对 S 省 M 市中级人民法院信访室的近半年实地观察和详细记载中，已经得到印证，绝大部分涉诉信访者均在 60 岁以上，还有一些七八十岁以上的信访户。

〔35〕 在调研中，有一件信访案件非常特别，即有一位年轻人在企业工作，由于一些原因，企业与员工发生劳动纠纷，而该劳动纠纷通过一审、二审、再审均没有令该员工满意，如果对照一般信访案件，该案也应该是该员工从事信访，但实际上却是其已退休的父母亲长期对该案不断信访。由此可见，老人、无业者更有动力去信访，特别是在"会哭的孩子有奶吃"的指引下（这一点，马上就会涉及，暂不表述）更有动力去从事信访。

设首先需要稳定和谐的社会背景，不仅需要国际和平大环境，更需要国内团结稳定的大好局面。

在20世纪80年代的中国，中国强调的稳定，更侧重于中国需要和平稳定的国际环境，因而中国改革的总设计师邓小平同志提出了“压倒一切的是稳定”的主张，这一政策延续到了江泽民时代；当时间的巨轮进入胡锦涛时代，国际社会形成和平和稳定局面已不是政府关注焦点，其已经转变为国内的安定团结，当然这时影响国内安定团结不是“文革”意义上的阶级斗争式因素，而是公民权利、利益等引起的社会纠纷和矛盾。但是，对该矛盾的解决方式主要不是以法律、司法方式解决，而是以行政命令方式解决这些问题，进而产生压力性体制维稳。[36]

在该体制下，首先，有维稳经费的保障；其次，有垂直行政命令要求地方，特别是基层缓解上层、中央机关信访压力，同时上级政府以绩效考核等指标方式施加深层次，甚至是制度性的压力；最后，地方在政绩、考核等因素的影响下，往往“以钱买稳定”[37]。进而导致更多的公民进入信访队伍，涉诉信访、特别是无理涉诉信访的数量也急剧增加，正如一位学人的描绘“……谁调皮，谁刁难，谁上访，就有好处，就得的多……”[38]

简言之，对于有些信访人来说，特别是无理涉诉信访的访民来说，一般不关注自己是否正确、正当和合法或者说已经“忘记”自己是否有权利主张、是否合法，只关注党和政府是否给予其(巨额)利益以保障自己可以不劳的情况下可以安享晚年，甚至可以为自己子孙留下一笔财产。以申诉人张长某案为例：

申诉人基本信息：张长某，男，1956年5月17日，汉，原M县跃进公社七大队六生产队队员。

基本情况，1977年9月28日，原M县人民法院以(××)字第48号刑事判决书以“进行阶级报复逼死人命”判处你无期徒刑。张不服申诉，1980年8月7日法院又作出了维持原判的通知。因张之长期申诉，M中院复查后，以(84)法刑字第25号刑事判决书，撤销(74)字第48号刑事判决和1980年8月7日维持原判的通知，对张长某以诬陷罪改判有期徒刑12年。张长某仍不服，继续提出申诉，M中院以(2005)M刑监字第25号《驳回申诉通知书》予以驳回。2007年5月24日，M中院评查组再次对张长某的案件评查后，于6月4日向你作了书面回复。张某继续上访。

要求：(1)改判无罪。(2)赔偿各种损失，计120万元。

法院答复：(1)对于张长某提出改判无罪的要求，因该案是一件历史老案，1977年法院审理时适用的仅有惩治反革命条例和惩治贪污条例，1984年改判时适用的是1980年《刑法》，法院的判决与当时的社会环境和形势有密切的关系，根据S高法立

〔36〕 对此，请参见陈柏峰：《群体性涉法闹访及其法治》，载《法制与社会发展》2013年第4期。

〔37〕 当然，不可否认，改种方法从个案、从表面上解决问题看，有相当的效果，有一定的正面意义，但是将其置入一系列行为中，就可以发现其存在的内存缺陷。

〔38〕 请参见田先红：《从维权到谋利——农民上访行为逻辑变迁的一个解释框架》，载《开放时代》2010年第6期。

(2007)30 号复函精神"对于历次政治运动中的历史老案,因政策性强,牵涉面广,在中央没有出台新的政策之前,一般不再复查改动。"(2)对于你提出的其他困难问题,虽不属法院职权范围,但我院于 2012 年 3 月 13 日已专题向市委市政府有关部门书面报告,M 法院与 M 市市委、F 区政府拟为张长某修建一栋 3 层楼,一层 3 间的房屋,共有 300 多平方米的房屋(在 M 市 F 区 T 镇,价值几十万元),并为其办理低保。

评价:张长某经过十余年的涉诉信访,法院反复释法,其已知晓不可能满足其第一个要求,但是其却成为他第二个要求的基础,虽然其属于一点也不靠谱的基础,进言之,对张长某而言,信访的目的只有钱了,对于是否合法和正当已经顾不上了,反正其已认为自己的不幸遭遇是政府造成的。

综上所述,我们可以说,中国涉诉的无理信访案件无可必然的发生有三层具有逻辑性的深层原因:首先,中国人传统的权利观、诉讼观和纠纷解决观与舶来的法律观、诉讼观、纠纷解决观的奇异结合形成了转型期下的严重受害人意识、泛化的权利意识,过去陈腐的官官相卫理念,法律制度、程序制度本身存在的问题(而且不仅是中国转型时期存在的问题),[39]它们一起导致了涉诉无理信访案件的产生。其次,当然,必须指出,这一点仅是理论上的推理,还需要现实实践的可能,当我们看到无理信访人的年龄、健康状况和职业情况时,涉诉信访从理论走向了现实。最后,上述两点,可能会仅为在道德上是维权者从事信访提供机会,但是当行政命令型的"维稳政策"实施时,为其他无理信访者提供了无限的想象空间,亦即其他信访人极可能不打算、也不愿从事信访,但在金钱的刺进下,涉诉案件的无理信访不仅没有解决,反而急剧增加。

五、作为建议的结语

如何解决前述关于涉诉无理信访的问题呢?在笔者看来,必须在诊断的基础上给出处方。

首先,对前述问题再做一个简单梳理:根据前面的统计数据和访谈情况,我们可以知道,不管是 S 省的大环境,还是 M 市辖区的涉诉信访数量在整体上均称下降趋势,在社会转型时期的特殊阶段、在诉讼大爆炸的信息社会,其也表明法院的司法权威在增加,至少表明其没有下降,这的确与当下中国公民对法院的观感(即认为中国法院司法权威不高、司法公信力弱或者说屡有弱化)[40]迥异。但是,需要注意的是,本文界定的涉诉案件的无理信访数量却在不断增加或者说至少没有减少。

为什么呢?通过对涉诉无理信访案件的程序分析,可以看到处理两种终结信访案件的程序均没有达到终结信访的目的。其原因已见前述。

---

[39] 当然,必须注意:这里的法律制度、程序规则有问题,不仅指其设计本身的不完善问题,还指在法治视野下其是否建立的问题,因为即使在西方法治国家,法律制度、程序规则仍然会出现瑕疵,必然产生冤案或者说错案。

[40] 齐奇:《司法权威不是越来越高,而是屡有弱化》,载 http://china.zjol.com.cn/05china/system/2011/03/13/017359103.shtml,最后访问日期:2014 年 7 月 17 日。

因此,在涉诉信访事件在整体上降低的背景下,而涉诉无理信访却在增加或者说维持在一定水平就是顺理成章之事了。也因此,该问题基本上属于“无解”之题,但又必须解决!

其次,具体建议:在我们看来,从实质意义上终结涉诉无理信访案件必须抽调上访人上访的真正动力,但又必须根据当下的需要回应当下一些必须回应的诉求。因此,建议如下:

其一,改变当下的“维稳”政策,杜绝“以钱买稳定”的现象,如果当事人确有困难,也不能通过到法院信访方式实现。具体而言,一方面,对于当事人的涉诉无理信访,坚决不能以付钱的方式了解,因为这是和稀泥、掩盖事实真相,而不是在解决问题,更是在变相纵容当事人,也在鼓励其他潜在当事人到法院从事涉诉无理信访,特别是一些历史老案、“文革”案件容易滋生这方面问题;这些案件可能在现在有些瑕疵,但在当时肯定是正确的案件,而且早已物是人非,谁对谁错。另一方面,如果当事人确有困难当地民政部门根据现有法律、政策帮助当事人办理“低保”等可以保障其基本生活的救助,但是也不能通过法院或者法院与当地民政部门协调的方式推动或实现。

简言之,通过该建议可以去掉涉诉无理信访当事人的金钱动力,或者说即使到法院信访最终都是一无所获,无论是对具体当事人,还是潜在当事人均有导向意义。

其二,当下时代是一个权利的时代,而且也是从第一代转化为第二代权利的转化时代或者说是第一代、第二代权利并存的时代,[41]如果从反面来说,这也是一个权利被泛化的时代,即什么都与权利联系在一起。中国法院在社会转型期间,在面对当时的权利诉求时,即使是一个不合理的权利诉求的情况下,也必须回应当事人的权利诉求。

但是,针对涉诉无理信访中权利诉求而言:正式的法律程序和信访程序已对其作出回应,对其再次提出的权利诉求如果不作回应在形式上也不妥,但可以一些简单回应,在笔者看来即以“不作为”取代作为的方式在实质上终结涉诉(无理)信访案件,因为规则、程序已经对其无用,而且由于年龄等问题,其也无法成为被强制的对象。

其三,做好宣传和教育工作。从当下来看,法院与政府一起对无理涉诉信访案件可能的后果和一些典型案例(当然做好保护好当事人隐私的措施)以指引其他人的行为,进而减少潜在的涉诉无理信访;从长远来看,应当加强和完善当下的公民教育,培养有常识、有理性和德行的公民,只有这样才能彻底转变公民思考问题的方法,以使中国当下的权利观、诉讼观和纠纷解决观切合法律、法治的精神和理念,从源头上杜绝涉诉无理信访。

---

〔41〕 第一代权利以麦迪逊所界定的“权利法案”为代表,第二代权利法案则以罗斯福所界定权利;对此的详细分析,请参见[美]凯斯·R.桑斯坦:《偏颇的宪法》,宋华琳、毕竞悦译,北京大学出版社2005年版,第161~166页。

比较法研究

韩国在电子商务中对消费者保护的立法动向*

李忠勋**

内容摘要：韩国现行的《电子商务消费者保护法》在法律的适用范围、各交易阶段中经营者的义务、要约的撤销及其效果、通讯销售中介人的义务和责任四个方面有了新的规定，这使得以往诸如通讯销售中介人的义务和责任问题、通讯销售中介人的免责问题等较为模糊的领域，在新法中得到了较为清晰的规定，从而使得韩国在电子商务中对消费者保护的立法更加完善。

关键词：电子商务消费者　要约撤销　通讯销售中介人　韩国

一、序论

20世纪末随着电子、通信技术的发达，出现了新型交易类型。具体来说，即从传统的面对面交易开始转变为非面对面交易，其中最典型的是利用电话或传真的交易，之后随着互联网的普及诞生了电子商务这一新型的非面对面的交易。如今韩国电子商务的规模呈现出增加的趋势。[1]

想必这种情况在中国也一样。统计资料显示，2014年中国电子商务市场交易规模达到了13.4万亿元，同比增长31.4%。其中B2B电子商务市场交易额达10万亿元，同比增长21.9%；网络零售市场交易规模达2.82万亿元，同比增长49.7%。[2]

随着电子商务的发展，为了解决电子商务中可能发生的问题以及保护电子商务中的消费者，韩国于2002年3月30日以第6687号法律制定了《关于电子商务中消费者保护的法律》（以下简称《电子商务消费者保护法》），并于2002年7月1日起施行。《电子商务消费者保护法》是规定对电子商务当事人的通讯销售人和通讯销售中介人赋予什么样的责任，以及消费者在利用网络商店（internet shopping mall）[3]时

---

* This work was supported by the Incheon National University Research Grant in 2014.

** 仁川大学校法学科教授，法学博士。

[1] 韩国统计厅2014年公布的资料显示，2013年韩国电子商务的总交易额为1204万亿韩元，其中企业和消费者之间的交易，即网上购物为38万亿韩元。统计厅：《2013年全年及第四季度电子商务与网络商店动向》，统计厅2014，第2页。

[2] 中国电子商务研究中心：《2014年度中国电子商务市场数据监测报告》，载中国电子商务研究中心：http://www.100ec.cn/zt/uploed_data/20150408.pdf，最后访问日期：2016年12月30日。

[3] 网络商店是指以网络为基础的商店。网络商店（internet shopping mall）并不是法律概念，在电子商务消费者保护法上则使用cyber mall一词。该法中的cyber mall是指"用来利用电脑等信息通信设备可以进行财物交易的虚拟的营业场所"。但在韩国，internet shopping mall一词比cyber mall更普遍，因此，本文也使用internet shopping mall一词。

遭受损失的话如何获得救济等内容的特别法,可以说是全世界独一无二的立法。《电子商务消费者保护法》是韩国规定由2000年代开始出现的Open Market[4]中可能发生的法律问题,即当中介人介入销售人和消费者之间的交易时赋予中介人责任的最初的立法。例如,对消费者甲在网络商店购买高价物品之后发现该物品是假冒的情形,与对消费者乙在Open Market购买高价物品之后发现该物品是假冒的情形应采取的法律措施是不同的。第一种情形,由于合同当事人是网络商店和消费者,因此消费者可以向网络商店追究法律责任。但第二种情形,合同当事人是实际销售人和消费者,而Open Market属于中介人,因此问题在于消费者只能向实际销售人追究责任,而不可能向Open Market追究责任。

根据韩国《电子商务消费者保护法》,Open Market属于中介人并对其赋予了一定的义务,如果中介人违反义务的话消费者就可以向中介人追究一定的责任。

据笔者了解,在中国并没有可以追究中介人责任的法律规定,在日本或美国等国家也是如此。所以,在电子商务中介人日益增多的现在,规定中介人的法律责任的韩国《电子商务消费者保护法》可以说具有很大的意义。

以下笔者将简单介绍韩国《电子商务消费者保护法》,并指出现行《电子商务消费者保护法》赋予中介人法律义务的规定存在的问题,并提出解决的方案。

二、韩国《电子商务消费者保护法》的沿革

2002年制定《电子商务消费者保护法》的理由,主要考虑到在制定《电子商务消费者保护法》之前已有在电子交易中保护消费者权益的《关于访问销售等的法律》(以下简称《访问销售法》)。但随着互联网的发展和普及,有人指责《访问销售法》很难有效的保护急速变化、发展的互联网交易中的消费者。为了解决这一问题,韩国在2002年对《访问销售法》进行了修改,删除了关于通讯销售的部分,新制定了《电子商务消费者保护法》。《电子商务消费者保护法》制定以后,共经历了十次修改,其中第一、二、五、七、九次修改是随着其他法律的修改而进行的修改,而针对《电子商务消费者保护法》自身的修改则是第三、四、六、九、十次修改,具体内容如下:

在第三次修改(2005年3月31日法律第7487号)中,为了预防消费者在非面对面的预付交易方式中遭受损失,设立了将消费者的结算金额预存于第三人的制度;为了消除销售人发放广告导致的消费者的不便,设立了消费者可以通过互联网表达拒绝接收广告的意思表示的制度,从而加强了电子交易中对消费者的保护。

第四次修改(2007年7月19日法律第8538号)之前,对于计算销售人向撤销要约的消费者支付的延迟赔偿金的标准——延迟利率,在没有指出具体标准的情况下是由公正交易委员会规定的。但这种规定阻碍了交易当事人的可预见性,且行政部

---

〔4〕 Open Market是接收销售人的广告费和手续费,并且只起到将销售人和消费者相互联系的作用。在韩国,典型的Open Market有G Market,InterPark等;在中国,典型的Open Market有淘宝,京东等。

门任意的行政立法很可能侵害国民的财产权。因此,第四次修改规定延迟利率在40%的范围内,考虑银行法适用于金融机关的延迟利息等情况后,该法令由总统令规定。

第六次修改(2010年3月22日)是针对业主的惩罚规定。即之前是不管业主是否尽了对其职员的管理、监督方面的注意义务,都对业主进行处罚,这很可能违背了责任主义原则。因此,第六次修改规定当业主尽到对其职员的管理、监督方面的注意义务时,免除对其的处罚,从而贯彻了责任主义原则。

第八次修改(2012年2月17日法律第11326号)扩大了有义务签订消费者损失补偿保险合同的预付结算方式发行人的范围,让销售人标注、广告或通知关于财务和退款延迟赔偿金的具体事项。而且当中介人没有向消费者提供销售中介委托人的信息或因与提供的信息不符导致财产上损失时,中介人与中介委托人承担连带赔偿责任。并且,使建构以及管理网络商店的托管服务人承担确认销售人身份的义务。第八次修改还将难以理解的术语转变为较容易理解的术语,重新整理又长又复杂的语句,旨在让国民更容易理解法律语句。

第十次修改(2013年5月28日法律第11841号)规定了"购买安全保护措施",即销售人采取预先结算方式时,如果消费者利用预存结算金额的方式或选择签订消费者损失补偿保险合同的话,销售人就有义务让消费者利用预存结算金额的方式或签订消费者损失补偿保险合同的制度。而且,将"购买案件保护措施"的对象交易范围由过去的5万韩元以上扩大至5万韩元以下的交易,从而保护了消费者的权益。

三、现行《电子商务消费者保护法》的主要内容

(一)适用范围

1. 适用对象之主体

(1)经营者

《电子商务消费者保护法》中规定的经营者是电子商务经营者和通讯销售人。[5] 其中,电子商务经营者是指通过电子商务的方式制造、进口、销售物品或提供劳务的人。(第2条第1项、第6项)通讯销售是指通过邮政、电子通讯以及其他总统令规定的方法提供财物的销售信息,并且接受消费者的要约后进行财物销售等活动的行为。(第2条第4项)通讯销售人是指从事通讯销售行业的人或根据与其达成的约定进行通讯销售业务的人。(第2条第3项)

(2)消费者

《电子商务消费者保护法》规定的消费者是使用了经营者提供的为了其消费生活的财物(包括利用)的人或总统令所规定的人。(第2条第5项)这里所说的总统令所规定的人是指:①最终使用或利用财物的人(但将财物作为原材料或资本货物

[5] 公正交易委员会政策报告:《电子商务消费者保护法说明资料》,公正交易委员会2008,第2~4页。

使用的情形除外);②实际上以与其他消费者一样的交易条件进行交易并购买财物的经营人;③为了农业(包括畜牧业)或渔业活动购买财物的人[《关于电子商务中消费者保护的法律施行令》(以下简称《施行令》)(第2条)]。此外,《访问销售法》第2条第6项的传销员由于其性质既有销售人的地位,也有消费者的地位,因此也适用该法律。(第3条第1款)

(3)通讯销售中介人

《电子商务消费者保护法》规定的通讯销售中介人是指通过许可,利用网络商店(可以利用电脑等信息通讯设备进行交易的虚拟的营业场所)或总理令所规定的其他方式为交易当事人之间的通讯销售提供中介服务行为的人。(第2条第2项)这里所说的总理令所规定的其他方式是指以自己的名义提供通讯销售的广告或在该广告中注明自己名字,从而进行提供通讯销售信息或接收要约等部分通讯销售业务的方式。[《关于电子商务中消费者保护的法律施行规则》(以下简称《施行规则》)第3条]据此,通讯销售中介是指通过许可利用网络商店或以自己的名义提供通讯销售的广告,或在该广告中注明自己名字,从而以进行提供通讯销售信息或接收要约等部分通讯销售业务的方式,在交易当事人之间进行中介的通讯销售的行为。

因此,通讯销售中介人是指通过许可利用网络商店或提供广告等方法在交易当事人之间进行中介通讯销售的行为的经营人。[6]

2. 适用对象之交易

《电子商务消费者保护法》的适用对象是电子商务和通讯销售。两者虽然都是利用电子通信进行非面对面交易,但两者的概念有所不同。[7] 理论上可以将适用对象区分为"既是电子商务又是通讯销售""不是通讯销售的电子商务"以及"不是电子商务的通讯销售"。

这里的电子商务是指以电子交易(《电子文书和电子交易基本法》第2条第5项规定的电子交易)[8]方法进行的商事行为。(第2条第1项)电子商务有很多类型,但《电子商务消费者保护法》的适用对象是企业和个人之间的交易(B2C)。通讯销售是指通过邮政、电子通讯以及其他总统令规定的方法提供财物或劳务(包括利用特定设施或接受劳务的权利)的销售信息,并接受消费者的要约销售财物或劳务(以下简称"财物等")。而《访问销售法》第2条第3项规定的电话劝购[9]则排除在外。(第2条第2项)

但《电子商务消费者保护法》是为了保护消费者的权益而制定的,因此也不适用

---

[6] 公正交易委员会,前引报告,2008,第4页。

[7] Lee Eunyeong:《消费者法》,博英社2013年版,第200页。

[8] 《电子文书和电子交易基本法》第2条第5项规定的电子交易是指在交易财务或劳务时其全部或部分以电子文书的方式处理的交易。

[9] 《访问销售法》第2条第3项规定的电话劝购是指以利用电话劝诱消费者或诱导回拨电话的方式销售财物等的行为。

于经营者以商事行为为目的购买的交易。(第3条第1款)而且《电子商务消费者保护法》也规定了不被适用的交易类型的条款,具体如下:(1)《电子商务消费者保护法》第13条第2款规定的关于合同内容的书面资料(包括电子文书)的交付义务规定不适用于总理令规定的交易[10]和其他法律(《民法》和《访问销售法》除外)规定的与本法不同的合同交付义务的交易。(第3条第2款)(2)《电子商务消费者保护法》第12~15条、第17条~20条和第20条之2不适用于关于资本市场和金融投资业的法律规定的投资交易人、投资中介人从事的证券交易,总统令规定的金融公司的金融商品交易以及为了在附近地区销售日用品或饮料等而进行的交易。(第3条第4款)

3. 与其他法律之间的关系

在确定法律的适用顺序时,根据特别法优先原则,特别法优先适用于一般法。[11]关于电子商务中的消费者保护,可以适用《消费者基本法》《电子文书和电子交易基本法》《关于限制格式条款的法律》《电子商务消费者保护法》等法律。如果《电子商务消费者保护法》与其他法律竞合时,优先适用《电子商务消费者保护法》,如果适用其他法律时对消费者更有利的话适用该法律。(第4条)

(二)各交易阶段中经营者的义务

1. 缔约前阶段

(1)通讯销售人的申报义务

通讯销售人按照总统令的规定向公正交易委员或特别自治道知事、市长、郡守、区厅长申报商号(法人包括代表人的姓名的身份证号)、地址、联系方式、电子邮件地址、网络域名、主服务器的所在地以及其他总统令规定的事项[12]。(第12条第1款)

(2)注明自己身份信息义务

从事电子商务的网络商店的经营者应按照总理令规定的方法[13]注明自己的商号、代表人姓名、营业场所地址(指能处理消费者不满的地方的地址)、联系方式、电子邮件地址、营业证号、网络商店的利用规定以及其他总统令规定的事项,[14]以便消费者确认经营人的身份。(第10条第1款)

而且为了通讯销售人接受财务等交易的要约进行标注、广告时,应包括商号、代

---

[10] 总理令所规定的交易是指通过有线、无线电话等形式利用电话信息服务,从而无法提交第13条第2款规定的书面资料的交易。这时,应在交易之前注明财物或劳务提供人的姓名、联系方式、财物等的内容和费用等,交易完成后通知交易额的结算内容。(《施行规则》第4条)

[11] Jeong Wanyong:《电子商务法》(第3版),法英社2009年版,第144页。

[12] 总统令所规定的事项有经营者的姓名和身份证号(只限于个人)。(《施行令》第15条)

[13] 总理令所规定的方式是指应标注在网络上面的首页上,而且消费者可以通过链接画面阅览利用条款的方式。(《施行规则》第7条第1款)

[14] 其他总统令所规定的事项是指《电子商务消费者保护法》第9条第2款规定的提供托管服务的人的商号。(施行令第11条之3)

表人姓名、地址、联系方式、电子邮件地址、根据《电子商务消费者保护法》第 12 条申报的申报编号和接受申报的机关名称等能确认申报的事项。(第 13 条第 1 款)

(3)收集消费者的相关信息并对此采取措施的义务

为了电子商务或通讯销售,经营者收集或利用消费者的相关信息时,应根据关于信息通讯网利用促进和信息保护等的法律的相关规定公正地收集或利用。并且在交易财物等时,如有消费者的相关信息被盗,导致消费者遭受财产上损失或存在可能发生损失的特别事由时,应采取确认本人或恢复损失等总统令所规定的必要措施。(第 11 条)

2. 缔约阶段

(1)预防操作失误等义务

在电子商务中,为了预防因消费者操作失误导致的意思表示错误而发生的损失,经营者应在支付交易款时或要约前采取确认并修改其内容的必要措施。(第 7 条)

(2)关于要约确认和出售与否的信息的通知义务

销售人在接收消费者提供的关于财物等交易的要约时,应立即通知消费者接收要约以及出售与否的信息,并且应采取适当的措施保障消费者能在缔约前确认、修改或取消要约内容。(第 14 条)

(3)关于提供财物等的通知义务

通讯销售人如果知道很难提供要约的财物等时,应立即通知消费者;如果采取预先支付方式时,应该在消费者支付全部或部分金额之日起 3 个工作日内退款或采取退款所需的措施。(第 15 条第 2 款)

(4)未成年告知义务

在与未成年人签订财物等交易合同时,通讯销售人应告知未成年人如果其代理人不同意该合同的话,未成年人本人或代理人可以解除该合同。(第 13 条第 3 款)

3. 合同履行阶段

(1)提交合同内容的相关书面资料的义务

在签订合同后交付财物等之前,通讯销售人应将载有以下关于合同内容的书面资料交给对方:①财物等的供应人以及销售人的商号,代表人的姓名、地址、联系方式等;②财物等的名称、种类和内容;③财物等的信息的相关事项(这时可以用产品上的记载的内容代替合同内容);④财物等的价格(如果没有确定价格的话,确定价格的具体方法)和支付方式和支付时间;⑤财物等的提供方式和提供时间;⑥撤销要约和解除合同的期限、方法和效果等事项;⑦财物等的交换、退货、保证金和购买金额的退款以及延迟退款的赔偿金支付条件和程序;⑧传送、设置可以通过电子方式提供的财物等时必要的技术事项;⑨消费者损失的补偿,处理消费者对财物等的不满以及消费者和经营者之间的纠纷处理等事项;⑩关于交易的格式条款(包括能确认该格式条款的方法);⑪为了交易的安全,消费者可以选择在接收财物等之前将结算款预存至第三人的方式的事项,或消费者可以选择签订《电子商务消费者保护法》第 24 条第 1 款规定的消费者损失补偿保险合同的事项;⑫其他由总统令规定的能影响消费者判断是否购买的交易条件或关于消费者损失的必要事项。[15] (第 13 条第 2 款)

(2)财物等的提供义务

通讯销售人应在消费者要约后 7 日内采取提供财物等的必要措施,如果消费者在获得财物等之前已经支付了全部或部分金额的话,通讯销售人应在消费者支付全部或部分金额之日起 3 日内采取提供财物等的必要措施。但消费者和通讯销售人之间有提供财物等的其他约定时除外。(第 15 条第 1 款)

(3)提供时应采取措施的义务

通讯销售人应采取适当措施确保消费者可以确认财物等的提供程序以及进展情况。(第 15 条第 3 款)

(4)通过电子方式结算事实的通知义务

在通过电子方式结算后,经营者和电子结算系统管理人应以总理令所规定的方法[16] 告知消费者已结算的事实,并保证消费者在任何时候都可以阅览关于结算的资料。(第 8 条第 3 款)

(5)交易记录的保存义务

经营者应在一定期间内保存电子商务或通讯销售中关于标注、广告、合同内容及其履行等记录,并提供能让消费者容易阅览、保存交易记录的方法。(第 6 条第 1 款)

(6)诚信义务

通讯销售人应根据合同内容的相关书面资料的提交义务,(第 13 条第 2 款)诚信地履行向消费者标注、广告或告知的交易条件。(第 13 条第 5 款)

4. 禁止行为

《电子商务消费者保护法》还有禁止经营者行使一定行为的规定,具体内容如下:第一,禁止通过虚假或夸张的事实以及欺骗的方式引诱消费者,禁止阻碍与消费者之间的交易或解除合同的行为;第二,禁止以阻碍撤销要约等为目的,变更或废除地址、联系方式、网络域名等行为;第三,禁止长时间搁置纠纷解决,或者由于不满所必要的人力或设备的不足从而给消费者造成损失的行为;第四,禁止在没有消费者要约的情况下单方面地提供财物或劳务并发出金额请求,或在没有提供财务或劳务的情况下发出金额请求的行为;第五,禁止在消费者已明确表示不购买财物或接收劳务的意向的情况下,通过电话、传真、电脑通讯或电子邮件等方式强制其购买财物

---

〔15〕 总统令所规定的事项是指除了财物等的价格以外消费者额外要承担的交换、退货费用,销售日、销售地、销售数量、转让地区等销售条件的限制内容。(《施行令》第 20 条)

〔16〕 总理令所规定的方法是指利用电话、传真、移动电话等方式立即向消费者通知电子结算的事实,并在每月特定日期通知使用金额时,标注各经营者的交易内容、使用金额、电话号码、电子邮件地址等内容。但如果消费者同意的话可以省略上述通知或标注。(《施行规则》第 5 条)

或接收劳务的行为;第六,禁止在未获得消费者同意或超出许可范围而利用消费者信息的行为;[17] 第七,禁止在没有获得消费者同意的情况下,或没有按照总理令所规定的方法[18] 向消费者说明、通知相关信息,且使其安装插件等行为。而且为了预防违反《电子商务消费者保护法》的行为、使消费者免于遭受损失,公正交易委员会可以制定并公告从事电子商务的经营者或通讯销售人应遵循的标准。(第 21 条)

(三)要约的撤销及其效果

与通讯销售人签订购买财物或劳务合同的消费者可以在得到与合同内容相关的书面资料之日起 7 日内撤销该合同的要约。但如果在拿到上述书面资料之后销售人已开始提供财物或劳务的话,自获得财物或劳务之日起或开始提供财物或劳务之日起 7 日内可以撤销该合同的要约。如果因未能拿到关于合同的书面资料或者拿到没有记载通讯销售人地址的书面资料再或者通讯销售人的地址变更等原因,消费者无法在 7 日内撤销要约时,消费者可以在知道或可以知道通讯销售人地址之日起 7 日内撤销该合同的要约。(第 17 条第 1 款)

消费者在以下情况下不能违反通讯销售人的意愿擅自撤销要约:①由于消费者的责任事由,得财物或劳务灭失或损坏的情形(但为了确认财物或劳务内容而损坏包装时除外);②由于消费者的使用或部分消费,使财物或劳务的价值显著减少的情形;③因时间的流逝,财物或劳务的价值显著减少从而无法再次销售的情形;④损坏可以复制的财物或劳务的包装的情形;⑤其他为了交易的安全由总统令所规定的情形。[19] 只不过上述②~④情形,通讯销售人应采取将不能撤销要约的事实明确记载在财物或劳务的包装上或其他消费者容易发现的地方,抑或是提供试用品等措施,从而保障消费者行使撤销要约权。如果通讯销售人不采取上述措施的话,消费者就可以撤销要约。(第 17 条第 2 款)

如果财物或劳务内容与标记、广告上的内容不同或与合同上的内容不符的话,消费者可以自获得该财物或劳务之日起 3 个月内,或者知道或可以知道该事实之日起 30 日内撤销要约。(第 17 条第 3 款)

如果消费者以书面形式撤销要约的话,自发送该书面之日起生效。(第 17 条第 4 款)如果针对财物或劳务的损坏有消费者的责任与否、签订购买该财物或劳务的事实和时期、提供该财物或劳务的事实和时期等内容存在分歧的话,由通讯销售人承担举证责任。(第 17 条第 5 款)

---

[17] 但由总统令所规定的,在履行与消费者之间的合同而迫不得已的情形;结算交易金额所必要的情形、防止盗用而确认身份时必要的情形;其他法律规定的迫不得已的情形除外。(第 21 条第 1 款第 6 项)

[18] 总理令所规定的方法是指在安装电脑软件之前告知消费者电脑软件的容量、功能、对其他电脑软件产生的影响、卸载方法等重要事项。(《施行规则》第 11 条之 3)

[19] 总统令所规定的情形是指根据消费者的订单,承认撤销个别生产的财物或劳务或者与此类似的财物或劳务的要约时,可以预知通讯销售人将遭受不可恢复的重大损失时,事先将这一事实告知消费者并获得消费者的书面(包括电子文书)同意的情形。(《施行令》第 21 条)

(四)通讯销售中介人的义务和责任

1.通讯销售中介人的义务

(1)告知自己并非通讯销售当事人的义务

中介人应按照总理令所规定的方法,事前向消费者告知自己并非通讯销售当事人的事实。(第20条第1款)这里所说得总理令所规定的办法具体如下:第一,中介人以自己的名义标记、广告时,应在该标注、广告媒体的第1页告知这一事实。第二,中介人提交依照《电子商务消费者保护法》第13条第2款规定的书面资料时,应在该书面资料上告知这一事实。第三,中介人提供要约之方式时,应在依照《电子商务消费者保护法》第14条规定的确认要约内容、变更、撤销等过程中告知这一事实。(施行规则第11条之2第1款)而且在上述第二和第三情形时,其字体不能小于告知合同当事人的字体。(执行规则第11条之2第2款)

(2)向消费者提供中介委托人信息的义务

如果委托中介的人是经营者的话,既是通讯销售人又是通讯销售中介人的人应确认委托人的姓名(经营者是法人时其名称和代表人的姓名)、地址、联系方式等总统令所规定的事项,[20]并在要约前将这些信息提供给消费者;如果中介委托人并非经营者的话,在确认其姓名、联系方式等总统令规定的事项[21]后,应向交易当事人提供可以阅览对方信息的方法。(第20条第2款)

(3)采取利用网络商店等的相关措施义务

为了解决利用网络商店时所发生的不满或纠纷,中介人应立即采取确认发生原因及损失程度等必要措施。这时其具体应采取的措施的内容和方法由总统令规定,(第20条第3款)具体内容如下:第一,设置接收、处理中介委托人和消费者之间发生的纠纷或不满的人力和设备。第二,应提前制定能解决中介人或中介委托人引起的纠纷或不满的标准,并告知网络商店。第三,调查消费者不满或纠纷的原因,并在3个工作日内将其进展情况告知消费者,并在10个工作日内告知消费者调查结果和处理方案。(《施行令》第25条之2)

2.通讯销售中介人的责任

(1)与通讯销售中介委托人的连带责任

如果中介人没有告知自己并非通讯销售当事人的事实的话,(第20条第1款)对中介委托人的故意或过失引起的消费者财产上损失,应与中介委托人承担连带赔

---

[20] 总统令所规定的事项是指商号和代表人姓名(非法人是经营者姓名)、地址、联系方式、电子邮件地址、能确认根据电子商务消费者保护法第12条规定申报的编号和接收机关的名称、通讯销售中介人通过公证机关(《电子签名法》第2条第10项规定的公证机关)或信用信息公司(《关于利用和保护信用信息的法律》第2条第5项规定的信用信息公司)确认的身份信息以及保有该通讯销售中介委托人提供的与本人信用度相关的信息(《施行令》第25条第1款)。

[21] 总统令所规定的事项是指通讯销售中介人委托人的姓名、出生年月日、地址、联系方式和电子邮件地址,通讯销售中介委托人通过公证机关或信用信息公司确认的身份信息以及保有该通讯销售中介委托人提供的与本人信用度相关的信息。(《施行令》第25条第2款)

偿责任。(第 20 条之 2 第 1 款)这一责任是因没有告知自己并非通讯销售当事人的事实而承担的,并且一般被认为是为了应对因中介委托人的身份不明或没有赔偿能力而无法赔偿消费者损失等情形,为了更好地保护消费者,因此对获得中介利益的中介人赋予责任。[22]

而且如果中介人违反向消费者提供中介委托人信息的义务,没有向消费者提供相关信息或可以阅览信息的方式,或者提供的信息与事实不符,从而给消费者造成财产上损失的话,也与中介委托人承担连带赔偿责任。(第 20 条之 2 第 2 款)但中介人为确保消费者不受损失,而采取适当的注意时除外。(第 20 条之 2 第 2 款但书条款)这一责任是因中介人违反提供中介委托人信息义务而承担的。

上述责任是对中介委托人的行为导致的消费者损失承担的连带责任,而不是对中介人的行为导致的消费者损失承担的赔偿责任。[23]

(2)撤销要约导致的退款义务履行连带责任

如果通讯销售人、获得财物金额的人以及与消费者签订通讯销售合同的人并不是同一人,根据《电子商务消费者保护法》第 17 条第 1 款、第 3 款规定的撤销要约导致的退款及其相关义务承担连带责任。(第 18 条第 11 款)

(3)既是通讯销售人又是通讯中介人的责任

即使向消费者告知了自己并非通讯销售当事人的事实,既是通讯销售人又是通讯中介人的人也要承担《电子商务消费者保护法》第 12 条(通讯销售人的申报等)、第 13 条(提供身份和交易条件的相关信息)、第 14 条(确认要约等)、第 15 条(提供财物等)、第 17 条(撤销要约等)、第 18 条(撤销要约等的效果)规定的通讯销售人的责任。(第 20 条之 2 第 3 款)但受通讯销售人的委托中介通讯销售时,如果已约定由中介委托人承担责任并向其告知消费者的话,则由中介委托人承担责任。(第 20 条之 2 第 3 款但书条款)

(4)通讯销售中介委托人的责任

针对中介人的故意或过失导致的消费者财产上损失,中介委托人(只限于经营者的情形)并不能以中介人的行为为由免除责任。(第 20 条之 2 第 4 款)但如果中介委托人为了预防消费者的损失而采取相当的注意时除外。(第 20 条之 2 第 4 款但书条款)

---

[22] 李忠勋:《互联网通讯销售中介人的法律责任》,载《互联网法律》第 38 号,法务部 2007 年版。

[23] 这种连带损害赔偿责任需要满足通讯销售中介委托人的故意或过失行为导致消费者的财产上损失,以及针对通讯销售中介委托人的责任,并没有与消费者约定或告知通讯销售中介人的免责等要件。Ko Hyeongseok:《通讯销售中介人的责任研究》,《法学论丛》(第 32 辑),庆北大学法学研究院 2010 年版。

四、与通讯销售中介人规定相关的几个问题[24]

(一)通讯销售中介人的义务和责任问题

对于“既是通讯销售人又是通讯中介人”这一用语,之前的研究大部分将其解释为具有通讯销售人地位的通讯销售中介人,所以通讯销售中介人作为通讯销售人而承担责任是理所当然的,从而认为这一规定是没有必要的。[25]

但2009年5月1日起施行的公正交易委员会制定的《电子商务中消费者保护指南》对上述“既是通信销售人又是通讯销售中介人”的情形做出了如下说明:[26]在以允许利用网络商店的方式进行中介的经营者经营的网络商店里,提供关于作为中介委托人的通讯销售人的财物或接收对其的要约时,该网络商店的经营者就属于《电子商务消费者保护法》第20条第2款的“既是通信销售人又是通讯销售中介人”。相反,像价格比较网站这样,只提供通讯销售人财物等的价格信息时,该价格比较网站的经营人就不属于“既是通信销售人又是通讯销售中介人”。[27]

也就是说,区分以允许利用网络商店的方式进行中介的经营者经营的网络商店里参与交易的情形和单纯地提供信息的情形,将前者视为“既是通信销售人又是通讯销售中介人”。由于《电子商务消费者保护指南》[28]将“既是通信销售人又是通讯销售中介人”解释为参与交易的中介人,因此在适用《电子商务消费者保护法》规定的中介人的义务和责任规定时,造成无法确定中介人的义务和责任以及其适用对象的问题。

据此,结合通讯销售中介人的义务和责任规定分析的话,如果参与交易时,中介人承担第20条第1款的告知义务和第20条第2款的向消费者提供信息义务,而且即使遵守第20条第1款规定告知自己并非通讯销售当事人的事实,也要承担第12

---

〔24〕 关于现行通讯销售中介人相关问题的详细内容请参考李忠勋·李晟勋:《(关于在电子商务交易中消费者保护的法律)规定的通讯销售中介人的法律责任》,载《弘益法学》第15卷第3号,弘益大学法学研究所2014年版。

〔25〕 李忠勋,前引论文。

〔26〕 这种说明在现在适用的指南中也一样。公正交易委员会告示(第2012-33号),《电子商务消费者保护指南》Ⅱ. 2. RA。

〔27〕 该指南具体由两个部分组成。第一部分是根据《电子商务消费者保护法》第21条的规定,为了防止违法行为和消费者的损失,从而提供相关法律的解释标准的“一般事项”。第二部分是根据《电子商务消费者保护法》第23条的规定,为了建立健全的交易秩序以及保护消费者,从而引导经营者们的自觉守法的“劝告事项”。其中,一般事项是提供相关法律的解释标准的部分,是判断是否违反相关法律的标准,而上述说明则规定在一般事项中。

〔28〕 《电子商务消费者保护指南》的宗旨在于,根据《电子商务消费者保护法》第21条的规定,具体说明法律和施行令等相关法律的内容,并且为了防止违法行为和消费者的损失,提供相关法律的解释标准,并根据第23条的规定,为了建立健全的交易秩序以及保护消费者,引导经营者们的自觉守法(《电子商务消费者保护指南》Ⅰ.1.目的)。该指南具体由两个部分组成。第一部分是根据《电子商务消费者保护法》第21条的规定,为了防止违法行为和消费者的损失,从而提供相关法律的解释标准的“一般事项”。第二部分是根据《电子商务消费者保护法》第23条的规定,为了建立健全的交易秩序以及保护消费者,从而引导经营者们的自觉守法的“劝告事项”(《电子商务消费者保护指南》Ⅰ.2.构成等)。

条(通讯销售人的申报等)、第 13 条(提供身份和交易条件的相关信息)、第 14 条(确认要约等)、第 15 条(提供财物等)、第 17 条(撤销要约等)、第 18 条(撤销要约等的效果)规定的通讯销售人的责任。(第 20 条之 2 第 3 款)

而与此相反,没有参与交易只提供信息的中介人只承担第20 条第1 款的告知义务,而不承担第20 条第2 款的向消费者提供信息的义务。但《电子商务消费者保护法》第 20 条之 2 第 2 款规定"通讯销售中介人根据地 20 条第 2 款的规定……"而第 20 条第 2 款只对"既是通信销售人又是通讯销售中介人",即参与交易的人赋予了提供信息的义务且让中介人也承担违反信息提供义务的连带责任。最终导致在没有提供信息的义务的情况下只承担相应的责任的问题,即两个条文相互矛盾的问题。

对此,笔者认为可以将通讯销售中介人分为"参与交易的通讯中介人"和"提供信息的通讯销售中介人",[29] 且规定各自的义务和责任,从而解决上述矛盾。也就是说,让实际参与交易的通讯销售中介人承担通讯销售人的责任。而且现行法可以解释为提供信息的通讯销售中介人虽然有告知义务但没有提供信息义务,因此对提供信息的通讯中介人也赋予提供信息义务。

(二)通讯销售中介人的免责问题

《电子商务消费者保护法》规定如果通讯销售中介人履行告知义务的话则免除与通信销售中介委托人的连带损害赔偿责任,而提供信息义务是在采取能使消费者不受损害的充分的注意时被免责。(第 20 条之 2 第 1 款、第 2 款)

但《电子商务消费者保护法》第 20 条之 2 第 3 款规定,既是通讯销售人又是通讯中介人的人受通讯销售人的委托中介通讯销售时,如果已约定由中介委托人承担责任并向其告知消费者的话,则由中介委托人承担责任。所以既是通讯销售人又是通讯中介人的人可以主张已告知自己并非通讯销售当事人,从而免除通讯销售中介人的连带损害赔偿责任。而且即使在告知之后承担通讯销售人的责任时,如果约定由通讯销售中介委托人承担责任并将其告知消费者的话,也可以免除责任。

另外,也可以解释为提供信息的通讯销售中介人并不承担向消费者提供信息的义务,因此就会出现只提供信息的中介人并不承担信息提供义务的尴尬的结果。而且即使应该承担《电子商务消费者保护法》第 20 条第 2 款的提供信息义务,但因中介人采取能使消费者不受损害的充分的注意时被免责的规定,会导致其责任范围不够明确的问题。

归根结底,导致上述问题的根源在于使用"既是通讯销售人又是通讯中介人"这

---

[29] 区分通讯销售中介人的类型的观点有:分为"介绍型通讯销售中介"和"参与交易型通讯销售中介"的观点(Ko Hyeongseok,前引论文)以及将允许利用网络商店的人和通讯销售中介人区分,将通讯销售中介人分为"提供信息型"和"参与交易型"的观点(Oh Byeongcheol:《通讯销售中介人(open market)对通讯销售人的非法行为的责任——以首尔中央地方法院 2008. 11. 20,2006GAHAP46488 判决为中心》,载《财产法研究》,第 26 卷第 1 号,韩国财产法学会 2009)。

一不明确的用语，以及《电子商务消费者保护法》对通讯销售中介人的免责范围进行了较宽的规定。笔者认为这些问题是从公正交易委员会试图通过一般解释弥补《电子商务消费者保护法》关于通讯销售中介人责任的不足开始的。[30] 所以，为了更好地保护消费者并符合《电子商务消费者保护法》的立法宗旨，有必要强化通讯销售中介人的责任。

对此，笔者认为应对全部通讯销售中介人赋予告知义务、提供信息义务以及信息确认义务，且只有在没有故意或过失时才能免责。在此前提下，反映参与交易的中介人即使履行了告知也要承担通讯销售人的责任的现行法的宗旨，删除其免责规定。这是为了强化参与交易中介人的责任，从而更好地保护消费者。这时，应将其视为法律特别规定的法定责任，而且仅凭已告知的事实就可以免责的规定是保护经营者的立法宗旨，所以有必要将其删除或强化免责条件。

五、结论

为了预防电子商务中可能发生的消费者的损失，韩国在2002年制定并施行《电子商务消费者保护法》。该法是为了保护消费者而特别制定的，综观世界各国法律，是没有先例的一个特别的法律制度。该法将电子商务中的通讯销售人和通讯销售中介人区分开来，并规定了各自的法律责任。

但现行《电子商务消费者保护法》关于通讯销售中介人的免责的规定过于简陋，大部分情况下中介人可以免除责任，从而无法有效的保护消费者。因此有必要通过修改法律，强化中介人的责任。而且对中介人免责规定的修改迫在眉睫。现在仅凭单纯的告知和约定就可以免除其责任的规定，就如同把自己的责任嫁祸于消费者。因此，正像公正交易委员会在指南中区分的那样，将通讯销售中介人分为"参与交易的中介人"和"提供信息的中介人"，并规定各自的义务和责任。据此，赋予通讯销售中介人告知义务，提供通讯销售中介委托人信息的义务以及确认信息义务，对参与交易的中介人额外再赋予因参与交易而产生的义务和责任，并缩小免责范围，从而更好地保护消费者。

在中国，考虑到爆发式成长的电子商务市场，在电子商务中消费者遭受损失的情况的增加也是显而易见的。鉴于电子商务的特殊性，仅凭过去的消费者保护法，不足以有效的保护消费者。因此，如果日后中国制定关于电子商务的特别法的话，相信韩国的《电子商务消费者保护法》可以成为其参考对象。但是，笔者认为，只有强化通讯销售中介人的责任，才能真正保护消费者。

---

〔30〕 2009年5月之前施行的《电子商务消费者保护指南》中并没有"既是通讯销售人又是通讯中介人"的说明。以此可以得出上述结论。

最惠国条款适用于投资争端解决的“更优惠待遇”问题研究

田 海*

内容摘要：当前国际上对最惠国条款适用于投资争端解决程序在理论和实践中都存在较大的争议，是否符合“更优惠待遇”标准是判断这种适用的依据之一。将最惠国条款适用于投资争端解决程序由于在国内救济与国际仲裁之间、不同国际仲裁机构之间、不同国际仲裁程序规则之间无法判断“更优惠待遇”的存在，因此，将最惠国条款适用于投资争端解决程序适用缺乏合理性。

关键词：最惠国条款　投资争端解决　更优惠待遇

一、问题的提出

最惠国待遇（Most-Favored-Nation Treatment），是指授予国给予受惠国或与之有确定关系的人或事的待遇不低于授予国给予第三国或与之有同于上述关系的人或事的待遇。[1] 在国际条约中，规定了最惠国待遇的条款为最惠国条款。

传统上，最惠国条款的适用范围一直是实体性的领域，但是1997年《华盛顿公约》仲裁庭（ICSID）受理的Maffezini v. Spain案使之成为转折点。在该案中外国投资者Maffezini（阿根廷）主张最惠国条款可以适用于投资争端解决程序，因而其可援引该条款享受东道国（西班牙）给予第三国的在争端解决程序方面更优惠的待遇。该案仲裁庭在其管辖权决定（Decision on Jurisdiction）中指出，双边投资条约中的最惠国条款可以适用于争端解决程序，投资者可以依据最惠国条款选择其认为更有利的争端解决规定。[2] 在Maffezini v. Spain案的示范和引导下，投资者频繁通过援引最惠国条款向国际仲裁庭提起投资仲裁。最惠国条款越来越多地被适用于投资争端解决的程序性事项，使传统的着重保护实体权利的最惠国条款的适用范围逐步向保护程序性权利扩张。[3]

对于最惠国条款适用于国际投资争端解决程序的实践，当前国际仲裁庭和理论界存在赞成适用和反对适用的两种不同的实践和观点，但无论是赞成派还是反对派

---

* 西北大学法学院讲师，法学博士。

〔1〕 参见联合国国际法委员会1978年第30次会议上通过的《关于最惠国条款的规定（草案）》（Draft Articles on Most-Favored-Nation Clauses）第5条。

〔2〕 See Maffezini v. Spain, ICSID Case No. ABR/97/7. Decision on Objection to Jurisdiction of January 25, 2000. para. 58.

〔3〕 截至2016年6月30日，已经至少有23个相关案例的仲裁庭成立，已公布的仲裁裁决21份，其中赞成最惠国条款此种适用的裁决书13份，反对此种适用的裁决书8份。

均十分注重对最惠国条款的适用条件之一,“更优惠待遇”的解释,并围绕“更优惠待遇”展开争论。[4]

那么,究竟何为“更优惠待遇”?最惠国条款适用于国际投资争端解决程序的实践,究竟是否符合“更优惠待遇”的要求呢?

二、“更优惠待遇”的含义及作用

(一)“更优惠待遇”的含义

“更优惠待遇”是指最惠国条款的实施须以第三国享有的待遇为参照标准,条件是第三国的权利人享受到的待遇优于基础条约中的权利人享受到的待遇,即有第三方条约中权利人比基础条约中的权利人享有更为优惠的待遇。[5]

从法理上来看,“更优惠待遇”要求东道国给予不同国家投资者的待遇之间应该具有可比性。也就是说,第三方条约中的投资待遇与基础条约中的投资待遇相比在客观上更为“优惠”,只有在满足此前提的情形下,才可以通过基础条约中最惠国待遇条款将该项优惠待遇“转致”。[6]

(二)“更优惠待遇”的作用

“更优惠待遇”是判断最惠国条款适用的重要条件,这是因为:

1.“非歧视”的要求

如果基础条约和第三方条约中的待遇存在明显的差别,其优劣之比明显,显然对基础条约中的权利主体构成了不平等的歧视。

例如,基础条约规定对东道国的征收(expropriation)只给予部分补偿,而第三方条约却规定征收给予“充分、及时、有效”补偿,显然后者对投资者的待遇更为优惠。再如,世界贸易组织(World Trade Organization,WTO)争端解决机构2007年受理的欧盟进口香蕉案中,哥伦比亚和巴拿马两国认为欧盟2006年1月1日实施的香蕉进口体制中规定对该两国的香蕉关税为每吨176欧元,而“非洲—加勒比—太平洋国家”国家在77.5万吨的配额内可以免税向欧盟出口香蕉,两国认为欧盟违反了《1994年关税与贸易总协定》(GATT1994)中的最惠国待遇要求。[7]

因此,国际条约中规定了最惠国条款的目的是保证来自不同国家的法律主体在

---

[4] 依照《关于最惠国条款的规定(草案)》的规定,最惠国条款的适用应该满足四个条件:(1)基础条约中规定了最惠国条款(第4条);(2)授予国在第三方条约中给予第三国的特定待遇优于其在基础条约中给予受惠国的相同主题待遇(第5条);(3)授予国在第三方条约中给予第三国的特定待遇属于基础条约最惠国条款的主题范畴(第9条);(4)受惠国的得以依据最惠国条款取得权利的与其有确定关系的人或事,不但其类型相同,而且其与受惠国的关系也与从上述特定待遇中收益的人或事与该第三国的关系相同。(第8.10条)就本文探讨的问题涉及的所有案例而言,第一个和第四个条件均已经满足,因此在仲裁实践中仲裁庭往往围绕第二个和第三个条件是否满足展开争论。本文只针对第二个条件展开研究,第三个条件作者另行撰文研究。

[5] 郭桂环:《论BIT中最惠国条款的解释》,载《河北法学》2013年第6期。

[6] 赵维田:《世贸组织(WTO)的法律制度》,吉林人民出版社2002年版,第58页。

[7] See WTO DSB Case No. WT/DS361,WT/DS364,para.38.

东道国能够公平竞争,而不受到厚此薄彼的待遇,这是最惠国条款的“非歧视”目的。[8]

2. 裁判的“法律确信”

只有“更优惠待遇”的存在,才能引起最惠国条款的适用,这是在裁判实践中形成的共识和“法律确信”。

例如,在 Rumeli v. Kazakhstan 案中,《哈萨克斯坦－土耳其双边贸易协定》中并未规定“公平与公正待遇”,但是却存在最惠国条款。仲裁庭支持土耳其投资者 Rumeli 援引最惠国条款将《哈萨克斯坦－英国双边贸易协定》中的“公平与公正待遇”引入,并裁定哈萨克斯坦违反了对土耳其投资者 Rumeli 承担的《公平与公正》义务,使 Rumeli 享受的待遇低于英国投资者享有的待遇。[9]

反之,如果投资者不能证明第三方条约中存在比基础条约中的某项待遇更为“优惠”的待遇,仲裁庭会拒绝支持最惠国条款的适用。在 Asian Agricultural Products v. Sri Lanka 案中,申请人试图援引《斯里兰卡－英国双边贸易协定》中的最惠国条款来引入《斯里兰卡－瑞士双边贸易协定》中的实体条款。在论及最惠国条款时,仲裁庭认为由于申诉方没有对《斯里兰卡－瑞士双边贸易协定》中的实体待遇进行解释,所以不能证明《斯里兰卡－瑞士双边贸易协定》中存在比《斯里兰卡－英国双边贸易协定》更为优惠的待遇,基于此种理由仲裁庭反对最惠国条款在本案中被援用。[10] 此外,仲裁庭进一步强调申请人必须对第三方条约中规定的待遇存在比基础条约中规定的待遇要更加优惠的事实负举证责任。[11]

同样,在 ADF v. USA 案中,投资者主张根据《北美自由贸易协定》(NAFTA),公平与公正待遇义务附加有“仅限于习惯国际法中的最低标准待遇义务”这样的限制性解释,而美国对外签订的双边贸易协定中却对公平与公正待遇没有附加这样的限制。因而投资者认为美国对外签订的双边贸易协定中的公平与公正待遇要求优惠于 NAFTA 中的公平与公正待遇。但仲裁庭没有支持投资者的观点,仲裁庭认为虽然美国对外签订的双边贸易协定中并未对公平与公正待遇义务做出限定性的解释,但是公平与公正义务并不是“习惯国际法的单独标准”。申请人没有足够的理由证明“单独标准”的存在,因而不能表明美国对外签订的双边贸易协定中的公平与公正待遇比 NAFTA 下的公平与公正待遇更优惠(favorable)。[12]

---

〔8〕 See Gabriel Egli, Don't Get BIT: Addressing ICSID's Inconsistent Application of Most-Favored-Nation Clauses to Dispute Resolution Provisions, 34 PEPP. L. REV. 2007, p. 1045.

〔9〕 See Rumeli Telekom AS v. Republic of Kazakhstan, ICSID Case No. ARB/05/16, Award, para. 575.

〔10〕 See Asian Agricultural Products Limited v. Republic of SriLanka, ICISD Case No. ARB/87/3, Award, para. 54. 裁决书此处的原文为:“Accordingly, it is not proven that the SriLanka/Switzerland Treaty contains rules more favorable than those provided for under the SriLanka/U. K. Treaty, and hence, Article 3 of the latter Treaty cannot be justifiably invoked in the present case.”

〔11〕 See Asian Agricultural Products Limited v. Republic of SriLanka, ICISD Case No. ARB/87/3, Award. para56.

〔12〕 See ADF Group Inc. v. United States of American, ICISD Case No. ARB/00/1, Final Award, para. 194.

因此，就本文提出的问题而言，要判断不同投资条约规定的不同争端解决程序之间是否也存在“更优惠待遇”，至少需要比较三种不同的情形：第一种是要比较东道国国内救济与国际仲裁二者何者“更优”。第二种是要比较不同国际仲裁机构之间二者何者“更优”。第三种要比较的是，即便是国际仲裁，不同的条约对提交仲裁的规定也不同，如何来判断“更优”的仲裁。

三、国内救济与国际仲裁之“更优惠待遇”比较

笔者认为，国内救济与国际仲裁很难比较优劣，理由如下：

（一）缺乏客观标准

这两种争端解决程序各自都有自己的运行规律和合理性依据，根本没有客观比较的标准。二者各自的长短优劣，也只能在具体的个案中得到体现，甚至在某个具体案件中“更优”的争端解决程序可能在另一个案件中会变为“更劣”。

（二）主观标准加重对立

即使是依照主观标准，即交由争端双方来判断，这也存在问题。以谁的主观标准为准？是投资者标准还是东道国标准？双方能否都可以援引其自认为“更优”的投资条约来选择最佳的仲裁机构或者法院？〔13〕 在发生国际投资争端时，这两方当事人的利益冲突必然导致判断的价值对立，〔14〕一方认为“更优”的争端解决方式可能恰恰是对方认为“更劣”的争端解决方式。因此，主观判断除了加重争端双方对立外，往往解决不了问题。

退言之，即便是采取西方学者和国际仲裁庭“默认”的投资者主观判断标准，也存在困境：

1. 主观判断的“合理性”

西方学者普遍认为，发展中国家国内法律制度不完善，国内也缺乏足够独立的司法体制。东道国的法院在受理本国政府与外国投资者发生投资争议案件的审理上，难免会倾向于维护本国政府的利益，因此不可能做到居中的公正裁决。而诉诸国际仲裁则是一种中立的解决双方争端的方式。〔15〕 因此，和东道国法院相比，国际仲裁“更优”，也是公正的争端解决方式。〔16〕 更有学者直接指出：“当事人选择国际

---

〔13〕 See Ruth Teitelbaum, Who's afraid of Maffezini? Recent Developments in the Interpretation of the Most Favored Nation Clause, *Journal of International Arbitration*, Vol. 22, 2005, p. 226.

〔14〕 See Most-Favored-Nation Treatment, UNCTAD Series on Issues in International Investment Agreements, UN Publication, 1999, pp. 31 – 32.

〔15〕 See Stephan W. Schill, *International Investment Law and Comparative Public Law*, Oxford University Press, 2010, p. 53.

〔16〕 例如，2013 年 ICSID 秘书长麦格金尼尔女士认为，ICSID 成立至今共做出的裁决有 145 个，只有 11 个裁决被后来的专门委员会全部或部分撤销，充分说明了 ICSID 裁决的公正性。参见王朝恩、王璐：《国际投资法前沿问题与中国投资条约的完善——“中国与 ICSID”国际投资法与仲裁高级研讨会综述》，载《西安交通大学学报》（社会科学版）2013 年第 3 期。

仲裁就是因为其中立,能够公正无私的解决争议。"[17] 甚至,在 Maffezini 案中,当东道国西班牙认为即使最惠国条款可以适用,Maffezini 也要证明诉诸国际投资争端解决中心(ICSID)仲裁庭比西班牙的国内法院更为"优惠"时,仲裁庭居然指出,"传统上投资者一直认为,和东道国法院相比国际仲裁更有利于保护他们的权利"。[18] 仲裁庭的这种观点被认为是当前大多数国际仲裁庭在裁决类似案件时所体现出的"固有信念"。[19]

笔者认为,如果就国际投资条约的宗旨是保护投资者这个角度而言,仲裁庭和学者的分析也许是站得住脚的,此时应以投资者的主观判断为宜。因为此时东道国的主观判断没有意义,否则国际投资条约中引入国际仲裁这种特殊的争端解决方式也没有必要了。何况如果引入东道国主观判断标准的话,东道国此时将面临不能自圆其说的尴尬境地:如果东道国认为国内救济"更优",则人们有理由要问,既然国内救济更优,为何还要在投资条约中引入"更劣"的国际仲裁?如果东道国认为国内救济"更劣"而国际仲裁"更优"(事实上这是不会发生的),则除了迎合了投资者的主观判断外,无异于向外界公开承认本国的法治水平落后,不能给投资者提供相应的保护。

2. 主观判断的困境

但是问题在于,如果采取投资者主观判断标准,到了真正的国际仲裁实践中,国际仲裁庭的情况也许比东道国更糟糕,也陷入了尴尬的两难境地:首先,如果在仲裁员堂而皇之地将西方国家和学者的前述主观判断理由写于仲裁书中,显然是对东道国的极大侮辱和冒犯。除了招来东道国政府和民间的口诛笔伐外,极有可能被东道国以仲裁员怀有"偏见"或"歧视"为由申请撤销仲裁或者日后拒绝履行仲裁裁决。因此现实中是不会有这种情形发生的。其次,假如案件中的东道国角色变为"法制健全"的发达国家时,在这样的案情下,又当如何判断东道国国内救济与国际仲裁的优劣呢?也许这正是国际仲裁庭的难堪之处。因此,在现实的国际仲裁中,即便这种情形存在可比性,无论是学术界还是仲裁庭都很难对此进行令人信服的解说。

更何况国际上有学者认为"仲裁的好坏是由仲裁员决定的",[20] 如果这一论断成立的话,那么谁能保证仲裁员就一定会不偏不倚?也许正因如此,仲裁的公正性被认为是有条件的,如有学者认为,只有满意下面两个条件时,国际仲裁的公正性和

---

〔17〕 See William W. Park, The Specificity of International Arbitration: The Case for FAA Reform, *Vanderbilt Journal of Transnational Law*, Vol. 36, 2003, p. 1256.

〔18〕 See Maffezini v. Spain, ICSID CASE NO. ABR/97/7. Decision of The Tribunal on Objections to Jurisdiction, para. 55.

〔19〕 See Juren Kurtz, The MFN standard and Foreign Investment-An Uneasy Fit?, Journal of World Investment & Trade 2004, p. 880.

〔20〕 See Stephen R. Bond, The International Arbitrator: From the Perspective of ICC International Court of Arbitration, *Northwestern Journal of International Law and Business*, Vol. 12, 1991, p. 1.

终局性才是能获得尊重的：第一，与那些经常犯错误的可敬的法官不同，仲裁员从来不会犯错误；第二，争议的标的微小到可以被忽略。[21] 连著名的国际经济法学学者施米托夫也指出，与诉讼程序相比，仲裁的最大优点就是取消了纠正裁判错误的上诉程序，除此之外仲裁的其他方面的好处，都是“值得怀疑的”。[22]

四、不同国际仲裁机构之“更优惠待遇”比较

在不同的投资条约中，可能会规定多个不同的国际仲裁机构供争议双方进行选择，如ICSID、联合国国际贸易法委员会、斯德哥尔摩商会仲裁院等国际仲裁机构。在这些不同的国际仲裁机构之间进行的比较，哪一个机构在保护外国投资者的利益方面“更优”呢？

（一）缺乏客观标准

在此种情形下，不同条约中规定不同的仲裁机构之间显然缺乏客观的比较标准，根本无法比较优劣。[23] 事实上不但在国际投资的实践中从未有投资者主张此种比较，甚至在国际贸易领域也从未有过此种比较的主张。以WTO为例，从成员方缔约的实践来看，的确存在某个WTO成员方缔结的其他条约中规定了与WTO不同的争端解决方式的情形。例如，美国既是NAFTA的成员方，同时又是WTO的成员方。在管辖领域，NAFTA与WTO争端解决机制对美国均享有管辖权，这就难免会发生管辖权竞合的问题。[24] 但是此时根本无法判断出哪个组织的管辖权“更优”，因此缔约国也就很难利用最惠国条款去挑选争端解决机构，故在WTO多年的实践中也从未出现过相关案例。

（二）主观判断失效

笔者认为在此种情形下，即便投资者主观认为存在“更优”（如与仲裁员属于同国籍），这也多半是一种主观上的臆想。在裁决正式做出之前，谁能保证“更优”的仲裁庭一定就做出对投资者更有利的裁决呢？

退一步讲，即便是依照某些西方学者的观点：“投资条约中如果没有明确规定解决争议的仲裁机构时，则投资者可以在诸如《华盛顿公约》仲裁庭（ICSID）、联合国

---

〔21〕 See William H. Knull & Noah D. Rubins, Betting the Farm on International Arbitration: Is It Time to offer an Appeal Option?, *The American Review of International Arbitration*, Vol. 11, 2000, p. 531.

〔22〕 ［英］施米托夫：《国际贸易法文选》，赵秀文译，中国大百科全书出版社1993年版，第674页。

〔23〕 See Alejandro Faya Rodriguez, The Most-Favored-Nation Clause in International Investment Agreement: A Tool for Treaty Shopping? 25, J INT'L ARB. 2008, p. 89.

〔24〕 如在“美国对欧共体产品进口措施案”中，WTO上诉机构认为，DSU第23条第1款的规定，要求所有WTO成员对于违反义务或者抵消或者损害WTO涵盖项下的利益争议只能诉诸DSU规则与程序，而不能采取其他单边措施。相比而言，目前包括NAFTA在内大多数区域贸易协定在处理区域内与区域外可能相互冲突的管辖权时都采用了管辖权选择模式，有的只是在某些特定事项上规定了排他管辖权。在此模式下，区域贸易协定往往赋予争端当事方选择争端解决场所的权利，但如果争端当事方选择了其中一个争端解决机制，那么就不能再将同一争议提交到另一争端解决机制管辖。

国际贸易法委员会仲裁庭、国际商会仲裁庭等仲裁机构中选择合适的仲裁庭。"[25]但是这依然无法信服的说明不同的仲裁机构之间具有可比性。例如,ICSID在认可和执行力问题上,的确比投资者选择UNCITRAL或SCC更加有优势。因为其公约第54条要求成员国将其裁决视为本国法院的判决一样予以尊重和执行。但是前者在其公约的第25条里面同时也排除了双重国籍投资者具有的仲裁主体资格,并且对于条约本身的解读相对后二者所依托的规则而言更加严格,所以在实践中也有不少投资者会选择后二者进行仲裁。

顺着这一思路继续追问的话,如果在不同的国际投资条约中分别规定了ICSID仲裁和地区性国际仲裁(如东盟区域性国际仲裁),而该地域性国际仲裁庭规则中又有类似ICSID公约第54条的规定,那么此时又该如何判断何者更优呢?

但是值得注意的是"Plama案"的仲裁庭却给出了另一种解释。Plama案中基础条约规定了一种国际仲裁庭(国际特设仲裁庭),而第三方条约却允许投资者在国际特设仲裁庭、ICSID仲裁庭、斯德哥尔摩商会仲裁院三者之间进行选择。仲裁庭认为如果一个条约规定了ICSID仲裁庭,而另外一个条约规定了国际特设仲裁庭,二者之间本不可以进行优惠的比较。但是另一个条约多了选择的机会就是一种优惠,因为多了选择毕竟聊胜于无。[26] 我国有学者认为"这种选择余地越大、对外国投资者越有利的解释是能够成立的"。[27]

笔者不同意这种观点,因为不同的国际仲裁机构有其不同的仲裁规则和组织规范,所以每一个独立的国际仲裁机构的法律机制有其整体性,即不同的国际仲裁机构存在"质"的差异而本质上不具有可比性。"质"不同,就缺乏比较的基础,"量"再有差别也没有比较的意义。笔者甚至在想,就Plama案中仲裁庭的理由而言,多了仲裁选择就一定更优吗?如果多出的仲裁机构的仲裁规则对举证责任,证明要求,构成要件的要求远高于原基础条约中规定仲裁机构。当事人不得不花费了较长的精力甚至金钱(如律师费)去比较了几种仲裁机构的优劣后又选择了原仲裁机构,那么这种所谓"聊胜于无"的结论还有说服力吗?同样的推理,如果一个规定投资者在东道国法院经过6个月诉讼后可提交国际仲裁的条款,相比一个要求投资者必须在东道国法院与国际仲裁之间进行终局性选择的条款(岔路口条款)岂不是更为"优惠"?因为前者为投资者提供了双重救济,而后者只提供了一种救济途径。

五、不同国际仲裁程序规则之"更优惠待遇"比较

根据当前常见国际投资条约中对提交国际仲裁的不同规定,笔者对几种不同的

[25] See Nartnirun Junngam, An MFN Clause and BIT Dispute Settlement : A Host State's Implied Consent to Arbitration by Reference, *UCLA Journal of international Law and Foreign Affairs*, Vol. 399. 2010, p. 404.

[26] See Plama v. Bulgaria, ICSID CASE No. ARB/3/24, para. 208.

[27] 陈安、蔡从燕:《国际投资法的新发展与中国双边投资条约的新实践》,复旦大学出版社2007年版,第204页。

情形进行了比较。

(一)提交国际仲裁的范围

不同投资条约中对提交国际仲裁的范围是不同的。例如,《中国 - 新加坡双边贸易协定》第 13 条第 3 款规定,由征收、国有化或其效果等同于征收、国有化的其他措施所导致的补偿金额争议在满足规定的条件后可以提交国际仲裁庭解决。再如,《中国 - 加拿大双边贸易协定》第 20 条第 1 款规定,只可以将有限的几项条约义务:国民待遇、最惠国待遇、最低待遇标准、征收和补偿、转移、业绩要求、高层管理和董事会人员入境等提交国际仲裁。而《中国 - 芬兰双边贸易协定》第 9 条的规定却允许东道国与投资者之间的任何争议均可提交国际仲裁解决。这种不同投资条约规定了不同的提交国际仲裁范围的情形,也容易产生纠纷,如 2009 年发生的中国香港投资者谢叶深诉秘鲁案(Tza Yap Shum v. Peru)就属于此种情形,本案中谢叶深希望仲裁庭适用第三方条约即《秘鲁 - 哥伦比亚双边贸易协定》第 12 条中对其更有利的争议解决条款:可以向 ICSID 提交“与投资有关的任何争议”,而不受制于《中国 - 秘鲁双边贸易协定》第 8 条第 3 款规定的只允许将“征收补偿数额争议”提交 ICSID 的限定。

就此种情形而言,笔者认为就保护投资者的角度而言,从宏观上来说允许提交国际仲裁的投资争议的范围越广,应该越有利于投资者利益的保护。如果第三方投资条约中规定的可提交国际仲裁的争议范围比基础条约中规定可提交国际仲裁的争议范围更大,应该认为是存在“更优惠待遇”的。就谢叶深诉秘鲁案而言,令人遗憾的是,本案仲裁庭回避了这种比较,而采取了另外的一种法律解释方法,最终认定《中国 - 秘鲁双边贸易协定》第 8 条第 3 款对争议范围明确限定的规定为缔约方“经特别协商的约定”(特别规定),应优先于最惠国待遇条款的一般规定,故驳回了谢叶深的此项请求。[28] 对此笔者是有所质疑的,认为仲裁庭的推论是站不住脚的,难道最惠国条款不是经缔约方特别谈判达成的吗?

但是,如果进行深入的分析,换个角度来思考的话,这种结论可能为时过早。因为为了有效地控制国际投资仲裁的影响,东道国往往在国际投资条约中对提交国际仲裁附加了一定的条件和履行要求,这些要求构成了东道国同意国际仲裁的前置条件。[29] (详见下文论述)不同条约中前置条件的不同,将直接影响到国际仲裁范围的“优劣”。例如,虽然基础条约中可提交国际仲裁的争议范围更小,但是前置条件更宽松(可直接提交国际仲裁),第三方条约中可提交国际仲裁的争议范围虽大,但是前置条件严格(须用尽当地救济或者受岔路口条款限制)。此时如何判断“更优”?同样的,虽然基础条约中规定的可提交国际仲裁的争议范围更小,却同时规定投资者可以在 ICSID、SCC、UNCITRAL 等国际仲裁机构中来选择,第三方条约中虽

〔28〕 See Tza Yap Shum v. Peru Republic, ICSID Case No. ARB/07/6, paras. 211 - 214.

〔29〕 王楠:《最惠国待遇条款在国际投资争端解决事项上的适用问题》,载《河北法学》2010 年第 1 期。

然可提交国际仲裁的争议范围虽大,但是只能选择一种国际仲裁机构(如 ICSID),那么此时何者"更优"呢？这显然是无法比较的。

(二)提交国际仲裁的前置条件

前置条件在国际法中被视为是国际争端解决机构获得管辖权的必要条件,已经得到国际上广泛的认可。

国际法院在多个判例中也将管辖权的前置条件是否满足作为获得管辖权的前提,在刚果和卢旺达境内武装行动案的判决书中,国际法院明确指出,"当提交国际法院管辖的同意附加有条件时,任何该同意的条件应道被认为是这种同意的限制"。[30] 此外,在国际反种族歧视公约适用案中国际法院也认为,"公约中的前置性善意协商程序时国际法院获得管辖权的前提条件,由于本案的前提条件不能满足,因此国际法院没有管辖权"。[31]

作为当代国际经贸领域有重要影响的 WTO,也将前置条件作为管辖的必备条件之一。依照 WTO 争端解决机制(DSU)第 23 条第 2 款的规定:"各成员方在处理争端的过程中,除按本谅解的规则与程序诉诸争端解决外,不得另行通过其他争端解决程序做出诸如已发生违法、利益受抵消或损伤、涵盖协议目的受到妨碍等认定,也不得另行通过其他争端解决程序做出与已获 WTO 争端解决机构通过的专家组或上诉机构报告或按 DSU 做出的仲裁裁决相背离的任何认定。"这意味着成员方必须排他地将争端提交 WTO 争端解决机制(DSU)。[32]

国际投资条约中常见提交国际仲裁的前置条件有:

1. 等待期

这种前置条件要求发生争议后,投资者必须就争端与东道国先行磋商或经过一定时限的国内程序,只有在规定期限的内双方无法解决争端,投资者才可将争端提交国际仲裁,即"先商后裁"。不同的投资条约中规定的等待期可能是不同的,如有 3 个月、6 个月、18 个月等。

等待期在学界被认为并非"用尽当地救济"要求。[33] 因为尽管存在先行磋商或者一定期限的国内程序的要求,但最终都不会实质影响到投资者诉诸国际仲裁的行

---

〔30〕 See Armed Activities on the Territory of Congo, Republic of Congo V. Rwanda, Jurisdiction of Court and Admissibility of Application, L. C. J. Reports 2006, para. 89.

〔31〕 See Application of International Convention on the Elimination of All Forms of Racial Discrimination, Georgia v. Russian Federation, Judgment of Preliminary Objections, L. C. J. Reports, 2011, paras. 156 – 157.

〔32〕 由于 WTO 争端解决机制并不承认区域贸易协定中的"管辖权选择条款"的法律效力,故区域贸易协定中的"管辖权选择条款"不可能在 WTO 争端解决机制中得到适用。参见王春捷:《区域与 WTO 管辖权冲突协调机制初探——以 NAFTA 的实践为例》,载《东岳论丛》2012 年第 12 期。

〔33〕 See Raul Emilio Vinuesa, Bilateral Investment Treaties and Settlement of Investment Dispute under ICSID: The Latin American Experience, Law and Business Review of American 2002, pp. 508 – 509. 另参见刘颖、封筠:《国际投资争端中最惠国待遇条款适用范围的扩展——由实体问题向程序问题的转变》,载《法学评论》2013 年第 4 期;肖军:《剪不断,理还乱——国际投资仲裁管辖与最惠国条款的解释》,载张庆麟:《全球化时代的国际经济法》,武汉大学出版社 2008 年版,第 402 页。

为，只是延缓了提交国际仲裁的时间而已。[34] 如果顺着这一思路，则等待期越短，对投资者越有利。正如在 Siemens v. Argentina 案中仲裁庭认为的那样，第三方条约中提交国际仲裁的等待期是 6 个月，确实比基础条约中的 18 个月要短，因此投资者可以适用最惠国条款来避开基础条约中更长的等待期。

笔者认为，如果单独的考虑等待期，似乎能得出上述结论。但是在国际投资条约中，缔约国在规定等待期的同时，往往也会附加其他条件，这导致了“更优”难以判断，如前述提交争端范围的大小，再如岔路口条款等限制条件等。同样在 Siemens v. Argentina 案中，第三方条约在规定了 6 个月的等待期的同时，但也规定了岔路口条款这种不利条款，则此时附加不利条件的 6 个月和单独的 18 个月二者哪个“更优”？虽然该案仲裁庭认为最惠国条款正如它的名称一样，只与更优惠的待遇有关，而与不利的条款无关；但是笔者认为，即便 Siemens 可以根据最惠国条款缩短等待时间，但同时也应该受第三方条约中的岔路口条款约束。

仲裁庭如此解释最惠国条款的结果明显使 Siemens 公司得到了比第三方条约中的投资者更为优惠的待遇，此时则对第三方投资者构成新的“歧视”，显然违反了最惠国条款的非歧视性本质。

在 Wintershall v. Argentina 案中，国际仲裁庭也表达了类似的观点，也认为无法判断等待期的优劣。本案中申请人要求依据《德国 – 阿根廷双边贸易协定》中规定的最惠国条款援引《阿根廷 – 美国双边贸易协定》中规定的争议解决条款向 ICSID 提起仲裁请求。仲裁庭认为要求提交仲裁之前有 18 个月的等待后再到当地法院寻求救济是东道国阿根廷同意接受 ICSID 管辖权的前提条件，是构成 ICSID 管辖权成立的一个不可分割的组成部分。18 个月应视为是法院地国适用和维持国际法以及给予合理救济的机会，投资者必须接受同样的承诺条款。在缔约国对此没有明确同意的情况下不能通过最惠国条款而规避前述要求。[35]

2. 用尽当地救济

用尽当地救济是指“当一个国家对它的领土内的外国人的待遇不符合它的国际义务，但仍可以通过以后的行动为该外国人获取它的义务所要求的待遇（或同等待遇）时，国际法庭将不会受理代表该外国人提出的求偿，除非该外国人已经用尽有关的国家内可以利用的一切法律救济方法”。[36]

这种前置条件要求发生争议后，必须经过一定期限的东道国当地救济。除非投资者已经用尽了东道国国内可以利用的所有法律救济，否则不能在国际层面获得求

---

〔34〕 王楠：《最惠国待遇条款在国际投资争端解决事项上的适用问题》，载《河北法学》2010 年第 1 期。

〔35〕 See Wintershall v. Argentina，ICSID CASE NO. ARB/04/14，para. 185.

〔36〕 ［英］詹宁斯、瓦茨修订：《奥本海国际法》（第 9 版第 1 分册），王铁崖等译，中国大百科全书出版社 1995 年版，第 413 ~ 414 页。

偿权,[37] 即只有“用尽当地救济”后,投资者才可将争端提交国际仲裁。

显然,用尽当地救济的强制性要求限制了投资者直接将争端提交国际仲裁的行为。但是能否就此认定第三方条约中不含用尽当地救济要求的国际仲裁条款比基础条约中包含了用尽当地救济要求的国际仲裁“更优”呢?笔者认为很难判断,因为除了前述东道国国内救济和国际仲裁很难判断的理由外,用尽当地救济后再提交国际仲裁等于投资者获得了“双重救济”,不见得比直接提交国际仲裁“更劣”。加之国内司法程序中有着国际仲裁没有的如二审、三审、再审等特殊司法程序的配套,此时更是不容判断两个条约中国际仲裁的优劣高低。

3. 岔路口条款限制

“岔路口”条款(fork-in-the-road)是指发生争议后,投资者可以根据条约中的国际仲裁和东道国救济之间进行选择,但选择一旦做出即为终局,不能更改。[38] 从法理上看,“岔路口”条款表明东道国对于提交国际仲裁的同意是附加有条件的,即投资者必须以放弃东道国当地救济为对价。同理,一旦投资者选择了东道国国内救济,也意味着放弃了国际仲裁。如果投资者就同一争端意欲再次诉诸国际仲裁则需要与东道国另行达成仲裁协议。

“岔路口”条款使投资者寻求法律救济时不能“两全其美”,构成了提交国际仲裁的重要前置条件。那么,一个含有“岔路口”条款限制的国际仲裁条款和不含有该条款限制的国际仲裁条款哪个更优?笔者认为这仍然很难判断。即便不谈其他条件的制约如争端范围、等待期长短等限制而导致无法判断外,单就与前述用尽当地救济后提交国际仲裁的模式(双重救济)相比也很难判断优劣:双重救济虽然多了一层救济,但是要耗费双重的时间和经费,尤其是当出现国内判决和国际仲裁截然相反的裁判结果时,其裁判的执行效果必然会受到影响。

因此,笔者认为不同国际仲裁要求之间无法进行“更优惠待遇”的比较。笔者赞同 Impregilo SpA v. Argentina 案中异议仲裁员 Stern 的意见,Stern 认为:“提交国际仲裁的权利”和“享有这些权利的基本条件”是不同的,“最惠国条款仅仅规定了投资者所享有的权利,其不能更改享有这些权利的基本条件。换句话说,BITs 中所规定的享有权利的条件是不可逾越的”。Stern 进而指出,“如果允许当事人将最惠国条款适用于争端解决程序将会带来巨大危害和混乱情势,甚至有可能在理论上导致那些根本没有规定国际仲裁条款的投资条约也可能会引入国际仲裁条款”。[39]

---

[37] [英]伊恩·布朗利著:《国际公法原理》,曾令良等译,法律出版社 2003 年版,第 540 页。另参见马克斯·普朗克比较公法及国际法研究所主编:《国际公法百科全书(第 1 专辑):争端的解决》,陈致中、李斐南译,中山大学出版社 1988 年版,第 272 页。

[38] 陈安、蔡从燕:《国际投资法的新发展与中国双边投资条约的新实践》,复旦大学出版社 2007 年版,第 226 页。

[39] See Impregilo SPA v. The Argentina Republic, ICSID Case No. ARB/07/17. Concurring and Dissenting Opinion of Professor Brigitte Stern.

六、结论与启示

(一)结论

有学者认为对不同的投资争端解决程序进行比较,往往不是一个"更优于"另一个的问题,而是一个"不同于"另一个的问题,对于不同的各争端解决程序不能主张最惠国待遇。[40] 笔者同意这种观点,并进而认为,在同一性质的事物之间才可能进行比较,在不同性质的事物之间缺乏可比的基础或者共同的起点。[41] 与实体性待遇间的差别不同,实体性待遇间的差别是一种"量"的差别。由于国际争端解决程序是为解决国际争端而设的,包括争端解决机构、规则、方法等在内的一整套法律制度,[42]通常具有整体性。[43] 这就意味着,不同投资条约中争端解决程序间的不同则是"质"的差别,导致了不同的投资争端解决程序之间不存在所谓"更优",即根本不具有可比性。因此,由于不同投资争端解决程序之间的优劣无法判断而不满足"更优惠待遇"的规则要求,故不能而将最惠国条款适用于投资争端解决程序。

同时,可延伸的结论是管辖权的取得应当遵循不干涉他国国内管辖权或属地管辖权的原则。[44] 由于"更优惠待遇"的认定难题,最惠国条款不适用于管辖权事项,即除了对国际投资争端解决程序不能使用外,对其他所有的争端解决程序也都不能适用。

(二)对中国的启示

对于中国缔约实践而言,我国新签订的国际投资条约中,均已经明确排除了最惠国条款适用于国际投资争端解决程序,这一做法应该继续坚持。但是问题在于,对于过去签订的旧约中如果没有明确规定最惠国条款的适用范围的话,则存在被诉的巨大隐患,对于此种威胁,笔者认为可以通过换文来解决。

换文具有国际条约的性质,是指当事国之间就彼此关系事项通过外交照会的方式达成协议。[45] 它是政府间缔结条约的一种简易方式,其无须经过复杂的普通缔约程序。尤其是换文的生效通常无须先经批准,[46]故而便捷高效。这在国际上已经有了实践的先例,如在2004年的Siemens案中管辖权决定做出后,阿根廷就和巴拿马政府就进行了换文,其目的在于对两国之间1996年签订的投资条约进行"解释",明

---

〔40〕 徐崇利:《从实体到程序:最惠国待遇适用范围之争》,载《法商研究》2007年第2期。

〔41〕 如亚里士多德把平等分为数目上的平等和以价值而定平等。数目上的平等是绝对的平等,而以价值而定的平等既可以是平等也可以是不平等。他认为正当的途径应该是分别在某些方面一数量平等为原则,而另一些方面则以价值平等为原则。参见[希腊]亚里士多德:《政治学》,载《亚里士多德全集》(第9卷),中国人民大学出版社1997年版,第163页。

〔42〕 杜玉琼:《区域经贸合作的法律问题研究》,四川大学出版社2008年版,第231页。

〔43〕 徐崇利:《从实体到程序:最惠国待遇适用范围之争》,载《法商研究》2007年第2期。

〔44〕 See Buck v. Attorney-General 1965 Ch. 745, CA, per Diplock, LJ at 770 – 2. etc. 转引自[英]伊恩·布朗利:《国际公法原理》,曾令良、余敏友等译,法律出版社2007年版,第271页。

〔45〕 周鲠生:《国际法》(下册),武汉大学出版社2007年版,第509页。

〔46〕 李浩培:《条约法概论》,法律出版社2003年版,第26~27页。

确双方无意将最惠国条款适用于投资争端解决程序。[47]

笔者建议参照阿根廷和巴拿马的做法,通过换文的方式与那些已经和中国签订投资条约的国家达成合意,将最惠国条款的适用范围排除在投资争端解决程序之外。这样做的好处在于:由于换文一般程序简单,不需要经过立法机关批准,可以避免双方烦琐的国内立法机关的审查程序和时限,同时换文还可以在多个国家之间进行,我国可以同时与多个国家通过换文来明确最惠国条款的适用范围。

---

〔47〕 See National Grid PLC v. Argentina, Decision on Jurisdiction, Ad hoc-UNCITRAL Arbitration Rules, June 20, 2006, para. 71.

美国自然资源公共信托理论的宪法化及其内在结构*

王灵波　刘为勇**

内容摘要:作为一项法律制度,公共信托之功能,在于保护公众的期望,以防不稳定的变化。公共信托理论原本是美国普通法上的一项制度。美国各州将公共信托理论的宪法化,强化了这样一个理念:公共信托理论是不断发展的,它可以不断扩大以满足社会的变化,来回应自然资源环境保护中的新问题。在公共信托理论的法律关系中,委托、受托和受益的三重性是理解公共信托目的之关键。在自然资源这类公共信托财产上,政府作为受托人既承担着私信托法所类推之信托责任,也承担着作为普通法上的积极和消极责任;法院既要对侵犯公共信托资源的政府行为进行司法审查,也要对私主体侵犯公共信托资源的行为进行监督。公共信托理论也要求个体作为公众成员承担保护公共信托资源的社会责任。

关键词:公共信托理论　宪法化　主体结构　责任体系

美国公共信托理论的思想,有着一系列的来源:第一,最基本的是罗马法关于本质上特别重要的资源应对所有人共同适用的自然法观念;第二,英国出现的国王公共职能与其个人人格之分离;第三,黑尔在海洋和海滨法上的思想;第四,英国的表面理论。[1] 在现代环保运动的黎明之前,约瑟夫·萨克斯(Joseph L. Sax)教授发表的《自然资源法上的公共信托理论:有效的司法干预》(*the Public Trust Doctrine in Natural Resources Law: Effective Judicial Intervention*)一文,使公共信托理论成为美国环境和自然资源保护的有效有力之法律工具。从罗马法和普通法上提出的思想因子,通过美国司法实践的不断运用,公共信托理论在美国形成,并不断得以发展。

一、公共信托理论的"北极星":伊利诺斯中央铁路公司案

伊利诺斯中央铁路公司诉伊利诺斯州案,[2] 在美国被约瑟夫·萨克斯教授誉为

---

* 本文为江西师范大学高层次人才引进项目资助成果。

** 王灵波,江西师范大学政法学院讲师;刘为勇,南昌社科院助理研究员,苏州大学王健法学院法学博士研究生。

[1] 有关公共信托理论在美国的形成与发展过程及其思想渊源,参见王灵波:《也论美国公共信托理论的形成与发展》,载《河北法学》2014 年第 8 期。

[2] See Illinois Central Railroad v. Illinois, 146 U. S. at 146 - 433 (1892).

现代公共信托理论的"北极星"。[3] 19 世纪中叶,芝加哥发展迅速,逐渐要求在密歇根湖和芝加哥河交汇点建造一个外部港口,因为芝加哥市本地的水流要么形成沙堤,要么形成侵蚀区,这样就增加了芝加哥港的拥堵,恶化了通航。为换取在密歇根湖前铺设轨道,1851 年伊利诺斯州中央铁路公司向芝加哥市出价支付建造芝加哥市要求的港口防护措施。伊利诺斯州然后正式通过名为"设立伊利诺斯州中央铁路公司的条例",特许转让沿密歇根湖湖岸线 300 英亩的土地,来建造一个纵贯南北的铁路。这项特许赋予中央铁路公司"着手、占有和使用任何种类的土地、溪流和物质"的权力。为了进一步确认对这片区域的权利,中央铁路公司继续游说伊利诺斯州立法机关。1869 年伊利州通过了《湖滨法》,授予中央铁路公司"挪用、占有、使用和控制"港口大部分土地的权利。立法机关通过这项法律之目的在于获得一个新的火车站,一个外部港口和对芝加哥居民而言更好的公园。授予土地的部分包括从西伦道夫街(West Randolph Street)南至第 12 街(Twelfth Street),从南密歇根大道(South Michigan Avenue)东至密歇根湖(Lake Michigan)。但是,因为政治争议和公共意见,伊利州立法机关于 1873 年废止了《湖滨法》。在废止前后,中央铁路公司继续沿着湖滨建造轨道、码头和其他设施。这些建设也包括填充数百英尺的密歇根湖以为这些设施提供土地。1883 年 3 月 1 日,为阻止在湖公园的土地上进行这些建设,伊利州检察长针对中央铁路公司提起诉讼,要求法院决定谁拥有毗邻芝加哥湖岸线的密歇根湖下淹没地的所有权,并寻求法院命令移除中央铁路公司在湖床上的建筑物,禁止中央铁路公司继续这些建设。本案移送至伊利州北区的联邦巡回法院审理。巡回法院法官哈伦(Harlan)判决伊利州拥有这些淹没地的所有权,因此州有权废除法律中授予中央铁路公司的特许。中央铁路公司上诉至美国最高法院。

伊利诺斯中央铁路公司案主要争议点为:伊利诺斯州是否有权转让通航水域下的淹没地以及中央铁路公司是否享有湖床的河岸权。为了支持其在密歇根湖床的主张,中央铁路公司提出了三点辩护理由:第一,伊利诺斯州和芝加哥市已经授予了铁路公司进入密歇根湖建造铁轨、码头和货栈的权利;第二,中央铁路公司获得密歇根湖附近土地的所有权,所以它享有密歇根湖的河岸权;第三,中央铁路公司认为 1869 年伊利诺斯州授予了大量淹没湖床的所有权给铁路公司。为禁止铁路公司的建设行为,伊利州主张其享有密歇根湖床的所有权,和通过建设码头、防波堤和其他改善设施以开发和改善芝加哥港口的排他性权利。

菲尔德法官(Field)撰写的多数意见,维持了湖床由伊利州所有的下级法院判决。菲尔德法官认为伊利州无权转让具有公共信托的淹没地,但有两个例外,即转让淹没地不会伤害公共利益和转让淹没地后事实上提高了淹没地上的公共信托。但是这两个例外都不能适用于伊利诺斯中央铁路公司案,所以铁路公司不享有湖床

---

〔3〕 See Joseph L Sax, "the Public Trust Doctrine in Natural Resources Law: Effective Judicial Intervention", *Michigan Law Review* 489, 1970, p. 68.

之所有权。菲尔德法官在伊利诺斯中央铁路公司案中是这样表述公共信托理论的:“在这个国家这已是既定的法律,即潮水覆盖的土地上的所有权、统治权和主权,在州的范围内属于各个州所有,各个州就相应享有使用和处分这些土地的任何部分之权利,但是州的这种使用和处分权必须没有损害到水上的公共利益,州的这种使用和处分权,还要从属于国会控制通航的最高权力,国会在这些水域上享有控制通航的最高权,对管理与外国进行商贸或州之间的商贸往来是必要的。这种原则经常被本院提起。”[4]

菲尔德法官认为1869年伊利州对中央铁路公司的转让,仅是转让铺设轨道的权利,而不是转让部分湖床的所有权。该伊利州的转让,明显受限于这个目的,它还特别地限制穿过密歇根湖通行权的转让,不能妨碍湖水的通航。菲尔德法官同意中央铁路公司拥有毗邻通航水域之土地的所有权,所以基于河岸权,中央铁路公司拥有接触湖水的权利和为个人或公共目的开发码头的权利。但是中央铁路公司的这些权利仅限于湖水的“通航点”(Navigable Point)。因为没有证据显示铁路公司的码头和防波堤到达这个“通航点”,所以菲尔德法官驳回了这个争议。因此,伊利州立法机关原先的转让,在州的终极权力上没有效力。

正是通过伊利诺斯州中央铁路公司案这一“北极星”的指引,公共信托理论在美国实在性地运用于自然资源环境保护的诉讼之中,成为普通法上的基本原则。美国法院不断通过判例的形式扩展了公共信托理论的内涵和范围。

二、公共信托理论的宪法化及其影响

作为普通法上的基本原则,公共信托理论在美国得到了长足发展,不断被法院运用于具体的诉讼,但是普通法是法院通过判例所“制定”的法律,不具有灵活性,无法满足广泛多样的自然资源环境保护的现状。美国20世纪70年代的环保运动以及约瑟夫·萨克斯教授的大作《自然资源法中的公共信托理论:有效的司法干预》,不仅复活了公共信托理论,各州纷纷将之用来保护自然资源和环境,而且促使各州努力将公共信托理论入宪。在很多州的宪法中,已经开始将公共信托理论宪法化。有些情况下,即使缺乏具体的宪法条文,州法院也仍在现行宪法条文中解读公共信托理论。[5] 因此,被宪法化的公共信托,不再仅是一个古老的普通法原则,不再仅停留于普通法的理论之中。各州严肃对待其自身公共信托的一个信号,就是决定将公共信托的保护方式予以宪法化。这些宪法条文基本上分为两种类型:其一,为保护公众通航自由的宪法条文,譬如密西西比州、阿拉巴马州、田纳西州、明尼苏达州、南卡罗来纳州以及威斯康星州;[6]其二,为提供更广泛保护的宪法条文,譬如,佛罗里

---

[4] Illinois Central Railroad v. Illinois, 146 U. S. at 3873 (1892).

[5] See Save Ourselves, Inc. v. La. Envtl. Control Comm'n, 452 So. 2d at 1152 - 1158 (1984).

[6] See ALA. CODE. art. I, § 24 (2007); MINN. STAT. ANN. art II, § 2 (West 2007); MISS. CONST. art. 4, § 81; S.C. CONST. art. XIV, § § 1,4; TENN. CONST. art. I, § 20; Wis. CONST. art. IX, § 1.

达州宪法自从 1970 就开始宣称“凭借州之主权,佛罗州受州内全体人民之信托,依法享有州界内通航水下底土及平均高水位线下海滩之所有权,这些水土自始不可转让”,〔7〕该条款限制了转让这些水土的行为。

宾夕法尼亚州宪法是古老普通法的公共信托理论进行现代宪法化的典型。它如此表述:“人们有权享有清洁的空气、纯净的淡水、自然的环境以及环境的历史和审美价值。宾州所有的公共自然资源属于全体人民(包括当代及后代)的共同财产。作为这些资源的受托人,宾州应当为了所有人民的利益维持和保护这些资源。”〔8〕其他州也纷纷效仿宾州。譬如,夏威夷州认为土地是“为了夏威夷州土著人以及普通大众的利益而享有的公共信托”。〔9〕佛罗里达州宪法认为土地是“为全体人民信托所有”。〔10〕伊利诺斯州也在 1970 年修改了其宪法,宣称“州的公共政策以及每个人的责任,就是为当代及后代提供和维持一个健康有益的环境”,而“每个人有权享有拥有健康环境的权利”。〔11〕罗德岛州宪法阐明了具体的公共信托权利,罗德岛州公民享有“包括但不限于从海岸捕鱼的权利、收割海藻的权利、在海岸游泳沐浴以及通行的权利”,“立法机关有责任保护空气、土地、水源、植物、动物、矿物质以及州内其他的自然资源”。〔12〕罗德岛州最高法院认为这一宪法条文将本州公共信托理论法典化了。〔13〕其他州的宪法坚持主张至少部分州的通航水域是公众的。〔14〕

如果缺乏宪法的具体条文,法官有时会把公共信托理论解读到州现有的宪法条文中。譬如,路易斯安那州最高法院认为,州的环境监管框架是建基于州的宪法和公共信托。法院这样将公共信托解读到州的宪法中:“应当保护州的自然资源,立法机关应当制定法律实行这一政策。”〔15〕有些法院认为将公共信托限制在宪法的特点上,限制了州的行为。譬如,加利福尼亚州(以下简称加州)潮汐地由加州公共信托所有,但加州宪法把执行公共信托的职责交给了立法机关。如果坚守公共信托必须宪法化的观点,则会导致加州公共信托无责任机关。〔16〕公共信托理论的宪法化将会继续下去,因为这些宪法条文赋予了活动者和公共利益团体原告资格,而他们在公共信托理论的案例中,一般不会获得这样的资格。

---

〔7〕 FLA. CONST. art. 10, § 11.

〔8〕 PA. CONST. art. I, § 27. 宾州最高法院已经判决宾州这一宪法修正案,“将普通法上的公共信托理论设置成一个环境保护的宪法权利。” See Commonwealth v. Nat'l Gettysburg Battlefield Tower, Inc. ,311 A. 2d at 588 (1973).

〔9〕 HAW. CONST. art. XII, § 4.

〔10〕 FLA. CONST. art. X, § 11.

〔11〕 ILL. CONST. art. XI, § § 1,2. 伊利州最高法院已经明确地将这些宪法条文与本州公共信托理论相联系。See People Scott v. Chi. Park Dist. ,360 N. E. 2d at 773 – 780 (1976).

〔12〕 R. I. CONST. art. I, § 17.

〔13〕 See Town of Westerly v. Bradley,877 A. 2d at 601 – 606 (2005).

〔14〕 See ALA. CONST. art. I, § 24; MINN; CONST. art. II, § 2; WIS. CONST. art. IX, § 1.

〔15〕 See Save Ourselves, Inc. v. La. Envtl. Control Comm'n,452 So. 2d at 1152 (1984).

〔16〕 See Webb v. Cal. Fish Co. ,138 P. at 79 – 87 (1913).

宪法化的一个重要影响在于它强化了这样一个理念:公共信托理论是不断发展的。这就有力地驳斥了这样的一个观点:凡传统上不受公共信托理论保护的资源,都不能纳入公共信托的范围。宪法的一个性质在于不断扩大以满足社会的变化——回应社会中的新问题。正如马歇尔大法官所言:"在考虑这一问题时,我们必须永远不能忘记,宪法是由我们来进行阐释的。"[17]伍德罗·威尔逊(W. Wilson)写道:"宪法不仅仅是法律人的文件;它是生命的车辆,它的精神永远是时代的精神。"[18]布莱克门大法官写道:"广泛和灵活的戒律以及永远的现代性,是我们宪法的基石。"[19]将公共信托理论"广泛和灵活地"解读到各州的宪法之中,大大扩展了公共信托理论的适用范围。

三、公共信托理论的主体结构

根据美国《法律判例录编大全》(*Corpus Juris Secundum*),"信托是寄托在某人身上的信任,被信任者称为受托人,为了他人利益者,称为信托受益人"。[20] 这一定义暗含信托法中一个关键的要素:不是由受益人赋予受托人以信任,而是由第三方,即信托的委托人所赋予。承认信托具有委托、受托和受益的三重性是理解信托目的之关键。三方不同主体是信托创设和实现的关键。

(一)探寻公共信托的委托人

在私信托的法律结构中,委托人意图转让财产给受益人,但又想对受益人使用财产的行为进行控制。无论委托人之目的为何,也不管委托人通过信托的方式达到目的之理由,作为法律上的所有权主体和衡平法上的所有权主体之间的关系之信托,仅能在委托人之目的下予以理解。信托目的或信托条件取决于委托人的决定。在公共信托的经典案例中,我们常看到类似这样的表述,"主权者作为公共信托的受托人,为了人民的利益,拥有'所有通航水域及其下覆土地之所有权'"。[21] 美国一般讨论以下主体可能作为公共信托的委托人:联邦政府、州自身、英国国王、全体人民、自然法或法律的单纯拟制。

1. 联邦政府或州政府

在波尔艾克斯联合有限公司诉洛杉矶市案中,美国最高法院认为"滩涂下的土壤和滩涂本身,分别保留给原始州所有,州在加入联邦以后,就这些土地而言,新成立之州在其领域范围内,仍然享有和加入联邦之前原始州相同的主权和管辖权。这一原则同样适用到加州的滩涂。从墨西哥获得领土后,美国联邦获得了对滩涂和陆地的所有权,但是对滩涂所有权的享有,仅是未来能竖立于该领土范围内的州,对美

---

〔17〕 McCulloch v. Maryland, 17 U. S. at 316 (1819).

〔18〕 Woodrow Wilson, *Constitutional Government in the United States*, Nabu Press, 1911, p. 69.

〔19〕 Regents of Univ. Of Cal. v. Bakke, 438 U. S. at 265 (1978).

〔20〕 89 C. J. S. Trusts § 9 (1955).

〔21〕 Colberg, Inc. v. State of California, 67 Cal. 2d at 408 (1967).

国联邦的一种信托。"[22] 在康菲石油公司诉密西西比州案中，法院同样认为，"原始州在加入联邦适用联邦宪法时，从美国联邦保留了它们的滩涂和通航水域中的所有权，它们保留这些所有权是为了公众的利益"。[23] 宪法要求联邦政府遵循"平足原则"(Equal Footing Doctrine)，来创立同样信托的每一个新州。按照这种解释，原始州的公共信托委托人是各个州自身，而后续新州的委托人是联邦政府。

美国最高法院及各州法院，试图解释联邦政府是新州公共信托的委托人，而原始州是其自身的委托人，这并不符合历史事实。在伊利诺斯中央铁路公司诉伊利诺斯州案中，美国最高法院坚持认为像伊利诺斯这样新州的普通法所有权，来自英国国王，而不是联邦政府。[24] 在英国国王向新州转移所有权的过程中，至多可以认为联邦政府是这过程中的一个链条。如果是这样，联邦政府仅能转让它从英国国王所获得的所有权，这种所有权本身在英国国王统治下，就已从属于公共信托，美联邦政府不可能创设一个已经具有公共信托的所有权。原始州的信托是由其自身委托的观念，也是有缺陷的。在这些原始州中并没有创立信托的明确意思表示。的确，对这些原始州信托存在的司法审查，在英国国王享有这些土地的所有权时，就已经存在了。

美国原始州先于后加入的新州，以此推论原始州的公共信托委托人，是为原始州自身，新州委托人是为联邦政府，这种以时间先后为标准确定公共信托委托人，必将无果而终。原始州早于新州，但是原始州之前，美洲大陆是英国的殖民地，是英国国王对美洲大陆进行统治；在英国国王之前，美洲的原住民就生活在美洲大陆中，尽管这些原住民很少主张普通法意义上的所有权，但是他们的利益被欧洲移民强制性地剥夺了。印第安人的土地是通过条约而被放弃的，很明显在条约中也没有公共信托创设的主张。那谁又是印第安人的前辈呢？因此这种以时间先后的标准，划分新州和原始州委托人的标准，并不科学。

2. 英国国王

美国是英国的殖民地，独立革命之后，美国各州继受了英国国王在美洲滩涂和通航水域下覆土地上的权利。有学者即认为，英国国王为美国各州的公共信托委托人。早期英国法律并没有公共信托的概念。在早期"作为国王所专有的皇权和作为国王私人身份的私权之间并没有界限，至少没有明显的界限。国家没有被人格化，没有属于国家的土地。国王的土地就是国王的土地；国王的财富就是国王的财富"。[25] "国王的权力本身就是所有权的模式。"[26] 直到国王的个人人格从皇室和国王的公共职能中分离，才会出现"公众"财产的观念或基于公众信托而享有财产的

〔22〕 Borax Consolidated, Limited v. City of Los Angeles, 296 U.S. at 664 (1935).

〔23〕 Phillips Petroleum Co. v. Mississippi, 108 S. Ct. at 791 (1988).

〔24〕 See Illinois Central Railroad v. Illinois, 146 U.S. at 387 (1892).

〔25〕 Frederic William Maitland, *the Constitutional History of England*, Cambridge University Press, 1961, p. 387.

〔26〕 Ibid., p. 513.

观念。英国《大宪章》(Magna Carta)是沿海区域上的公共权利之原始来源,因为它规定了国王在某些方面从属于人民的原则以及它在国王的权力上强加了几条限制。在《大宪章》中,英国法律承认在潮汐水域中公众通航和捕鱼的权利,公众的这一权利是针对英国国王的。[27] 但是对于国家和人民之间的法律关系,《大宪章》规定的并不具体,如果是这样,信托的委托人就无法确定。英国法律起源罗马法对共有物(Res Communes)和公有物(Res Publicae)的区分,前者是公众享有的权利,后者是国家享有的专有权利。[28] 这种区分作为财产法具有重要的意义,但是对于解释信托的委托人而言,并无帮助。

3. 人民主权论

在实在的社会法中,公共信托委托人仅存的解释,只能寻求人民主权论(Theory of Popular Sovereignty)。正如卢梭认为,国家的权威来自自由民的协议。[29] 约翰·马歇尔大法官(John Marshall)将卢梭的这种理论适用到美国联邦政府中,联邦政府和州政府的权威,都来自人民的意愿。"政府收益直接来源于人民;是以人民的名义任命和建立的。人民有权接受或反对它;人民的行为具有最终效力。"[30] 约翰·马歇尔大法官在此说的是美国联邦政府,但是他的结论是植根于每个州的人民享有平等的自由权去接受或拒绝他们州府的存在。如果人民享有最终的主权,则他们在通航水域和淹没地上享有控制权。英国作为主权者拥有这些资源,同样在美国,人民作为主权者也必须拥有这些资源。因此可以说,是人民创设了信托,由政府作为受托人,而人民自己作为受益人。

为什么这种解释是不可接受的,主要为这样的原因。在私信托法下,单个个人或由个人所组成之协会不能既是某一信托的受托人又是受益人。[31] "信托在这样的情况下是讲不通的;一个人不能作为自己的受托人。"[32] 民主州是人民的代理人,它基于人民的要求为了人民的利益而行为。如果人民怀疑其控制代理人(州)的能力,他们可以通过宪法来限制州的权力以防止代理关系的滥用。但是在公共信托关系中,假设人民是公共信托的委托人,政府是公共信托的受托人,人民是公共信托的受益人:其一,公共信托规则要求委托人设定公共信托之后,就要脱离于信托财产,受托人取得完全的法律所有权,只受信托目的限制,如果通过宪法限制州的权力,则与公共信托产生相反的效果。其二,民主州是人民的代理人,应执行人民的意志,如

---

〔27〕 See Attorney General v. Burridge, 147 Eng. Rep. at 335 (1822).

〔28〕 See W. W. Buckland, *a Text-Book of Roman Law From Augustus to Justinian*, Cambridge University Press, 1965, p. 183.

〔29〕 在《社会契约论》中卢梭认为:"政府必须分成三个部分:主权者代表公共意志,这个意志必须有益于权社会;由主权者授权的行政官员来实现这一意志;最后必须有形成这一意志的公民群体。"参见[法]让-雅克·卢梭:《社会契约论》,李平沤译,商务印书馆2011年版,第62页。

〔30〕 McCulloch, 17 U. S (4 Wheat.) at 601.

〔31〕 "信托唯一的受托人不能是信托唯一的受益人。" See Restatement (second) of trust § 115 (5) (1959).

〔32〕 P. Haskell, *Preface to Wills, Trusts and Administration*, Foundatin Press, 1987, p. 84.

果适用到公共信托中,则产生人民不仅是作为委托人和受益人,而且还是信托的受托人。这种三位一体的身份明显违背了信托设立之目的,信托法要求信托事务的实质,通过创设信托后能够有所改变,而这种情形根本没有改变信托事务的性质。

4. 自然法或法律拟制

在实在的社会法中找不到公共信托的委托人,那只有寻求上帝、自然母亲或者自然法作为公共信托的委托人。简·斯蒂文斯(Jan Stevens)认为英国和美国需要确定人民享有资源上的公共权利(Common Rights),才能将私法信托类推到公共信托中来。[33] "普通法深恶无主物。"[34] 但是,英国并不承认公共信托是信托法的一部分。布莱克顿(Bracton)总结英国法律对罗马法共有物的解释,"根据自然法,这些事对所有人都是普通的:流水、空气、海洋以及海岸。因此,任何人都享有接触海岸的权利。所有的河流和港口都是公众的"。[35] 在这种观点下,人民的公共权(Common Rights)是由自然法创设的,而不是由某个信托委托人的慷慨所创设。在公共信托的语境中,它所关心的是通航水域下土地之所有权和可转让性问题。布莱克顿的方法不是去创设信托关系,它是意图限制这些资源的转让,在这些资源上,所有人都享有公共权利。

正是公共信托委托人的模糊性,最后不得不寻求自然法的解释,所以美国有学者认为公共信托的委托人是一种纯粹法律上的拟制,甚至包括整个公共信托理论都是一种法律上的拟制。"像很多法律拟制一样,在美国法律历史的各个时期和最近几年,公共信托之目的已经避免了司法上可认知的局限以及现存法律规则的结果。"[36] 将公共信托定位为"法律拟制",并不是否认公共信托的价值或效力。尽管毫无疑问"拟制"这一词语具有负面内涵,但是"法律拟制"在法律的发展上扮演着非常重要的角色。正如罗恩·富勒(Lon Fuller)所言:"法律拟制一定程度上是法律成长过程中的痛苦。"[37] "承认公共信托的拟制属性对于讨论公共信托在自然资源法中的作用非常重要。"[38]

(二)确定公共信托的受益人

美国公共信托理论中一个重要的模糊就是解决"为谁信托"的问题。公共信托理论下公共权利的主体之"公众"是否为当地用户,州民或所有人?在英国,即使并非公共信托的权利范围,当地特有的习惯使用,也同样受到保护。美国实行联邦制

---

〔33〕 See Stevens, "the Public Trust: a Sovereign's Ancient Prerogative Becomes the People's Environmental Right", *University of California Davis Law Review*, 195, 1980, p. 14.

〔34〕 See Stevens, "the Public Trust: a Sovereign's Ancient Prerogative Becomes the People's Environmental Right", *University of California Davis Law Review*, 197, 1980.

〔35〕 Henry Bracton, *on the Laws and Customs of England*, Belknap Press, 1968, pp. 39 – 40.

〔36〕 Richard J. Lazarus, *Changing Conceptions of Property and Sovereignty in Natural Resources: Questioning the Public Trust Doctrine*, 71 Iowa Law Review 631, 1986.

〔37〕 L. Fuller, *Legal Fictions*, Stanford University Press, 1967, p. 22.

〔38〕 Richard J. Lazarus, *Changing Conceptions of Property and Sovereignty in Natural Resources: Questioning the Public Trust Doctrine*, 71 Iowa Law Review 631, 1986.

度,同时也曾受英国殖民统治,因此“为谁信托”成为一个重要的问题。即使在独立战争之后,美国每个不同的殖民地仍然保有对土地的所有权,它们做了最原先的授予。用伊利诺斯中央铁路案的语言就是“这是由州之人民所享有的所有权”。但是美国宪法似乎要求信托应支持所有的美国公民,至少在涉及商业和通航方面应当如此。换句话说,美国联邦宪法与各州最高法院的判例之间,对信托受益人身份的理解存在冲突,信托受益人的身份仍然是不清楚的。在信托财产进行管理时,实行的是州和联邦并行制度,但以联邦作为主导。尽管州财产利益的转让一般不会招致联邦的反对,当然这种财产利益的转让必须是私法上的,如果涉及公法上的财产利益转让,联邦有可能会介入,但为了减少对联邦权利侵犯的可能,美国法院一般会谨慎解释州的财产利益的转让,尤其是对那些可能损害现存公共信托权利的转让。

如果基于继承了英皇的所有权之理论,某州享有对土地私法上的所有权时,则该州逻辑上应受英皇限制,并不能违反美国国民之公共信托的要求。如果某州是基于州民代表而享有土地的所有权的,那么州所采取的任何行为,都应符合州民的一般利益,同时也要符合美国国民的主要信托利益。因此,公共信托的受益人一定程度上,还与公共信托的委托人有所关联。

(三)拓展公共信托的受托人

美国公共信托的受托人,毫无疑问应当属于各州自身。但是各州作为受托人,只是一个非常模糊的概念,那么具体由谁来行使受托人职责呢?如果不能明确受托人职责的行使主体,极易导致机关之间逃避公共信托职责,侵犯公共信托资源。在美国早期有关公共信托理论的案例中,并没有明确指定公共信托的受托人是各州的立法机关。相反,早期的这些案例将公共信托之责任,是直接赋予各州自身的,也就是说是各州自身作为公共信托的受托人。具体行使受托人职责,可以是州的立法机关,也可以是州的各类行政机构。[39]

当美洲殖民地法院第一次提出公共信托理论时,其受托人之职责仅由各州的立法机关行使。因为在当时,各州的立法机关是唯一的政府机构。时至今日,美国各州有着异为复杂的行政系统,通常是这些政府机构来分配公共信托资源。譬如,在佛蒙特州,自然资源机构(the Agency of Natural Resources)就是颁发许可给私主体在佛蒙特州通航水域应用杀虫剂的政府机构。在颁发许可证的过程中,该机构也会分配使用公共信托资源的权利。公共信托资源的管理,从各州立法机关转移到各州的这些政府机构之变化,就提出了这样一个问题,即各州的这些政府机构是否和各州的立法机关一样,承担相同的公共信托责任。在将公共信托责任拓展到各州的行政机构过程中,这些案例经常被引用来支持州之行政机构也应承担公共信托责任的观点。

美国平原居民协会诉北达科他州水资源委员会案,是明确州之行政机构承担公

〔39〕 See Illinois Central Railroad v. Illinois,146 U. S. at 387 (1892).

共信托职责的最早案例之一。原告平原居民协会是一个非营利的环保组织,北达科他州水资源委员会(North Dakota State Water Commission)向煤炭发电厂颁发排水许可证。平原居民协会提起诉讼,寻求禁止水资源委员会颁发该排水许可证,并要求水资源委员会全面制订出分配北达科他州自然资源的短期和长期计划,其认为制订这类计划,是公共信托理论要求水资源委员会承担的信托责任。水资源委员会认为其颁发排水许可证之行为,仅受北达科他州的授权性法规约束,这些法规并没有明确授权其承担公共信托职责,因此水资源委员会认为其不受公共信托理论的制约。北达科他州最高法院判决认为,即便缺乏明确直接的授权,水资源委员会也应当承担公共信托的责任,因此水资源委员会必须制订水资源保护的计划。[40]

州的行政机构也应承担公共信托受托人职责,在库特奈环境联盟公司(以下简称"库特奈环境联盟")诉潘汉德尔游艇俱乐部案中得以进一步阐明。潘汉德尔游艇俱乐部(Panhandle Yacht Club.),是一家私人游艇俱乐部,想要获得在通航湖域建设一个私人码头的许可。土地部(the Department of Lands)是爱德华州的行政机构,负责颁发州财产的使用许可证。土地部认为游艇俱乐部对湖域的使用,会符合公众的普通法权利,并向游艇俱乐部颁发了许可证。"库特奈环境联盟"起诉土地部的决定,认为土地部无权决定拟许可之行为是否符合公众的普通法权利,因为公共信托理论作为普通法,并没有明确地写入土地部的授权法规之中。爱德华州最高法院不同意原告"库特奈环境联盟"的观点,即州的行政机构仅承担授权法规明确载明的公共信托责任。相反,法院认为土地部作为爱德华州的行政机构,应当承担普通法上的公共信托责任。法院总结认为授权性法规对公共信托语言的缺乏,并没有明确表达,也没有必然地暗示爱德华州立法机关拒绝让土地部承担公共信托普通法上职责的意愿。最后,虽然法院判决许可证的颁发符合公共信托理论,但是法院进一步解释,土地部作为州的行政机构,承担着持续的公共信托责任,以确保游艇俱乐部对湖域的使用符合公共信托理论。[41]

佛蒙特州并没有类似前述案例清楚明白地将普通法上的公共信托责任拓展到州的行政机关。但是,佛蒙特州有着政策性立法,暗含着州行政机关应为州之目的,承担普通法上的公共信托责任。譬如,《通航水域和滨地保护法》就要求佛蒙特州的行政机构,为"辅助佛蒙特州履行其在通航水域上的受托人职责"[42]之目的,承担特定的管理职责。因为"作为通航水域的受托人,佛蒙特州所承担的职责",在授权法规中并没有予以界定,而必须由普通法进行界定;而且,因为州作为受托人承担的普通职责,包括了履行公共信托理论普通法上的责任;所以,《通航水域和滨地保护法》实际上授权佛蒙特州的行政机构,也必须承担公共信托理论普通法上的职责。

[40] See United Plainsmen Ass'n v. North Dakota State Water Conservation Comm'n, 247 N. W. 2d at 457 – 459 (1976).

[41] See Kootenai Envtl. Alliance, Inc. v. Panhandle Yacht Club, Inc., 671 P. 2d at 1085 – 1087 (1983).

[42] VT. STAT. ANN. Tit. 10, § 1421 (1984).

四、公共信托理论的责任体系

在公共信托之财产上,公众享有的广泛衡平法所有权。这些权益具有不可分割以及不可转让之性质。因此,公共信托理论之精髓,就是为保护这些权益作为基本权利以供普通公众享有。这些权益所具有的基本权利属性,使公共信托资源的保护错综复杂。这些公共信托资源的分配,对每一个公众成员,甚至对后代成员,都有直接或间接的影响。这些影响更加体现了公共信托资源必须由利益相关者进行保护的重要性。美国公共信托理论相应地对这些利益相关者,也施加了严格的责任。为达此目的,公共信托理论认为政府、司法机关以及公众的每一个成员,都是利益相关者,负有保护公共信托资源的责任。

(一)州承担的受托人责任

1. 私信托法的一般原则类推州作为受托人之职责

"公共受托人被赋予和一般受托人同样的职责和义务。"[43] 简单地概括,在私法信托上受托人对受益人承担以下责任:(1)忠诚的责任,即不从事自我交易的责任;(2)禁止责任转移的责任;(3)提供信息的责任;(4)保持对信托本值财产控制的责任;(5)维护信托财产的责任;(6)公正无私地为受益人之责任;(7)执行受益人请求的责任;(8)使信托财产增值的责任。这些私法信托的一般原则,同样可以适用到公共信托之中。

(1)忠诚责任

美国《信托法重述》第170条第1款规定:"受托人管理信托时一切只为了受益人之利益。"[44] 此即私法信托的忠诚责任。

根据私法信托的忠诚责任,在公共信托上,如果某州行使其作为受托人所享有的普通法所有权时,为了州自身的、某个个人的或某个小群体的利益,出售公共信托之土地,以增加州政府的税收收入,或使个人或小群体受益,那么州的这种行为,就违反了受托人的忠诚职责。

(2)禁止转委托的责任

在普通信托上,受托人对受益人承担的一个基本责任,就是不能将管理信托的工作,转移给其他人。但是这一责任也并不是完全绝对的;特定而有限的责任也可以由受托人以适当的方式转委托出去。[45]

根据宪法和行政法的一般原则,如果没有为行政机构建立合理明确的标准,立法机关不可以将其职能委托给任何行政机构。[46] 立法机关不可转委托其不曾拥有的权限,也不可转委托宪法规定只能由立法机关享有而"禁止委托"的权限。

---

〔43〕 Slocum v. Borough of Belmar, 569 A. 2d at 317 (1989).

〔44〕 Restatement (Second) Of Trusts § 170(1) (1959).

〔45〕 See Austin Wakeman Scott, *the Law of Trust*, Cambridge University Press, 1987, p. 171.

〔46〕 See Indust. Union Dep't, AFL-CIO v. Am, Petroleum Inst., 448 U. S. at 607 – 675 (1980).

因此,在公共信托理论上,虽然立法机关可以将公共信托的管理权,合理地委托给行政机构,但是如果立法机关如此委托时,它必须制定明确的准则。如果立法机关制定的准则不够明确,或者违反了公共信托理论的精神,那么衡平法院就可以出面澄清公共信托理论下的受托人职责。

(3)效率责任

美国《信托法重述》第 181 条规定:"受托人对受益人承担的一个责任,就是使用合理的审慎和技能,使得信托财产更加有效率。"[47] 这一责任与受托人承担的维护信托财产的责任,存在一定程度上的冲突。在公共信托理论之下,这两个责任不是相互排斥的,效率责任不能减少公共信托受托人维护信托财产的责任。

(4)维护信托财产的责任

美国《信托法重述》第 176 条规定:"受托人对受益人承担的一个责任,就是使用合理的审慎和技能,维护信托财产。"[48] 一旦发生信托财产的灭失,必定是受托人未使用合理的审慎和技能维护信托财产,或者是受托人的疏忽大意的结果,受托人必须为受益人的损失,承担责任。普通信托中的这种责任,非常类似于公共信托中"公平明智的"管理模式。

(5)提供信息的责任

美国《信托法重述》第 172 条规定:"受托人对受益人承担的一个责任,就是在管理信托财产时,必须保持和提供清晰准确的账户信息。"[49] 普通信托中,受托人为受益人在合理的时间内,必须提供完整准确的账户信息。

在公共信托中,作为受托人的州,应当为公众提供有关公共信托之财产的准确完整之信息,这是在公共信托财产的管理上,应当采取的实质性法律行为。华盛顿最高法院曾指出,"受托人之受托职责,应当包括向受益人提供信托财产所有事实的责任,这些有关信托财产的事实,会更加有利于帮助公众来保护他们的利益。如果受益人为自己之利益,能够要求受托人提供真诚适当的保护,那么受益人就必须知道信托财产的组成,以及信托财产是怎样管理的"。[50]

在信托财产出售或转让之前,美国各州作为信托财产的受托人,有权决定(通常以评估的方式)信托财产的公平市场价值。为了防止对公共信托财产的损害,在未向受益人发布有关信托资源价值的完整准确信息之前,有必要禁止公共信托财产的转让。这种信息发布的程序性要求,可以使公众行使其作为公共信托受益人所享有的权益。

(6)公平责任

美国《信托法重述》第 183 条规定:"如果在一个信托上存在两个或更多的受益

---

[47] Restatement (Second) Of Trusts § 181 (1959).

[48] Restatement (Second) Of Trusts § 176 (1959).

[49] Restatement (Second) Of Trusts § 172 (1959).

[50] Allard v. Pacific Nat'l Bank, 663 P. 2d at 104 (1983).

人时,那么受托人有责任公平地对待每个受益人。"[51]

因此,在公共信托理论下,州在管理公共信托财产时,不能将一部分受益人之利益,凌驾于另一部分受益人之上。州所承担的受托职责,要求其在所有时间内,都必须为了州作为整体的利益,管理公共信托财产。这种受托责任,包括禁止州采取为了州政府自身利益管理信托财产的行为。"州所享有的权力或控制,是为了人民利益的一个信托,而不是为了政府利益或者某些私人利益的一个特权。"[52]

2. 州作为受托人承担的普通法责任

(1)消极责任

在公共信托的框架下,当代以及后代人是公共信托关系的受益人,州是公共信托关系的受托人,为受益人之利益,州有权管理特定自然资源。这是公共信托最为经典的模式,其强调州作为受托人的中心作用。这种模式下,州享有受托人之权力,管理或处分自然资源,以促进和保护这些资源上公众享有的衡平法所有权。

公共信托的这种传统模式,仅要求州承担消极责任,即要求州不能做出特定损害公共信托资源的行为。因此,公共信托理论要求州不能将公共信托资源转让给任何私主体,除非这种转让有利于公共利益。譬如,在伊利诺斯中央铁路公司案中,最高法院认为,"为信托之目的,州不可放弃其控制权,除非这些土地是用于促进其上之公共利益。这些土地也不可处分,不可对其上之公共利益造成实质上的损害"。[53] 在海斯诉鲍曼案中(Hayes v. Bowman),法院也有类似观点,"诉争中的公共资源,是为通航、渔业、沐浴以及类似使用之目的,为人民信托所有。这些资源本质上属于信托财产,须用于信托之目的,以服务于人民,不可销售,也不可转让"。[54]

(2)积极责任

随着公共信托理论之范围逐步拓展,用于解决环境保护问题,公共信托理论的传统模式逐渐发生改变,新的公共信托理论之模式,要求州在公共信托资源上,承担积极的责任。在这种新的模式下,各州须积极肯定地行使权力,以保护公众在公共信托财产上的权益。法院也反复强调各州政府"有权利也有责任保护自然野生动物资源上的公共利益。这些权利不是源于资源的所有权,而是源于对人民的责任"。[55] 在这种背景下,法院在莫诺湖案中认为各州所承担之责任,是一种积极责任,"在水资源的分配和计划过程中,必须考虑公共信托理论,无论何时,只要可行,州都应当保护公共信托的使用方式"。[56]

公共信托理论的这种新模式,要求各州政府在保护公共信托资源过程中,必须

---

〔51〕 Restatement (Second) Of Trusts § 183 (1959).

〔52〕 Geer v. Connecticut, 161 U. S. at 519 (1896).

〔53〕 See Illinois Central Railroad v. Illinois, 146 U. S. at 387 (1892).

〔54〕 Hayes v. Bowman, 91 So. 2d at 795 (1957).

〔55〕 In re Complaint of Steuart Transp. Co., 495 F. Supp. at 38 (1980).

〔56〕 National Audubon Society v. Superior Court, 33 Cal. 3d at 728 (1983).

采取实体性价值和程序性价值的积极措施。就实体性责任而言,政府必须保护公共信托资源免遭破坏。能否承担这样的积极责任,取决于州之行为是否勤勉、谨慎和诚信。譬如,在阿维纳尔诉路易斯安那州(以下简称路易州)案中(Avenal v. State),路易州的一个项目通过淹没牡蛎养殖场的方式,来恢复海岸线,从而加强野生动物和渔业的保护。当地牡蛎渔民质疑路易州的这个项目,法院在诉讼中支持了路易州开展的这个项目,并认为海岸线土地的流失违反了路易州所开展项目之宗旨,路易州所开展之项目,不管其对牡蛎养殖场造成何种损害,也不管其对当地渔民造成何种影响,州所承担的公共信托之职责,在于防止海岸线土地的流失。[57] 政府同样必须采取措施阻止对公共信托资源造成损害的行为。譬如,作为自然资源的受托人,爱德华州要求某公司花巨资清除爱德华州乔河上的泄油。

(3)正当程序责任

州除了承担这些实体上的积极责任之外,在发布有关管理公共信托资源的信息过程中,还必须遵循相关的正当程序。发布这些管理信息是非常重要的,因为它不但告知了公众立法机关和行政机关在公共信托资源上的决定,而且它也为公众起诉这些决定提供了机会。因此,信息发布正当程序,就要求各州政府在公共信托资源做出相关决定过程中,应当有公众参与。为了遵循正当程序的要求,佛蒙特州在涉及公共信托资源的管理方面,就发布了公共准则,以指导公众参与。

(二)法院承担的法律职责

为了保护公众在公共信托之财产上的权益,美国公共信托理论也要求法院承担一定的责任。如果政府或私主体之行为侵害到了公众在公共信托之财产上的权益,那么法院就必须做出司法决定,以履行其职责。在这个意义上讲,法院也是公共信托之财产上的管理人。

1. 对侵犯公共信托资源的各州政府行为[58]之司法审查职责

这方面的司法责任之思想,不同于公共信托理论的传统智慧,公共信托理论传统上主要强调对政府管理公共信托资源行为之司法审查权。将法院作为公共信托之财产上的管理人,这种观点超越于法院传统上撤销政府决定之权力,更加强调法院应当承担确保公众在公共信托资源上集体利益的责任。譬如,涉及通航水域及其下覆底土,美国最高法院在伊利诺斯中央铁路公司案中就判决,"当政府在分配公共信托资源时,政府必须不断地为其上之公共利益提供保护。因此,如果政府行为没有达到这一标准,那么法院就应当判决政府分配公共信托资源的行为无效,并应当谴责政府在保护公众的集体权利时,没有履行其政治责任"。[59]

对分配公共信托资源的政府行为进行司法监督,有效地赋予了法院撤销政府决定的权力。政府是美国民选的政府,而法院是由行政任命的,由法院撤销政府决定,

---

〔57〕 See Avenal v. State, 886 So. 2d at 1085 - 1102 (2004).

〔58〕 这里的政府行为从广义上理解,包括立法机关的立法行为和行政机关的行政行为。

〔59〕 See Illinois Central Railroad v. Illinois, 146 U. S. at 453 (1892).

存在反多数的困境。但是，由公共信托理论作为司法权之基础，就可以通过弥补“少数人的暴政”问题而取得合法性。

涉及分配自然资源的政府行为，的确极易受到“少数人的暴政”影响。考虑到公共信托资源具有巨大的市场价值，任何私主体专有独占性地控制公共信托资源，都必定会产生暴利。因此，私主体以强大的经济实力积极地“寻租”，毫不奇怪。通过贿赂或游说政府官员，这些私主体占有了公共信托资源。相反，一般的普通大众总是松散而无组织的，很难将公众组织起来参加有关公共信托资源的政府决策过程。普通公众无法采取斗争，来对抗大型企业所采取的强大“寻租”活动。

如果利益集团影响了政府分配公共信托资源的公正性，那么少数人暴政的问题就非常有可能发生。因此，法院使用其司法审查权来履行保护公众衡平法所有权的职责，以反对少数人的暴政问题，变得非常紧迫。正如约瑟夫·萨克斯教授的深入观察，公共信托理论“是一项技术。通过这项技术，法院可以修补立法和行政过程中被感知到的缺陷”。〔60〕“松散而毫无组织的一般普通大众作为民主的大多数，其利益容易受到以私益为中心的强大私主体（包括公司、企业等）影响，这些强大的私主体经常会通过各种方式对政府资源管理施加非正式的影响。为此，公共信托理论赋予法院以权力，来促进政治权力的平等性。”〔61〕

对政府决定进行司法审查的核心，就是调查政府是否已经履行了其作为公共信托资源管理人的职责。前已述及，政府在公共信托资源上承担实体责任和程序责任。就检验实体责任方面而言，美国法院在伊利诺斯州中央铁路公司案中，已发展出检验政府是否履行其政治责任的标准，即法院以公共目的原则作为指导，来决定政府转让公共信托资源之所有权时是否是服务于公共利益。譬如，威斯康星州诉公共服务委员会案，质疑的就是将一湖床转让给麦迪逊市的立法行为，法院认为转让行为必须达到的五项要素标准，“1. 公共机构要控制该区域的使用。2. 该区域将服务于公共目的，并向公众开放。3. 与整个湖区相比，缩减的湖区必须非常之小。4. 将湖作为湖的公共使用，将不会被破坏，也不会受到极大损害。5. 与公众使用城市公园所带来的巨大便利相比，那些期望在该区域划船、垂钓或游泳的公众之受到的失望，微不足道”。〔62〕

就检验政府承担的程序性责任方面而言，美国法院已经检验了政府决策是否通过公开公平的程序，充分考虑绝大多数利益相关者之利益。为此，美国法院一般会考虑政府决策是否采取了足够的公告，以保证合理地通知到公众，并且给予公众足够的时间准备和组织。譬如，立法机关可以邀请民间社会组织，如环保组织，来阐述新法对公共信托资源的影响。如果任何生效执行中的法律未有公众代表的参与，美

---

〔60〕 Joseph L Sax, *the Public Trust Doctrine in Natural Resources Law*: *Effective Judicial Intervention*, 68 Michigan Law Review 509 (1970).

〔61〕 Ibid.

〔62〕 Wisconsin v. Public Serv. Comm'n, 81 N. W. 2d at 73 (1957).

国法院均可推翻之,或者责令立法机关修改法律,以保证公众代表的有效参与。

2. 对私主体侵犯公共信托资源的司法监督职责

除了纠正政府做出的坏事之外,美国法院还必须阻止私主体对公共利益的妨害。美国法院在这一领域之所为,完全超过了约瑟夫·萨克斯教授所倡导的司法审查的传统范围。有时私主体对公共信托资源所造成的损害,非常之严重,以至于无法等到立法程序做出反应,也无法等到行政机关采取必要的措施。法院可以履行其职责,颁发禁止令,迅速下令停止破坏性的私人行为。司法行为也可以为受影响的普通公众成员提供救济,以补偿其遭受的损害。譬如,在美国诉斯努克案(United States v. Snook)中,斯努克受委托检测废水水质问题,他故意地报道政府关于废水水质的严重错误信息,美国第七巡回法庭认为斯努克应当为此承担刑事责任,"《清洁水法》是一项公共福利的立法。违反此项立法,受害者乃是普通公众。在过去的三年,斯努克作为环境管理者的特殊地位,没有报道废水中的大量违规行为,从而使其未引起人们的注意。而且,不像其他自我申报的情况(如纳税人的纳税申报),这里的规定事项,会直接显著地影响公众的健康和安全"。[63] 考虑到斯努克公然的违反公共信托理论及其行为造成极大的环境退化,法院坚持增加量刑。这一类型的司法决定体现了法院在阻止私主体破坏活动中所扮演的重要角色。

(三)每个个体承担的社会责任

公共信托理论也要求个体作为公众成员承担社会责任。这一点非常重要,因为在美国,州所主张的公共信托财产,大约有三分之一是在私人手上,而非在公众手上。在私人控制的公共信托资源上,必须容纳公众的需求。因此,个人承担的社会责任,用以约束个人行为。这些社会责任被公共信托理论合法地执行,以针对个体财产所有者。

美国法院已经适用公共信托理论,保证个体财产的公开性,来容纳对这些个体所有的公共信托资源的公共通行和公众使用。在这种情况之下,美国法院一般惯常地确定公众对相关私人财产的通行权和使用权,由此才可保证公众能有意义地行使其在信托资源上的集体权利。譬如,新泽西最高法院判决"公众在平均高水位线下对游泳和沐浴权利的行使,取决于陆地的通行权。没有此类通行权,公众使用海滩的权利,毫无意义"。[64] 因此,法院判决公众必须享有对私人所有的陆地区域之通行权,唯此方可行使其在海滩区域上沐浴或游泳的公共信托权利。

如果私主体从政府手中获得了公共信托资源的所有权,那么,公共信托理论也要求此类私主体在其所有的公共信托资源上,必须容纳公共通行和公众使用。政府在公共信托资源上赋予的此类私人所有权,可以视为一个分为两部分的所有权:私

---

〔63〕 United States v. Snook, 366 F. 3d at 446 (2004).

〔64〕 Matthews v. Bay Head Imp. Ass'n, 471 A. 2d at 355 (1984).

主体在公共信托资源上获得的所有权,受私法控制,属于普通法管辖,这一所有权必须从属于公众在公共信托资源上的衡平法所有权;普通法将公众享有的这一衡平法所有权,归属于公法,受州所保护。这种所有权状况,表明在适当的情形,政府能够转让公共信托资源,但是政府不能够放弃其保护这些资源上公共利益的责任。因此,公众仍然能够在私所有的公共信托资源上行使其公共信托权利。譬如,有关海滨产权,法院已经反复强调"尽管州保留将湖滨财产转让给私主体的权力,但是州转让这些财产的权利从属于公共信托"。[65]

为了在私人财产上容纳公共需求,公共信托理论要求财产所有者承担消极和积极的社会责任。就消极责任而言,公共信托理论要求私财产所有者,不能以侵害公众衡平法所有权的方式,来使用其自身财产。这种消极责任反映了一个长期公认的原理:"所有的财产都附加了默示义务,那就是财产所有者对其财产的使用,不能有害于社会。"[66]譬如在猎户公司诉州案(Orion Corp. v. State)中,猎户公司是5600亩华盛顿帕迪拉湾(Padilla Bay)滩涂的所有人,它想疏浚并填充帕迪拉湾来建设一个居民社区。法院认为猎户公司购买帕迪湾滩涂,必须从属于公共信托,必须容纳公共利益,即所有公民的公法利益(Jus Publicum interest)。因此,猎户公司不可以疏浚和填充滩涂,因为这种行为会实质性地损害通航和渔业的公众权利。[67] 与之相似地,在帕拉佐罗诉州案中(Palazzolo v. State),法院也基于公共信托理论,宣布充填潮汐水的行为是无效的。法院同样认为,私产所有人承担不在其财产上建立栅栏的责任,因为这种行为会阻碍公众行使湖岸通行权或使用权。[68]

至于积极责任方面,公共信托理论要求私财产所有人采取特定措施帮助公众行使其在公共信托资源上的衡平法所有权。譬如,考虑到干砂区的通行,对公众行使其在海滩区域的休闲权利而言,是必不可少的,新泽西州最高法院要求私财产所有者,不但要为公众提供"通往海滩区域的合理通行路线",而且还要在干砂区提供"合适的休闲场所"。[69]

五、结语

"作为一项法律制度,公共信托之功能,在于保护公众的期望,以防不稳定的变化,正如我们保护传统私人财产免遭不稳定的变化一样。"[70]公共信托理论是美国普通法上的一项制度,必须经由法院判决方能适用,这一定程度上限制了公共信托理论的发展和适用,使其无法满足广泛多样的自然资源环境保护的需求。美国各州

---

[65] Glass v. Goeckel,703 N. W. 2d at 58 (2005).

[66] Mugler v. Kansas,123 U. S. at 623 (1887).

[67] See Orion Corp. v. State,747 P. 2d at 1062 - 1073 (1987).

[68] See Palazzolo v. State,88 LEXIS at 108 - 129 (2005).

[69] See Raleigh Ave. Beach Ass'n v. Atlantis Beach Club,Inc. ,879 A. 2d at 112 - 121 (N. J. 2005).

[70] Joseph L. Sax, *Liberating the Public Trust Doctrine from Its Historical Shackles*, 14 University of California Davis Law Review 188 (1980).

将公共信托理论的宪法化,强化了这样一个理念:公共信托理论是不断发展的,它可以不断扩大以满足社会的变化——回应自然资源环境保护中的新问题。随着我国在人口、经济、财富以及生产力上的增长,环境问题愈演愈烈。泱泱华夏在未经开发之前,原本枝繁叶茂百兽聚集、晴空万里万鸟投林、绿水悠悠鳜鱼肥美。大面积砍伐森林,导致森林吸收温室气体的作用不断削弱、鲑鱼沿太平洋海岸巡游系统遭到破坏、各处湿地大量流失、生物曾非凡的多样性急剧锐减。因此,我们必须要与我们周围的自然资源和环境相协调,学会妥善利用由我们做主支配的大量自然资源,用它们来促进而不是破坏自然的大循环。[71] 我国有必要借鉴公共信托理论的合理思想,作为我国资源保护的一种新的路径。但,正如萨克斯教授所言,"'公共信托'生特殊义务的任何魔力"。[72] 我们借鉴公共信托理论的合理因素,也需注重利用中国本土的资源,注重中国自然资源环境保护法律制度的传统和实际,而非在比较研究尚未成熟、传统文化亦未深入挖掘及当代问题尚未吃透之时,全盘接受公共信托理论。

---

〔71〕 参见[美]霍尔姆斯·罗尔斯顿:《哲学走向荒野》,刘耳等译,吉林人民出版社 2000 年版,第 9 页。

〔72〕 Joseph L Sax, *the Public Trust Doctrine in Natural Resources Law: Effective Judicial Intervention*, 68 Michigan Law Review 484 (1970).

违反生前预嘱的法律责任

——美国法的考察与启示

孙也龙*

内容摘要：我国仅引入生前预嘱的法律概念是不够的，在现实中发生医护人员违反患者生前预嘱的情况将是不可避免的，因此必须构建相应的法律责任机制。虽然美国是最先建立生前预嘱制度的国家，但是在追究违反生前预嘱法律责任这一问题上，早期美国法遇到了若干阻碍。近年来美国法在构建生前预嘱的责任机制方面出现了很多积极动向。对美国法的考察启示我国将来应将法律责任作为生前预嘱制度的必要内容进行规定，特别是设立有条件的责任豁免条款以及建立相应的侵权责任和行政处罚机制。

关键词：生前预嘱　法律责任　美国法

生前预嘱是患者在有决定能力时订立的关于将来自己失去决定能力时是否接受生命救治的法律文件，通常情况下生前预嘱的内容是表示自己拒绝生命救治。随着医疗自主意识和尊严死观念的勃发，生前预嘱在我国受到越来越多的重视。我国民间机构正积极倡导推行生前预嘱。2006 年，罗峪平女士等人创办了“选择与尊严”公益网站，推广尊严死观念。[1] 2013 年，经北京市民政局审批，北京生前预嘱推广协会成立。[2] 我国关于生前预嘱的立法呼声也日益高涨。2012 年，人大代表顾晋向十一届全国人大五次会议提交议案，建议制定行政法规或规章在全社会推广尊严死，让生前预嘱具备法律效力。[3] 在 2015 年的“两会”上，全国政协常委、香港医管局前主席胡定旭提交了有关生前预嘱和缓解医疗的提案，呼吁将缓解医疗纳入医疗保险体系。[4]

然而，要构建生前预嘱法律制度绝不是仅引入生前预嘱这一概念就足够了，还必须对生前预嘱的配套机制进行研究。生前预嘱本质上是知情同意权的延伸，是一种预防性的事前医疗决定，对医护人员应当具有法律效力，但是在现实中，出现医护

---

* 复旦大学法学院民商法学博士生，伊利诺伊大学香槟分校联合培养博士生。

[1] 陈薇：《罗点点：当我们谈论死亡时，我们在谈论“尊严”》，载中国新闻周刊网：http://politics.inewsweek.cn/20130816/detail-68766-all.html，最后访问日期：2016 年 2 月 7 日。

[2] 《“北京生前预嘱推广协会”成立：让病患“尊严死”》，载新华网：http://news.xinhuanet.com/politics/2013-07/31/c_125097663.htm，最后访问日期：2016 年 2 月 7 日。

[3] 方翔、刘音久：《顾晋代表建言：推广“尊严死”很有必要》，载中国人大网：http://www.npc.gov.cn/npc/dbdhhy/12_1/2013-03/09/content_1773463.htm，最后访问日期：2016 年 2 月 7 日。

[4] 张田勘：《能否让病人宁静而有尊严地离世》，载《中国青年报》2015 年 5 月 29 日，第 2 版。

人员不遵守患者生前预嘱的情况是难以避免的。我国在引入生前预嘱制度时,必须考虑到医护人员可能不遵守患者生前预嘱的情况。对此,建立违反生前预嘱的法律责任机制是完全必要的。因为如果仅认可生前预嘱的法律效力,而不设立追究违反生前预嘱法律责任的机制,那么医方就可以任意地无视这一表达医疗自主的法律工具而无须承担法律责任,这就会使生前预嘱的实施力大打折扣。

美国是生前预嘱制度的发源地,其已经实施该项制度达四十多年,但是医护人员违反患者生前预嘱的状况仍时有发生。生前预嘱制度必然带来生前预嘱被违反的问题,但是这并不能否认生前预嘱制度本身的价值。对于生前预嘱被违反的现实问题,美国已经积累了较多的立法与司法经验,值得我们研究,以期有助于我国将来构建生前预嘱制度。

一、美国法上的拒绝生命救治与生前预嘱

自从 1914 年 Schloendorff v. Society of New York Hospital 案,[5] 美国就将患者拒绝治疗权作为医事法的基本原则。随着医疗科技的发展,出现了诸如人工呼吸机、心肺复苏术、插管输养等为拯救生命所必需的治疗方法,对此拒绝治疗权是否仍然适用就出现了疑问:一是不给予此种生命救治将导致患者死亡,产生国家保护个人生命与个人医疗自主之间的利益冲突;二是需要此种治疗的患者通常已经失去了决定能力,应如何确定患者拒绝治疗的意愿。

对于第一个问题,美国法院几乎都认为患者的拒绝生命救治权高于国家保护生命的利益,因此患者有权拒绝治疗,即使这将导致患者死亡。对于这一结论,各法院给出的论证理由也呈多样化,有基于普通法的,如 In re Estate of Longeway 案,[6] 也有基于州宪法的,如 Mack v. Mack 案,[7] 还有基于联邦宪法的,如 Cruzan v. Director 案、Missouri Department of Health 案。[8] 美国法院化解个人自主与国家保护生命之利益冲突的另一个理由是认为患者拒绝生命救治不能等同于自杀。在 Satz v. Perlmutter 案中,法院明确认为,此案的患者拒绝人工呼吸机的意思表示不能被归为尝试自杀。[9] 美国联邦最高法院在 Vacco v. Quill 案中承认“让患者死亡(letting a patient die)与使患者死亡(making thatpatient die)之间的差别”,且不支持“拒绝维持生命治疗等同于自杀”这一观点,并判决纽约州有权对这两种行为予以不同对待,即在禁止协助自杀的同时允许个人拒绝维生治疗。[10] 在 Washington v. Glucksberg 案,美国联邦最高法院进一步阐明,“虽然通过他人协助进行自杀的决定也许与拒绝

---

[5] 105 N. E. 92 (1914).

[6] 549 N. E. 2d 292,297 (1989).

[7] 618 A. 2d 744,755 (1993).

[8] 497 U. S. 261,280(1990).

[9] 362 So. 2d 160 (1978).

[10] Vacco v. Quill,521 U. S. 793 (1997),at 807 - 808.

治疗的决定同样私人且重要，但其从未享有类似的法律保护。事实上，这两种行为被广泛且合理地认为具有显著不同”。[11] 通过以上判例，美国法确立了患者拒绝生命救治的权利。

对于第二个问题，美国法创造了生前预嘱（living wills）制度。加利福尼亚州（以下简称加州）1976 年《自然死亡法》是美国首个明确规定生前预嘱的立法，其规定“成年人有权做出书面声明指示其医师在本人无法做决定时不给予或撤除生命维持治疗”。[12] 在 1990 年的 Cruzan v. Director, Missouri Department of Health 案中，密苏里州制定法规定对于无能力患者拒绝生命维持治疗的意愿必须具有清晰并令人信服的证据，美国联邦最高法院最终判决该制定法合宪。[13] 该案认可了州有权要求“清楚并令人信服的证据”来证明无能力患者先前所表达的拒绝维生治疗的意愿，而生前预嘱属于这种证据，因此该案引发了全美对生前预嘱的关注。进而，美国国会于 1991 年颁布了《患者自己决定法》（*Patient Self-Determination Act*），首次从联邦层面对生前预嘱进行了立法规制。该法要求美国所有参加医疗保险和医疗补助项目的医疗机构：（1）向患者提供关于其在州法上的权利的书面信息，包括接受或拒绝医学治疗的权利和做出生前预嘱的权利；（2）向患者提供本机构关于生前预嘱的书面政策的书面信息；（3）将患者是否已做出生前预嘱作为突出部分记录在患者的医疗记录中；（4）保证遵守尊重生前预嘱的州法律；（5）向员工及公众提供有关生前预嘱的教育。[14] 如今，美国全部 50 个州及哥伦比亚特区都制定了承认生前预嘱的法律。[15] 这样一来，美国法认可了患者有权订立生前预嘱来事先表达拒绝生命救治的意愿，一旦患者因重病丧失决定能力，则医护人员有义务根据生前预嘱不给予或停止人为的维持生命治疗，从而让患者“自然死亡”。

先进的医疗科技给那些不愿被人为地维持生命的人增加了负担，而以拒绝生命救治为内容的生前预嘱体现了现代医事法中的“尊严死”的理念以及罗纳德·德沃金的事前自决（precedent autonomy）[16] 的法理。尊严死的理念已经从美国扩散至全球，很多国家和地区也效仿美国制定了生前预嘱的法律。[17] 正如本文开头所述，我国要求引入尊严死和生前预嘱的呼声日益高涨。但殊不知，美国在实施生前预嘱制度的过程中，出现了医生不遵守患者生前预嘱、违反患者意愿而施予生命救治的情况，对于这种情况下是否应当追究医生或医疗机构的法律责任，美国法遇到了困境。

---

〔11〕 Washington v. Glucksberg, 521 U. S. 702(1997), at 725.

〔12〕 CAL. HEALTH & SAFETY CODE § 7185. 5.

〔13〕 497 U. S. 261(1990).

〔14〕 42 USC § 1395cc(f)(1).

〔15〕 Rebecca C. Morgan, “The New Importanceof Advance Directives”, *Estate PlanningandCommunty Property Law Journal*, Vol. 2, 2009, p. 9.

〔16〕 Dworkin. R., *Life's Dominion*. New York: Alfred A. Knopf, 1993, pp. 221, 226.

〔17〕 关于尊严死的立法趋势，参见：孙也龙：《安乐死、尊严死和医师协助自杀的世界立法趋势与我国选择》，载《中国卫生法制》2015 年第 3 期。

我国在引入生前预嘱之前应当对美国法上的这一问题进行考察。

二、美国法上追究违反生前预嘱法律责任的阻碍

（一）违反生前预嘱的现象及原因

虽然美国法确立了患者的拒绝生命救治和做出生前预嘱的权利，但是在现实中仍发生诸多医生、护士、急救医护人员违反生前预嘱而实施患者所不想要的维生治疗的案例。在 Anderson v. St. Francis-St. George Hosp. Inc. 案中，患者不愿意被施予心肺复苏急救，与其商讨后医师在其病历表上记录了不予急救医嘱，但在患者发生室性心动过速时，护士仍给予了除颤急救，从而引发诉讼。[18] 在 Werth v. Taylor 案中，患者是耶和华见证人教徒，因信仰而拒绝输血，临产进入医院后签署了"拒绝输血"表格，在产下双胞胎后出现子宫大出血，医生对其全身麻醉并对子宫进行手术，但患者血压急剧下降而威胁生命，医生不顾患者的预嘱而采取了输血措施，进而引发诉讼。[19] 在 Gragg v. Calandra 案中，患者订立了生前预嘱拒绝维持生命的特别措施，在其遭受不可逆脑损伤后，患者家属要求医生尊重生前预嘱并撤除生命支持措施，但医生明确表示不会尊重此生前预嘱，因此引发诉讼。[20] 有学者调查发现，美国医生不遵守生前预嘱的情况高达 65%。[21] 还有学者研究表明，仅 58% 的美国医生在大多数情况下会遵守生前预嘱。[22]

医生违反患者生前预嘱的原因包括：担心承担法律责任；认为生前预嘱干涉了医生的专业行为；认为生前预嘱质疑了医生对患者最佳利益的判断等。[23] 尤以第一个原因为重要。在美国，"每部生前预嘱法律都以某种形式豁免了遵守生前预嘱的医生的法律责任"。[24] 但即便如此，医生仍宁愿违反患者的生前预嘱而给予生命治疗，以避免被起诉侵犯患者的生命权，特别是当患者的家属不同意生前预嘱中的拒绝生命救治的意思表示。[25] 其原因正在于美国法上的违反生前预嘱的法律责任机制尚不明晰，因此在衡量法律责任风险时，医生自然会认为违反生前预嘱的法律风

---

〔18〕 Anderson v. St. Francis-St. George Hosp. , Inc. , 77 Ohio St. 3d 82(1996).

〔19〕 Werth v. Taylor, 190 Mich. App. 141, 142 - 143(1991).

〔20〕 Gragg v. Calandra, 297 Ill. App. 3d 639, 642 - 643 (1998).

〔21〕 Steven B. Hardin, Yasmin A. Yusufaly, "Difficult end-of-life treatment decisions-Do other factors trump advance directives?", *Archivesof Internal Medicine*, Vol. 164, 2004, p. 1532.

〔22〕 Brenda Bergman-Evans, Leslie Kuhnel, Denise McNitt, Suzanne Myers, Uncovering Beliefs and Barriers, "Staff Attitudes Related to Advance Directives", *American Journal of Hospice & Palliative Medicine*, Vol. 25, 2008, p. 349.

〔23〕 Jo-Anne Herina Jeffreys, Advance Directives: "Are They Worth the Paper They're Written On", *SSEP*, Vol. 190, 1998, p. 18.

〔24〕 Patrick Webster, "Enforcement Problems Arising from Conflicting Views of Living Wills in the Legal, Medical and Patient Communities", *University of Pittsburgh Law Review*, Vol. 62, 2001, p. 799.

〔25〕 参见 Justin Waddell, Dead Letters, "Protecting the Intentions of a Living Will Declarant with a Dedicated Advocate", *Georgetown Journal of Legal Ethics*, Vol. 25, 2012, p. 807。

险要比依照生前预嘱不提供生命救治的法律风险小，进而选择法律责任风险小的行为，即违反生前预嘱。可见，医生违反生前预嘱的行为很大程度上是因为这一行为的法律责任机制存在某些阻碍。

（二）违反生前预嘱之法律责任的阻碍因素

1. 对损失的否认

追究违反生前预嘱行为的法律责任在美国判例法上面临的重要障碍就是法院不愿意承认生命之延长会造成损失。美国已发生多起此类判例，其中影响最大、引起最激烈讨论的是前述的 Anderson v. St. Francis-St. George Hosp. Inc. 案（以下简称 Anderson 案）。在此案中，俄亥俄州最高法院首先明确此案应予解决的基本问题："当医疗服务者违反患者的指示而向其施加了延长生命的治疗或程序，此医疗服务者是否对由治疗程序所导致的所有可预见的间接损害承担责任？本案为本法院提出了由'错误生存'诉求所产生的问题。问题可以被简化为：'被维续生存'是一种可赔偿的损害吗？"法院接着分析错误生存之诉的性质："在'错误生存'诉求中，原告主张有权执行一个在知情并有能力时做出的拒绝救治生命的决定。这一诉求紧密地联系于并直接地产生于 Cruzan v. Director, Missouri Dept. of Health 案所承认的死亡权。因此，在一个'错误生存'诉讼中，原告所主张的是拒绝不想要的医疗的自由利益。当医护人员或过失或故意地忽视患者的明确意愿，就构成了对这种自由利益的否认，从而产生了错误生存的诉因。"接着，法院强调错误生存之诉的关键问题在于损害的认定："实际上，错误生存诉求是一个损失的概念，就如同'错误颈部损伤'或'错误断臂'的诉求，并且必须涉及一个基础性的诉求，或是过失行为或是非法侵犯……在这两种诉求下，被告仅对作为近因的侵权行为所造成的损害负责。在错误生存之诉中，尤其困难的是界定造成损失的损害……在错误生存诉因中，原告所寻求损失赔偿的损害既不是死亡也不是生命，而是生命的延长……疑难问题在于此'损害'给原告造成了什么损失。本法院曾经确认，陪审团不可能为生命的利益设置价格标签。我们也曾经拒绝就'存在 v. 不存在'的问题给予损害赔偿。这些观点也与其他州的法院的观点一致。"法院接着对第二次上诉审进行了回顾，为后面的反驳做准备，"在第二次上诉审中，上诉法院认为患者可以基于过失行为或非法侵犯的侵权行为对所有可预见的治疗后果取得赔偿，包括痛苦、遭受疾病以及精神痛苦，但排除如果没有给予治疗他通常仍会遭受的后果。记录清楚地表明，如果没有被给予除颤，患者将于 1988 年 5 月 30 日死亡，也不会遭受任何后续的病况。这样，上诉法院的救济理论似乎与'错误生存'之诉的救济理论相同。此案所涉法律以及我们的观点将使这个理论站不住脚，并且损失，如果有的话，必须严格地基于过失行为或非法侵犯的理论。"接着，俄亥俄州最高法院写下了经常被学者们引用的判词："人们生活中的一些错误，甚至是违反义务或者法律上成立的侵犯，影响了别人的生活，但是对此却不应该给予金钱赔偿。"接着法院回到了患方的诉求，即"患方诉称有权对 1988 年 5 月 30 日所遭受的中风以及任何作为'错误'救治的可预见后果的损害取得赔偿”,对此法院认为“这个观点不正确”。接着,法院阐述了对本案的损害与因果关系的观点:“患者 82 岁且有心脏病史。记录显示,如果患者在 1988 年 5 月 28 日遭受了室性心动过速之后存活下来,则之后发生中风是可合理预见的。但是,记录没有任何证据表明,给予复苏措施引起了中风。因为护士使患者幸免于室性心动过速,所以患者遭受了中风。因为护士延长了患者的生命,所以复苏后出现的多种损害是可以预见的,但它们不是由除颤引起的……患方没有拿出任何证据表明除颤本身以除了仅仅延长患者的生命以外的任何其他方式造成或助成了患者遭受中风。”法院进一步认为“患方能得到的赔偿仅限于那些患者直接因非法侵犯而遭受的损失。但是,由于此非法侵犯对身体无害,故原告只能享有名义损害赔偿。”但是法院同时指出:“同时我们也认为不想要的生命救治不会没有阻吓。当患者明确地限制了他或她愿意接受的医疗措施,而医护人员无视了这样的指示,则这一违反的结果将包括因对患者的非法侵犯而造成的损害赔偿,以及对医护人员的适当的许可制裁。而在本案中,患者没有因心脏除颤而遭受损失,即没有组织烧伤或骨折。”[26]

面对类似的案件事实,美国多个重要判例以与 Anderson 案相同的理由驳回了患方的诉求:在 2009 年 Cronin v. Jamaica Hosp. Medical Center 案,纽约州的法院判决,“在纽约州,存活的状态不构成损害……原告没能提出关于患者是否因为复苏术本身而遭受损害的证据”;[27] 在 2008 年 Scheible v. Joseph L. Morse Geriatric Center, Inc. 案,对于患方提出的“错误延长生命”之诉,佛罗里达州上诉法院判决,该州最高法院之前拒绝在错误生命之诉中“衡量受损之生命的价值与和不生存的价值”同样排除了在错误生存之诉中进行此种衡量;[28] 俄亥俄州上诉法院在 1997 年 Allore v. Flower Hosp. 案中沿用了该州最高法院在 Anderson 案中的观点。[29]

2. 对事后责任必要性的质疑

在 Estate of Taylor ex rel. Taylor v. Muncie Medical Investors, L. P. 案(以下简称 Estate of Taylor 案)中,患者订立了生前预嘱,声明拒绝延长生命的特殊手段,后来又订立了不予急救表格,表示不接受心肺复苏,但是医生仍然施加了鼻胃管的输养维生治疗,故患方起诉医方侵犯人身和自由及自主决定权。[30] 患方认为,如果不存在救济,那么由印第安纳州制定法及该州最高法院 In re Lawrance 案(以下简称 Lawrance 案)所承认的医疗自主权将变得没有意义。[31] 接着,审理此案的印第安纳州上诉法院对 Lawrance 案进行分析:在 Lawrance 案中,患者处于持续植物状态,其父母要求法院授予他们权利终止对女儿的插管输养,医师并没有反对患者父母的请

〔26〕 Anderson v. St. Francis-St. George Hosp., Inc., 77 Ohio St. 3d 82, 83 - 87 (1996).

〔27〕 Cronin v. Jamaica Hosp. Medical Center, 60 A. D. 3d 803, 804 (2009).

〔28〕 Scheible v. Joseph L. Morse Geriatric Center, Inc., 988 So. 2d 1130, 1133 - 1134 (2008).

〔29〕 Allore v. Flower Hosp., 121 Ohio App. 3d 229, 234 - 237 (1997).

〔30〕 Estate of Taylor ex rel. Taylor v. Muncie Medical Investors, L. P., 727 N. E. 2d 466, 467 - 469 (2000).

〔31〕 Ibid., at 470 - 471.

求,州最高法院判决,如果不存在相关人意见不一致的情况,那么法院司法程序就是不必要的,由于 Lawrance 案的所有相关主体都同意患者父母的决定,那么患者父母就没有必要向法院寻求终止维生治疗的权利,相反,假设医生和家庭成员就维生治疗无法达成一致意见,那么他们有权要求法院解决纷争。[32] 接着,印第安纳州上诉法院认为,"将 Lawrance 案规则应用于本案,我们认为没有必要承认错误延长生命为新的诉因,因为 Lawrance 案所讨论的程序已经足以保护患者及其家庭以及医生的权利和利益"。[33] 法院认为,本案中的患者家属在知道医师实施了维生治疗后,其完全有权向法院起诉停止维生治疗,但他们并没有行使权利,因此不能说法律没有提供足够的保护,后来患者死亡了,其家属才向法院提出错误延长生命的诉讼,对此不应当予以承认。[34] 按照 Estate of Taylor 案判决的观点,对于违反生前预嘱的行为,患者及其家属有权寻求事前禁令来进行救济,即要求法院判决按照生前预嘱停止生命救治,而无须事后金钱赔偿的侵权救济,从而否定了事后追究侵权责任的必要性。

3."同时性"的要求

在 Werth v. Taylor 案中,虽然法院承认了即使在紧急情况下患者也有拒绝治疗的权利,但其认为拒绝治疗的意思表示必须满足充分知情和"同时性"标准才能够推翻紧急情况下的默示同意。[35] 法院认为该案患者的事前拒绝是在考虑通常医疗程序时做出的,而不是在"如果不给予输血则可能死亡"的情况下做出的,因而患者对输血治疗的拒绝不具有同时性。[36] 故而该法院判决医生的输血行为不构成非法侵犯(battery)。此判决实际上是以同时性的要求否定了患者生前预嘱的适用,以默示同意替代了事前拒绝。

4.豁免条款

少数州的制定法明确为违反患者生前预嘱的医护人员设立了法律责任豁免条款。例如,犹他州制定法规定,患者具有不给予或终止维生治疗的"尊严生命医嘱",如果医护人员仍然为患者提供了维生治疗,则医护人员免受民事或刑事责任,免受纪律惩戒。[37] 多数州的制定法规定了"道德良知条款"(conscience clauses),即如果患者的生前预嘱不符合医生的道德良知,则医生对不遵从生前预嘱的行为无须负法律责任。又如,亚利桑那州制定法规定,如果医护人员没能遵守违背其道德良知的生前预嘱,则该医护人员免受刑事或民事责任或职业惩戒。[38] 大多数州的责任豁免条款向医护人员提出了行为须符合合理医学标准的要求。再如,加利福尼亚州制定

---

〔32〕 Estate of Taylor ex rel. Taylor v. Muncie Medical Investors, L. P., 727 N. E. 2d 466, 467 – 469 (2000), at 471.

〔33〕 Ibid.

〔34〕 Ibid., at 472.

〔35〕 Werth v. Taylor, 190 Mich. App. 141, 150 (1991).

〔36〕 Ibid.

〔37〕 Utah Code Ann. § 75 – 2a – 106(6)(b).

〔38〕 Ariz. Rev. Stat. Ann. § 36 – 3205C1.

法规定，如果医护人员善意地并按照公认的医学标准行为，则对于其出于道德良知而拒绝遵守患者生前预嘱的行为，其免受民事或刑事责任或职业惩戒。[39]

三、美国法上追究违反生前预嘱之法律责任的积极动向

（一）对非法侵犯的承认

虽然在 Anderson 案与 Allore v. Flower Hosp. 案（以下简称 Allore 案）中，法院都拒绝对生命被延长后遭受的损害给予赔偿，但是法院至少还是承认了违反患者生前预嘱而施加生命救治构成非法侵犯（battery）。在 Anderson 案中，法院明确表明，"在一个'错误生存'诉讼中，原告所主张的是拒绝不想要的医疗的自由利益。当医护人员或过失或故意地忽视患者的明确意愿，就构成了对这种自由利益的否认"，这说明违反生前预嘱损害了患者的自由利益，但法院同时指出"在错误生存诉因中……疑难问题在于此'损害'给原告造成了什么损失"，接着法院否认了对错误延长生命的所有可预见损失都可以给予赔偿，这说明法院虽然否认了损失，但是承认了非法侵犯，即对权利的损害。[40] 而其判词"患方能得到的赔偿仅限于那些患者直接因非法侵犯而遭受的损失"也表明了其承认此案医生违反生前预嘱构成非法侵犯，只是其应当赔偿的损失仅限于直接损失。[41] Allore 案判决与 Anderson 案一致，同样承认违反生前预嘱而提供救治构成非法侵犯。[42]

在 2011 年的 Callison v. Hillcrest Healthcare System 案中，原告诉称医生违反患者的生前预嘱而对其进行气管插管救治，故使患者遭受了损害。俄克拉荷马州地方法院判决认为："这些诉求如果属实，则构成可被审理的非法侵犯之诉；因此，驳回（被告的）驳回起诉申请。"[43] 虽然此案最终以和解结案，但以上判词表明该法院愿意认定违反生前预嘱构成非法侵犯。

（二）有限的侵权赔偿与医疗费用的偿还

虽然法院不愿意对生命被错误延长后遭受的损害给予赔偿，但是对于因患者所拒绝的生命救治而直接造成的损害，法院明确允许给予赔偿，如果不存在直接损害，则法院允许名义损害赔偿。[44] 例如，在 Anderson 案中，法院认为，"患方能得到的赔偿仅限于那些患者直接因非法侵犯而遭受的损失"，如"因心脏除颤而遭受的损失"即"组织烧伤或者骨折"等。[45] 但是，在该案中，"由于此非法侵犯对身体无害，故原

---

〔39〕 Cal. Prob. Code § 4740.

〔40〕 参见 Anderson v. St. Francis-St. George Hosp.，Inc.，77 Ohio St. 3d 82，84（1996）。

〔41〕 Ibid.，at 87.

〔42〕 参见 Allore v. Flower Hosp.，121 Ohio App. 3d 229，237（1997）。

〔43〕 Callison v. Hillcrest Healthcare System，2011 WL 7990001，page 6（2011）.

〔44〕 名义损害赔偿是民事诉讼中法院给原告的一笔数额很小的损害赔偿金，例如一美元或一便士，前提是法院认定原告权利受到侵害或被告未履行对原告的义务，在法理上应获赔偿，但原告并未遭受任何实质性损失，或未能证明损失的数额。薛波主编：《元照英美法词典》，法律出版社 2003 年版，第 968 页。

〔45〕 Anderson v. St. Francis-St. George Hosp.，Inc.，77 Ohio St. 3d 82，87（1996）.

告只能享有名义损害赔偿"。[46] 在 Allore 案中,法院表达了同样的观点,即可以对患者所拒绝的插管通气术本身所直接引起的损害进行赔偿,如没有则可以给予名义赔偿。[47]

还有一些判例对患方给予医疗费用的偿还。例如,在 Gragg v. Calandra 案中,医方违反了患者关于拒绝维生治疗的生前预嘱而施加了生命支持措施,原告起诉称医生错误地导致了此医疗费用的产生,伊利诺伊州上诉法院认为,"原告不是在寻求对患者损害的赔偿,而是在主张财产权以回复因医院责任所造成的医疗费用。《家庭费用法》规定了偿还制度"。[48] 即该法院允许患者依据该州家庭费用法对所拒绝的维生治疗的费用向医方要求偿还。

(三)精神痛苦赔偿的可能性

在美国法上,故意造成精神痛苦(intentional infliction of emotional distress)的侵权具有四要件:(1)被告必须故意或轻率行为;(2)被告行为极端且恶劣;(3)原告遭受严重精神痛苦;(4)被告行为与原告精神痛苦之间存在因果关系。[49] 对于"被告行为极端且恶劣"的认定,美国侵权法重述指出"性质如此恶劣,程度如此极端,以致超越一切可能的正当得体的界限,并被认为是残忍的,是在文明社会中完全无法容忍的"。[50] 有学者认为,"现今,证明医生提供(患者)不想要的治疗的行为构成极端且恶劣变得更加容易"。[51]

在 Campbell v. Delbridge 案中,医生违背患者(耶和华见证人)的意愿对其进行输血,患方提出精神痛苦赔偿的诉求,医方辩称精神痛苦诉求需要有专家证言和伴随身体伤害的证明,而患方没有,故寻求简易判决(summary judgment),初审法院同意医方的请求,但爱荷华州最高法院撤销了初审法院的该项判决。[52] 在另一起类似案情的耶和华见证人判例中,患方提起医疗过失(medical malpractice)之诉,而法院认为,未经知情同意而施予拯救生命的输血应定性为非法侵犯(battery),因之可能导致精神痛苦(emotional distress),但是患方既没有提起非法侵犯之诉也没有提起故意造成精神痛苦之诉。[53] 虽然这两起案例没有直接判决给予精神痛苦赔偿,但是从其判词来看,患方对于医方违反生前预嘱的行为所造成的精神痛苦,仍有获得赔偿的可能性。

(四)合同法上救济的认可

在 2008 年 Scheible v. Joseph L. Morse Geriatric Center, Inc 案,患者订立了生前

---

[46] Anderson v. St. Francis-St. George Hosp., Inc., 77 Ohio St. 3d 82, 87 (1996).

[47] Allore v. Flower Hosp., 121 Ohio App. 3d 229, 237 (1997).

[48] Gragg v. Calandra, 297 Ill. App. 3d 639, 644 (1998).

[49] 参见 Restatement (Second) of Torts § 46 (1965)。

[50] Restatement (Second) of Torts § 46 comment. d (1965).

[51] Thaddeus Mason Pope, "Clinicians May Not Administer Life-Sustaining Treatment Without Consent: Civil, Criminal, and Disciplinary Sanctions", *Journal of Health & Biomedical Law*, Vol. 9, 2013, pp. 270 – 271.

[52] Campbell v. Delbridge, 670 N. W. 2d 108, 113 (2003).

[53] DiGeronimo v. Fuchs, 33 Misc. 3d 206, 210 – 211 (2011).

预嘱,拒绝延长生命治疗和急救措施,但是医护人员仍给予气管插管急救,数天之后才在家属要求下拔管撤除治疗,患者死亡,其孙女作为死者的资产代表人提起诉讼,其诉求首先是侵权,即故意无视预先医疗指示,故意无视联邦患者自决法以及故意非法侵犯(battery);后来又加上了违反合同的诉求,其理由是生前预嘱被纳入医患双方的合同之中。如前文"对损失的否认"部分所述,佛罗里达州上诉法院驳回了患方的侵权诉求。但是,对于患方的违约之诉,陪审团认定医方违反了与患方的合同,并给予患方 150,000 美元的违约赔偿金。[54]

(五)以和解方式承担的责任

诉讼和法院判决并不是让当事人承担法律责任的唯一途径。在医疗民事纠纷中,医患双方可能达成和解,包括纠纷发生后直接和解,或者虽已进入诉讼程序,甚至初审已完结,但双方基于某种考虑而放弃继续诉讼并达成和解。患方同意和解可能会考虑两点:一是诉讼的经济成本和时间成本较为高昂;二是医方提出的赔偿方案基本可以弥补患方所受损失。医方要求和解可能会考虑四点:一是认识到自己的行为确实符合了法律责任的要件,故自愿承担责任,也省去诉讼之累;二是认为患方可能会赢得诉讼,即使不愿承担责任也有可能被法院判决承担;三是不管诉讼输赢,都会产生高昂成本,特别是诉讼对医疗机构的声誉可能产生不利影响;四是认为自己的行为完全不构成法律责任,但为避免诉累,愿意以一定数额的补偿与患方达成和解。在一些美国案例中,当事人通过和解的方式使医方事实上承担了违反生前预嘱的责任。

2005 年 6 月,新墨西哥州的美国公民自由联盟(American Civil Liberties Union, ACLU)称其已经起诉新墨西哥州矫形外科中心,原因是该外科中心要求所有患者都签署一份医疗程序同意书,其中声明该外科中心将"不会尊重不予急救指令和/或预先指示或生前预嘱"。美国公民自由联盟认为这一做法违反了新墨西哥州统一医疗决定法,该法律给予了成年人和能独立生活之未成年人做出预先医疗指示的权利。外科中心的律师回应称,根据该法律的"道德良知"豁免条款,该中心拒绝尊重预先指示是被允许的。美国公民自由联盟则认为,该外科中心没有任何政策或宣言表明其是出于道德良知而拒绝尊重生前预嘱的,"他们自私地利用'道德良知'豁免条款来减少医疗损害责任"。该诉讼寻求法定赔偿,并要求法院强制外科中心遵守新墨西哥州法律。[55] 后来双方达成和解,根据和解协议,外科中心将从其医疗程序同意书中删除要求患者放弃生前预嘱权的条款,公布关于政策改变的公众通知,将修改后的同意书表格分发给所有患者,并且向美国公民自由联盟支付 1700 美元的法律

---

[54] Scheible v. Joseph L. Morse Geriatric Center, Inc. ,988 So. 2d 1130,1131 – 1132 (2008).

[55] ACLU of N. M. , "ACLU of New Mexico Defends Patient's End-of-Life Wishes", Aceessed Feb 24, 2016. https://www. aclu. org/news/aclu-new-mexico-defends-patients-end-life-wishes? redirect = technology-and-liberty/aclu-new-mexico-defends-patients-end-life-wishes.

费用,并向慈善组织联合之路(UnitedWay)捐款5000美元。[56] 在这一事例中,外科中心以患者放弃生前预嘱作为提供医疗服务的前提条件,明显违反了保障患者自主决定权和生前预嘱的法律,即使继续诉讼也很可能被判败诉,因此其选择和解来主动地承担违反患者生前预嘱的责任。

在前文提及的 Callison v. Hillcrest Healthcare System 案中,俄克拉荷马州地方法院的判词表明该法院愿意认定违反生前预嘱构成非法侵犯,并驳回被告的驳回起诉申请。最终双方以被告向患方支付未公开数额的金钱予以和解。[57]

(六)行政处罚

在美国,违反患者生前预嘱的医疗服务者受到行政处罚的事件日益增多,行政责任虽然不会给患者带来切实的救济,但是一定程度上会对违反生前预嘱的行为产生阻吓作用。

根据联邦1991年《患者自己决定法》,美国所有参加医疗保险和医疗补助项目的医疗机构都必须遵守该法关于患者生前预嘱以及医疗自主权的要求,否则将受到处罚甚至会被医疗保险和医疗补助项目剔除。2003年,经调查显示一家阿肯色州的护理康复中心违反了上述法律要求,特别是其没有对两名患者的不予急救表格的状态进行适当的存档,并且该中心的医护人员在为其中一名患者做出临终医疗决定时却找不到任何此类文件。也就是说,该中心没有考虑患者的生前预嘱就为患者做出了医疗决定。最终美国卫生与公众服务部的部门上诉委员会于2006年对该护理康复中心处以违法期间每日3050美元的罚款。[58] 2009年,经调查显示一家纽约州的长期照护机构违反了医疗保险项目关于存档并遵守患者生前预嘱的要求,并且其缺乏关于确定并尊重患者生前预嘱的连贯一致的政策。最终,卫生与公众服务部的部门上诉委员会于2011年对其处以10,000美元的罚款。[59]

除了罚款以外,对违反生前预嘱行为的行政处罚还包括撤销医师执照,最著名的案例就是2002年 Mahmood Yoonessi 案。纽约卫生署专业医疗委员会发现该州医生 Mahmood Yoonessi 违反患者的不予急救嘱而进行急救术,并认为此行为是人身侵犯,"一旦患者签署了不予急救嘱,医生就有义务遵守患者的要求","医生无权未经患者同意而取消不予急救嘱"。专业医疗委员会认为 Mahmood Yoonessi 医生"完全懈怠了审阅患者的不予急救嘱的责任",并进一步指出违反患者的不予急救嘱构成"重大过失、缺乏适当同意以及道德不端"。专业医疗委员会得出结论认为:

---

〔56〕 Following ACLU of New Mexico Lawsuit, Surgical Center Agrees to Honor Patients' End-of-Life Wishes, February 2, 2006, https://www.aclu.org/news/following-aclu-new-mexico-lawsuit-surgical-center-agrees-honor-patients-end-life-wishes,最后访问日期:2016年2月24日。

〔57〕 Ila Callison v. AHS Hillcrest Medical Center, LLC,参见 http://www.morelaw.com/verdicts/case.asp? n = CJ-2010-3197&s = OK&d = 55782,最后访问日期:2016年2月26日。

〔58〕 Department of Health and Human Services Departmental Appeals Board, Decision No. CR1538, December 08, 2006.

〔59〕 Department of Health and Human Services Departmental Appeals Board, Decision No. CR2372, May 20, 2011.

Mahmood Yoonessi 医生的行为违反了“患者掌控与自主原则”,“无视了患者或其正式授权的代理人的临终决定”。最终,纽约卫生署专业医疗委员会撤销了 Mahmood Yoonessi 的医师执照。[60]

(七)宪法上责任的可能性

在绝大多数诉讼中,违反生前预嘱而提供救治的都不是国家主体,因而不会涉及宪法上的诉求。目前仅有的例外是 Self v. Milyard 案,因为该案是由一名囚犯起诉属于政府部门的监狱。该囚犯诉称监狱没有尊重其不予急救指令,故侵犯了其《宪法》第 8 修正案和第 14 修正案所规定的宪法权利(即免于残酷和非正常的惩罚,以及正当法律程序)。该案最终结果是驳回囚犯的宪法诉求,因为该囚犯并没有遭受心脏或呼吸停止,他当时失去意识和无反应状态是由其不成功的自杀行为所造成的,而“无可争议的是,不予急救指令不适用于未遂自杀或杀人”,故不予急救指令没有被触发。但是,法院发现该监狱对囚犯的生前预嘱的管理存在失职:“没有人把橙色标签放在 Self 的医疗档案里以提醒使用该档案的人员该档案包含预先指令。没有人在档案上写上‘不予急救’字样。”故法院认定“该监狱没有建立或维持确保犯人的不予急救指令被尊重的可靠方法。”法院还着重强调:“在宪法上监狱必须具有合理有效的方法来保证囚犯的不予急救指令得到尊重。完全没有理由不这样做。”[61] 虽然原告的宪法诉求因其不予急救指令被认定为未被触发而被驳回,但是假设原告当时发生了触发不予急救指令的病情,那么从法院判词来看,很有可能会追究监狱的宪法上的责任。

四、美国法对我国引入生前预嘱的启示

(一)违反生前预嘱法律责任是生前预嘱制度的必要内容

如本文开头所述,近年来我国要求引入尊严死概念和生前预嘱法律制度的呼声日益高涨。尊严死与生前预嘱在法理与伦理上都是可接受的,从世界立法状况来看,为其进行立法确认也是普遍的做法。但是,从世界范围来看,生前预嘱的立法、司法、学术研究的先进程度在各法域是存在差别的:美国是生前预嘱制度的发源地,各州都有立法以及丰富的判例,当然出现的法律问题也较多,学术研究则非常深入;欧洲各国的立法是在近十年内才从美国引入生前预嘱制度的,判例较少,研究尚不深入;亚洲一些国家及地区是在近一两年内才通过立法建立了生前预嘱制度,如我国台湾地区于 2015 年 12 月通过“病人自主权利法”,韩国于 2016 年 1 月通过《关于对临终关怀姑息治疗及临终阶段患者的延命治疗决定的法案》;我国尚未有任何生前预嘱的法律规范,学术研究也较为滞后。

尊严死与生前预嘱的制度合理性已经被美、欧、亚的立法和研究所证明,本文的

---

〔60〕 In re Yoonessi, N. Y. Bd. Prof. Med. Conduct, N. Y. Dep't Health, No. BPMC 02 - 188, 2002 WL 33840948 (N. Y. B. P. M. C. June 5, 2002).

〔61〕 Self v. Milyard, 2012 WL 3704958(2012).

目的不是重复论证其合理性,因为在延命科技日益发达、公民医疗自主权日益勃发的我国,引入生前预嘱制度可谓是必然的,基于这样的认识,就有必要以预见性的眼光审视如果我国建立了生前预嘱制度之后可能会发生的状况,这些状况在欧亚国家尚未得以体现,因为它们建立生前预嘱法制的时间不长,实施效果也未知,但是在美国,生前预嘱制度早在20世纪70年代就已建立了,生前预嘱的实施状况已经持续了四十多年,其中非常重要的一点就是医护人员不遵守患者生前预嘱的状况,美国法对其的应对也就值得反思与扬弃。而这一状况在笔者看来是生前预嘱制度所必然带来的问题,但是医生违反生前预嘱的状况不能否认生前预嘱制度本身的价值,正如遗嘱制度已存在千年,也时常发生当事人违反遗嘱分配遗产的情况,但这不能否认遗嘱制度的价值。

对遗嘱违反者苛以法律责任才能保证遗嘱的实施力,同样,对生前预嘱的违反者也要苛以法律责任才能保证其被遵守,才能保障患者的医疗自主权。如果仅认可生前预嘱的法律效力,而不设立追究违反生前预嘱法律责任的机制,那么生前预嘱的实施力就会大打折扣,因为医方可以任意地无视这一表达医疗自主的法律工具而无须承担法律责任。因此,将来我国在引入生前预嘱制度时,必须考虑到医护人员可能不遵守患者生前预嘱的情况。

当然,需要注意的是,法律责任是在违反行为发生后的矫正机制,并且对将来可能的违反行为具有阻吓力,但是医护人员不遵守或不愿遵守患者生前预嘱是由多方面原因造成的。通过上文对美国情况的考察可知,其中最主要的原因包括两方面:一是担心因遵照生前预嘱而不给予生命救治而可能承担侵犯患者生命权的法律责任;二是医生的救死扶伤的传统医学伦理的根深蒂固。对于第一个原因,可以通过法律予以解决,如法律可以规定遵守生前预嘱的免责条款,即如果医护人员善意地信赖并遵守了患者的生前预嘱而不给予生命救治,患者因病死亡,那么医方不承担法律责任。对于第二个原因则无法直接通过法律解决了,只得希冀医学界将其旧有的尊重生命和客观最佳利益的医学伦理转变为更加尊重患者自主权和生命质量的新的医学伦理。当然,这一转变也需要法律界的助力,那就是通过司法判例来倒逼医方尊重生前预嘱,就如同几十年前各国通过无数的司法判例来倒逼医学界充分尊重患者的知情同意权。那么,规定违反生前预嘱的法律责任、明确不遵守生前预嘱的法律后果,就是一个重要的法律助力。综上所述,我国将来构建生前预嘱制度,就必须建立保障生前预嘱被遵守的制度,其中最重要的就是明确违反生前预嘱的法律责任。

(二)否定责任制度的理由不成立

美国法上存在一些否定违反生前预嘱法律责任的观点,其理由是不成立的,也受到美国学者的批判,我国将来应当努力避免之。

首先,在 Estate of Taylor 案中,印第安纳州上诉法院否定了事后责任的必要性,其认为患者家属在知道医师实施了维生治疗后,其有权依照患者的生前预嘱向法院起诉停止维生治疗,这一权利已经提供了足够的法律保护,无须再对已经施加的维生治疗追究责任,也即该法院只认可停止生命救治的事前禁令,而否定事后追究侵权责任。这一观点是存在重大瑕疵的,因为其完全否定了侵权行为的存在。俄亥俄州最高法院的 Anderson 案判决至少明确承认了违反生前预嘱行为构成侵权(非法侵犯,battery),只是否认了实际损失,而 Estate of Taylor 案判决直接认定违反生前预嘱不成立任何侵权,这就使患方不可能追究医方的法律责任,最多只能寻求法院判决终止已实施的生命救治。Estate of Taylor 案判决是不符合法理的,因为违反患者生前预嘱而施加救治这一行为本身已经侵害了患者的医疗自主权,权利之损害(harm)已经发生了,也存在造成实际损失的可能,纵然患方有权请求法院判决医方停止已实施的救治,但这也只属于停止进一步的侵权,这与对已产生的损害进行救济是并行不悖的。并且,该判决的观点无法适用于以下情况:患者订立了以拒绝急救为内容的生前预嘱,而医方明知此嘱却仍提供急救,患者被施加其所拒绝的急救而存活,此时急救行为已经结束,按照该判决的观点患方仅有权请求终止已施加的救治,但是已结束的急救行为已经不可能再被请求予以终止,也即事前禁令无法适用之。在此种事前禁令无法适用的情况下,再否定事后侵权责任,那么对于被违反的生前预嘱就毫无可救济之可能。综上,笔者认为,事前禁令与事后侵权责任都应当成为生前预嘱被违反时的救济手段,确立责任制是完全必要的。

其次,Werth v. Taylor 案判决要求患者对生命救治的事前拒绝必须满足充分知情和"同时性",并认为该案患者的事前拒绝是在考虑通常的医疗程序时做出的,而不是在"如果不给予输血则可能死亡"的情况下做出的,故而不满足同时性的要求。笔者认为,同时性的要求是不合理的。第一,"同时性"的要求实际上与充分知情的要求形成了重复,因为从判词来看,所谓"同时性"就是要求患者在做出事前拒绝时应充分考虑"如果不给予输血则可能死亡"的情况,而这与其说是"同时性"还不如说是充分知情的要求,只不过充分知情并做决定的时间提前至患者尚未失去意识之时;或者说,如果患者事前对"如果不给予输血则可能死亡"的情况充分知情并在此基础上做出了拒绝输血的决定,那么也就没有理由排除该事前拒绝。所以,充分知情的要求已经足够,所谓"同时性"要求是多余的。第二,如果将"同时性"作为生前预嘱可适用性(applicability)的要求,那么此要求就直接否定了生前预嘱制度,因为生前预嘱就是为了防止患者在丧失意识时无法做决定的预先计划机制,做决定之时与决定规制的情况发生之时必然是不一致的,如果要求二者的时间是同时的,那么没有生前预嘱是符合这一要求的,生前预嘱也永远无法得到适用。所以,"同时性"要求违反了生前预嘱的本质概念,故不足采。

(三)责任豁免应当有条件

美国少数州的制定法为违反患者生前预嘱的医护人员设立了无条件的法律责任豁免条款,这完全否定了让医方为其违反行为承担责任的可能性,我国将来应当避免此种立法模式。

虽然多数州制定了“道德良知条款”，但此条款并非是无条件的。首先，“道德良知条款”不得被滥用，如前述美国公民自由联盟起诉新墨西哥州矫形外科中心滥用道德良知条款要求患者事前签署放弃生前预嘱的同意书，该外科中心以“道德良知条款”为“挡箭牌”侵犯了患者的医疗自主权。其次，“道德良知条款”都有公开的要求，如亚利桑那州规定因道德良知而不愿遵守生前预嘱的医护人员应立即表明自己的态度。[62] 最后，“道德良知条款”都有转移患者的要求，如亚利桑那州规定因道德良知而不愿遵守生前预嘱的医护人员应立即将对患者的医护责任转移给其他愿意遵守生前预嘱的医护人员。[63]

美国大多数州的豁免条款不仅提出道德良知的要求，同时还要求医护人员的行为须符合合理的医学标准，如前文提及的加州的制定法条文。这实际上是要求因道德良知而不愿遵守生前预嘱的医护人员也必须依照合理医学标准行事，而不是轻易地搁置生前预嘱。同时，加州制定法还规定，即使医护人员符合了道德良知以及公认的医学标准的要求，还应履行以下义务：(a)立即告知患者；(b)立即做出一切合理的努力来将患者转移到其他愿意遵守指令或决定的医护人员或机构；(c)向患者提供持续的缓解疼痛及其他舒缓照护，直到完成转移。[64]

从以上美国的立法经验来看，法律没有强迫尚未接受尊严死观念的医护人员遵行生前预嘱，而是设立了有条件的责任豁免条款，这是合理的也符合医疗行业的实际。我国将来也应制定责任豁免条款，以尊重医护人员的个人道德价值观念，但责任豁免不能是无条件的，即必须为豁免条款设定条件，笔者认为以加州立法模式为宜，这些条件包括：必须出于医护人员真实的道德良知，医疗机构不得滥用道德良知条款，医护人员应当及时让患方知道其不愿遵行生前预嘱的道德良知，必须符合公认的合理医学标准，不愿遵行生前预嘱的医护人员应当及时将患者转移至愿意遵行生前预嘱的医护人员或医疗机构，在转移的过程中持续地提供舒缓照护。

(四)侵权责任的构建

1. 违反生前预嘱实施救治构成侵权行为

从上文对美国法的分析来看，违反生前预嘱的侵权责任的主要争议点在于损失的认定，而对于不顾生前预嘱而实施救治的行为本身构成非法侵犯之侵权行为，是不存在争议的。在法理上，违反患者关于拒绝生命救治的生前预嘱而实施生命救治，在本质上与一般的侵犯患者知情同意权没有不同，只不过其存在两个可能令人困惑的特征：一是生前预嘱所拒绝的是拯救生命的医疗措施，而违反这一意思表示的行为却是拯救生命的行为，拯救生命的医方却被追究侵权责任，似与一般社会理念不合；二是生前预嘱是患者事前做出的，医方在拯救生命时并没有违反患者现时的意愿，因为患者现时的意愿不可知。对此，分析如下：

---

[62] Ariz. Rev. Stat. Ann. § 36 - 3205C1.

[63] Ibid.

[64] Cal. Prob. Code § 4736.

首先,不管侵犯医疗同意权的行为的后果如何,都不影响该行为本身的侵权性质;即使违反患者意愿的治疗行为客观上对患者健康或生命有益,该行为也构成侵犯医疗同意权。正如学者论称:“病人的同意,也就是病人选择什么样的治疗是不可侵犯的权利,一旦对这个权利的干涉,不管是否是有益的治疗,都构成了对病人权利的侵犯。”[65]患者通过生前预嘱拒绝将来可能的生命救治,实际上就是在明知拒绝治疗将致使死亡的前提下仍明确地拒绝给予同意,这一行为不同于主动结束自己生命的自杀行为,而是行使医疗同意权的行为。医方不顾患者拒绝仍给予救治,其本身就是侵权,即便该行为的后果是拯救生命,也不影响侵权认定。

其次,生前预嘱是患者在有决定能力时对将来失去决定能力时的医疗事务所做出的预防性决定,该制度体现了医疗自主原则和尊严死理念,得到各国立法承认。其原理就在于罗纳德德沃金教授所提出的“预先自治”(precedent autonomy)理论,以患者自治取代医方在患者自治不能的情况下实行的客观最佳利益判断以及在此基础上进行的医疗行为。所以,即使在患者自治不能的情况下,也不能以知情同意之紧急例外规则和默示同意规则为由采取医疗措施,因为患者已经给予了相应的意思表示(拒绝治疗)。

因此,认定违反生前预嘱为侵权行为不存在法律障碍,美国法以及法理上的分析均证明了此点。

2. 经济损失的赔偿

当医护人员违反生前预嘱而救治了患者后,患者将面临各种本不应该增加的费用,包括特定的医疗费用和一般生活费用。事实因果关系在这里是非常简单的,即如果生前预嘱被遵守,患者如愿死去,就不会产生这些费用。问题主要在于法律因果关系。

在 Anderson 案中,法院仅允许由非法侵犯(违反生前预嘱而施加的救治)直接造成的损失费用,如心肺复苏术直接造成的肋骨骨折或除颤直接造成的烧伤。法院对因果关系的判词是:“没有任何证据表明,给予复苏措施引起了中风……因为护士延长了患者的生命,所以复苏后出现的多种损害是可以预见的,但它们不是由除颤引起的。”[66]可见,法院的观点是患者因救治而存活之后发生的中风不是由救治措施造成的,实际上是认为中风切断了救治措施与后续的医疗费用之间的因果链条。但是,医方的救治行为延续了患者的生命和之前存在的病情,而这一状况导致了患者中风,就此而言,传统侵权法上的“蛋壳脑袋规则”可以适用。况且,本案法院也承认“如果患者在 1988 年 5 月 28 日遭受了室性心动过速之后存活下来,则之后发生中风是可合理预见的”,即可以预见患者之前所遭受的疾病会助成其中风,所以要求被告对因其不顾患者拒绝而进行的侵权行为所造成的所有将来医疗损害承担责任

---

〔65〕 庄晓平:《也谈医疗的知情同意与个人自由和责任》,载《自然辩证法通讯》2012 年第 1 期。

〔66〕 Anderson v. St. Francis-St. George Hosp. ,Inc. ,77 Ohio St. 3d 82,86 (1996).

也是合理的，除非有后续原因打破了因果链条。这似乎对医方是严苛的，但是如果将损失归于积极避免损害的患者身上，则是更加不公平的，患方不应当承担因其意愿被违反而产生的医疗费用。

假设被施加了所不想要的生命救治后，患者没有遭受后续疾病及因此产生的医疗费用，那么就产生其生存后的一般生活费用由谁承担的问题。有人可能认为因患者被救活（虽然患者不愿意）后保持了较好的生存状态，从救治实施后所有的生活费用应当被较好生存状态这一利益所抵消。但是笔者认为，不管患者在被施加其所不想要的救治之后的生活有多好，这一无形利益也与被损害的经济利益无关，因为其无法被用来偿付生活费用，因此不能被用来抵销被延续生命所产生的经济损害。而在患者被救治之后的生存期间所得到的经济收入，是可以用来抵销因生存产生的一般生活费用的。

3. 精神损害赔偿

如前文所述，违反生前预嘱而施加救治构成侵权行为。在 DiGeronimo v. Fuchs 案中，法院认为，未经知情同意而施予拯救生命的输血应定性为非法侵犯（battery），因之可能导致精神痛苦（emotional distress）。[67] 如前文所述，虽然美国案例尚没有直接判决给予精神痛苦赔偿，但是从相关判词来看，患方对于医方违反生前预嘱的行为所造成的精神痛苦，仍有获得赔偿的可能性。

我国《侵权责任法》第 22 条规定："侵害他人人身权益，造成他人严重精神损害的，被侵权人可以请求精神损害赔偿。"我国最高人民法院《关于确定民事侵权精神损害赔偿责任若干问题的解释》第 1 条规定："自然人因下列人格权利遭受非法侵害，向人民法院起诉请求赔偿精神损害的，人民法院应当依法予以受理：（一）生命权、健康权、身体权；（二）姓名权、肖像权、名誉权、荣誉权；（三）人格尊严权、人身自由权。"患者订立生前预嘱属于行使医疗自主权，而该权利一方面是对自己身体的支配，即决定自己的身体是否被施加医疗措施；另一方面是行使自己在医疗事务方面的人身自由，因此违反生前预嘱而实施救治的行为可以被认定为侵犯身体权或人身自由权。患者如因此受到精神痛苦，那么根据上述规范可以提起精神损害赔偿的请求，这在法律上不存在障碍，其难点在于如何证明精神痛苦。

虽然我国有谚语"好死不如赖活着"，但更加注重生命质量以及尊严死的观念也逐渐为我国公民所接收。而当这种观念被以法律文件的形式所表达出来时，医方却在明知的情况下不顾此意愿仍实施治疗措施，就可能对患者的精神利益造成了损害。事实上，生存所带来的精神利益并不是在任何情况下都大于救治措施所带来的负担，如果患者认为被救治后继续生存所带来的痛苦超过其自然平和死亡所带来的精神利益，那么当患者将这一观念反映在生前预嘱中，而医方却以客观医疗利益为由对此加以违背，则医方的客观上拯救了生命的治疗行为可能就损害了患者的精神

---

〔67〕 DiGeronimo v. Fuchs, 33 Misc. 3d 206, 210 – 211 (2011).

利益。虽然给予金钱的精神损害赔偿不可能完全弥补患者的精神痛苦,但是不能以此为由否定患者要求精神损害赔偿的权利,这与在其他侵权情况下给予精神损害赔偿并不同。

（五）行政处罚的借鉴

与对民事侵权责任的模糊态度不同,美国法明确地对违反生前预嘱的医护人员或医疗机构苛以行政责任。这一做法是值得肯定与借鉴的。因为违反患者生前预嘱的行为违反了美国联邦患者自决法案和各州生前预嘱法案,行政机关有权依法对违反者予以处罚,这里不存在民事侵权案件中的诸如损失认定等疑难问题,因为违法行为是明确的。虽然行政处罚不会给患者带来直接的救济,但是能够对违反生前预嘱的行为产生很大的威慑作用。我国将来应当借鉴美国经验对违反生前预嘱的行为进行行政处罚,这在法理上应当是不存在障碍的。行政处罚可以包括警告、罚款、吊销执照等。

会议综述

第六届海峡两岸医药法学术研讨会综述

蔡　虹[*]　韦宝平[**]

前言

2015年10月28日至29日，“第六届海峡两岸医药法学术研讨会”在台湾东吴大学隆重举行。此次学术会议由东吴大学法学院、台湾医事法学会、台湾医药品查验中心主办，南京师范大学泰州学院、南京师范大学法学院、江苏省法学会医药法学研究会、台北医学大学医疗暨生物科技法律研究所、台湾医事品质改革协会、台湾血管外科学会等单位协办。南京师范大学、南京中医药大学、中国药科大学、东南大学、南京医科大学、华中科技大学、昆明医科大学、河南中医学院等单位的20位专家、学者应邀赴台参加会议，台湾地区出席会议的专家学者20人。此外，东吴大学法学院部分师生以及台湾地区医药产业界的代表旁听会议并参与部分议题讨论。

开幕典礼由东吴大学法学院院长洪家殷、台湾医事法学会理事长余启民、江苏省法学会医事法学研究会会长韦宝平主持，东吴大学校长潘维大、台湾地区卫生行政和中医药管理有关部门负责人等出席开幕式并致辞。代表团团长、南京师范大学泰州学院法学院院长韦宝平代表大陆学者致辞。本届研讨会主要围绕医疗器械监管、药品管理法规制度、医疗政策与法制等主题展开，会上共收录主题报告和论文共28篇。本文尝试将此次研讨会讨论的若干热点议题以及相关论文之主要观点做简要总结。

一、药事管理法规制度及实务研究

药事管理法律制度研究一直是海峡两岸医药法学术研讨会的热点。参加本次会议的两岸学者在历届研讨会既有成果的基础上，拓展了研究领域，细化了研究方向，就药品管理领域的医药新政、临床试验受试者权益保护、医药产业中的商业秘密侵权、药品上市许可转让程序等相关问题进行了探究。

（一）大陆药品审评审批制度现状与发展

中国药科大学邵蓉教授主要就大陆地区药品研制与开发、药品生产、药品流通、药品管理、药学专业人员资格准入制度、药品监督等方面的23个创新之举进行了深入解读，并针对目前药品风险管理、药品注册申请积压等方面存在的问题提出了有针对性的12项改进完善措施和4项保障措施。其中12项改进措施分别为：(1)提

---

* 蔡虹，南京师范大学泰州学院法学院讲师。

** 韦宝平，南京师范大学教授，南京师范大学泰州学院法学院院长。

高药品审批标准；(2)推进仿制药质量一致性评价；(3)加快创新药的审评审批；(4)开展药品上市许可持有人制度试点；(5)落实申报人申报主体责任；(6)及时发布药品供求和申报信息；(7)改进药品临床试验审批；(8)严肃查处注册申报弄虚作假行为；(9)简化药品审批程序；(10)改革医疗器械审批方式；(11)健全审评质量控制体系；(12)全面公开药品医疗器械审评审批信息。而四项重要保障主要包括：(1)加快对《中华人民共和国药品管理法》《药品注册管理办法》等法律法规的修订；(2)调整收费政策，提高药品和医疗器械注册收费标准，同时对小微创新企业申请药品医疗器械注册收费给予适当优惠；(3)通过面向社会招聘技术审评人才，外聘专家参与技术审评等方式加强审评队伍建设；(4)加强组织领导。加强医药监管制度研究，贯穿药品研制、生产、流通等领域，规范药品监督管理工作，营造健康的医药市场氛围，对于完善药品安全保障机制，确保基本药物安全具有重要意义。[1]

(二)药品上市许可转让程序研究

国发〔2015〕44 号文件(以下简称 44 号文)明确提出我国开展药品上市许可持有人制度试点，简化转让审批程序的指导意见。沈阳药科大学工商管理学院杨悦教授通过对美、欧、日等国家药品注册审批制度的研究，提出建立包括申报、审批、授权、转让审批、生产变更、上市后安全性检测与风险控制、撤市与恢复上市等若干关键要素的药品上市许可制度，而维持 MAH(药品上市许可持有人)制度顺利实施的机制是 MAH 和生产企业的法律责任和义务。我国应实行类似欧盟的上市许可转让审批程序，关注上市许可转让时间点、受让人能够承担原 MAH 所有责任的能力证明，以及与药品有关的所有资料是否全部交接。受让方应提交能够承担原 MAH 所有责任的能力证明材料包括：上市后不良反应监测和质量缺陷及产品召回等的负责人资质及联系方式；上市许可所有权转让后，负责受让方和监管机构之间沟通的人员或公司信息等。为避免地方保护主义干扰上市许可转让，建议由 CFDA 来统一审批技术转让，审评时限为 30～60 天。我国也要加快《药品管理法》修订步伐，引入上市许可持有人制度，强化 MAH 对义务与法律责任，把上市许可制度的所有要素予以全盘考虑，使 44 号文件精神得以顺利贯彻实施。[2]

(三)药品特殊审评审批制度概述

中国医药产业快速发展，各类新药及创新成果不断涌现，药品质量和标准也逐年提升，较好地满足了公众的用药需求。但是药品审评审批过程中的药品注册申报积压严重、一些创新药品上市审批时间过长等直接影响到制药企业创新的积极性和研发水平的提升。沈阳药科大学田丽娟教授在《中国药品特殊审评审批制度概述》一文中详细研究了创新药物的特殊审批制度和加快审评制度，包括制度适用的药物

---

〔1〕 参见研讨会论文，邵蓉：《医药新政解读——大陆药品审评审批制度现状与发展》，第六届海峡两岸医药法学术研讨会，台北，2015 年 10 月。

〔2〕 参见研讨会论文，杨悦：《药品上市许可转让程序研究》，第六届海峡两岸医药法学术研讨会，台北，2015 年 10 月。

类别,申请和审批程序、时限等规定。文章认为应当鼓励以临床价值为导向的药物创新,创新药物研发和审评应以临床价值为导向,既关注物质基础的新颖性和原创性,更应重视临床价值的评判。应当实施加快审评的创新药物包括:(1)防治艾滋病、恶性肿瘤、重大传染病、罕见病等疾病的创新药;(2)具有自主知识产权的创新药物;(3)列入国家科技重大专项和国家重点研发计划的药品;(4)转移到境内生产的创新药和儿童用药;(5)使用先进制剂技术,创新治疗手段、具有明显治疗优势的创新药;(6)临床急需新药,申请注册新药的企业需承诺其产品在我国上市销售的价格不高于原产国或我国周边可比市场价格。实行创新药物特殊审评制度,对于鼓励和引导企业研发创新,促进医药产业健康发展,满足公众的用药需求可以发挥积极作用。[3]

(四)药品临床实验中的受试者权益保护

药品在研发上市的过程中以人为对象的临床试验十分重要,具有不可替代的作用。受试者的权益保障是当前药物临床试验关注的重点,知情同意书作为受试者权益的重要体现和伦理委员会进行伦理审查的重要环节,其编制质量影响着受试者权益保障的范围和程度。华中科技大学同济医学院乐虹教授在《临床试验中的受试者权益保护——以药物临床试验知情同意书编制质量为例》一文中通过对200份药物临床试验知情同意书的分析,指出目前知情同意书编写中存在的主要问题:(1)基本要素不完整;(2)重要要素表述不全面;(3)语言表达不够通俗易懂;(4)结构格式编制不规范。知情同意书作为重要的保障受试者权益的措施之一,必须在编制时充分关注受试者的合法权益。不仅要做到要素齐全,还要注重个各个要素的表达,使受试者知情同意权、生命健康权、自主参与权、隐私权、医疗信息获得权、损害赔偿权等权益能够在知情同意书上得以体现,把好受试者权益保护的第一关。知情同意书的编写者应本着"完全告知"的原则,采用受试者能够理解的文字和语言,使受试者能够"充分理解"临床研究的内容,"自主选择"是否参加该项临床研究,从而保证临床研究的科学伦理性。要以"公正、尊重、收益最大化和损害最小化"为原则进行认真审查,使知情同意书在设计上更加合理与人性化、使用上更加规范。这不仅是实现对受试者的权益保障,也更有利于促进我国药物临床研究的进步与发展。[4]

(五)医药产业中商业秘密侵权及其司法救济

南京师范大学马晓燕教授以行业第一药企商业秘密败诉案为例,提出我国目前的商业秘密法律救济制度已形成以反不正当正竞争法为主,并结合民法通则、民事诉讼法、合同法、劳动法、刑法、各司法解释、行政法规等多门多层级法律共同保护的模式,但商业秘密法律救济制度存在很大的不足,因此需加强对商业秘密法律救济

---

〔3〕 详见研讨会论文,田丽娟:《中国药品特殊审评审批制度概述》,第六届海峡两岸医药法学术研讨会,台北,2015年10月。

〔4〕 详见研讨会论文,乐虹:《临床试验中的受试者权益保护——以药物临床试验知情同意书编制质量为例》,第六届海峡两岸医药法学术研讨会,台北,2015年10月。

的研究,以弥补目前制度的缺陷,推进我国商业秘密法律救济制度的完善和发展。[5]

(六)对中医药立法的相关探讨

《中华人民共和国中医药法》正在有条不紊地制定中,但中医药基本法立法中出现的问题也折射出了中医药发展过程中的不足。通过对中医药立法过程中几个问题的再思考,进一步理顺中医药发展的脉络,为中医药基本法立法工作提供参考。中医药基本法是保障中医药知识和技术有效传承,维护人民群众生命健康的重要手段。2014 年 7 月 24 日,国务院法制办将《中华人民共和国中医药法》(征求意见稿)全文公布,并向社会公开征求意见。南京中医药大学医药经贸管理学院田侃院长就中医药基本法法律名称、中医药传统知识保护和传承人制度、药用野生动植物资源保护、中药材质量等相关问题进行深入思考,提出在中医药基本法中应当写入"国家统筹规划中药产业发展,支持创新体系和生产、流通体系建设,规范产品生产、流通与使用,为公民提供安全、有效的中药产品"和"对药用野生动植物资源、道地药材育种、传统炮制技术、中药现代化、医疗机构中药制剂以及中药产业进行规制"的相关内容,并以法律强制力予以保障。[6]

二、医疗法律政策与实务研究

医患纠纷问题一直是困扰医病双方之难题。虽然中国大陆《侵权责任法》对医患双方的行为进行了有效规范,为医疗纠纷的解决提供了法律适用依据。但现实的医患纠纷复杂多变,层出不穷,医疗损害赔偿责任及纠纷解决机制等诸多方面仍然存在很多不足。来自两岸的学者从不同的角度,对医疗纠纷、医患双方权利义务等问题各抒己见,展开热烈讨论。

(一)医疗纠纷 ADR 解决机制

台湾地区陈忠纯纪念促进医病关系教育公益信托 CDPET 执行长李诗应医生在《医疗 ADR 与医疗争议关怀小组立法政策之探讨》报告中指出要从传统调解向现代调解转变,学习借鉴日本等国在医疗促进沟通调解等方面的先进经验,构建理想的院内促进调解 ADR 模式。而构建这一模式应当包括三个要素:(1)对情绪冲突提供充分而真诚的关怀照顾;(2)能促进双方真诚沟通对话;(3)双方就冲突原因及改善方案达成一致。院内沟通关怀协调应当从冲突管理、叙事着手、永远关怀三方面入手。冲突管理是对冲突作自发性的,超越合理化解释的,借助有效沟通的一种建设性解决模式;叙事着手是以当事者为专家,应用采纳、解读、回应他的故事能力,朝向好的将来为目标;永远关怀是以关怀双方当事者出发,运用支援力、察觉力及充权认可来帮助双方作自我提升,最后以关怀双方关系之修复为结束。各医院应当培育院

---

[5] 详见研讨会论文,马晓燕:《医药产业中商业秘密侵权及其司法救济》,第六届海峡两岸医药法学术研讨会,台北,2015 年 10 月。

[6] 详见研讨会论文,田侃:《试论中医药立法的几个问题》,第六届海峡两岸医药法学术研讨会,台北,2015 年 10 月。

内沟通关怀员，以沟通关怀为中心理念，改善沟通文化提升医疗品质，推动院内促进沟通调解机制成为台湾地区医疗纠纷的最佳处理心态和机制之一。[7]

台湾地区岭东科技大学财经法律研究所助理教授张婷也提出要在台湾地区推行美国 Med－Arb 经验，通过加大政府推广力度、提升医事人员成为 Med－Arbitrator 之后的福利待遇、加强民众对 Med－Arb 的了解和信赖程度等多途径促进该模式成为医疗纠纷处理的主要方式。[8]

（二）医患双方权利义务的探讨

医疗知情同意权是患者在诊疗过程中所享有的一项重要权利，我国不少规范性法律文件都对这一权利的行使做出了相应规定。实践中特定情形下患者知情同意权需要由近亲属或者特定关系人代理行使。由于利益分歧、目的不当、代理不当以及代理能力的限制等因素，医疗知情同意权代理行使中可能会损害患者的生命健康权益。为此南京医科大学医政学院副教授祝彬博士在《论医疗知情同意权的代理行使》一文中指出，为了更好避免医疗知情同意权不当代理所带来的风险，我们应当借鉴英国等西方国家既有经验，确立患者最佳利益原则，使之作为代理行使患者知情同意权之根本出发点。另外，为了消除医疗机构对引起医疗纠纷的担忧，应当引入和构建司法审查制度，让法官运用司法权力审查公共团体的行为或者决定的合法性。通过引入司法审查制度使医疗机构的医疗行为获得法律的正当性之后，可以考虑通过患者支付与财政补偿相结合、医疗保险等相配合的机制，消除医疗机构在经济上的后顾之忧。司法和经济双管齐下是知情同意权代理行使中患者最佳利益得以实现的必然途径。[9]

《中华人民共和国政府信息公开条例》（以下简称《条例》）规定，医疗卫生等与人民群众利益密切相关的公共企事业单位在提供社会公共服务过程中制作、获取的信息的公开，“参照”条例执行。但是，具体如何“参照”却不清晰，学界也鲜有讨论，病患医疗信息的公开所面临的正是这样一个问题。南京师范大学杨登峰教授在《病患医疗资讯的保护与公开》一文中指出病患医疗信息并不全是个人隐私，仅有那些为特定病患不愿公开的诊疗信息才属于个人隐私，也仅有那些反映个人隐私或者涉及个人隐私的病患个人医疗信息才可以参照《条例》第 14 条的规定不予公开，其他不涉及个人隐私的病患个人医疗信息则是可以公开的。此外，属于个人隐私的个人诊疗信息的不公开不是绝对的，或者可基于权利人同意的公开，或者可基于重大公共利益的考虑强制地公开。强制公开时应当考虑公开的对象、疾病的危害性和病患

[7] 详见研讨会论文，李诗应：《医疗 ADR 与医疗争议关怀小组立法政策之探讨》，第六届海峡两岸医药法学术研讨会，台北，2015 年 10 月。

[8] 详见研讨会论文，张婷：《台湾医疗纠纷 ADR 机制之综合性思维——初探美国 Meb－Arb 经验》，第六届海峡两岸医药法学术研讨会，台北，2015 年 10 月。

[9] 详见研讨会论文，祝彬：《论医疗知情同意权的代理行使》，第六届海峡两岸医药法学术研讨会，台北，2015 年 10 月。

的身份等因素。[10]

（三）医疗损害鉴定模式选择

大陆医疗损害鉴定经历了从一元化模式到法医学鉴定与医学会医疗事故技术鉴定并行的二元化模式。当前二元化鉴定模式损害了鉴定结论的科学性和公信力且对诉讼造成不利影响，然而任何一种鉴定都有其自身难以克服的重大缺陷。河南中医学院人文学院段晓鹏教授在《大陆医疗损害鉴定之模式选择》一文中指出未来应当对二者整合后建立符合新《民事诉讼法》的规定以及证据内在要求、严守医疗损害鉴定的科学性、坚定不移贯彻“同行鉴定”原则的新的一元化鉴定模式。新的一元化医疗损害鉴定模式应当具备以下要点：（1）鉴定应当符合《民事诉讼法》的规定以及证据的内在要求；（2）严守医疗损害鉴定的科学性要求；（3）贯彻“同行鉴定”原则。在新的一元化医疗损害鉴定模式的名称上基于医疗鉴定为司法服务的性质，可以考虑定为“医疗损害司法鉴定”，对原来负有医疗鉴定职责的所有机构和人员重新组合，取长补短而形成一种崭新的医疗损害鉴定模式。在这一模式下，原医学会医疗事故鉴定专家库的专家在自愿的基础上可以进入新的医疗损害鉴定机构中，与现行法医学鉴定机构中的部分医疗专家共同成为医疗损害鉴定的骨干力量和最重要因素。同时，鉴定中应当有一定比例的法医和法律人士相配合，让其各自专长在医疗损害鉴定中发挥不可相互替代的独特作用。[11]

（四）医疗损害责任社会化

全民健保为台湾地区最重要的公共卫生政策，对于保险对象发生疾病、伤害事故或生育时，由保险医事服务机构提供医疗服务，保障民众适时获得必要之医疗照顾，达成危险分散之效果，促成民众互助，也缓和因病所引致的财务困境，形成社会稳定的力量。由于健保制度的收支平衡、健保资源的分配问题等，关涉人民的生存权与医疗人权问题，同时与医事服务机构的兴废、医事人员之工作权益息息相关，也因此全民健保之改革与变动，成为极重要的公共政策议题。台湾地区台南医院中医科陈俞沛主任在“从全民健保看医疗损害责任社会化”的报告中指出侵权损害责任要从过去传统侵权损害赔偿责任模式向侵权损害赔偿社会化转变，由侵权人单独承担转变为由国家、社会、（多数）企业单位、社会不特定多数人分担的模式。医疗损害社会化分担不仅可以节省医疗资源、实现个案当事人之间利益平衡，而且也有利于促进医学进步。[12]

---

[10] 详见研讨会论文，杨登峰：《病患医疗资讯的保护与公开》，第六届海峡两岸医药法学术研讨会，台北，2015年10月。

[11] 详见研讨会论文，段晓鹏：《大陆医疗损害鉴定之模式选择》，第六届海峡两岸医药法学术研讨会，台北，2015年10月。

[12] 详见研讨会论文，陈俞沛：《从全民健保看医疗损害责任社会化》，第六届海峡两岸医药法学术研讨会，台北，2015年10月。

三、医疗器械采购、监管制度及实务研究

医疗器械作为医疗服务中最重要的基础装备，其安全关系到广大人民群众的生命安全和身体健康，其生产、采购、使用等环节必须严格加以监管。

（一）医疗器械采购环节管理

中国药科大学国际医药商学院陈永法教授专门就大陆地区高值医用耗材采购、使用管理作了主题报告。高值医疗器械多半直接作用于人体，临床使用量大，价格相对较高，对安全性有更严格要求，因此在注册管理和采购使用管理中都应当高度重视。依据《高值医用耗材集中采购工作规范（试行）》，目前，安徽、辽宁、福建、湖北、吉林、内蒙古、山东、四川、广西、湖南、河南、浙江、江苏、天津等地都已开展此项工作，且多个省市都已发布高值医用耗材集中采购工作方案。大陆各地根据本地实际情况，制定了相应的采购办法，目前各地招采模式主要分为"双信封"＋专家议价模式、"综合评价"＋专家议价模式、"挂网交易"模式、"双信封"＋挂网交易、"合理限价、品牌筛选和竞价谈判"相结合五种主要模式。通过对我国内外采购模式的比较，陈教授也提出两条完善我国高值医疗器械采购的思路：一是要通过发展卫生技术评估，践行价值购买理念；二是要开发标准编码系统，优化采购管理过程。[13]

（二）台湾地区医疗器材人体试验审查问题

台北护理健康大学中西医结合护理研究所曾育裕教授《台湾新医疗器材人体试验审查问题探讨》一文中就台湾地区医疗器材人体试验审查相关问题作了详细介绍。新医疗器材和新药一样，其目的主要在于治疗、减轻、预防人体疾病等功能，唯其具备诊断性和影响身体结构机能等则是较具特色的功能；在作用机转上药物主要为化学性作用，医疗器材则主要在于物理性作用产生于人体的效果，这是两者最主要的区别，医疗器材形态也较变化多端、种类复杂。台湾地区新医疗器材管理架构系统，从生产源头控管如医疗器材制造应符合药物优良制造准则第三编医疗器材优良制造规范的规定，临床前需测试评估如功能性测试、安全性试验、生物相容性测试等，再进行上市前把关即查验登记审查与依风险分类分级，查验登记对于风险高的医疗器材主要要求就是人体试验，而核准上市后也进行必要的管理如安全监视机制、不良反应通报系统、再评估（许可证复查）等。新医疗器材人体试验主要功能虽然是验证器材的安全性和功能性等，但受试者保护确是人体试验审查委员会较为重视的部分，唯涉及受试者保护重要的功能性测试、安全性测试、生物相容性测试、电性、辐射性等，一般医疗机构人体试验委员会无法有效的审查，只能通过专业机构临床前评估测试的资料来加以确认，基于风险利益考量，这类生物相容性等标准亦如同器材或药物的科学原理般重要，未来如何更有效监测这部分对受试者的风险，应

---

〔13〕 详见研讨会论文，陈永法：《大陆高值医用耗材采购、使用管理》，第六届海峡两岸医药法学术研讨会，台北，2015年10月。

该是医疗机构人体试验委员会重要的课题之一。[14]

(三)台湾地区医疗器械重复使用法律责任

台湾地区敏盛综合医院苏嘉瑞医师在《单一使用医疗器材重复使用之医疗与法律观点》一文中结合台湾地区多起回收一次性医疗器械做重复使用的案例,详细分析了单一使用医疗器械重复使用之医疗风险、所应承担的民、刑法律责任等,让我们对于台湾地区医疗器械监管的实际操作有了一定更直观的认识。[15]

四、其他

(一)公立医院外部监管机制的构建

公立医院作为政府投资设立的非营利组织,它的服务宗旨不是利润最大化,而应当是最大程度地体现公益性,提高医院管理绩效,使人民群众真正享受到医疗改革的好处。而医疗服务与社会每个人的健康息息相关,评价医疗行业不仅要考察服务数量与服务质量,更要注重服务的公平性和可及性,保障每个公民都享有健康的权益。为此,南京中医药大学王长青副校长在《论公立医院外部监管机制的构建》一文中阐述了公立医院外部监管机制的内涵,分析了构建公立医院外部监管机制的背景,提出了构建公立医院外部监管机制的必要性,介绍了国内外构建公立医院外部监管机制的经验,探讨了强化、放弃、归还、下放等公立医院外部监管机制构建的基本步骤,以期公立医院的医疗行为在一个科学、合理、规范的监管下良性发展。[16]

(二)台湾地区紧急医疗救护制度

台北市立联合医院李寿星医师在"从急救责任医院谈两岸紧急医疗救护制度"报告中介绍了台湾地区的紧急医疗救护制度。台湾地区紧急医疗救护体系的主管机关为台湾卫生主管机关卫生福利部和消防主管机关内政部,掌管内容主要包括两方面:(1)划定紧急医疗救护区域;(2)订立台湾地区紧急医疗救护计划。相关部门通过制定"院前医疗急救管理办法"详细规定了紧急救护责任医院、紧急伤病的地点、紧急医疗救护的规模等相关内容。其中李寿星医师特别介绍了院前急救管理办法中的五个不准:第一,未经卫生行政部门批准,任何单位及其内设机构、个人不得使用急救中心(站)的名称开展院前医疗急救工作;第二,其他单位和个人不得设置"120"呼叫号码或者其他任何形式的院前医疗急救呼叫电话;第三,急救中心(站)和急救网路医院不得因费用问题拒绝或者延误院前医疗急救服务;第四,急救中心(站)和急救网路医院不得将救护车用于非院前医疗急救服务;第五,除急救中心

〔14〕 详见研讨会论文,曾育裕:《台湾新医疗器材人体试验审查问题探讨》,第六届海峡两岸医药法学术研讨会,台北,2015 年 10 月。

〔15〕 详见研讨会论文,苏嘉瑞:《单一使用医疗器材重复使用之医疗与法律观点》,第六届海峡两岸医药法学术研讨会,台北,2015 年 10 月。

〔16〕 详见研讨会论文,王长青:《论公立医院外部监管机制的构建》,第六届海峡两岸医药法学术研讨会,台北,2015 年 10 月。

(站)和急救网路医院外,任何单位和个人不得使用救护车开展院前医疗急救工作。[17]

(三)医师 PGY 制度与工作权

东吴大学法学院胡博砚副教授在《医师 PGY(一般医学训练)制度与工作权》主要讨论了台湾地区医师训练制度。台湾地区医学院医师培养习于所谓的七年制的医学教育,其中 6 年为学校教育之后到医院进行实习 1 年,而毕业后通过第一阶段的考试再到医院去完成专科医师训练。但是台湾地区的医师除了西医系统培育出来的医师外,还有牙医师与中医师。而在台湾地区卫生福利部门的规划下,两者亦都必须进行一般医学训练或负责医师训练。而起步较晚的牙医师训练以及长久缺乏系统性培养的中医师训练体系会影响到学生选择该工作的权利。就法律上规范而言,现行台湾福利部门所要推广的一般医学训练并无医师法之法律规范基础,仅出现在行政命令之中。制度设计较晚且法律规范较不足够的中医师目前并无一般医学训练,取而代之的是负责医师训练,此一训练必须要提供中医系毕业学生足以负担未来工作之训练,只有这样才能符合台湾地区法律对于工作权保障之要求。[18]

(四)精神病治疗中的伦理法律问题

精神障碍诊疗行为应当尊重患者的自主权,遵循非自愿治疗特别限制原则。昆明医科大学法医学院法学系邓虹教授就精神病治疗中的伦理问题进行了讨论。精神病的治疗主要包括自愿治疗和非自愿治疗两种,实践中较容易出现问题的是非自愿住院治疗,容易出现“被精神病”的情况,因此应当坚持精神病强制治疗中的伦理准则,确保“非自愿治疗特别限制”原则的贯彻。不仅要实施强制免费医疗,并且要对精神病人的非自愿住院治疗进行正当程序条款的有效约束。国外的非自愿治疗模式主要有英国模式和美国模式,其中英国模式强调治疗标准、恰当医疗护理和监护人或医师的权利;而美国模式强调危险性标准、正当性程序和警察的权利。而在我国的非自愿住院模式中“危险性”也是重要衡量标准,是作为非自愿住院的前提,但是何谓“危险性”以及“危险性”的判定标准还存在界定上的困惑。根据《中华人民共和国精神卫生法》的规定,只有当患者患有精神疾病并具有危险性时,限制和剥夺精神病人的人身自由方具有法律上的正当性,这也是非自愿住院治疗的法律标准。今后我们要围绕收治标准、收治程序、异议程序及权利救济等方面建构完善的制度。[19]

(五)内固定医疗损害判决实证研究

内固定断裂的医疗损害赔偿案件,兼具医疗产品责任和医疗损害赔偿责任。东

---

[17] 详见研讨会论文,李寿星:《从急救责任医院谈两岸急救医疗救护制度》,第六届海峡两岸医药法学术研讨会,台北,2015 年 10 月。

[18] 详见研讨会论文,胡博砚:《医师 PGY 制度与工作权》,第六届海峡两岸医药法学术研讨会,台北,2015 年 10 月。

[19] 详见研讨会论文,邓虹:《精神病治疗中的伦理法律问题》,第六届海峡两岸医药法学术研讨会,台北,2015 年 10 月。

南大学法学院卫生法研究所陈玉玲教授在《内固定断裂医疗损害赔偿判决实证研究》一文中对于内固定断裂医疗损害案件的155个判决书进行了实证研究,从案件年度分布、被告分布情况、当事人对钢板质量异议、钢板合格证条码信息、证明效力、钢板质量鉴定结果、医疗过错责任鉴定、举证责任分配与法官裁判的主要采信证据等方面进行分类统计与分析。结论认为应当将钢板生产者纳入共同被告;案件审理应当对合格证条码信息的证明效力进行初步审查,必要时应尽可能进行钢板质量鉴定和医疗损害责任鉴定,在没有鉴定意见、法官适用举证责任规则时,应细化程序规范,慎重使用裁量权。[20]

此外,还有其他学者就两岸医药法理论和实务相关问题提交论文并进行深入探讨,提出了较多颇有见地的学术观点。例如,梁雅惠、余万能的《医疗正当目的使用管制药品之法制探讨》,台北医学大学医疗暨生物科技法律研究所洪嘉翎硕士的《台湾电子烟管制之法律面及政策面研究》,台北荣民总医院人体试验委员会行政中心葛谨主任的《RU-486与堕胎罪——"最高法院"103年度台上字第3670号刑事判决评析》,南京市卫生局胡晓翔的《医疗产品缺陷损害责任的一点思考》,东吴大学法学院硕士李秋燕的《药师执业支援制度之法制——释字第711号解释与法规修正》,南京师范大学泰州学院卢静的《缺陷药械引发医疗事故中医疗机构的法律责任分析》等。

结语

医药事关两岸人民的民生,开展医药法制领域的相关研究是两岸学者的共同责任。"第六届海峡两岸医药法学术研讨会"的召开,既巩固了前五届海峡两岸医药法学术研讨会的既有成果,又开拓了海峡两岸医药法学术研讨新的领域,对两岸医药法学的研究都将产生积极影响。相信随着这一平台影响力的不断提升,海峡两岸医药法学的研究领域将进一步拓展,研究层次将更加深化,研究成果也必然更为丰硕。

---

[20] 详见研讨会论文,陈玉玲:《内固定断裂医疗损害赔偿判决实证研究》,第六届海峡两岸医药法学术研讨会,台北,2015年10月。

图书在版编目(CIP)数据

金陵法律评论.2016年.春季卷/南京师范大学法学院《金陵法律评论》编辑部编.—北京:法律出版社,2017

ISBN 978-7-5197-1201-3

Ⅰ.①金… Ⅱ.①南… Ⅲ.①法律—文集 Ⅳ.①D9-53

中国版本图书馆CIP数据核字(2017)第198707号

金陵法律评论·2016春季卷
JINLING FALÜ PINGLUN·2016CHUNJI JUAN

南京师范大学法学院
《金陵法律评论》编辑部 编

策划编辑 王 扬
责任编辑 王 扬
装帧设计 李 瞻

出版 法律出版社
总发行 中国法律图书有限公司
经销 新华书店
印刷 北京京华虎彩印刷有限公司
责任校对 杨锦华
责任印制 张建伟

编辑统筹 独立项目策划部
开本 787毫米×1092毫米 1/16
印张 17.25
字数 352千
版本 2017年10月第1版
印次 2017年10月第1次印刷

法律出版社/北京市丰台区莲花池西里7号(100073)
网址/www.lawpress.com.cn
投稿邮箱/info@lawpress.com.cn
举报维权邮箱/jbwq@lawpress.com.cn
销售热线/010-63939792
咨询电话/010-63939796

中国法律图书有限公司/北京市丰台区莲花池西里7号(100073)
全国各地中法图分、子公司销售电话:
统一销售客服/400-660-6393
第一法律书店/010-63939781/9782　西安分公司/029-85330678　重庆分公司/023-67453036
上海分公司/021-62071639/1636　深圳分公司/0755-83072995

书号:ISBN 978-7-5197-1201-3
定价:48.00元
(如有缺页或倒装,中国法律图书有限公司负责退换)